Die großen Luftschlachten des Zweiten Weltkriegs

Die großen Luftschlachten des Zweiten Weltkriegs

Flugzeuge ● Erfolge ● Niederlagen

VERLEGT BEI
KAISER

Berechtigte Ausgabe
für den Neuen Kaiser Verlag – Gesellschaft m.b.H., Klagenfurt
© Aerospace Publishing Ltd.
© Edito-Service S. A., Genf
Schutzumschlag: Mario Oberhofer
Druck und Bindearbeit: Gorenjski Tisk, Kranj – Slowenien

Inhaltsverzeichnis

Deutsche Bomber
des Zweiten Weltkriegs

Dornier Do 217

Diese Dornier Do-217 E-4/R-19 trägt die Abzeichen des 9/KG 2, einer im Spätsommer 1942 in Sösterburg und Schipol stationierten Bombereinheit. Das KG 2 war eine der wenigen Bombereinheiten, die noch im Westen lagen – der Großteil war bereits an andere Kriegsschauplätze abgezogen worden. Das hier abgebildete Modell war die erste von drei Maschinen, die bei der Einheit ein MG-81Z Maschinengewehr im Heck (Gießkannen-Anlage) erhielten.

Arado Ar 234

Der Arado 234, ein zweimotoriger Schulterdecker, war der erste Düsenbomber der Welt, der es zur Einsatzreife brachte. Er war in vielen Punkten revolutionär, so besaß er ein dreirädriges Bugfahrwerk – Versuche mit einem abwerfbaren dreirädrigen Fahrgestell waren abgebrochen worden – und einen Katapultschleudersitz für den Piloten. Die Ar-234B-1-Aufklärungsversion führte bis zu vier Kameras mit und tauchte erstmals im Juni 1944 auf, gefolgt von der Bomberversion, dem Ar234B-2 mit Dreiachsen-Autopilot und BZA-Bombenrechner. Er konnte bis zu 2.000 kg Bomben extern tragen. Der Bomber kam erstmals beim KG76 während der Ardennen-Offensive im Dezember 1944 zum Einsatz.

Technische Daten: Arado AR 234B-2, einsitziger, zweistrahliger Bomber
Triebwerk: zwei 890 kp Schub leistende Junker-Jumo-004B-Düsentriebwerke
Spannweite: 14,10 m
Länge: 12,64 m
Höhe: 4,30 m
Tragflügelfläche: 26,40 m²
Startgewicht: 9.450 kg
Höchstgeschwindigkeit: 740 km/h
Dienstgipfelhöhe: 32.810 Fuß
Reichweite: 1.630 km
Bewaffnung: bis zu zwei 1.000 kg Bomben, die extern unter den Triebwerksgondeln aufgehängt wurden

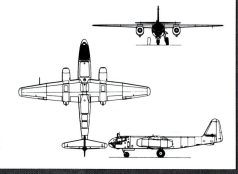

Dornier Do 17/Do 215

Die Do 17, am am weitesten verbreitete mittelschwere Bomber Deutschlands bei Ausbruch des Krieges, war ein zweimotoriger Schulterdecker, dessen vierköpfige Besatzung im Bug plaziert war. Die Standardbomberversion, die Do 17Z-2, die vier Kampfgeschwader und verschiedene andere Kampfgruppen während des ersten Kriegsjahres ausrüstete, kam während des Frankreichfeldzuges und der Luftschlacht um England zum Einsatz. Sie war sehr sauber und übersichtlich konstruiert und brachte trotz schwacher Motorisierung annehmbare Leistungen. Ende des Jahres 1940 war sie schon veraltet, wurde vom Bombereinsatz zurückgezogen und an andere Aufgaben eingesetzt.

Technische Daten: Dornier Do 17Z-2, zweimotoriger mittlerer Bomber mit vier Mann Besatzung
Triebwerk: zwei 746-kW (1.000 PS)-Bramo-323P-Sternmotoren
Spannweite: 18,0 m
Länge: 15,79 m
Höhe: 4,55 m
Tragflügelfläche: 55 m²
Startgewicht: 8.590 kg
Höchstgeschwindigkeit: 345 km/h
Dienstgipfelhöhe: 26.904 Fuß
Reichweite: 1.160 km
Bewaffnung: Bomben bis zu 1.000 kg und bis zu acht 7,9mm Maschinengewehre

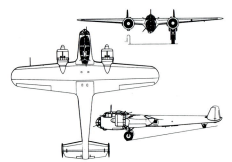

Die Luftschlacht um England

Oben links: Hawker Hurricanes, die Stütze des Fighter Command im Luftkampf über England, scheren aus.
Diese Spitfire war in Frankreich in die Hände der Luftwaffe gefallen. Sie wurde für Propagandaaufnahmen vor einer Bf 109 gezeigt.

Um England einnehmen zu können, mußte Hitler erst einmal den britischen Luftraum erobern. So erhielt Görings Luftwaffe den Auftrag, die RAF in die Knie zu zwingen. Zunächst versuchte sie, die RAF durch Angriffe auf Konvois und Ziele an der Küste zu zermürben.

Die Luftschlacht um England in jenem fernen Sommer des Jahres 1940 sieht die RAF als das bedeutendste Kapitel ihrer Geschichte an. Eine kritische Analyse zeigt jedoch, daß der Sieg weniger einer geschickten Kriegsführung als vielmehr der Tüchtigkeit der britischen Piloten zu verdanken war.

Lord Trenchard, im Ersten Weltkrieg General der britischen Luftwaffe, hatte die These aufgestellt, daß Bomber der Schlüssel zur Kriegsführung in der Luft seien. Selbst nach der Gründung des Fighter Command im Jahre 1936 unter der Leitung von Sir Hugh Dowding lag noch keine einheitliche Luftkampfstrategie vor. Der Aktionsradius der RAF war auf Jagdbomber wie die Fairey Battle, die Boulton-Paul Defiant und die Bristol Blenheim beschränkt, die gegen die deutschen Junkers 88 und Bf 109 mit ihren erfahrenen Piloten aus der Legion Condor keinerlei Chance hatten. Robert McClean, Vorsitzender von Vickers, und Sir Tommy Sopwith von der Firma Hawker sahen sich gezwungen, die besten englischen Jagdflugzeuge, die Spitfire und die Hurricane, in Privatinitiative weiterzuentwickeln.

Doch selbst als man die beiden Jagdflugzeuge schließlich akzeptiert hatte, zog man die langsamere und etwas schwerfälligere Hurricane der Spitfire vor, obwohl diese die Messerschmitt Bf 109 in fast allen Bereichen übertraf. Hinzu kam, daß sowohl die Spitfire als auch die Hurricane strategisch gesehen falsch eingesetzt wurden.

Warum baute man nicht Allwetterflugplätze entlang der Südküste, um einer möglichen Niederlage Frankreichs zu begegnen? Warum unternahm man nicht schon 1940 Präventivschläge gegen die Luftwaffe, als sie noch im Aufbau begriffen war? Warum verlief die Rotation der britischen Staffeln während der Schlacht so langsam? Warum brauchte man so lange, bis man die vorteilhafte taktische Jagdformation der Deutschen übernahm? Warum wollte man keine ständigen Patrouillen in Kampfhöhe einsetzen?

Schlecht ausgerüstet

Am 1. August 1940 erließ Adolf Hitler einen Führerbefehl aus seinem Hauptquartier, der folgenden Inhalt hatte:

Zur Schaffung der notwendigen Voraussetzungen für die

Die Luftschlacht um England

endgültige Eroberung Englands mußte

1. die Luftwaffe die englischen Luftstreitkräfte mit allen ihr zur Verfügung stehenden Kräften in der kürzest möglichen Zeit überwältigen; die Angriffe sich in erster Linie gegen fliegende Verbände und die dazugehörigen Boden- und Versorgungseinrichtungen richten, aber auch gegen die Flugzeugindustrie…

2. nach Erreichen einer zeitlich oder örtlich begrenzten Luftüberlegenheit muß der Krieg gegen Hafeneinrichtungen, insbesondere gegen Lebensmittellager, weitergeführt werden… Ferner behalte er, Hitler, sich das Recht vor, über Terrorangriffe als Vergeltungsmaßnahmen zu entscheiden…

Die Luftschlacht um England war in ihre kritischste Phase eingetreten. Sie hatte mit der Evakuierung der britischen Truppen

Flugplätze bei der Luftschlacht um England

Die Staffeln im Bereich der No. 11 Group wurden nach dem Rotationsprinzip ausgetauscht: Nach einer bestimmten Einsatzzeit ersetzte man sie durch frische Staffeln aus dem Norden. Die Flugzeugtypen auf den einzelnen Flugplätzen wechselten somit. Die Karte zeigt die Situation am 8. August 1940, dem offiziellen Beginn der Luftschlacht um England. Im Gebiet der No. 11 Group waren noch zahlreiche schwerfällige Blenheims und Defiants vertreten.

aus Dünkirchen Ende Mai und der Kapitulation Frankreichs am 22. Juni begonnen. Am 16. Juli unterzeichnete Hitler den Befehl für die „Operation Seelöwe", und am 19. Juli unterbreitete er Großbritannien sein letztes Angebot zu Friedensverhandlungen. Als dies ausgeschlagen wurde, gab Hitler Befehl, den Angriff auf England vorzubereiten.

Die britischen Streitkräfte rechneten bereits seit sechs Wochen mit einer Invasion; die Verzögerung gab ihnen Gelegenheit, ihre Verbände neu zu ordnen und zu modernisieren. Das Fighter Command der RAF unter der Führung von Sir Hugh Dowding (der in wenigen Wochen in Pension gehen sollte) hatte in den letzten Wochen bei den Luftkämpfen über Frankreich schwere Verluste hinnehmen müssen. Dowdings Mindestforderung von 52 Staffeln war auf 36 Einsatzstaffeln reduziert worden, die neben etwa 450 Hurricanes und 250 Spitfires auch einige relativ nutzlose Blenheims besaßen (sie dienten vorwiegend als Versuchsträger zur Weiterentwicklung eines Nachtkampfradars). Zwei Staffeln waren mit Defiants ausgerüstet.

Das Fighter Command hatte man in drei Bereichsgruppen (Groups) unterteilt: Nr. 11 unter dem Befehl von Generalleutnant Keith Park deckte den gesamten Süden Englands ab; Nr. 12 unter dem Befehl von Generalleutnant Trafford Leigh-Mallory war für die Ostküste, die Midlands und Wales zuständig, und Nr. 13 verteidigte unter Generaloberst Richard Saul Nordengland und Schottland.

Eine neue Gruppe

Dowding erkannte jedoch sofort, daß das Gebiet, für das No. 11 Group verantwortlich zeichnete, viel zu groß war, zumal die Luftwaffe bereits Stützpunkte auf der Halbinsel von Cherbourg eingerichtet und sich somit der englischen Küste bedrohlich genähert hatte. Hitlers Verzögerung gab ihm die Gelegenheit, eine neue Gruppe, Group No. 10, unter dem Befehl von Generaloberst Sir Christopher Quintin Brand aufzustellen. Sie sollte mit Stützpunkt in Box in der Nähe von Bath den westlichen Teil Südenglands verteidigen. Jeder Gruppenbereich war in Sektoren aufgegliedert, die jeweils eine Kommandozentrale besaßen.

Gruppe Nr. 11, die die Hauptlast im Luftkampf über England tragen sollte, bestand zum Beispiel aus sieben Sektoren. Jeder Sektor hatte einen Sektorflugplatz – Northolt, Debden, North Weald, Hornchurch, Biggin Hill, Kenley und Tangmere –, der den zwei bis drei Jagdstaffeln dieser Gruppe (vorwiegend mit Hurricanes ausgerüstet) als Hauptstützpunkt diente. Zudem gab es noch eine Reihe von „Satellitenflugplätzen". So war nicht nur eine bessere Verteilung der Flugzeuge gewährleistet, sondern es standen auch Ausweichflugplätze für den Fall zur Verfü-

gung, daß der Sektorflugplatz ausgeschaltet war.

Die Luftwaffe auf der anderen Seite des Ärmelkanals war in drei Flotten unterteilt: Luftflotte 5 (unter dem Befehl von Generaloberst Hans-Jürgen Stumpff) hatte ihren Stützpunkt in Skandinavien; Luftflotte 2 (unter dem Befehl von Feldmarschall Albert Kesselring) deckte Holland, Belgien und Nordfrankreich ab, und Luftflotte 3 (unter dem Befehl von Feldmarschall Hugo Sperrle) lag in der Normandie und der Bretagne. Das Äquivalent zu den Sektoren des Fighter Command waren die Geschwader, die etwa 100 Flugzeuge umfaßten. Ihre Aufgabe bestand allerdings im Angriff, während die Sektoren der RAF

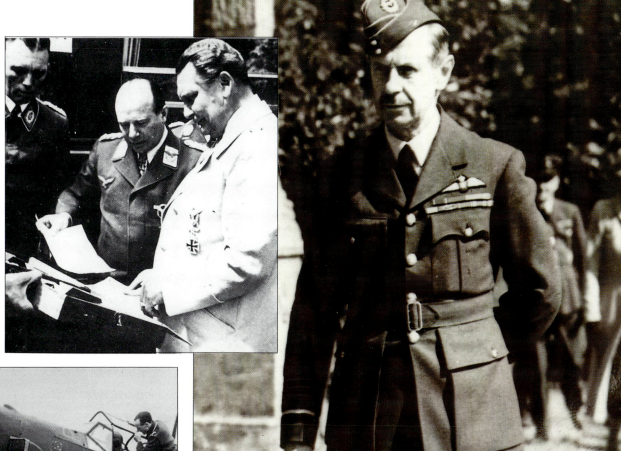

Links: Eine Messerschmitt Bf 109 bereitet sich auf ihren Einsatz vor. Das Wiesel weist diese Bf 109 als Maschine der 8./JG 51 aus.

Oben: Dowding, Oberbefehlshaber des Fighter Command der RAF, zur Zeit der Luftschlacht um England. Kleines Bild: Hermann Göring, der Befehlshaber der Luftwaffe.

Kleines Bild: Bombenabwurf über dem Hafen von Dover zu Beginn der Luftschlacht um England.
Großes Bild: Ein Schwarm Messerschmitt Bf 109 fliegt nach einem Bombenangriff über England zu seinem Stützpunkt an der Kanalküste zurück.

für die Verteidigung eingesetzt waren. Ein Geschwader setzte sich aus einer Stabsstaffel und drei Gruppen von etwa 30 Flugzeugen zusammen. Jede Gruppe war weiter unterteilt in einen Stabsschwarm und drei Staffeln.

Ende Juni 1940 verfügten die drei Luftflotten zusammen über 1.215 Bomber (He 111, Do 17 und Ju 88), 280 Ju-87-("Stuka")-Sturzbomber, 755 einmotorige Jäger vom Typ Bf 109, 225 Bf-110-Langstreckenjäger sowie 70 Aufklärer, verteilt auf 53 Flugplätze. Damit war die Luftwaffe der RAF zahlenmäßig weit überlegen. Die RAF hingegen besaß ein neues Radar und hatte entlang der Süd- und Ostküste eine Kette von Frühwarnstationen eingerichtet.

Als ebenso bedeutsam muß man vielleicht die Tatsache bewerten, daß sich die britischen Jäger in der Verteidigungsposi-

tion befanden und damit ihre begrenzte Reichweite besser nutzen konnten. Die deutschen Bf 109 waren schon fast am Ende ihres Einsatzradius angelangt, wenn sie die britische Küste überflogen hatten; sie mußten daher häufig ihre Kampfhandlungen abbrechen, um zum Auftanken zu ihren Stützpunkten zurückzukehren.

Der Juli gab den beiden Luftstreitkräften Gelegenheit, die taktischen Schwächen und Stärken des Gegners zu testen. Die RAF etwa sah mit der Zeit ein, daß sie Abstand von ihren Angriffen in fester Formation nehmen mußte und übernahm die deutsche Taktik, in Rotten oder in Schwärmen zu fliegen.

Erfolgsgeheimnis

Hauptmann D.M. Crook der No. 609 Squadron beschrieb diese Tage so: „Wir hatten

damals noch nicht begriffen, daß es sich nicht auszahlte, dem Gegner über dem Meer entgegenzufliegen, sondern daß wir ihn zu uns kommen lassen mußten. Wir wußten auch noch nicht, wie wichtig Höhe war. Später versuchten wir dann so hoch wie möglich aufzusteigen, bevor wir angriffen. Nur darin liegt das Erfolgsgeheimnis des Luftkampfs."

Der damalige Cheftestpilot der Firma Supermarine, Oberstleutnant Jeffrey Quill, der zeitweise bei der No. 65 Squadron mit Stützpunkt in Hornchurch flog, schrieb dazu: „Sobald die Schlacht im Gange war, mußte die Spitfire-Staffel aufsteigen, die deutsche Jägereskorte in ein Gefecht verwickeln und ihre Bomber vorbeilassen... Wir sahen riesige Formationen von Dornier-Bombern in 12.000 Fuß (3.650 m) unter uns vorbeizie-

Hawker Hurricane Mk I, No. 303 Squadron

Diese Hurricane wurde von Sergeant Josef Frantisek geflogen, einem tschechischen Piloten, der bei der polnischen Staffel No. 303 Squadron diente. Frantisek hielt mit seinen 17 bestätigten Abschüssen, die es innerhalb von 30 Tagen erzielte, den absoluten Rekord. Am 8. Oktober 1940 fand er selbst den Tod. Im Oktober 1940 verfügte das Fighter Command bereits über 240 polnische, tschechische, belgische und französische Piloten und besaß zwei polnische Staffeln. Es diente auch eine große Zahl von Piloten aus Commonwealth-Staaten.

HURRICANE
Die Hurricane spielte im Luftkampf über England eine wichtige Rolle. Die Einheiten, die diese Maschine flogen, rangierten zahlenmäßig vor den Spitfire-Staffeln der No.11 Group. Die Hurricane war ein robustes Flugzeug, und ihre Wendigkeit machte aus ihr einen idealen Bomberzerstörer. Dennoch konnte sie mit der Bf 109 leistungsmäßig nicht gleichziehen.

hen. Wir hatten Befehl, sie zu ignorieren, denn über ihnen wartete ihre Jägereskorte.

Unsere Aufgabe war es nun, diese Jäger in einen Nahkampf zu verwickeln, während die Bomber unter uns vorbeidröhnten. Mit ein bißchen Glück gelang es uns, ihre gesamte Jägereskorte aufzuhalten und die Bomber kurz vor ihrem Ziel mit unseren Hurricanes unter Beschuß zu nehmen… Die Spitfire und die Hurricane – und das Radar –, sie verhalfen England zum Sieg."

Die Deutschen hatten inzwischen mit der Bombardierung von Konvois im Ärmelkanal begonnen. Am 4. und 9. Juli flogen sie auch Bombenangriffe auf Marineeinrichtungen in Portland. Beim ersten Angriff kamen die britischen Abfangjäger zu spät, beim zweiten aber konnte das Langstreckenradar die deutschen Maschinen rechtzeitig ausmachen. Spitfires der No. 609 Squadron wurden abkommandiert, ihnen entgegenzufliegen.

Verzweifelt

Crook und zwei Kameraden flogen über Weymouth Patrouille: „Ich sah zwei deutsche Maschinen auftauchen und identifizierte sie als Junkers-87-Sturzflugbomber. Ich schaltete sofort meine Reflektionsvisiere ein, legte den Kanonenschalter auf ‚Feuer' um und hielt das Ganze für recht unproblematisch… bis ich mich zufällig umsah. Zu meinem Entsetzen entdeckte ich mindestens neun Messerschmitt 110 in etwa 2.000 Fuß (600 m) über uns…

Das änderte natürlich die Situation völlig. Wir waren zah-

lenmäßig hoffnungslos unterlegen und befanden uns in einer extrem gefährlichen Lage. Ich meldete mich sofort bei Peter und Michael und rief verzweifelt ‚Schaut euch mal um!'… Ich glaube, ich habe mich noch nie so hoffnungslos und hilflos gefühlt wie in dem Augenblick, als die beiden trotz meiner Warnrufe geradeaus weiterflogen. Es war ihnen offenbar gar nicht klar, daß sie in wenigen Sekunden von hinten abgeschossen werden konnten.

In diesem Moment eröffnete die vorderste Messerschmitt das Feuer auf mich, und ich sah, wie Granaten und MG-Geschosse nur knapp über meinen Kopf strichen. Sie waren verflixt nahe. Ich ging sofort in eine scharfe Linkskurve und tauchte in eine nur wenig unter mir liegende Wolkenschicht.

In der Wolke konnte ich schwach eine Maschine zu meiner Linken erkennen, die paral-

lel zu mir flog. Ich verfolgte sie durch die Wolke hindurch, und als sie herauskam, sah ich, daß es eine Ju 87 war.

Ich befand mich in optimaler Angriffsposition. So eröffnete ich das Feuer und schoß meine letzte Munition, etwa 2.000 Schuß, aus nächster Nähe auf sie ab. Ich erinnere mich noch gut, daß ich trotz der angespannten und hitzigen Situation über die Wirkung meiner Geschosse ganz perplex war. Teile des Rumpfes und des Cockpitdachs flogen ab, Rauchschwaden stiegen aus dem Triebwerk, und einen Moment später schossen Flammen aus der Motorverkleidung; die Maschine kippte fast vertikal ab. Flammen hüllten das gesamte Flugzeug ein, als es, wie es schien recht langsam, etwa 5.000 Fuß (1.500 m) sank. Ich folgte ihm und sah, wie es in einer weißen Schaumwolke ins Meer stürzte."

STRUKTUR
Im Vergleich zur Schalenkonstruktion der Spitfire wies die Hurricane eine recht einfache Struktur auf: einen stoffbespannten Metallrahmen. In mancherlei Hinsicht war die Hurricane nur eine Eindecker-Version der Hawker Fury.

Erster Abschuß

Crooks erstes Opfer war Hauptmann Freiherr von Dalwigk, der mit dem Ritterkreuz ausgezeichnet war. „Ich hatte mich oft gefragt, was ich wohl bei einem Abschuß empfinden würde, vor allem dann, wenn die Maschine in einem Flammenmeer zu Boden stürzte. Zu meiner Verwunderung mußte ich feststellen, daß ich in erster Linie ungeheure Erleichterung empfunden hatte – und eine Art

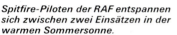

Hawker Hurricane

Die Hawker Hurricane, die zwischen Juli und Oktober 1940 32 Staffeln ausrüstete, war im Luftkampf über England die Stütze des Fighter Command. Im September 1940 ging die Hurricane Mk II mit dem 1.185 PS starken, zweistufigen Merlin-XX-Ladermotor in Dienst. Mindestens eine Hurricane zog mit der damals noch experimentellen Bewaffnung von vier 20-mm-Kanonen in den Kampf. Das hier abgebildete Flugzeug trägt das sechseckige Kennzeichen der No. 85 Squadron von Staffelkapitän Peter Townsend. Auf ihr flog zuweilen auch Sammy Allard, der in der Luftschlacht um England zehn Abschüsse verzeichnen konnte.

TRIEBWERK

Die Hurricane Mk I, die im Luftkampf über England eingesetzt wurden, besaßen ein 1.000 PS starkes Rolls-Royce-Merlin-III-Triebwerk. Der anfangs eingebaute de-Havilland-Propeller mit zwei Blattwinkeln wurde später durch einen automatischen Verstellpropeller von Rotol ersetzt.

Auf der anderen Seite des Ärmelkanals pausieren Piloten der Luftwaffe auf ganz ähnliche Weise. Hier sieht man einige junge Unteroffiziere des JG 27 beim Kartenspiel.

ABSCHUSSREKORD

Obwohl viele die Hurricane für schwächer hielten als die Spitfire und die Messerschmitt Bf 109, stellte sie doch etliche Abschußrekorde auf. In niedriger Höhe konnte ein geübter Pilot mit der wendigen Hurricane die Bf 109 ausmanövrieren; die Fliegerasse der RAF erzielten ihre Abschüsse mit der Hawker und nicht mit der schnelleren Spitfire. Trotzdem vertreten viele die Ansicht, daß man die Spitfires bei der No. 11 Group der RAF hätte konzentrieren und die Hurricanes in die weniger kritischen Zonen außerhalb der Südostspitze Englands verlegen müssen.

ungläubiger Verblüffung, weil alles so einfach gewesen war."

Am nächsten Tag befand sich die No. 111 Hurricane Squadron aus Kenley über der Küste Kents im Einsatz. Sie schoß bei einem Verlust von einem eigenen Flugzeug drei Do 17 und zwei deutsche Jäger ab. Am 11. Juli verlor die RAF vier Hurricanes und zwei Spitfires – die Luftwaffe hatte insgesamt 49 Tote zu beklagen.

BEWAFFNUNG

Die Hurricane Mk I aus dem Luftkampf über England war mit acht 7,7-mm-Browning-Maschinengewehren bewaffnet. Sie erwiesen sich jedoch als völlig uneffektiv im Einsatz gegen feindliche Bomber; einigen Feindflugzeugen gelang die Rückkehr sogar noch mit Hunderten von Einschüssen! Die Hurricane war jedoch eine ausgezeichnete und stabile Plattform und damit effizienter als die ähnlich bewaffnete Spitfire.

Englands Radarnetz

Das britische Radarnetz gründete sich auf Studien aus den zwanziger Jahren, die die Anwendung elektromagnetischer Strahlen gegen Flugzeuge untersuchten. Man fand schnell heraus, daß man Flugzeuge mit Hilfe von Funkleitstrahlen lokalisieren konnte, und 1935 wurden dazu umfassende Versuche unternommen. Im September bewilligte das Luftfahrtministerium den Bau von 20 Radarstationen (Chain Home Stations) entlang der Küste zwischen Southampton und Newcastle. Später genehmigte man noch weitere zwölf Stationen. Sobald eine dieser CH-Stationen ein feindliches Bombergeschwader entdeckt hatte, rief sie per Telefon das Nachrichtenauswertungsbüro an; hier übertrug man die Angaben auf einen großen Kartentisch, bevor sie an die Einsatzzentren der jeweiligen Sektoren und Geschwaderbereiche durchgegeben wurden. Diese ließen dann die Jäger starten und führten sie zur Abfangjagd. Sobald ein Bomberschwarm die Küste überquert hatte, waren für weitere Beobachtung und Meldung 31 Regimenter des Observer Corps zuständig, die die feindlichen Flugzeuge visuell verfolgten.

Einige Tage Schlechtwetter ermöglichten Dowding, ein paar seiner Staffeln gegen frische Piloten und Flugzeuge aus Nordengland auszutauschen. No. 141 Squadron wurde mit ihren Defiants nach Biggin Hill verlegt. Die andere Defiant-Staffel, Nr. 264, hatte über Dünkirchen Erfolge erzielt, als die deutschen Piloten sie für Hurricanes hielten, von den Turmgeschützen aber schnell eines Besseren belehrt wurden. Sie sollten diesen Fehler jedoch kein zweites Mal begehen. Am 19. Juli wurde

Kartenbeschriftung

St Cyrus
Douglas Wood
Anstruther
Cockburnspath
Drone Hill
Bamburgh
Ottercops Moss
Cresswell
Newcastle
Shotton
Danby Beacon
Flamborough Head
Easington
Stenigot
Ingoldmels
Watnall
West Beckham
Happisburgh
Stoke Holy Cross
High Street
Dunwich
Bromley
Bawdsey
Walton
Haycastle
St Twynells
Warren
Uxbridge
Canewdon
Rudloe Manor
Dunkirk
Dover
Carnanton
Trueleigh
Rye
Poling
Fairlight
Hawks Tor
Worth
Ventnor
West Prawle
Drytree

Legende

⊕ Radarstationen
● Radarstationen für niedrige Höhen
■ Sektoreinsatzzentren
△ Gruppenhauptquartiere

Radarabdeckung in großer Höhe
Radarabdeckung in niedriger Höhe

Unten: Die Radarstationen entlang der Küste (Chain Home Stations) trugen in hohem Maße zu Großbritanniens Sieg bei.

RAF Bentley Priory war das Hauptquartier des Fighter Command der RAF. Es wird behauptet, daß Dowding den Befehlshaber der No. 11 Group, Keith Park, nicht hinreichend unterstützt habe.

„...denn wir fahren gegen Engeland!"

Heute wollen wir ein Liedlein singen,
trinken wollen wir den kühlen Wein,
und die Gläser sollen dazu klingen,
denn es muß, es muß geschieden sein.

Kommt die Kunde, daß ich bin gefallen,
daß ich schlafe in der Meeresflut,
Weine nicht um mich, mein Schatz, und denke:
für das Vaterland, da floß sein Blut.

Unsre Flagge, und die wehet auf dem Maste,
Sie verkündet unsres Reiches Macht;
Denn wir wollen es nicht länger leiden,
daß der Englischmann darüber lacht.

Gib mir deine Hand, deine weiße Hand,
leb wohl, mein Schatz, leb wohl.
Lebe wohl, denn wir fahren, denn wir fahren,
denn wir fahren gegen Engeland, Engeland!
H. Löns

AUS D. SAMMLG. „DER KL. ROSENGARTEN" VERLW. EUGEN DIEDERICHS, JENA.

Oben: Auf dieser Postkarte der Luftwaffe ist das damals entstandene Soldatenlied „Denn wir fahren gegen Engeland!" zu lesen.

eine Gruppe aus neun Defiants vor der Küste Kents von Bf 109 angegriffen.

Hauptmann Hannes Trautloft, der die III./JG 51 aus St. Omer anführte, bemerkte, wie er berichtete, einen Waffenturm hinter dem Piloten. Er sah sich um, ob auch keine Hurricanes oder Spitfires in der Nähe waren, dann zielte er auf die rechte Defiant; die Geschosse aus dem hinteren Maschinengewehr zischten an ihm vorbei. Plötzlich spürte er, wie ein heftiger Schlag seine Bf 109 traf.

Boulton Paul Defiant

Die Defiant war schon zur Zeit ihrer Indienststellung völlig veraltet. Mit ihr wollte man einen Jäger mit Turmgeschütz (ähnlich der Demon) herausbringen, doch sie besaß kein nach vorn feuerndes Geschütz. Zudem war sie längst nicht so wendig wie die modernen einsitzigen Abfangjäger. Ihre einzigen Erfolge erzielte sie kurz nach Indienst-stellung, als der Gegner sie mit der Hurricane verwechselte. Die hier abgebildete Maschine wurde von den Sergeanten Thorne und Barker geflogen, zu deren insgesamt vier Abschüssen auch eine Bf 109 zählte. Für den Piloten der Bf 109 war es eine böse Überraschung, als er plötzlich feststellen mußte, daß die vermeintliche Hurricane nach hinten feuerte!

Hier sieht man, wie eine Bodenmannschaft in der Anfangsphase der Luftschlacht um England eine Ju 87 des Stuka-Geschwaders 3 mit Bomben belädt.

In der letzten Juliwoche des Jahres 1940 verstärkte die Luftwaffe ihre Angriffe und setzte eine gefährliche neue Taktik ein; die freie Jagd. Britische Piloten, die nach einem Abfangeinsatz mit wenig Treibstoff und leeren Magazinen zu ihrem Stützpunkt zurückflogen, wurden auf ihrem Heimweg leichte Beute für deutsche Jägerformationen.

Am 24. Juli war Major Adolf Galland, Anführer des III./JG 26 aus Caffiers, zum ersten Mal über England im Einsatz. Er beschreibt, wie sie aus einer günstigen, höheren Position heraus einen Überraschungsangriff flogen. Er heftete sich an das Heck einer Spitfire, die an der äußeren, linken Flanke flog und feuerte in einer Rechtskurve eine lange Salve auf sie ab – die Maschine fiel fast senkrecht zu Boden. Er folgte ihr, bis ihm das Cockpitdach entgegenflog und er den Piloten abspringen sah. Bei diesem ersten Einsatz verloren sie zwei Maschinen.

In dieser einen Woche verlor die RAF 31 Jäger; 18 Maschinen wurden schwer beschädigt, 15 Piloten getötet und sechs verwundet. Die Gesamtbilanz des Monats belief sich bei der RAF auf 77 abgeschossene und 43 beschädigte Flugzeuge; im Vergleich dazu mußten die Deutschen erheblich schwerere Verluste hinnehmen. Sie hatten 193 tote und 302 verschollene oder gefangene Piloten zu beklagen sowie 216 abgeschossene Maschinen.

Dann kam mit dem Monat August der Adlerangriff Görings. Mit dieser Operation sollten die Hafenanlagen und Flugplätze Englands zerstört und der Weg für die deutschen Truppen geebnet werden."

Aber er gab nicht auf. Seine Gewehre feuerten, Teile der Defiant flogen ab und kamen auf ihn zugeschossen. Er konnte eine dünne Rauchfahne erkennen, die plötzlich zu einem Feuerball wurde. Die Deutschen schossen sechs Maschinen ab und beschä-

digten eine siebte schwer. Die restlichen Maschinen der No. 141 Squadron wurden eilends aus dem Bereich der No. II Group abgezogen.

Drei Nächte später schoß eine einsame Blenheim dank ihres AI-Mk-III-Versuchsradars über

dem Ärmelkanal eine Do 17 ab. Obwohl es sich um einen isolierten Vorfall handelte, der keine direkte Bedeutung für die Kämpfe bei Tag hatte, konnte man sich ausmalen, wie sich der Kampf in den nächsten Jahren entwickeln sollte.

Dornier Do 217

Als von 1941 an im Westen eingesetzter standardmäßiger schwerer Nachtbomber der Luftwaffe war die Do 217 eine Ableitung des bewährten Do-17-Konzepts. Obwohl der Erstflug schon im August 1938 stattgefunden hatte, kam die Do 217E erst im März 1941 zu den Kampfeinheiten, als die II. Staffel des Kampfgeschwaders 40 für die Seekriegsrolle über dem Atlantik damit ausgerüstet wurde. Anfang 1942 begann das KG 2 in Holland mit Bombenangriffen gegen England; im Frühjahr wurden mit der Do 217E die Baedecker-Angriffe auf englische Städte geflogen. Die nächsten Versionen des Bombers waren die Do 217K mit neu konstruiertem Bug und verstärkter Abwehrbewaffnung und die stärkere Do 217M; beide konnten mit verschiedenen Bombentypen bewaffnet werden.

Technische Daten: Dornier Do 217E-2, schwerer Bomber mit vier Mann Besatzung
Triebwerk: zwei 1.179 kW-(1.580 PS)-BMW-801ML-14-Zylinder-Sternmotoren
Spannweite: 19 m
Länge: 18,2 m
Höhe: 5,03 m
Tragflügelfläche: 57 m²
Startgewicht: 15.000 kg
Höchstgeschwindigkeit: 515 km/h
Dienstgipfelhöhe: 29.530 Fuß
Reichweite: 2.300 km
Bewaffnung: ein 15mm-, zwei 13mm- und sieben 7,9mm-Maschinengewehre und bis zu 4.000 kg Bomben, die intern und extern aufgehängt wurden.

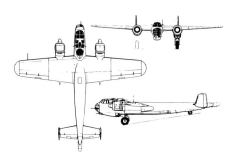

Dornier Do 317

Als letzte Modifizierung der Do-17-Konstruktion sollte die Do 317 die Forderung nach einem fortschrittlichen schweren Hochgeschwindigkeits-Höhenbomber erfüllen. Er sollte jeden Teil der Britischen Inseln von französischen Basen aus erreichen können und mit zwei 1.984-kW-(2.660 PS)-DB604-24-Zylindermotoren ausgestattet sein. Trotz zeitweiser Unterbrechung der Arbeiten im Jahre 1940 wurde die Do 317V-1, ein Prototyp mit Druckkabine, fertiggestellt, die durch ungewöhnliche dreieckige Seitenleitwerke auffiel. Unter der Bezeichnung Do 217R wurden fünf weitere Prototypen gebaut, die jedoch keine Druckkabine besaßen und schließlich Ende 1944 bei der III./KG 40 zum Einsatz kamen, wobei jedes Flugzeug eine einzelne funkgesteuerte Hs-293-Flügelbombe mit Raketenantrieb mitführte. Es kam zu keiner weiteren Fertigung.

Technische Daten: Dornier Do 317B (geplant), schwerer Höhenbomber mit Druckkabine und vier Mann Besatzung
Triebwerk: zwei 2.074 kW-(2.870 PS)-DB610A/B 24-Zylindermotoren
Spannweite: 26 m
Länge: 16,8 m
Höhe: 5,45 m
Startgewicht: 24.020 kg
Höchstgeschwindigkeit: 670 km/h
Dienstgipfelhöhe: 34.500 Fuß
Reichweite: 3.600 km
Bewaffnung: eine 20mm-Kanone, vier 13mm- und zwei 7,9mm-Maschinengewehre und bis zu 5.605 kg Bomben intern und extern

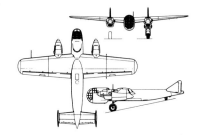

Focke-Wulf Fw 190G

Obwohl als schneller Nachtbomber konzipiert, der feste Ziele unabhängig von den Bodenkämpfen angreifen sollte, kam die Fw-190G-Variante des berühmten Jägers als Jagdbomber zur Erdkampfunterstützung im Februar 1943 in Afrika erstmals zum Einsatz und rüstete wenig später die schnellen Jagdbombergruppen an der Ostfront aus. Sie konnte eine einzelne schwere Bombe von 1.800 kg unter dem Rumpf oder bis zu sechs kleinere Splitterbomben unter den Tragflächen zum Einsatz bringen. Die G-1 und G-3 wurden gegen alliierte Flugzeug-, Panzer- und Infanteriekonzentrationen eingesetzt. Im letzten Kriegsstadium wurden sie allerdings auch in fast selbstmörderischen Bombenangriffen gegen Ziele wie Hauptquartiere und Brücken geflogen.

Technische Daten: Focke-Wulf Fw 190G-1, einsitziger Jagdbomber für Angriff und Erdkampfunterstützung
Triebwerk: ein 1.268-kW-(1.700 PS)-BMW-801D-2-14-Zylinder-Sternmotor
Spannweite: 10,5 m
Länge: 8,84 m
Höhe: 3,96 m
Tragflügelfläche: 18,3 m²
Startgewicht: 6.630 kg
Dienstgipfelhöhe: 36.100 Fuß
Reichweite: 805 km
Bewaffnung: zwei 20-mm-Bordkanonen und bis zu 1.800 kg Bomben unter dem Rumpf und den Tragflächen

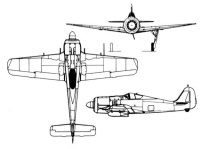

Die Luftschlacht um England

Die Junkers Ju 87 hatten der Wehrmacht auf ihrem Triumphmarsch durch Europa den Weg geebnet. Gegen die entschlossenen britischen Abfangjäger erwiesen sie sich als machtlos. Die Stukas errangen nur mäßigen Erfolg über England und waren meist leichte Beute für die Hurricanes und Spitfires der RAF.

Nach dem Fall Frankreichs bestanden keine Zweifel mehr, daß das nächste Angriffsziel Hitlers England hieß. Im Juni und Juli konzentrierte sich die Luftwaffe vorwiegend auf Ziele an der Küste; besonders betroffen waren Konvois im Ärmelkanal und Hafenanlagen.

Der Adler-Angriff

Sechs Heinkel-He-111-Kampfgeschwader nahmen von ihren Stützpunkten in Frankreich, den Niederlanden und in Norwegen aus am Luftkampf über England teil.

Am 8. August 1940 begann die Wende. Die Royal Navy hatte erkannt, daß die Schiffahrt auf Nordsee und Ärmelkanal zu gefährlich war, und versuchte nun, ihre Fracht über Binnenverbindungen vom Londoner Hafen aus nach Westengland zu befördern. Ein großer Konvoi war am Tag zuvor unter dem Codenamen Peewit vom Medway, einem Fluß in Kent, aus gestartet. Mehr als 100 Ju 87 entdeckten ihn, und nur vier der ursprünglich 20 Schiffe erreichten Swanage.

Die Deutschen verloren zehn Stukas, weitere sechs wurden beschädigt und acht Jäger zerstört; die Verluste der RAF beliefen sich auf 13 Hurricanes und fünf Spitfires.

Am 11. August fand der bis dahin größte Bombenangriff statt: 54 Ju 88 und 20 He 111, eskortiert von 61 Bf 110 und 30 Bf 109, griffen Portland an. Eine Kampfgruppe von 68 Hurricanes und 16 Spitfires warf sich ihnen entgegen und konnte 26 Abschüsse und sieben beschädigte Maschinen verbuchen; die britischen Verluste betrugen 18 Hurricanes und vier Spitfires; 15 Piloten starben.

Die Luftwaffe hatte erkannt, welchen Wert der Küstenradarschirm für das Fighter Command darstellte, und erteilte am 12. August den Befehl, die Radaranlagen zu zerstören. Während einige kleinere Bombenangriffe als Ablenkungsmanöver dienten, näherten sich 16 Bf 110 unter der Führung des Piloten Walter Rubensdörffer, eines gebürtigen Schweizers, der Küste von Kent. Zum Angriff auf die Radarstation in Dover, Rye, Pevensey und Dunkirk trennten sie sich in Vierergruppen.

Gleichzeitig griff eine riesige Formation von etwa 100 Ju 88 unter dem Begleitschutz von 25

15

Bf 109 und 120 Bf 110 Portsmouth und Ventnor an.

Durch den Schaden, den die deutschen Bomber an den Radarstationen angerichtet hatten – er konnte innerhalb von 24 Stunden wieder repariert werden –, war das britische Frühwarnsystem unterbrochen; so konnten die deutschen Bomber die Flugplätze in Manston, Lympne und Hawkinge empfindlich beschädigen. Diese Schwerpunktverlagerung von Schiffen zu Küstenanlagen als Angriffsziele war das erste Anzeichen für eine neue Strategie der Luftwaffe: Am nächsten Tag sollte der Adlerangriff starten.

Reichsmarschall Göring hatte allen Einheiten der Luftflotten 2, 3 und 5 den Befehl erteilt, die britische Luftwaffe innerhalb kürzester Zeit zu vernichten.

Doch der 13. August begann mit einer Reihe unglaublicher Fehler seitens der Luftwaffe. Die Meteorologen hatten sich geirrt, denn über Frankreich herrschte Nebel und Nieselregen. Der Befehl zum Ausrücken wurde rückgängig gemacht. Einige Bomberstaffeln erfuhren davon nichts; so starteten bei Tagesanbruch 74 Do 17 des KG 2 zu einem Angriff auf den Flugplatz des Coastal Command in Eastchurch auf der Insel Sheppey. Über der französischen Küste trafen sie auf ihre Eskorte, Bf 110 des KG 26, die den neuen Befehl erst erhalten hatte, als sie schon in der Luft war. Der Befehlshaber der Eskorte, Oberstleutnant Huth, versuchte, die Bomber zur Rückkehr zu bewegen, bevor er selbst zum

Stützpunkt zurückflog; die beiden Gruppen verloren aber in den dicken Wolken bald den Sichtkontakt.

Als die Bomber wieder aus der Wolkenschicht auftauchten, waren sie zwar allein, stellten aber erfreut fest, daß sie sich bereits in der Nähe des Zielpunkts befanden. Sie lösten gerade die ersten Bomben aus, als sie auch schon von den Spitfires der No. 74 Squadron aus Hornchurch unter dem Befehl des bekannten Südafrikaners „Sailor" Malan abgefangen wurden. Als sie abdrehen wollten, trafen sie auf die Hurricanes der No. 111 aus Kenley. Diese Staffel schoß vier Do 17 ab; eine fiel der Bordkanone einer Hurricane der No. 151 Squadron aus North Weald zum Opfer. Weitere fünf Dornier-Bomber schafften zwar schwerbeschädigt noch die Rückkehr zu ihrem Stützpunkt, mußten aber als flugguntauglich abgeschrieben werden.

Unklare Befehle

Die Ju 88 des KG 54 starteten zu einem Angriff auf Farnborough, drehten aber um, als sie über der britischen Küste abgefangen wurden. Ihre Bf-110-Eskorte hob nach einigen Befehlsunklarheiten ebenfalls ab, um einen inzwischen annullierten Bombenangriff auf Portland zu decken. Die Radarstation in Ventnor war zwar immer noch nicht betriebsbereit, den Rest der Kette hatte man aber während der Nacht repariert; so erwarteten die Hurricanes der No. 238 Squadron aus Middle Wallop bereits die Bf 110.

Spitfires der No. 651 Squadron aus Gravesend über der englischen Grafschaft Kent. Diese Staffel war besonders stark an den Kämpfen über dem Kanal und der Südküste Englands beteiligt. Die No. 610 Squadron wurde Ende Juli nach Biggin Hill verlegt; hier mußte sie zwei- bis dreimal am Tag große Kampfverbände der Luftwaffe abwehren.

Großangriff

Im Laufe des Nachmittags klarte das Wetter auf. Nun startete eine riesige Angriffsformation der Luftflotte 3, 120 Ju 88, 79 Ju 87, 30 Bf 110 und etwa 100 Bf 109, mit Kurs auf die Flugplätze von Middle Wallop, Warmwell und Tangmere sowie auf die strategisch wichtigen Hafenanlagen in Portland, Weymouth und Southampton.

Rechtzeitige Radarwarnung veranlaßte den Befehlshaber der No. 10 Group, Brand, drei Hurricane- und drei Spitfirestaffeln in die Luft zu schicken; sie verjagten die Bf 109 und brachen die Bomberformation auf, so daß nur geringfügige Schäden entstanden – man hatte also Glück gehabt.

Squadron Kader George Darley der No. 609 Squadron beschreibt den Kampf so:

„Die Sonne ging gerade im Westen unter; wir hatten noch Zeit, die Bomber zu umfliegen, um sie von hinten anzugreifen. Über ihnen sahen wir die üblichen Bf 109, dahinter einige Ju 87, etwa 30… Es gelang mir, mich unter den Jägern durchzumogeln – ich glaube, sie haben mich nicht einmal bemerkt. Ich drosselte den Motor ein wenig – nicht zuviel, denn sonst hätte ich die gesamte Formation aus ihrer Position gebracht – und flog aus allen Rohren feuernd durch den Haufen Ju 87.

An diesem Tag hatten wir 13 Abschüsse zu verzeichnen, darunter acht Bomber, und verloren

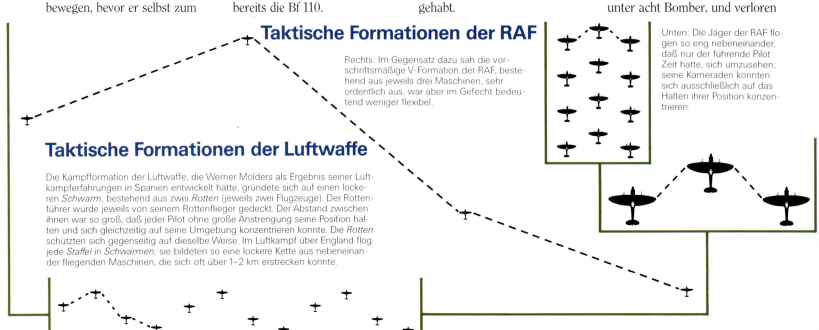

Taktische Formationen der RAF

Rechts: Im Gegensatz dazu sah die vorschriftsmäßige V-Formation der RAF, bestehend aus jeweils drei Maschinen, sehr ordentlich aus, war aber im Gefecht bedeutend weniger flexibel.

Unten: Die Jäger der RAF flogen so eng nebeneinander, daß nur der führende Pilot Zeit hatte, sich umzusehen; seine Kameraden konnten sich ausschließlich auf das Halten ihrer Position konzentrieren.

Taktische Formationen der Luftwaffe

Die Kampfformation der Luftwaffe, die Werner Mölders als Ergebnis seiner Luftkampferfahrungen in Spanien entwickelt hatte, gründete sich auf einen lockeren *Schwarm*, bestehend aus zwei *Rotten* (jeweils zwei Flugzeuge). Der Rottenführer wurde jeweils von seinem Rottenflieger gedeckt. Der Abstand zwischen ihnen war so groß, daß jeder Pilot ohne große Anstrengung seine Position halten und sich gleichzeitig auf seine Umgebung konzentrieren konnte. Die *Rotten* schützten sich gegenseitig auf dieselbe Weise. Im Luftkampf über England flog jede *Staffel* in *Schwärmen*; sie bildeten so eine lockere Kette aus nebeneinander fliegenden Maschinen, die sich oft über 1–2 km erstrecken konnte.

selbst keine einzige Maschine… Später erfuhren wir, daß wir nur fünf Ju 87 erwischt hatten – trotzdem eine gute Bilanz."

Der durchschlagendste Angriff der Luftwaffe erfolgte mit Ju 87 auf den Flugplatz Detling in Kent. 67 Soldaten wurden am Boden getötet und 22 Flugzeuge zerstört. In Detling waren keine Abfangjäger stationiert.

Am Abend mußte die Luftwaffe 45 abgeschossene und 24 beschädigte Flugzeuge registrieren; die Verluste der RAF beliefen sich auf zwölf Hurricanes und zwei Spitfires; drei Piloten waren getötet und sechs verletzt worden. In den Zeitungen machte dies Schlagzeilen.

Am nächsten Tag war es stark bewölkt, daher flog die Luftwaffe nur wenige Angriffe. Übertriebene Berichte einiger Flugzeugführer verleiteten Göring zu der Vorstellung, alle Maschinen und Piloten aus dem Norden seien zur Verteidigung der englischen Südspitze abgezogen worden. So plante er für den 15. August mit den Luftflotten 2 und 3 sowie mit der Luftflotte 5 mit Stützpunkt in Skandinavien riesige Angriffe auf den Nordosten Englands, da er glaubte, dort auf wenig Widerstand zu stoßen.

Diesmal hatten die Meteorologen starke Bewölkung vorausgesagt, so daß Göring den Angriff verschob. Doch im Laufe des Vormittags klarte es auf, und der Befehlshaber des II. Fliegerkorps, Oberst Paul Diechmann, beschloß, die Angriffe auf eigene Verantwortung durchzuführen.

Keine Heckschützen

Eine Streitmacht von 72 He 111 und 21 Bf 110 der Luftflotte 5 startete in Stavanger zu einem Angriff auf Newcastle und Sunderland. Sie waren sich ihrer Sache so sicher, daß die Bf 110 zur Erhöhung ihrer Treibstoffmenge auf die Heckschützen verzichteten.

Die Funker der No. 13 Group, die noch wenig Erfahrung mit deutschen Angriffen hatten, schätzten die Gruppe auf etwa 30 Maschinen und alarmierten

Die Messerschmitt Bf 109Es des Jagdgeschwaders 26 ließen sich leicht an ihren gelben Nasen erkennen. Sie waren bei den britischen RAF-Piloten als gefährliche Gegner berüchtigt.

Links: Mit der Zeit lockerte man zwar den Abstand zwischen den einzelnen Maschinen auf und ließ die letzten drei zur Rückendeckung seitlich hin- und herpendeln. Damit erreichte man aber immer noch nicht die Flexibilität der deutschen Formation.

Oben: Squadron Leader Peter Townsend posiert mit einigen Piloten der No. 85 Squadron. Den Stock brauchte er, seit er im August über Croydon eine Zehe verloren hatte.

Malans Formation verwertete eindeutig die Erfahrung, die man im Gefecht mit der Luftwaffe gesammelt hatte: Die V-Formation wurde soweit auseinandergezogen, daß sie jetzt aus drei Gruppen von je vier Flugzeugen bestand. Es gab drei Anführer, und die nachfolgenden Piloten konnten leichter ihre Position halten und gleichzeitig den Feind beobachten.

Oben: Adolphus „Sailor" Melan befehligte die No. 74 Squadron in der Spätphase des Luftkampfes über England. Ende Juli schoß er eine Messerschmitt ab und verwundete das deutsche Fliegeras Werner Mölders.

die Spitfires der No.72 Squadron aus Acklington in Northumberland. Mit Entsetzen zählten die Piloten nicht nur 30, sondern fast 100 Maschinen. Die Spitfires flogen in 5.500 m Höhe (etwa 1.000 m über den Deutschen) wieder aufs Meer hinaus, um aus der Sonne angreifen zu können.

Sehr bald erhielt die No. 72 Squadron Verstärkung von der No. 602 aus Drem in Schottland und der No. 41 aus Catterick in Yorkshire. Bei einem Verlust von nur einer einzigen Spitfire gelang es ihnen, 15 deutsche Maschinen abzuschießen.

Wenig später näherten sich 50 Ju 88 aus Aalborg in Dänemark ohne Eskorte der Küste Südyorkshires. Sie wurden von zwölf Spitfires der No. 616 Squadron und sechs Hurricanes der No. 73 Squadron aus Church Fenton abgefangen. Es gelang den Bombern zwar, bis zum Flugplatz Driffield durchzukommen und dort zehn Whitleys zu zerstören, sie verloren dabei aber sieben Maschinen durch Abschuß und drei durch Bruchlandung bei der Rückkehr; die RAF hatte keine Verluste hinzunehmen. Die Luftflotte 5 unternahm daraufhin bei Tageslicht keinen Angriff mehr auf England.

Falscher Ehrgeiz

Im Süden Englands war der Kampf besonders hart. Hilde Marchant, Beobachterin des Daily Express in Dover, beschrieb die dichten deutschen Bomberformationen als „Aluminiumdecke am Himmel". Die Luftflotten 2 und 3 konzentrierten ihre Angriffe auf Flugplätze, die jedoch meist nicht zum Fighter Command gehörten.

Die RAF verlor dabei am Boden dennoch 16 wertvolle Flugzeuge. Die Verluste in der Luft beliefen sich auf 28 Maschinen; 11 Piloten kamen ums Leben, und 11 wurden verletzt. Die Luftwaffe büßte insgesamt 75 Maschinen ein.

Das war der „berüchtigte Tag", wie Flight Lieutenant Crook schrieb, „an dem ich eine unserer eigenen Maschinen abschoß." Als Formationen von Ju 88 Middle Wallop und Worthy Down angriffen, befand sich zufällig eine für den Nachtkampf ausgerüstete Blenheim in

der Nähe. In einem Anflug von falschem Ehrgeiz heftete sich ihr Pilot an die deutsche Formation, als sie sich der Küste näherte, und nahm die hintere Maschine unter Beschuß. „Wir kamen schnell an die Deutschen heran, und als ich in Schußweite war, eröffnete ich das Feuer auf die nächste Maschine – leider war es die Blenheim. Ich hätte schwören können, daß es eine Ju 88 war. Ich traf beide Triebwerke und den Rumpf; sie kippte nach rechts weg, und starker Rauch stieg aus einem Triebwerk auf. Als sie zu Boden trudelte, entdeckte ich plötzlich einen Waffenturm auf dem Rumpfrücken. Ich erschrak, weil ich wußte, daß die Ju 88 keinen solchen Waffenstand hatte.

Höchst peinlich

Glücklicherweise war der Pilot dank der Panzerplatten hinter seinem Cockpit nicht verletzt und konnte noch auf dem Flugplatz bruchlanden. Die Blenheim sah allerdings aus wie ein Sieb. Der hintere Schütze hatte weniger Glück: Ihm steckte eine Kugel im Gesäß. Die Verletzung war sicher schmerzhaft und unangenehm, aber nicht gravierend…

Die Geschichte machte natürlich die Runde und wurde mir noch lange Zeit unter die Nase gerieben."

Am späten Nachmittag des 15. August führte Rubensdörffer eine Formation aus Bf 110 zu einem Angriff auf den Flugplatz in Kenley an. Als er über Croydon aus den Wolken auftauchte, sah er sich zwei bereits alarmierten Hurricane-Staffeln gegenüber. Er griff sofort den Flugplatz an und richtete schweren Schaden an. Zivilisten in den nahegelegenen Fabriken traf es besonders hart.

Die Hurricanes verfolgten die Deutschen auf ihrem Rückweg bis zur Südküste; der Stabsschwarm verlor fast alle Maschinen, auch die von Rubensdörffer. Mehr als 2.000 deutsche Flugzeuge, darunter 800 Bomber, waren an einem einzigen Tag gegen England geflogen. Die RAF behauptete, an diesem Tag 182 deutsche Flugzeuge abgeschossen zu haben, die Luftwaffe hingegen gab 75 Verluste an. Ihrerseits sprach sie von 108 abgeschossenen briti-

schen Maschinen, die RAF aber von nur 34.

Am nächsten Tag ging der Kampf weiter. Bei einem Angriff auf Tangmere kam der erste amerikanische Pilot, der sich freiwillig bei der RAF gemeldet hatte, Pilot Officer W.M.L. Fiske, ums Leben. Das einzige Victoria Cross, das man einem Piloten des Fighter Command zuer-

ACHTUNG, SPITFIRE! Obwohl die Hurricane im Fighter Command zahlreicher vertreten war als die Spitfire, flößte letztere dem Gegner mehr Angst ein. Das galt vor allem für die deutschen Piloten; sie behaupteten nahezu grundsätzlich, sie seien von Spitfires abgeschossen worden!

kannte, wurde Flight Lieutenant John Nicolson von der No. 249 Squadron aus Church Fenton verliehen. Trotz schwerster Verbrennungen nahm er in seiner lodernden Hurricane noch eine Bf 110 unter Beschuß, bevor er schließlich absprang.

Göring hatte tags zuvor verkündet, die Verluste unter den Offizieren seien inzwischen so hoch, daß ab jetzt nur noch ein Offizier pro Flugzeug mitfliegen und jede Ju 87 von drei Jägern geschützt werden solle. Zudem äußerte er Zweifel daran, daß Angriffe auf Radarstationen noch sinnvoll seien, da man bisher keine längerfristig außer Betrieb setzen konnte.

Der Adler-Angriff

Dennoch wurde die Radarstation in Ventnor am 16. August nochmals angegriffen und diesmal so schwer zerstört, daß sie sieben Tage lang ausfiel. Der 17. August verlief ruhig; am 18. wurden die Ju 87 zum letzten Mal eingesetzt.

Ihre Verluste durch Abfangjäger der RAF waren einfach zu hoch; ihr eigentlicher Kampfwert lag in der Unterstützung von Landungsoperationen. Es ist daher zu vermuten, daß sie für die kommende Invasion aufgespart werden sollten.

Staffelkapitän Peter Townsend führte die No. 85 Squadron von Debden in seinen ersten größeren Kampf. „Als wir uns den Bombern näherten, drehten die Ju 87 und Heinkels auf das Meer ab. Ein Dutzend Bf 110 schnitten sie von uns ab und bildeten einen Verteidigungskreis... Kurze Zeit später wendete eine Bf 110 ungeschickt direkt vor meinem Bug. Bei ihrem zwecklosen Versuch, meinem Abschuß zu entrinnen, sah mir die Maschine einen Moment lang entsetzlich menschlich aus. Ich versuchte, nicht daran zu denken. Es war ein leichter Abschuß – zu leicht sogar.

Verhängnisvolles Manöver

Ein paar Sekunden lang beschäftigten wir uns noch mit den Bf 110. Dann schoß plötz-

Eine Spitfire verliert einen Nahkampf. Das größte Problem der RAF war, daß sie nicht nur ihre Maschinen, sondern vor allem ihre besten Piloten verlor; im Kampf ging es, wie es der Herzog von Wellington nach Waterloo ausdrückte, „verdammt eng zu".

Spitfire Mk 1
No. 19 Squadron

Die No. 19 Squadron war die erste einsatzfähige Spitfire-Staffel der RAF. Sie hatte den Typ schon im August 1938 erhalten. Im Luftkampf über England flog sie vorwiegend die Spitfire Mk 1B, die im Gegensatz zu den anderen Einheiten mit 20-mm-Hispano-Kanonen in den Tragflächen bestückt war.

SPITFIRE P 9386
Nach ihrer Fertigstellung Anfang 1940 ging die P 9386 im Mai an das neugebildete No. 257 Squadron in Hendon. In der Luftschlacht um England stand sie bei No. 19 und No. 152 Squadron in Dienst. Danach wurde die Spitfire bei etlichen Einsatz-Ausbildungseinheiten zur Schulung verwendet, bis sie im Mai 1944 in der Nähe von Edinburgh abstürzte.

DUXFORD
Die No. 19 Squadron war in Duxford, nördlich der Themse, stationiert. Als Teil des Duxford-Geschwaders nahm sie an den heftigen Kämpfen über dem Ärmelkanal und der Themse teil.

15. August 12 Uhr

Am frühen Morgen wird ein einzelnes He-115-Wasserflugzeug bei seinem Aufklärungsflug vor der schottischen Küste abgefangen. Ein Verband der Luftflotte 5 startet später von Norwegen aus und greift um 13 Uhr Newcastle an. Er wird von den Spitfires und Hurricanes aus Drem und Acklington abgefangen und böse zugerichtet. Gleichzeitig trifft eine Einheit Ju 88 aus Aalborg bei ihrem Angriff auf Driffield auf die Spitfires und Hurricanes aus Leconfield.

1 He 115

63 He 111

21 Bf 110

Montrose

Drem

Acklington
Newcastle
Sunderland

Catterick

50 Ju 88

Driffield
Church Fenton
Leconfield

Bircham Newton

Oben: Hurricanes der No. 501 Squadron starten am 15. August in Gravesend. Bei den Luftkämpfen, die an jenem Tag stattfanden, wurden etwa 75 deutsche Maschinen zerstört.

15. August 15 Uhr

Maschinen der Luftwaffe greifen Martlesham Heath an. Sie werden von Hurricanes aus North Weald und Martlesham unter Beschuß genommen; die Spitfires aus Fowlmere haben sie verfehlt.

Riesige Stuka-Formationen greifen noch vor Mittag die Radarstationen in Hawkinge und Lympne an. Von den verschiedenen Stützpunkten steigen Jäger hoch, die aber nicht auf den Feind treffen.

Rochford
Hornchurch
Croydon
Manston
Hawkinge
Lympne

27 Ju 87

16 Ju 87

Fowlmere
Martlesham Heath
North Weald

Pas de Calais

16 Bf 110
9 Bf 109

⊙ Radar Stations

---

lich ein Schwarm Bf 109 herab. Aus den Augenwinkeln sah ich eine davon im Sturzflug auf mich zukommen und das Feuer eröffnen. Ich konnte sie abschütteln, indem ich selbst auf sie zuschoß und sie unter mir wegtauchen mußte. Doch dann beging sie einen verhängnisvollen Fehler: Sie setzte sich in einer weiten Linkskurve geradewegs vor mich. Mit meiner Hurricane konnte ich leicht auf der Innenseite ihrer Kurve bleiben. Als ich feuerte, kippte die Bf 109 über, und der weiße Dampf aus ihrem Rumpf loderte auf. Und schon kam die nächste Maschine. Nochmal eine Steilkurve, und ich heftete mich an ihre Fersen. Der Pilot schien mich entdeckt zu haben, aber er

reagierte genau falsch. Er blieb in seiner Kurve. Als ich feuerte, platzten Stücke ab, die Cockpithaube flog hoch, und dann sprang der Pilot ab. Er wirkte so verloren und fehl am Platz, ein flügelloses Wesen inmitten der geflügelten Maschinen, die sich ein erbittertes Duell lieferten."

Am selben Tag kam Pilot Officer Looker der No. 615 Squadron aus Hawkinge nur knapp mit dem Leben davon. Die Hurricanes der Staffel waren zusammengerufen worden, um eine Bf-109-Bomberformation abzufangen, die sich aus Südost näherte. Ihr Befehlshaber wies sie an, deutsche Jäger in 7.620 m Höhe unter Beschuß zu nehmen. Für diese Aufgabe hätten sich die Spitfires mit ihrer höhe-

ren Flug- und Steiggeschwindigkeit besser geeignet. Looker flog sogar eine besonders alte Hurricane aus dem Reservebestand.

Die Bf 109 drängten sie aus der Sonne; Lookers Heck wurde von einer Kanone schwer getroffen. Er war erst vor kurzem nach einer Beinverletzung aus dem Krankenhaus entlassen worden und wollte, wenn es irgend ginge, einen Absprung vermeiden. In niedriger Höhe traf er auf die Kabel der Ballonsperre. Irgendwie gelang es ihm, durchzukommen und auf Croydon zuzufliegen. Die Luftabwehrschützen dort, die nach dem Angriff von vor drei Tagen überwachsam waren, hielten ihn für einen Deutschen; so mußte er auch noch ihren Feuerhagel

durchstehen, ehe er endlich zur Bruchlandung ansetzen konnte. Seine Hurricane ist heute noch im Science Museum zu bewundern.

Angriffspause

Nach dieser Angriffsserie brauchten beide Seiten zwei oder drei Tage, um sich zu erholen. Göring rief seine höheren Offiziere zusammen und eröffnete ihnen, daß die Befehlshaber der einzelnen Luftflotten sich nun ihre Ziele selbst auswählen konnten. Er gab zu, daß die Bf 110 als Jäger nicht erfolgreich waren; er wolle daher mehr Bf 109 von Cherbourg an die Straße von Dover verlegen.

Anschließend verlieh er den beiden besten Luftwaffe-Piloten,

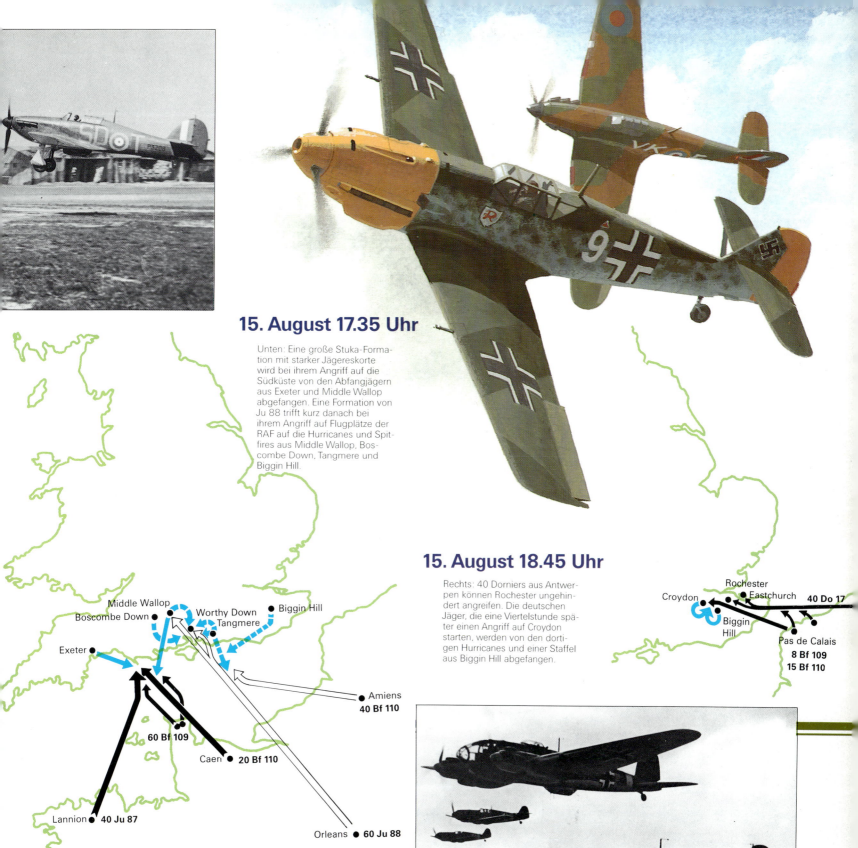

15. August 17.35 Uhr

Unten: Eine große Stuka-Formation mit starker Jägereskorte wird bei ihrem Angriff auf die Südküste von den Abfangjägern aus Exeter und Middle Wallop abgefangen. Eine Formation von Ju 88 trifft kurz danach bei ihrem Angriff auf Flugplätze der RAF auf die Hurricanes und Spitfires aus Middle Wallop, Boscombe Down, Tangmere und Biggin Hill.

15. August 18.45 Uhr

Rechts: 40 Dorniers aus Antwerpen können Rochester ungehindert angreifen. Die deutschen Jäger, die eine Viertelstunde später einen Angriff auf Croydon starten, werden von den dortigen Hurricanes und einer Staffel aus Biggin Hill abgefangen.

Middle Wallop
Boscombe Down
Worthy Down
Tangmere
Biggin Hill
Exeter
Amiens
40 Bf 110
60 Bf 109
Caen **20 Bf 110**
Lannion **40 Ju 87**
Orleans **60 Ju 88**

Rochester
Croydon
Eastchurch
40 Do 17
Biggin Hill
Pas de Calais
8 Bf 109
15 Bf 110

Mölders und Galland, als besondere Auszeichnung ein neues Abzeichen in Gold mit Edelsteinen und beförderte sie zu Geschwaderkommodoren.

Galland schrieb, daß er keineswegs erfreut darüber gewesen sei und das Göring auch offen gesagt habe. Er fühle sich in seiner Gruppe sehr wohl, die Verantwortung reiche ihm völlig und er befürchte, dann mehr am Boden als in der Luft zum Einsatz zu kommen.

Göring habe ihn beruhigt und seine Zielsetzung erklärt. Der Kommodore solle sein Geschwader persönlich anführen, und für diese Aufgabe komme natürlich nur der beste Pilot des Verbandes in Frage.

Park hatte für diesen Tag ebenfalls eine Lagebesprechung angesetzt. Er meinte, die RAF müsse sich in Zukunft vor allem auf den Schutz ihrer Flugplätze konzentrieren. Die Jäger sollten nun die deutschen Bomber

direkt angreifen, ohne sich in unnötige Nahkämpfe verwickeln zu lassen. Ohne es zu wissen, hatte er damit bereits auf die Wende in der deutschen Taktik reagiert. So begann eine neue Phase in der Luftschlacht um England.

Die hohen Verluste zwangen Göring, seine Jägerstreitmacht an die Straße von Dover zu verlegen. Von dort aus konnte sie die Bomber weiter nach England hinein begleiten. Bessere Ergebnisse wären sicher nach dem Prinzip der freien Jagd erzielt worden. Doch zum Glück für England galt der Befehl, dicht bei den Bombern zu bleiben; so verschenkte man Vorteile.

Heinkel He 111

Eine Heinkel HE 111 P-2 des 55. Kampfgeschwaders, das im Herbst 1940 in Villecoubley für Nachtangriffe auf britische Städte stationiert war. Einheitskennzeichen und Hakenkreuz wurden durch den vorübergehenden Nacht-Tarnanstrich verdunkelt. Über 7.300 dieser Bomber wurden während des Zweiten Weltkriegs gebaut.

Heinkel He 177

Die He 177, ein verspäteter Versuch, einen wirklichen strategischen viermotorigen Bomber einzuführen, war ein großes Flugzeug mit je zwei gekoppelten Motoren in zwei Triebwerksgondeln; sie kam 1942 erstmals zu den operationellen Einheiten der Luftwaffe. Mit ihrem großen Bombenschacht und Flügeln großer Streckung konnte die He 177A schwere Lasten tragen, krankte aber ständig an mechanischen und strukturellen Problemen. Sie wurde hauptsächlich zur Seekriegsführung im Westen verwendet. Mitte 1944 flog KG 1 mit 87 He 177 einen Angriff auf Velikye Luki an der Ostfront. Gegen Ende des Krieges wurde eine Maschine als Träger einer deutschen Atombombe modifiziert.

Technische Daten: Heinkel He 177A-1/R-1 Greif, schwerer Bomber mit fünf Mann Besatzung
Triebwerk: zwei 2.010 kW-(2.700 PS)-DB606-/vier DB601/-24-Zylinderreihenmotoren in ringförmigen Verkleidungen
Spannweite: 31,34 m
Länge: 20,04 m
Höhe: 6,39 m
Tragflügelfläche: 510 m²
Startgewicht: 30.000 kg
Höchstgeschwindigkeit: 510 km/h
Dienstgipfelhöhe: 22.966 Fuß
Reichweite: 3.200 km
Bewaffnung: eine 20mm-Bordkanone, zwei 13mm- und drei 7,9mm-MGs; bis zu 5.600 kg Bomben (kürzere Reichweite)

Heinkel He 274

Während der Untersuchungen zur Lösung der Triebwerksprobleme der He 177 reichte Heinkel einen Vorschlag für einen Bomber mit vier getrennten Motoren, vergrößertem Flügel und Doppelleitwerk ein, bei dem der Rumpf der He 177 verwendet wurde. Mit dem Bau der He 274 wurde in Suresnes, Frankreich, 1943 begonnen, aber der He 274V-1-Prototyp, obwohl fast fertig, war noch nicht geflogen, als die Alliierten 1944 die Fabrik einnahmen. Versuche der Deutschen, ihn zu zerstören, waren nur teilweise erfolgreich. Die Franzosen setzten ihn wieder instand, gaben ihm die Bezeichnung AAS 01A und flogen ihn schließlich auch. Das Deutsche Reich unternahm keine Anstrengungen, den Bau des Bombers weiterzuverfolgen, der in der Lage gewesen wäre, große Bombenlasten aus der Tropopause abzuwerfen.

Technische Daten: Heinkel He 274A (geplant) schwerer Höhenbomber mit vier Mann Besatzung
Triebwerk: vier 1.380 kW (1.850 PS)-DB603A-2-Motoren mit Turbolader
Spannweite: 44,2 m
Länge: 23,8 m
Höhe: 5,5 m
Tragflügelfläche: 170 m²
Startgewicht: 38.045 kg
Höchstgeschwindigkeit: 580 km/h
Dienstgipfelhöhe: 46.920 Fuß
Reichweite: 2.850 km
Bewaffnung: fünf 13mm-Maschinengewehre und eine maximale Bombenzuladung von 4.000 kg im Bombenschacht

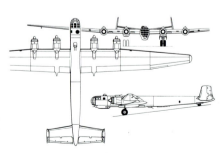

Spitfires, die feindliche Maschinen über Kent abfangen, scheren aus ihrer V-Formation aus und gehen im Sturzflug zum Angriff über.

Die Luftschlacht um England

PATT

Als die Luftschlacht um England sich in einer sehr kritischen Phase befand, trat ein Konflikt plötzlich offen zutage, der seit längerem in den oberen Reihen des Fighter Commands gebrodelt hatte. Ob dieser Streit irgendeinen Einfluß auf den Kriegsverlauf nahm, ist fraglich. Eines aber ist sicher: Die Karriere des Mannes an der Spitze des Fighter Commands, Dowding, fand damit ein jähes Ende.

Seit einiger Zeit hatte Generalleutnant Leigh-Mallory, Befehlshaber der No. 12 Group, Parks Strategie, seine Staffeln einzeln einzusetzen, heftig angegriffen.

Er war nämlich ein Anhänger der „Big Wing"-Theorie (Big Wing = Großes Geschwader): Den massiv angreifenden Deutschen müsse eine gleich starke Formation entgegengesetzt werden. Seine Theorie fand bei Douglas Bader, dem Befehlshaber der No. 242 Squadron in Coltishall, volle Unterstützung.

„Leigh-Mallory und Douglas Bader lagen mit ihrer Big-Wing-Theorie völlig falsch", konterte hingegen Flight Lieutenant Sir Archibald Hope. „Keith Park hatte doch keine andere Wahl. So schnell, wie die Deutschen ankamen, konnte er gar keine

Riesengeschwader aufbauen. Es fehlten ihm einfach die Staffeln. Er mußte seine Maschinen so schnell und so zahlreich wie möglich in die Luft bekommen.

Abgesehen davon konnten sich Leigh-Mallory und Keith Park nicht ausstehen. Wenn der eine eine Taktik für richtig hielt, konnte man jede Wette einge-

Unten: Die Junkers Ju 88 war 1940 der beste Bomber der Luftwaffe; sie blieb das wandlungsfähigste deutsche Kampfflugzeug aller Zeiten.

Rechts: Zu dieser Zeit meldeten RAF-Piloten zahlreiche Abschüsse von Heinkel-He-113-Bombern. Es handelte sich dabei jedoch um die Heinkel He 100, eine kleine Baureihe von insgesamt 18 Maschinen, von denen zwölf die Heinkel-Fabrik nie verlassen hatten.

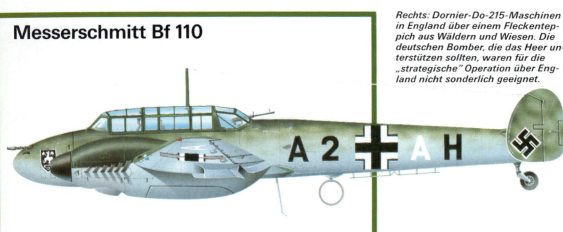

Messerschmitt Bf 110

Die Messerschmitt Bf 110 basierte auf einer Ausschreibung der Lufwaffe für einen Zerstörer. Man wollte den schweren, zweimotorigen Jäger gegen Bomber einsetzen. In den ersten Kriegstagen waren sie zwar recht erfolgreich, aber für die modernen einmotorigen Jagdflugzeuge der RAF bedeuteten sie leichte Beute. In den Luftkämpfen von 1940 wurden sie buchstäblich vom Himmel geschossen, allein im August stürzten 120 Maschinen ab. Das oben abgebildete Modell diente im Juni 1942 bei der I. Gruppe des Zerstörergeschwaders 52 in Charleville.

Rechts: Dornier-Do-215-Maschinen in England über einem Fleckenteppich aus Wäldern und Wiesen. Die deutschen Bomber, die das Heer unterstützen sollten, waren für die „strategische" Operation über England nicht sonderlich geeignet.

Unten: Eine Hawker Hurricane der No. 32 Squadron macht sich startklar. Auf dem Höhepunkt der Schlacht war die No. 32 Squadron von ihrem Stützpunkt in Biggin Hill aus voll im Einsatz, um die deutschen Angriffe abzuwehren.

hen, daß der andere das Gegenteil behauptete."

Die „Big Wing"-Taktik

Leigh-Mallory wußte überdies nicht, daß Dowding und Park Zugang zum ULTRA-Nachrichtendienst in Bletchley Park hatten, der ihnen entschlüsselte Informationen über die Bewegungen und Pläne der Luftwaffe lieferte. Außerdem wurmte ihn die Tatsache, daß er mit seinen Jägern Parks Flugplätze bewachen sollte, während die Männer der No. 11 Group die Lorbeeren einstrichen. Gegen Dowdings ausdrückliche Anweisungen wollte er seine Big-Wing- Taktik fortsetzen.

Vom 24. August an führte die Luftwaffe Görings Befehl aus, gegen die RAF eine Zermürbungsoffensive rund um die Uhr zu fliegen. Der Befehlshaber der Luftflotte 3, Albert Kesselring, schickte unaufhörlich Flugzeuge über die Straße von Dover; die britischen Funker hatten größte Schwierigkeiten, Lockvögel – oft nur ein einziger Bomber – von Maschinen, die wirklich zum Angriff eingesetzt waren, zu unterscheiden.

Die echten Angriffe wurden inzwischen in noch größeren Formationen geflogen, bei denen zahlreiche Jäger die Bomber nicht nur von oben, sondern oft auch von unten schützten. Bader konnte über seinen Adjutanten, ein Mitglied des britischen Parlaments, auch noch Churchill für die Big-Wing-Strategie gewinnen.

Das Wrack einer Messerschmitt Bf 110 des ZG 26, das immer noch an seiner Absturzstelle bei Lenham in Kent liegt, zeugt von den wilden Schlachten, die im Sommer 1940 über England stattfanden.

Die Heinkel He 111 war während des ganzen Krieges der wichtigste Bomber der Luftwaffe. Doch schon 1940 erwies sie sich modernen Abfangjägern gegenüber als unterlegen, wie diese Maschine des KG 26 beweist.

Am 26. August brach der Streit offen aus. Parks eigener Flugplatz in Debdon wurde bombardiert, während seine Hurricanes mit sieben anderen Staffeln einer riesigen Angriffsformation aus dem Osten entgegenflogen. Die Flugzeuge der No. 12 Group hatten zum Start so lange gebraucht, daß sie den

Die Hurricanes der No. 151 Squadron steigen von Martlesham Heath an der Küste Suffolks auf. Die in Martlesham stationierten Staffeln nahmen an den heftigen Kämpfen über der Themse teil.

Oben: Spitfires der No. 92 Squadron starten von ihrem Stützpunkt in Pembrey. Nach einer Erholungspause in Wales war die Staffel im September vom Flugplatz von Biggin Hill aus wieder im Einsatz.

Angriff auf Debdon nicht mehr verhindern konnten. North Weald wurde ebenfalls bombardiert; Park kochte vor Wut.

Wie Sir John Slesser, der spätere Generalstabschef der britischen Luftwaffe, sagte: „Ich glaube, an Stuffy Dowdings Stelle hätte ich Leigh-Mallory schon viel früher gesagt, er solle seinen Mund halten und seine Gruppe nach meinen deutlich ausgesprochenen Befehlen kommandieren."

Durch den Umweg, den die Luftwaffe-Piloten flogen, um aus dem Osten angreifen zu können, hatten sie zuviel Treibstoff verbraucht; so mußten sie in dem Moment abdrehen, als die Jäger der RAF auf sie zukamen.

Squadron Leader Peter Townsend führte die No. 85 aus Croydon an. „30 Minuten später segelte etwa ein Dutzend Dorniers majestätisch auf uns zu – eine perfekte Phalanx aus hintereinander angeordneten Dreierreihen… Sie führten keine Bomben mit, sondern dienten nur als Lockvögel, um uns zu einem Gefecht mit den über ihnen fliegenden Bf 109 zu verleiten. Ich ließ meine Staffel einen weiten Bogen fliegen, brachte sie in Formation und ließ sie etwa zwei Meilen vor unserem Gegner auf Kollisionskurs ausschwärmen.

Gas etwas zurück, um nicht zu schnell auf den Gegner zuzukommen - man hatte ohnehin nur wenige Sekunden zum Feuern. Das Ziel genau anvisiert, den Kurs gehalten und ungeachtet des Kugelhagels weitergeflogen. Man muß die Finger auf dem Knopf lassen, bis man glaubt, den Gegner fast zu rammen. Dann den Knüppel voll nach vorne. Unter der Einwirkung der negativen G-Beschleunigung hüpft einem der Magen fast bis ans Kinn, vom Cockpitboden haut es einem den Dreck in die Augen, und der Kopf knallt an die Decke."

Nachtangriffe

Bereits seit Anfang August flogen Bomber der Luftwaffe Nachtangriffe auf Industrieeinrichtungen in den Midlands. Der Angriff auf London begann erst am frühen Morgen des 25. August mit der Bombardierung von Öltanks in Thameshaven. Ein Bomber verlor die Orientierung und warf seine Bombenlast über der Innenstadt von London ab. Churchill befahl sofort Vergeltungsmaßnahmen; und so starteten noch in derselben Nacht 81 Bomber der RAF mit Kurs auf Berlin. Jetzt traf es die Zivilisten in den Großstädten.

Die RAF hatte entdeckt, daß die Deutschen mit einem System aus je zwei Richtungsstrahlen arbeiteten, das die Luftwaffe Knickebein und die Briten Headache (Kopfschmerzen) nannten. Mit Hilfe dieses Systems und ihrer Lorenz-Blindlandeausrüstung konnten die deutschen Nachtbomber ihr Ziel genau bestimmen. Strahlen zweier weit voneinander entfernter Sender wurden so ausgerichtet, daß sie sich über dem Ziel kreuzten. Sobald der Empfänger im Flugzeug den Schnittpunkt der zwei Strahlen registrierte, konnte der Bombenschütze seine Bombe ausklinken.

Messerschmitt Bf 109E

Diese gelbnasige Bf 109E-3 wurde im Luftkampf über England von Hauptmann Hans „Vati" von Hahn, Träger des Ritterkreuzes, geflogen, den man erst vor kurzem zum Gruppenkommandeur der I. Gruppe, Jagdgeschwader 3 „Udet", mit Stützpunkt in Colombert ernannt hatte. Als Oberleutnant war Hahn Staffelkapitän der 8./JG 53. Bei Kriegsende konnte von Hahn 34 Abschüsse vorweisen.

Unten: Hauptmann von Winterfeld war Staffelkapitän beim JG 2. Er und viele seiner Kollegen hatten den englischen Piloten größere Erfahrung und bessere Taktiken voraus.

Pfadfinder

Ein etwas komplizierteres System war als X-Gerät bekannt. Ein Hauptrichtstrahl wurde direkt auf das Ziel gerichtet; drei Hilfsrichtstrahlen kreuzten ihn. Der erste Hilfsrichtstrahl sagte der Besatzung, daß sie sich nun dem Ziel näherten, der zweite gab das Signal, einen Ablaufzünder in Gang zu setzen. Beim dritten Strahl stoppte der Bombenschütze den Minutenzeiger, und die Uhr zählte die richtige Anzahl Sekunden, bis sich die Bomben automatisch ausklinkten. Das KG 100, die erste Pfadfindergruppe der Luftwaffe, wurde als Systemträger zur Zielmarkierung für nachfolgende Kampfverbände aufgestellt.

Mit Hilfe einer speziell ausgerüsteten Avro Anson war die RAF zwar in der Lage, den Hauptrichtstrahl zu finden und so das voraussichtliche Ziel zu bestimmen, aber relativ machtlos, etwas dagegen zu unternehmen. Alte Lorenz-Sender wurden aufgestellt, um die Strahlen abzulenken, hatten aber nur mäßigen Erfolg. In Pilotenkreisen erzählt man sich noch heute, wie es der RAF einmal gelang, die Strahlen so zu beugen, daß die Luftwaffe ihre Bomben über Dublin, einer neutralen Stadt, abwarf.

In der Zwischenzeit gingen die massiven Angriffe bei Tageslicht weiter. Am Nachmittag des 29. August versuchten die Deutschen mit einem Trick, einen Großteil des Fighter Commands zu zerstören. Die RAF entdeckte kleine Formationen von He 111 und Do 17, die auf die Südküste zuflogen, und schickte 13 Jagdstaffeln hoch, um sie abzufangen. Doch hinter und über den Bombern folgten mehr als 500 Bf 109 und ein riesiger Schwarm Bf 110.

Es war ganz offensichtlich eine Falle, aber die englischen Jäger ließen sich auf Parks Befehl hin nicht in ein Gefecht verwickeln. Peter Townsend schrieb: „Wir stiegen hoch und versuchten, die Bomber zu erreichen. Nur schön von den Jägern wegbleiben! Keine leichte Aufgabe, da sie über uns hockten und uns nach Belieben unter Beschuß nehmen konnten. Vielleicht sollten wir besser in die Sonne ausweichen. Doch dann nagelte uns ein Dutzend Bf 110 fest. Jedesmal, wenn sie aus ihrem Verteidigungskreis herauskamen, rief ich ,Laßt sie in Ruhe' und drehte mit der Staffel auf sie zu, um sie nicht im Rücken zu haben.

Verhängnisvolle Wende

Doch dann geschah das Unvermeidliche: Die Bf 109 stürzten sich auf uns, und jetzt hieß es, jeder gegen jeden. Eine Bf 109 kam aus allen Rohren feuernd auf mich zu, ich schoß herum, sie ging in eine verhängnisvolle Kurve – ich hatte sie direkt im Visier. Die Kurve noch etwas enger geflogen, die Nase noch ein bißchen weiter nach oben, und schon erwischte ich sie. Die Me 109 schwankte ein wenig, wie ein angeschossener Fasan… Dann bäumte sich die Maschine auf und stürzte in der Nähe von Hastings ab."

Der Befehlshaber der Luftflotte 2, Oberst Theo Osterkamp, schickte einen ausführlichen Bericht von dieser Luftschlacht an den Generalinspekteur der Luftwaffe, Milch. Der begab sich zur KG 30 in Eindhoven. Er schien, wie Leutnant Werner Baumbach sagte, uns für die offene Aussage dankbar zu sein und versprach sofortige Abhilfe. Er fand auch eine. Eine Gruppe, die die Hauptlast im Kampf getragen hatte, wurde aufgelöst „als Strafe für Meuterei und Defätismus", die Offiziere versetzt und degradiert.

Der RAF drohte die Niederlage. Mit fünf oder sechs Einsätzen pro Tag und den ständigen Luftkämpfen waren die Piloten überlastet. „Wir befanden uns 14 bis 15 Stunden pro Tag in der Luft", sagte Pilot Officer John Ellacombe. „Die Zahl unserer Leute schrumpfte erschreckend zusammen. Innerhalb von drei Wochen wurden in meiner Staffel von 23 Piloten 17 getötet oder verwundet. Außerdem hatten wir acht Abschüsse, bei denen sich die Piloten retten konnten – mir war das bereits zweimal passiert."

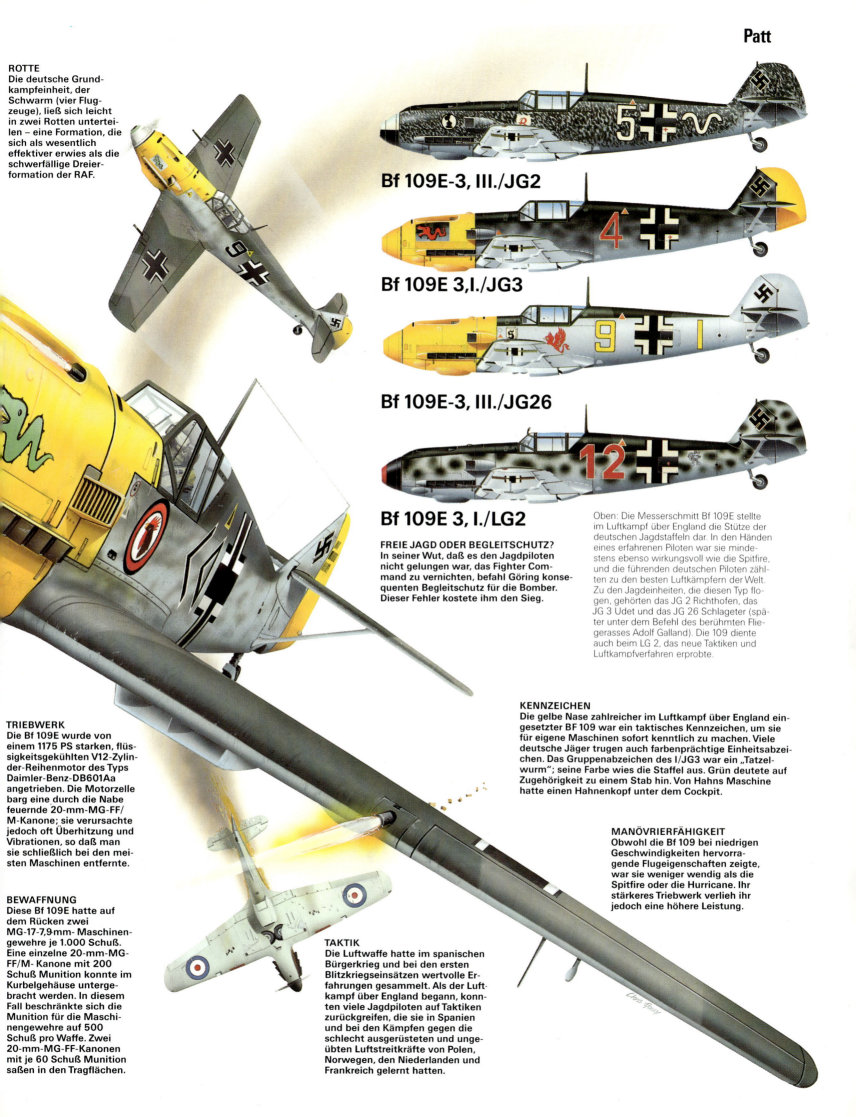

ROTTE
Die deutsche Grund-
kampfeinheit, der
Schwarm (vier Flug-
zeuge), ließ sich leicht
in zwei Rotten unter-
teilen – eine Formation, die
sich als wesentlich
effektiver erwies als die
schwerfällige Dreier-
formation der RAF.

Bf 109E-3, III./JG2

Bf 109E 3, I./JG3

Bf 109E-3, III./JG26

Bf 109E 3, I./LG2

FREIE JAGD ODER BEGLEITSCHUTZ?
In seiner Wut, daß es den Jagdpiloten
nicht gelungen war, das Fighter Command zu vernichten, befahl Göring konse-
quenten Begleitschutz für die Bomber.
Dieser Fehler kostete ihm den Sieg.

Oben: Die Messerschmitt Bf 109E stellte
im Luftkampf über England die Stütze der
deutschen Jagdstaffeln dar. In den Händen
eines erfahrenen Piloten war sie mindestens ebenso wirkungsvoll wie die Spitfire,
und die führenden deutschen Piloten zählten zu den besten Luftkämpfern der Welt.
Zu den Jagdeinheiten, die diesen Typ flogen, gehörten das JG 2 Richthofen, das
JG 3 Udet und das JG 26 Schlageter (später unter dem Befehl des berühmten Flie-
gerasses Adolf Galland). Die 109 diente
auch beim LG 2, das neue Taktiken und
Luftkampfverfahren erprobte.

TRIEBWERK
Die Bf 109E wurde von
einem 1175 PS starken, flüssigkeitsgekühlten V12-Zylin-
der-Reihenmotor des Typs
Daimler-Benz-DB601Aa
angetrieben. Die Motorzelle
barg eine durch die Nabe
feuernde 20-mm-MG-FF/
M-Kanone; sie verursachte
jedoch oft Überhitzung und
Vibrationen, so daß man
sie schließlich bei den meisten Maschinen entfernte.

KENNZEICHEN
Die gelbe Nase zahlreicher im Luftkampf über England eingesetzter BF 109 war ein taktisches Kennzeichen, um sie
für eigene Maschinen sofort kenntlich zu machen. Viele
deutsche Jäger trugen auch farbenprächtige Einheitsabzei-
chen. Das Gruppenabzeichen des I/JG3 war ein „Tatzel-
wurm"; seine Farbe wies die Staffel aus. Grün deutete auf
Zugehörigkeit zu einem Stab hin. Von Hahns Maschine
hatte einen Hahnenkopf unter dem Cockpit.

MANÖVRIERFÄHIGKEIT
Obwohl die Bf 109 bei niedrigen
Geschwindigkeiten hervorragende Flugeigenschaften zeigte,
war sie weniger wendig als die
Spitfire oder die Hurricane. Ihr
stärkeres Triebwerk verlieh ihr
jedoch eine höhere Leistung.

BEWAFFNUNG
Diese Bf 109E hatte auf
dem Rücken zwei
MG-17-7,9-mm-Maschinen-
gewehre je 1.000 Schuß.
Eine einzelne 20-mm-MG-
FF/M-Kanone mit 200
Schuß Munition konnte im
Kurbelgehäuse unterge-
bracht werden. In diesem
Fall beschränkte sich die
Munition für die Maschi-
nengewehre auf 500
Schuß pro Waffe. Zwei
20-mm-MG-FF-Kanonen
mit je 60 Schuß Munition
saßen in den Tragflächen.

TAKTIK
Die Luftwaffe hatte im spanischen
Bürgerkrieg und bei den ersten
Blitzkriegseinsätzen wertvolle Erfahrungen gesammelt. Als der Luftkampf über England begann, konnten viele Jagdpiloten auf Taktiken
zurückgreifen, die sie in Spanien
und bei den Kämpfen gegen die
schlecht ausgerüsteten und unge-
übten Luftstreitkräfte von Polen,
Norwegen, den Niederlanden und
Frankreich gelernt hatten.

Eine Bf 109E-3 der II/JG 51 über dem Ärmelkanal auf dem Weg nach England.

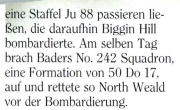

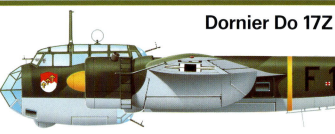

Dornier Do 17Z

Die ursprünglich als Passagierflugzeug gedachte Dornier Do 17, erwies sich aufgrund ihres schmalen Rumpfes als untauglich für diese Rolle. Daraufhin ging der „fliegende Bleistift" als schneller Bomber zur aufrüstenden Luftwaffe. Bei Kriegsbeginn kam die Do 17Z mit neu konstruiertem und breiterem Bug in die Verbände. Sie wurde bei den ersten Operationen gegen Polen, Frankreich und über England breit eingesetzt. Das oben abgebildete Exemplar flog beim Kampfgeschwader 76 und war im Juli 1940 in Cormeilles-en-Vexin stationiert.

Unten: Hier sieht man einige Messerschmitt Bf 109E-4 der II/JG 2 Richthofen 1940 auf dem Flugplatz in Beaumont-le-Roger. Das JG 2, das intensiv an den Kämpfen beteiligt war, hatte bis zum 31. August etwa 30 Maschinen verloren. Major Helmut Wick, der Gruppenkommandeur, gehörte in der Luftschlacht um England zu den drei Fliegerassen der Luftwaffe. Er fiel noch im November desselben Jahres.

Flight Lieutenant Eustace Holden von der No. 501 Squadron (eine Hurricane-Staffel) in Hornchurch beschreibt den typischen Tagesablauf: „Bei Tagesanbruch stieg die Staffel auf 30.000 Fuß (9.150 m). Nach der Landung wollte ich mich schon zum Frühstück in die Offiziersmesse begeben, als ich wieder zum Bereitschaftsdienst gerufen wurde. Zehn Minuten später machte ich mich zum zweiten Mal auf den Weg zur Messe, aber als ich zur Tür kam, rief man mich nochmal zurück, und ich mußte erneut in die Luft.

Wieder auf dem Flugplatz angekommen, probiere ich es im dritten Anlauf. Nach der Hälfte des Frühstücks hieß es wieder: Bereitschaftsdienst. Es lag aber nichts Besonderes vor, also ging ich in mein Quartier, um mich zu rasieren. Ich hatte mich gerade eingeseift, als es aus dem Lautsprecher tönte: ‚Staffel 501 - Alarmbereitschaft'. Also wieder hoch auf 30.000 Fuß. Später gelang es mir tatsächlich, mich fertig zu rasieren und mein Mittagessen einzunehmen, bevor ich noch einmal zur Bereitschaft gerufen wurde. Um

5 Uhr nachmittags mußten wir dann zum vierten Mal auf 30.000 Fuß hoch."

Polen und Tschechen

Zur No. 11 Group im Süden stießen neue, unerfahrene Piloten, von denen einige gleich bei ihren ersten Einsätzen abgeschossen wurden. Zwischen dem 26. August und dem 2. September verlor Peter Townsend, No. 85 Squadron, 14 Hurricanes. Doch dann erhielten sie wertvolle Verstärkung durch polnische und tschechische Staffeln – No. 302 und 303 (polnisch) in Church Fenton und Northolt sowie die No. 310 (tschechisch) in Duxford - deren Piloten alle Kampferfahrung besaßen.

Der Tscheche Josef Frantisek von der polnischen No. 303 Squadron stellte im Luftkampf über England mit 17 Maschinen den absoluten Abschußrekord auf, bevor er am 8. Oktober ums Leben kam.

Die deutschen Angriffe auf Flugplätze verstärkten sich. Der Konflikt zwischen Park und Leigh-Mallory spitzte sich noch mehr zu, als Abfangjäger der No. 12 Group am 30. August

eine Staffel Ju 88 passieren ließen, die daraufhin Biggin Hill bombardierte. Am selben Tag brach Baders No. 242 Squadron, eine Formation von 50 Do 17, auf und rettete so North Weald vor der Bombardierung.

In Kenley war Squadron Leader Tom Gleave gerade auf dem Weg zum Mittagessen, als die No. 253 Squadron Startbefehl erhielt. In 5.200 m Höhe über Maidstone bot sich ihm „ein phantastisches Bild: Soweit das Auge reichte, erstreckten sich Reihen um Reihen von Bf 109, die uns über dem Dunst entgegen kamen… Ich wendete mit meinem Verband und griff die mir nächste Maschine an… Die Splitter ihrer zerfetzten Cockpithaube glitzerten im Sonnenlicht… Die Maschine schwenkte herum und tauchte weg… Die Geschosse, die mir um die Ohren flogen, beschrieben nach unten gerichtete Bahnen; sie bildeten gleichsam ein Gitter um den riesigen Käfig, in dem ich flog."

In Northolt ärgerten sich die polnischen Piloten der No. 303 Squadron; der Stützpunktkommandant wollte sie erst in den Kampf lassen, wenn sie englische Befehle besser verstehen konnten. Am späten Nachmittag starteten sie zu einem weiteren Übungsflug über St. Albans – und trafen auf 60 Bomber, die unter dem Begleitschutz ihrer Bf 109 Kurs auf die Vauxhall-Werke in Luton nahmen. Ohne Befehl scherte Ludwig Pazkiewicz aus der Formation aus und schoß eine Dornier ab. Dowding

bestätigte noch in derselben Nacht, daß die No. 303 Squadron nun einsatzfähig sei.

Als am frühen Abend das Hauptelektrizitätsnetz getroffen wurde, fielen sieben Radarstationen aus. Acht Do 17 der III./KG 76, Spezialisten im Tieffluganangriff, hatten sich unter dem Begleitschutz der Bf 110 von Hannes Trautlofts JG 54 unentdeckt die Themsemündung hochgeschlichen. Dann wendeten sie nach Süden ab, starteten einen Überraschungsangriff auf Biggin Hill und machten damit das Chaos komplett.

Kurz vor dem Sieg

Die Bilanz für diesen Tag lautete: 36 abgeschossene Maschinen bei der Luftwaffe gegenüber

Eine Spitfire I der No. 609 Squadron verfolgt eine Messerschmitt Bf 109 E des JG 2 Richthofen. In großer Höhe war die Messerschmitt der Spitfire überlegen, obwohl sie sich schwerer fliegen ließ. Die Leistung in mittlerer Höhe war ähnlich, so daß letztlich der bessere Pilot den Kampf entschied.

Rechts: Nach ihrer Landung in Carquebut in der Normandie besprechen Piloten der III/JG 27 ihren Einsatz. Das Hauptproblem der Luftwaffe war die begrenzte Reichweite ihrer einsitzigen Jäger, die nur für einen Begleitschutz bis London reichte.

Hurricanes. Die No. 56 Squadron büßte bei ihrem Abfangmanöver über ihrem Stützpunkt North Weald vier Maschinen ein, ohne auch nur einen einzigen Gegentreffer.

Am Abend hatte die RAF 39 Maschinen und 13 Piloten verloren; die Verluste der Luftwaffe betrugen ebenfalls 39 Flugzeuge. Viele erfahrene Piloten fielen wegen Verwundung aus: Townsend hatte eine Kanonenkugel im Fuß; Wing Commander Tom Gleave der No. 253 Squadron und Innes Westma-

einem Verlust von 25 Flugzeugen und zehn ihrer Piloten bei der RAF. Die Flugplätze hatten großen Schaden erlitten, besonders die Führungseinrichtungen. Da die Angriffe in schneller Folge weitergingen, blieb der RAF kaum Zeit zum Wiederbewaffnen und Auftanken. Die

Luftwaffe sah den Sieg schon zum Greifen nahe.

Am 31. August folgten weitere Angriffe auf Flugplätze: Biggin Hill, Hornchurch und Croydon. Die erste einer Reihe von kanadischen Staffeln, die No. 1 (RCAF) aus Hornchurch, verlor schon am frühen Morgen drei

cott von der No. 56 litten an schweren Verbrennungen.

Am 1. September mußte Dowding feststellen, daß er seine Staffeln nicht länger austauschen konnte, da nicht mehr genügend ausgeruhte und erfahrene Piloten zur Verfügung standen. Auch die Flugzeuge waren

knapp geworden: Innerhalb von 14 Tagen hatte das Fighter Command 466 Flugzeuge verloren, aber nur 269 neue bzw. reparierte Maschinen erhalten.

Starke Belastung

Die Luftwaffe spürte die starke Belastung ebenfalls. Es gab kaum noch jemanden, so schrieb Oberleutnant Hans von Hahn, I./JG 3, der noch nicht in den Kanal gestürzt war. Trotz allem lebte Hitlers Oberkommando in der Überzeugung, „unbeschränkte Jagdüberlegenheit" errungen zu haben.

Es sah allerdings ganz danach aus. Am 1. September mußte die RAF 15 Flugzeuge abschreiben, die Luftwaffe hingegen 14; am 2. September stand es 31 zu 35, und am 3. September 16 zu 16. Innerhalb von 14 Tagen hatte Dowding ein Viertel seiner Piloten verloren.

Am 24. August begann Hitler mit den Vorbereitungen zur Invasion Englands. Am 1. September entdeckten englische Aufklärungsflugzeuge zahllose Frachtkähne, die sich auf die belgische Küste zubewegten. Am 3. September verkündete das Oberkommando, daß der früheste Termin für das Ablegen der Invasionsflotte auf den 20., die Landung auf den 21. September festgesetzt worden sei.

Am 7. September, erschien Göring in seiner schönsten Uniform an der Straße von Dover und verkündete stolz, er habe nun persönlich den Oberbefehl für den Angriff der Luftwaffe auf England übernommen.

Heinkel He 111

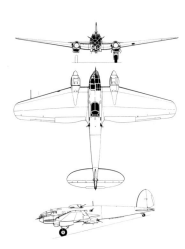

Die im spanischen Bürgerkrieg erprobte He 111 war der beste schwere deutsche Bomber in der ersten Hälfte des Zweiten Weltkrieges. Die Standardversion während des Krieges war die He 111H, die schließlich 13 Bombergeschwader und sechs weitere Bombergruppen ausrüste-te. Sie wurde auch als Pfadfinderflugzeug mit speziellen Funkeinrichtungen und für Angriffe auf Seeziele verwendet. He 111s waren an jeder Kriegsfront von der Arktis bis nach Afrika und vom Atlantik bis zum Irak anzutreffen. Dank ihrer robusten Tragflächenauslegung transpor-tierte die He 111 Torpedos, Hs-293-Flugkörper und V-1-Marschflugkörper. Als Deutschland die strategischen Bombenangriffe aufgab, wurde sie als Transport- und Schleppflugzeug für Lastensegler verwendet. Die He 111Z war eine Schleppflugzeugentwicklung aus zwei verbun-denen He 111H mit insgesamt fünf Motoren.

Technische Daten: Heinkel He 111H-16, schwerer Bomber mit fünf Mann Besatzung
Triebwerk: zwei 1.007 kW (1.350 PS)-Jumo-211F-2-Reihenmotoren
Spannweite: 22,6 m
Länge: 16,4 m
Höhe: 4 m
Startgewicht: 14.000 kg
Höchstgeschwindigkeit: 435 km/h
Dienstgipfelhöhe: 27.800 Fuß
Reichweite: 1.960 km
Bewaffnung: eine 20mm-Kanone, zwei 13mm- und vier 7,9mm-Maschinengewehre; bis zu 2.500 kg Bomben oder ein 2.180 kg-FZG-76-(V1)-Marschflugkörper, ein Hs-293-Flugkörper oder zwei Torpedos

Heinkel He 277

Die He 277 war der grundlegenden, aber mit Problemen behafteten He 177 sehr ähnlich. Sie verfügte über vier getrennte DB603-Motoren, behielt aber Flügel, Rumpf und Leitwerk des früheren Entwurfs bei. Göring hatte zwar Heinkel verboten, an der He 277 festzuhalten, doch Hitler selbst gestand der Entwicklung eines Flugzeugs für schwere Angriffe gegen England höchste Priorität zu. Der Prototyp, die He 277V1, hatte als Erstflug Ende 1943. Ihr folgten neun weitere Flugzeuge: die He 277V2 und acht serienmäßige He 277B5/R2, alle mit Dop-pelleitwerk. Als Deutschland 1944 die Produktion fast ausschließlich auf Jagdflugzeuge um-stellte, wurde das gesamte Programm aufgegeben.

Technische Daten: Heinkel He 277B-5/R2, schwerer Bomber mit sie-ben Mann Besatzung
Triebwerk: vier 1.380 kW (1.850 PS)-DB603A-12-Zylindermotoren
Spannweite: 31,43 m
Länge: 22,15 m
Höhe: 6,67 m
Tragflügelfläche: 100 m²
Startgewicht: 44.490 kg
Höchstgeschwindigkeit: 570 km/h
Dienstgipfelhöhe: 49.210 Fuß
Reichweite: 6.000 km
Bewaffnung: eine 20mm-Bordkanone, zwei 13mm- und acht 7,9mm-Maschi-nengewehre, Bombenzuladung bis zu 4.500 kg

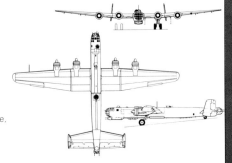

Junkers Ju 87

An ihren abgeknickten Flügelenden war die Ju 87 leicht erkennbar. Nach ihrer Erprobung im spanischen Bürgerkrieg ging sie an die Stuka-Verbände der Luftwaffe. Die ersten Versionen im Krieg waren die Ju 87B und die Langstrecken-Ju87R, die eine 1.000-kg-Bombe befördern konnten. Auf sie folgte die Ju 87D mit verbessertem Jumo-211J-Triebwerk und verbesserter Panzerung und Bewaffnung. Die auf die Panzerbekämpfung spezialisierte Ju 87G war mit zwei 40-mm-Kanonen unter den Tragflächen ausgerüstet. Der Ju-87-Sturzkampfbomber war eine präzise Waffe, wenn er gegen Schiffe, Flugplätze und Fabriken eingesetzt wurde, aber er war gegenüber feindlichen Jägern sehr verwundbar.

Technische Daten: Junkers Ju 87B-2, zweisitziger Sturzkampfbomber
Triebwerk: ein 746 kW (1.000 PS)-Junkers-Jumo-211A-Reihenmotor
Spannweite: 13,8 m
Länge: 10,8 m
Höhe: 3,9 m
Tragflügelfläche: 31,9 m²
Startgewicht: 4.250 kg
Höchstgeschwindigkeit: 380 km/h
Dienstgipfelhöhe: 26.250 Fuß
Reichweite: 600 km
Bewaffnung: ein oder zwei 7,9-mm-MGs im hinteren Cockpit, eine einzelne Bombe von bis zu 1.000 kg bzw. eine 500-kg-Bombe und leichte Kampflasten unter den Tragflächen

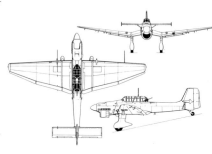

Die Luftschlacht um England

Anfang September war das Fighter Command, dem die ständigen Verluste immer mehr zusetzten, fast schon am Ende. Da beschloß Göring, die Bombenangriffe auf die Städte zu verlegen. Dadurch verschaffte er der RAF eine Atempause, die den Kampfverlauf entscheidend beeinflussen sollte.

London brennt

In ganz England war man sich darüber im klaren, daß die Invasion kurz bevorstand. Das Heer rechnete mit einem Angriff innerhalb einer Woche, die Home Guard übte mit den wenigen ihr zur Verfügung stehenden Waffen den Ernstfall, und in der Boulevardpresse stand zu lesen, wie sich der Mann auf der Straße einen Molotow-Cocktail gegen deutsche Panzer basteln könne. Als der 7. September, ein Samstag, klares Wetter brachte und auf den Radarschirmen eine unheimliche Ruhe herrschte, schien der Tag gekommen.

Formationen aus über 100 Flugzeugen

Am Morgen gab es jedoch nur Angriffe auf den Flugplatz in Hawkinge an der Südküste. Erst am Nachmittag kamen Radarmeldungen von Formationen aus über 100 Flugzeugen, die

Zwei mit X-Geräten ausgerüstete Heinkel He 111H-3 der 2./KGr 100 werfen 250-kg-Bomben über London ab. Ein System aus Funkstrahlen ließ die Maschinen ihre Bomben auch in der Nacht punktgenau plazieren.

Oben: Das Ausmaß der Zerstörung in West London. Viele Bomben fielen in Wohngebiete, zerstörten zahlreiche Häuser und forderten unzählige Opfer. Rechts: Dornier-17-Maschinen, auf dem Zielanflug über London.

London brennt!

über die Straße von Dover heranflogen. Um 16.16 Uhr meldete ein Beobachtungsposten „Hunderte von Maschinen", die sich North Foreland näherten. In der Annahme, sie hätten es wieder auf Flugplätze abgesehen, schickte Park elf Staffeln zur Patrouille ihrer Flugplätze in die Luft und ließ die anderen zehn in Zwei-Minuten-Bereitschaft. Um 16.30 Uhr stellte sich heraus, daß der Angriff auf London abzielte.

Squadron Leader Sandy Johnston berichtete: „Ich habe noch nie so viele Flugzeuge auf einmal gesehen. Bis in 16.000 Fuß (5.000 m) Höhe war es recht dunstig. Als wir durch den Dunst stießen, trauten wir unseren Augen nicht: Der ganze Himmel war voller deutscher Maschinen, und es kamen immer mehr." Pilot Officer Steve Stephen äußerte: „Eine deutsche Bomberformation erstreckte sich von London bis Southend über eine Länge von mindestens 20 Meilen (32 km) und eine Breite von einer Viertel Meile (halber Kilometer). Und darüber die Jägereskorte – es war ein atemberaubender Anblick."

Keine Zeit für Taktik

In Frankreich dröhnte das Lied „Bomben auf England" aus den Flugplatzlautsprechern. Auf Cap Gris Nez sah Göring seinen Bombern beim Abflug zu.

An diesem Tag erhielt Leigh-Mallory die offizielle Erlaubnis, aus Duxford ein Großes Geschwader (Big Wing) loszuschicken, das aus Baders Hurricanes der No. 242 Squadron, den Spitfires der No. 19 Squadron und den Hurricanes der tschechischen No. 310 Squadron bestand. Trotz des Befehls, in 3.050 m Höhe zu patrouillieren, war Bader mit seiner Staffel auf 4.575 m aufgestiegen – und befand sich immer noch nicht auf Höhe der Dorniers und Bf 110. Er griff die deutschen Bomber „gegen alle Vernunft von unten aus an – über ihnen die Bf 109. Keine Zeit, sie aufzubrechen. Keine Zeit für Taktik."

Die Bomber drangen ohne großen Widerstand bis zu den Londoner Docks vor. Bald schlugen helle Flammen aus den Holzlagern; sie griffen in Windeseile auf die Lebensmittelhallen über. Häuser, Kirchen und

Schulen der Hafengegend wurden zu Hunderten zerstört; unter den zahlreichen Opfern befanden sich viele Frauen und Kinder. Der Generalstab, der sich in Whitehall, nur wenige Kilometer vom Angriffsort entfernt, versammelt hatte, verkündete „Invasion – Alarmstufe 1". Churchills Ankündigung schien sich nun zu bewahrheiten: „Wir werden auf den Stränden kämpfen, wir werden auf den Landungsplätzen kämpfen, wir werden auf den Feldern und in den Straßen kämpfen; wir werden uns nie ergeben."

Parks Staffeln, die eilends den Kurs geändert hatten, konnten die Bomber auf dem Rückweg einholen. Die polnische No. 303 Squadron stürzte sich, obwohl sie erst seit einer Woche im Einsatz war, auf einen Verband Dorniers.

„In einer brutalen Kurve, bei der mich die Zentrifugalkraft fast auseinanderriß", erzählt Pilot Officer Jan Zumbach, „kam ich von hinten an einen Bomberverband heran. Eine Dornier 215 rückte immer näher in mein Visier, bis sie schließlich alles andere verdeckte. Ich sah, wie

Oben: Eine Spitfire der RAF, die von einer Heinkel He 111 aus aufgenommen wurde. Dieses bemerkenswerte Photo scheint nicht gestellt zu sein, da es sich nicht um die von der Luftwaffe erbeutete Spitfire handelt.

Die Kreise auf den Tragflächen kennzeichnen diese Spitfire als jenes Exemplar, das der Luftwaffe in die Hände gefallen war; die Besatzung der Dornier hat also nichts zu befürchten.

Gegen Ende des Luftkampfes bombardierten Bf 109E-4 verschiedene Ziele aus großer Höhe. Nur wenige Maschinen wurden abgefangen.

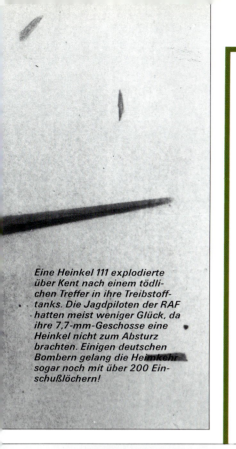

Eine Heinkel 111 explodierte über Kent nach einem tödlichen Treffer in ihre Treibstofftanks. Die Jagdpiloten der RAF hatten meist weniger Glück, da ihre 7,7-mm-Geschosse eine Heinkel nicht zum Absturz brachten. Einigen deutschen Bombern gelang die Heimkehr sogar noch mit über 200 Einschußlöchern!

Beitrag der Italiener

Mussolini war außer sich vor Wut über die britischen Bombenangriffe auf Fabriken in Norditalien und bat Hitler, sich an dem Luftkampf um England beteiligen zu dürfen. Daraufhin wurden 80 Fiat BR.20 mit CR.42- und G.50-Jägern als eigenständiger Verband nach Belgien entsandt. Im Oktober flogen sie einige nutzlose leichte Angriffe, bevor es am 11. November zum Fiasko kam: An diesem Tag versuchten 12 – 18 BR.20 unter dem Begleitschutz einer ähnlichen Anzahl CR.42 einen Angriff auf Harwich. Sie stießen jedoch auf etwa 30 Hurricanes und verloren dabei mindestens neun Maschinen.

Fiat BR.20

Fiat G.50

Fiat CR.42

Links: Dies ist einer der sechs Fiat-BR.20-Bomber, die die Hurricanes der No. 257 Squadron bei dem einzigen Tagangriff der italienischen Luftwaffe Regia Aeronautica am 11. November 1940 abschossen.

Oben: Die Besatzungen des Corpo Aereo Italiano halten in Belgien neben ihren Bombern eine Freilichtmesse ab. Sie nahmen auf den Kampfverlauf so gut wie keinen Einfluß, erlitten aber schwere Verluste.

der Heckschütze auf mich zielte. Ich drückte auf den Knopf, und meine Maschine erbebte unter dem Rattern der acht Maschinengewehre. Eine lange Rauchwolke strömte aus dem linken Triebwerk der Dornier. Noch eine Salve, und es stand in Flammen. Über Funk hörte man ein aufgeregtes Stimmengewirr aus Englisch und Polnisch.

Eine riesige Rauchwolke hing über den Docks; nach Sonnenuntergang leuchtete sie rot von dem darunter wütenden Flammenmeer. Während der ganzen Nacht gingen die Angriffe weiter.

Die deutschen Bomber brauchten nicht mehr zu zielen – die Flammen wiesen ihnen den Weg. Hauptmann Hajo Hermann, der eine Ju 88 flog, berichtete, daß in der klaren Nacht das Feuer den von überall heranschwärmenden deutschen Bombern wie eine riesige Fackel den Weg gewiesen habe, so daß sie zum ersten Mal ihre Bomben praktisch ohne hinzusehen abwerfen konnten."

Doch Göring hatte einen verhängnisvollen taktischen Fehler begangen. Squadron Leader Sandy Johnston drückt es so

aus: „Es klingt zwar schrecklich, aber es war eine ungeheure Erleichterung, als wir feststellten, daß sie nicht mehr auf die Flugplätze losgingen…Ich dachte ‚Armes London', aber für uns war es die Rettung. Damit hatten unsere Jäger eine Chance, sich zu erholen."

Am nächsten Tag verlor Göring bei einem Angriff 15 seiner Flugzeuge und die RAF zwei Abfangjäger. Er dirigierte seine Nachtbomber zum Londoner West End.

Am 9. September fanden wieder schwere Tagangriffe statt,

doch diesmal war Park darauf vorbereitet. Er hatte seine Staffeln an die Küste verlegt, von der No. 10 Group Verstärkung angefordert und die No. 12 Group gebeten, seine Flugplätze nördlich von London zu decken.

Trotz des Befehls, in 6.100 m Höhe über North Weald und Hornchurch zu patrouillieren, ließ Bader seine Hurricanes auf 6.700 m steigen und schickte die Spitfires der No. 19 Squadron sogar noch höher hinauf. Sobald er die Bomber sah, befahl er: „Wir bilden eine lange Kette und schlagen genau durch die Mitte!" Die Bomber, deren Formation damit aufgebrochen war, warfen ihre Bomben wahllos über den südlichen Außengebieten Londons ab, und Bader konnte 20 Abschüsse auf seinem Konto verbuchen.

Verteidigung Londons

Obwohl er eigenmächtig gehandelt hatte, erhielt Bader von Leigh-Mallory sofort zwei weitere Staffeln zugewiesen, so daß die Stärke eines „Big Wing" auf 60 Flugzeuge gesteigert werden konnte.

Doch die Angriffe hielten auch in der Nacht an – die einzige Verteidigung, die London dann besaß, waren Ballonsperren und die Flak. Am Morgen waren in der englischen Hauptstadt weitere 370 Menschen ums Leben gekommen und 1.400 Personen verletzt. Hitler kam zu dem

Schluß, daß Großbritannien nun auch ohne Invasion zu Friedensverhandlungen mit seinem Regime bereit sein mußte.

Doch nach Auffassung Churchills entschied nicht der Selbstschutz in London die Schlacht, sondern allein die Überlegenheit in der Luft. Eine Invasion Englands wäre nach seiner Meinung für Hitler ein sehr gewagtes Unternehmen, solange er nicht die Luftüberlegenheit besaß.

Jedes Zusammentreffen mit englischen Jägern habe den Deutschen Höchstleistungen abgefordert, schrieb Adolf Galland. Als er einmal von London zurückkehrte, entdeckte er nördlich von Rochester eine Staffel von zwölf Hurricanes. Er griff aus 750 m über ihnen von hinten an und schoß wie ein Pfeil durch ihre Formation. Aus nächster Nähe feuerte er auf eine der

Das Innere der Spitfire MK Ia

Die Supermaschine Spitfire war eine hervorragende Konstruktion; die meisten Anfangsschwierigkeiten hatte man im Verlauf der Luftschlacht über England bereits behoben. Diese Maschine besitzt den späteren Verstellpropeller, die gewölbte Cockpithaube und den erhöhten Panzerschutz. Diese Verbesserungen wurden während der Schlacht entworfen und eingebaut.

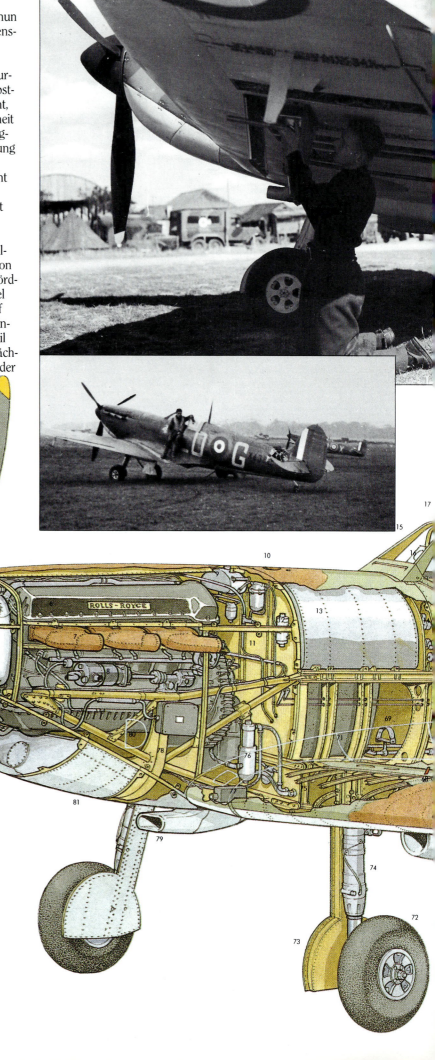

1 Dreiblatt-Propeller
2 Propellernabe
3 Propellerhaube
4 Kühlmitteltank
5 Kühlmittelleitungen
6 Rolls-Royce-Merlin-Triebwerk
7 Auspuffkrümmer
8 Generator
9 Hydrauliktank
10 Betankungsöffnung
11 feuerfeste Trennwand
12 Ölfilter
13 Oberef Treibstofftank
14 Instrumententafel
15 kugelsichere Windschutzscheibe
16 Reflexionsvisier
17 Rückspiegel
18 Steuerknüppel
19 Triebwerksregelung
20 Trimmrad
21 Kopfstütze
22 Sitz des Piloten
23 Anschnallgurte
24 Spannungsregler
25 Rückenpanzer
26 Schiebehaube
27 einschlagbares Notfenster
28 Antennenmast
29 Antenneneinführung

Maschinen im hinteren Teil der Formation und konnte sehen, wie seine Kugeln große Metallfetzen aus dem Flugzeug rissen.

Im letzten Moment erst zog er die Nase hoch, setzte über sie hinweg und flog mitten durch die feindliche Formation. Es sei kein angenehmes Gefühl gewesen, berichtete er, aber glücklicherweise hätten die Engländer offenbar genausoviel Angst wie er empfunden, denn niemand habe ihn angegriffen.

Bei einer anderen Hurricane, die er westlich von Dungeness abschoß, ging es nicht so glimpflich ab. Er hatte sie so schwer erwischt, daß sie Feuer fing und eigentlich hätte abstürzen müssen. Statt dessen glitt sie in sanften Kurven hinab. Seine Kameraden und er griffen sie noch dreimal an, ohne sie endgültig zum Absturz zu bringen. Als er nah an das fliegende,

mittlerweile gänzlich durchlöcherte, qualmende Wrack heranflog, konnte er aus einer Entfernung von wenigen Metern den toten Piloten in seinem zerfetzten Cockpit sitzen sehen, während die Maschine wie von Geisterhand gelenkt in einer sanften Spirale zu Boden glitt.

Entscheidungskämpfe

Galland äußerte größte Hochachtung vor den englischen Abfangjägerpiloten. Obwohl sie technisch im Nachteil gewesen seien, hätten sie tapfer und unermüdlich gekämpft. Er war der Überzeugung, daß diese Piloten in dieser entscheidenden Stunde für ihr Vaterland die Rettung bedeuteten.

Jede Nacht kamen die Bomber und richteten in London Verwüstungen an. Dem Fighter Command bescherten diese Angriffe jedoch fast eine Woche

Pause. Das war auch gut so, denn in den Hallen der RAF standen nur noch 80 Hurricanes und 47 Spitfires.

Am 15. September erreichten die Tagkämpfe ihren Höhepunkt. Dieser Tag ging als „Battle of Britain Day" (Tag der Luftschlacht um England) in die englische Geschichte ein. Kesselring griff mit über 100 Bombern und 400 Jägern an, doch Park konnte diesmal über London 200 und über den südlichen Gebieten weitere 300 Abfangjäger stationieren. Bei der darauffolgenden Luftschlacht verloren die Deutschen 38 Bomber und 24 Jäger; die Briten büßten 24 Abfangjäger ein; elf Piloten wurden getötet.

Pilot Officer Bobby Oxspring beschreibt den Kampf so: „An diesem Tag bezogen die deutschen Bomber ganz schön Prügel… Und dabei hatte ihnen

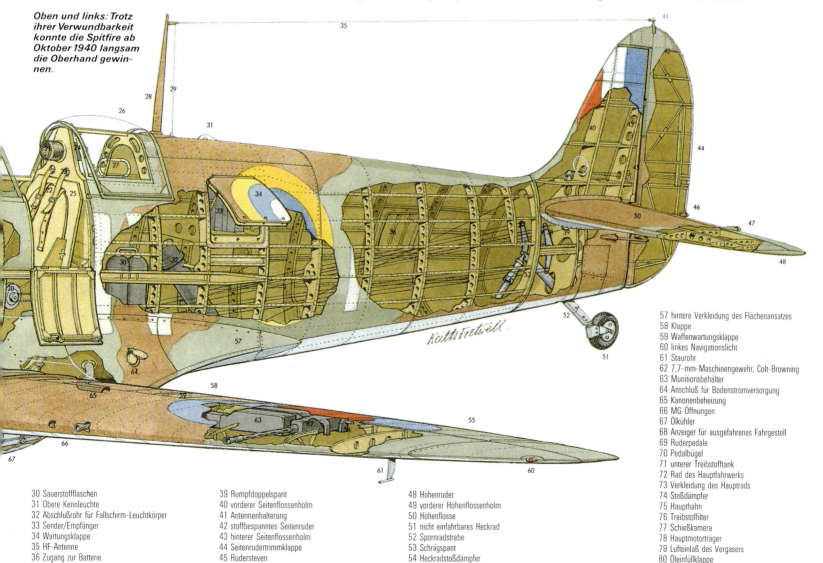

Oben und links: Trotz ihrer Verwundbarkeit konnte die Spitfire ab Oktober 1940 langsam die Oberhand gewinnen.

Keith Fretwell.

30 Sauerstoffflaschen
31 Obere Kennleuchte
32 Abschlußrohr für Fallschirm-Leuchtkörper
33 Sender/Empfänger
34 Wartungsklappe
35 HF-Antenne
36 Zugang zur Batterie
37 Höhenrudersteuerung
38 Seitenrudersteuerung

39 Rumpfdoppelspant
40 vorderer Seitenflossenholm
41 Antennenhalterung
42 stoffbespanntes Seitenruder
43 hinterer Seitenflossenholm
44 Seitenrudertrimmklappe
45 Rudersteven
46 Hecknavigationslicht
47 Höhenrudertrimmklappe

48 Höhenruder
49 vorderer Höhenflossenholm
50 Höhenflosse
51 nicht einfahrbares Heckrad
52 Spornradstrebe
53 Schrägspant
54 Heckradstoßdämpfer
55 linkes Querruder
56 MG-Halterung

57 hintere Verkleidung des Flächenansatzes
58 Klappe
59 Waffenwartungsklappe
60 linkes Navigationslicht
61 Staurohr
62 7,7-mm-Maschinengewehr, Colt-Browning
63 Munitionsbehälter
64 Anschluß für Bodenstromversorgung
65 Kanonenbeheizung
66 MG-Öffnungen
67 Ölkühler
68 Anzeiger für ausgefahrenes Fahrgestell
69 Ruderpedale
70 Pedalbügel
71 unterer Treibstofftank
72 Rad des Hauptfahrwerks
73 Verkleidung des Hauptrads
74 Stoßdämpfer
75 Haupthahn
76 Treibstofffilter
77 Schießkamera
78 Hauptmotorträger
79 Lufteinlaß des Vergasers
80 Öleinfüllklappe
81 Schmierölbehälter
82 rechtes Navigationslicht

Junkers Ju 88

Zu Beginn der Luftschlacht um England rüstete die Junkers Ju 88 Teile von acht Bombergeschwadern und etliche Aufklärungseinheiten aus. Damit stellte sie nach der He 111 den zahlenmäßig stärksten deutschen Bomber dar. Die Ju 88 zeigte sich effizienter als die Heinkel und die Dornier 215, die langsamer waren und eine kürzere Reichweite hatten. Alle drei Typen führten in etwa die gleiche Bombenlast mit. Die hier abgebildete Ju 88 trägt den Nachttarnanstrich, den sie in aller Eile für die bevorstehenden Nachtangriffe auf England erhalten hatte. Sie diente bei der I. Gruppe, Kampfgeschwader 51 „Edelweiß", mit Stützpunkt in Melun Villaroche.

Junkers Ju 88 der 7./KG 51 und der 8./KG 51 über den Docks von London. Die Ju 88 war der beste Bomber, den die Luftwaffe in der Luftschlacht um England einsetzte, da er schnell, wendig und gut bewaffnet war. Dennoch erlitten die Ju-88-Geschwader schwere Verluste durch die Flak und die englischen Abfangjäger.

Göring gesagt, daß die RAF nur noch 50 Spitfires besäße. Gleich zu Anfang stießen sie auf 23 Staffeln. Als sie über London ankamen und die Bf 109 kaum mehr Treibstoff hatten, packte sie Douglas Bader mit weiteren 60 Maschinen."

Als Baders Geschwader auf sie zukam, soll Oberleutnant Ludwig Franzisket bitter gemurmelt haben: „Da kommen sie, die letzten 50 Spitfires!"

„Ich sah eine Traube von Süden aus kommen", erzählt Pilot Officer „Boggle" Bodie, „Junge, Junge! Zwanzig fette Dorniers, Flügelspitze an Flügelspitze mitten durch die Flak. Da ich weit vorne und über ihnen war, schob ich den Gashebel vor und stürzte mich auf sie.

Ich suchte mir die vorderste Maschine heraus, nahm sie aufs Korn und feuerte meine Waffen ab. Bei einem Frontalangriff darf man nicht lange fackeln. Ein kurzer Feuerstoß – und schon quetschte ich mich um Haaresbreite unter seinem dicken schwarzen Rumpf durch und schoß durch den Rest der Formation. Ich wollte gar nicht so nahe an sie herankommen und tauchte instinktiv runter, als Tragflächen, Triebwerke, Cockpits und schwarze Kreuze an mir vorbeisausten.

Als ich bei meinem Sturzflug etwa 725 km/h erreicht hatte, nahm ich den Knüppel wieder zurück. Ich verlor kurze Zeit das Sehvermögen und das Bewußtsein, als ich in einem riesigen

Looping hochzog. Das war aber vorbei, sobald die Geschwindigkeit und die Zentrifugalkraft abnahmen. Da ich jetzt auf dem Rücken lag, rollte ich herum. Durch mein Manöver war ich weit vor der Feindmaschine.

Meine erste Salve hatte offenbar gesessen, denn das führende Flugzeug war seitlich aus der Formation herausgerutscht und drehte um. In der Formation herrschte Unruhe – sie schienen nicht recht zu wissen, was sie tun sollten. Als ich erneut in den Sturzflug ging, stießen zwei Hurricanes hinzu. Die Bomber zögerten nicht länger, sie scherten aus, warfen ziellos ihre Bomben in die Landschaft und flohen blindlings."

Operation Seelöwe

Am 16. September 1940 schlug das Wetter um. Für den nächsten Tag waren Stürme vorhergesagt. Hitler hatte die endgültige Entscheidung über die Operation Seelöwe für den 17. September festgesetzt. Am Morgen kam der Befehl: „Die Operation wird bis auf weiteres verschoben."

Die Nachtangriffe gingen weiter. Neben London, das 57 Nächte lang unentwegt bombardiert wurde, galten sie auch Birmingham, Liverpool und Coventry. Auch im Südwesten flammten die Kämpfe wieder auf; die Luftflotte 3 ließ Flugzeugwerke in Southampton, Yeovil und Bristol bombardieren. Den Großteil der Fabrikation hatte man jedoch schon in die Midlands verlegt, so daß inzwischen immer mehr Spitfires vom Band liefen.

Am 27. September erfolgte ein großer Angriff auf London bei Tag, doch nur die erste Welle der Bf 110 schaffte es bis zur Hauptstadt; beide Folgewellen wurden unter schweren Verlusten zurückgeschlagen.

Galland schrieb, daß Göring außer sich gewesen sei. „Er habe es nicht fassen können, warum immer mehr Bomber abgeschossen wurden. Galland versicherte ihm, daß trotz der schweren Verluste, die die Deutschen dem Feind zufügten, keine deutliche Minderung der Zahl ihrer Flugzeuge oder auch ihrer Kampfstärke erkennbar sei.

Links: Diese Ju 88A wurde aus dem Cockpit eines anderen Bombers derselben Formation fotografiert. Gegen Ende der Luftschlacht hatten die Ju 88 viele ihrer erfahrensten Piloten verloren.

Unten: Winston Churchill gratuliert erfolgreichen Piloten des Fighter Command zu ihrer Leistung in der Luftschlacht. Der Dank, den er den Piloten aussprach, machte zwar Geschichte, doch andererseits ließ Churchill Dowding weder die nötige Unterstützung im Kampf noch nach der Schlacht die gebührende Ehrung zukommen.

Die Heinkel He 111 war zwar zahlenmäßig stärker vertreten als die Ju 88, reichte aber an deren Leistung lange nicht heran. Massive Bombenangriffe dieser Maschinen blieben bis zum Ende der Luftschlacht an der Tagesordnung.

„Noch nie hatten bei einem menschlichen Konflikt so viele Menschen so wenigen derart viel zu verdanken."

Nach Beendigung der Kämpfe mußte Dowding eine sehr schlechte Behandlung durch den Generalstab hinnehmen: Er stand zwar schon kurz vor der Pensionierung, hätte aber nie gedacht, daß man ihn auffordern könne, sein Büro innerhalb der nächsten 24 Stunden zu räumen und sich in die USA zu begeben. Auch Park verlor seinen Posten; den sollte sein Erzfeind Leigh-Mallory einnehmen.

Weniges für viele

Im offiziellen Kriegsbericht, den das britische Luftfahrtministerium wenige Monate später herausgab, wurde Dowding nicht einmal erwähnt. Als Churchill das sah, äußerte er: „Die Eifersüchteleien und die Klickenwirtschaft, die zu dieser Beleidigung geführt haben, sind eine Schande für das Luftfahrtministerium. Was hätte man wohl gesagt, wenn die Admiralität über die Schlacht von Trafalgar berichtet und Lord Nelson nicht erwähnt hätte?"

Doch die Luftschlacht um England war gewonnen und die drohende Invasion abgewehrt.

Das Land hatte überlebt, um fünf Jahre bis zum Sieg über Hitler-Deutschland weiterzukämpfen. Noch nie hatten bei einem menschlichen Konflikt so viele so wenigen so viel zu verdanken", so formulierte Churchill seinen Dank an die Piloten.

Heinkel He 111

Die Heinkel He 111 absolvierte 1935 ihren Jungfernflug. Die ersten He-111-Bomber dienten in Spanien bei der Kampfgruppe 88. 1939 war die He 111P die bedeutendste Version dieses Musters. Sie bot neue Tragflächen und einen neu konstruierten Bug sowie eine stromlinienförmige Unterrumpfgondel für einen Bordschützen. Zwei Geschwader flogen zu Beginn der Luftschlacht um England noch mit der He 111P; der Großteil hatte auf die schwerer bewaffnete He 111Hs umgestellt. Doch trotz ihrer verbesserten defensiven Bewaffnung waren die He 111H leichte Beute für die RAF.

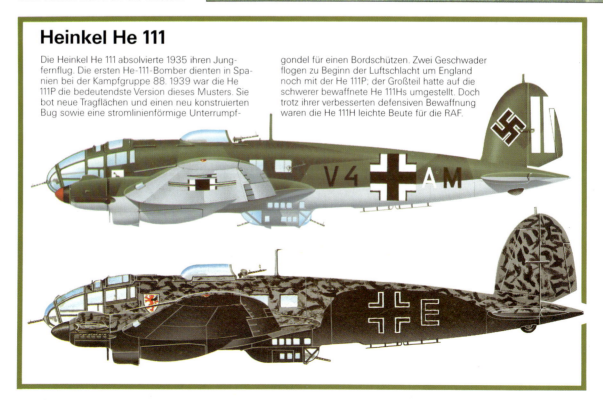

Spitfire contra Messerschmitt Bf 109

KAMPF DER ADLER

Im Jahre 1940 waren zwei Flugzeugtypen die großen Kontrahenten im Luftkampf über England. Es war ein Kampf, der fünf Jahre andauern sollte und der sich über die Schlachtfelder in Frankreich, Malta, Nordafrika, Italien und Deutschland ausdehnte. Ehemalige Piloten, die an den Luftschlachten teilnahmen, erzählen die Geschichte dieser beiden legendären Jagdflugzeuge, der Spitfire und der Messerschmitt Bf 109.

Vier Meilen über der Themsemündung war es an jenem Augustnachmittag still und ruhig. Im Osten sah man die Mündung des Flusses in die Nordsee, im Westen war die Stadt London als verschwommener Klecks am Horizont zu sehen. Weit weg im Südosten konnte ein scharfes Auge noch am Himmel eine Reihe schwarzer Punkte erkennen, die sich langsam der Hauptstadt näherten.

Im Cockpit einer Mk I Spitfire sah die Welt ganz anders aus: das Röhren des ungedämpften V-12-Merlin-III-Triebwerks, nur durch ein Schott von den Füßen des Piloten getrennt, mischte sich mit dem scharfen Knattern der acht 303-Kaliber Browning Maschinengewehre, die der Pilot mit einem Fingerdruck kurz testete. Die Enge im Cockpit war bedrückend – die Kanzelverglasung nur einige Zentimeter vom Ohr des Piloten entfernt, der harte Sitz wurde durch den Fallschirm mit dem Gurtzeug noch unbequemer.

Flügel des Schicksals

Der Schwarm weit entfernter Punkte hatte sich nun geteilt. Einige von ihnen hoben sich vom Schwarm ab und nahmen im Aufstieg mit ihren schlanken, kurzen Flügeln, die in der Sonne glitzerten, langsam die Form der Messerschmitt Bf 109E an.

Vor fünf Jahren noch wäre ein solcher Anblick nur eine Ausgeburt der Phantasie gewesen, doch im Herbst 1940 war in der unwirklich anmutenden Umgebung eines englischen Seehafens und der sanften Hügelland-

schaft Nordbayerns eine neue Generation von Kampfflugzeugen geboren worden.

Die Geburt der Spitfire

Der Prototyp der Spitfire, damals als F37/34 und Supermarine 300 bekannt, absolvierte seinen Jungfernflug am 6. März 1936 auf dem Werksgelände der Supermarine in Eastleigh bei Southampton. Die K5054 war im Vergleich zu den späteren Modellen noch eine Art Rohbau, doch ihre Basiseigenschaften wurden auch bei den späteren Typen beibehalten.

Im Sommer hatte man das Flugzeug der Öffentlichkeit vorgestellt; zur Weihnachtszeit war es bereits mit seinen acht Maschinengewehren bestückt und konnte in den Einsatz gehen.

Noch bevor die K5054 ihre Bewaffnung erhielt, hatte das britische Luftfahrtministerium schon auf den Erfolg der Spitfire gesetzt. Im Juni 1936 unterzeichnete es mit der Supermarine Aviation einen Vertrag über die Produktion von 310 Flugzeugen zu einem Stückpreis von 4.500 Pfund Sterling, Triebwerk, Bewaffnung und Instrumente nicht inbegriffen.

Neuentwicklungen

Es dauerte noch zwei Jahre, bevor die erste serienmäßige Spitfire, die K9787, zum Flugeinsatz kam. In dieser Zeit war kräftig am Design gearbeitet worden. Der Prototyp war ausreichend für eine Geschwindigkeit von 380 mph, doch die neue K9787 wurde mit dem neuen Merlin-Trieb-

Spitfires auf Patrouille im typischen engen Dreier-Verband.

In seiner Bf 109E macht sich ein Pilot der Luftwaffe für seinen Einsatz fertig. Die vielleicht größte Schwächung für die Luftwaffe war, daß die Piloten, die einen Abschuß überlebten, gefangengenommen wurden und nicht wieder eingesetzt werden konnten.

werk ausgerüstet, das eine Geschwindigkeit von bis zu 470 mph ermöglichte. Damit tauchte jedoch ein Problem auf, das die Konstrukteure noch einige Jahre beschäftigen sollte: alle Steuerflächen waren noch mit Leinwand bezogen. Bei Geschwindigkeiten über 400 mph wölbte sich dieser Bezug – besonders an den Querrudern – aus und blockierte die Steuerung, was das Flugzeug praktisch unlenkbar machte.

Am 12. Juli 1938 wurde die Produktion der Spitfire in einem Werk in Castle Bromwich bei Birmingham in Angriff genommen. Im August erhielt Staffel Nr. 19 ihre erste Spitfire; Staffel Nr. 66, die auch vom Flugplatz Duxford aus operierte, folgte bald darauf. Beide waren gegen Ende des

Jahres gleich stark ausgerüstet. Die Spitfires Mk I wiesen noch eine Reihe von Mängeln auf. Die ersten 77 waren mit einem hölzernen Zweiblatt-Propeller mit fester Steigungseinstellung versehen.

„Da der Blattwinkel nicht verstellbar war, mußte der Propeller den ganzen Geschwindigkeitsbereich abdecken und zog damit beim Start nicht besonders gut. Man brauchte eine ganz schöne Strecke, bis man endlich in der Luft war."

Das Fahrwerk mußte noch per Handbedienung herauf- oder herunter gepumpt werden, was bei den Piloten in dem engen Cockpit häufig zu aufgeschürften Knöcheln führte.

„Du bist also mit der maximalen Triebwerksleistung – nicht mit der im

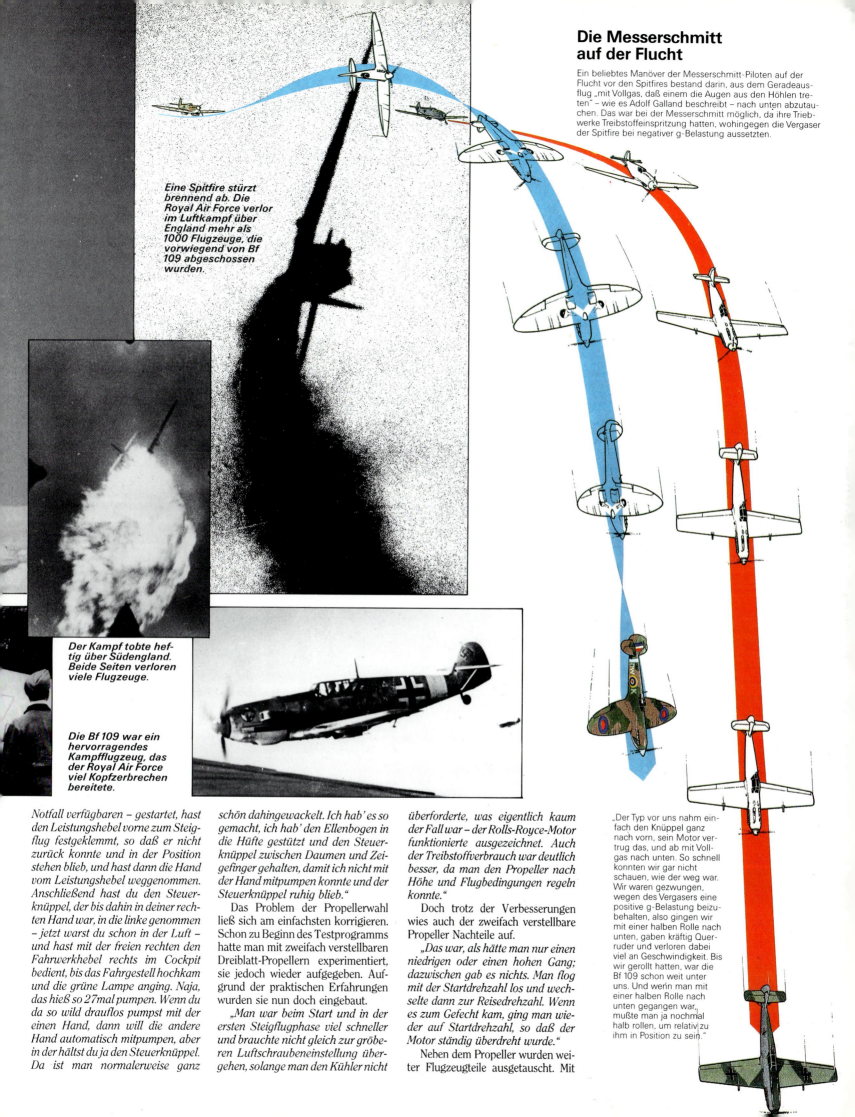

Die Messerschmitt auf der Flucht

Ein beliebtes Manöver der Messerschmitt-Piloten auf der Flucht vor den Spitfires bestand darin, aus dem Geradeausflug „mit Vollgas, daß einem die Augen aus den Höhlen treten" – wie es Adolf Galland beschreibt – nach unten abzutauchen. Das war bei der Messerschmitt möglich, da ihre Triebwerke Treibstoffeinspritzung hatten, wohingegen die Vergaser der Spitfire bei negativer g-Belastung aussetzten.

Eine Spitfire stürzt brennend ab. Die Royal Air Force verlor im Luftkampf über England mehr als 1000 Flugzeuge, die vorwiegend von Bf 109 abgeschossen wurden.

Der Kampf tobte heftig über Südengland. Beide Seiten verloren viele Flugzeuge.

Die Bf 109 war ein hervorragendes Kampfflugzeug, das der Royal Air Force viel Kopfzerbrechen bereitete.

Notfall verfügbaren – gestartet, hast den Leistungshebel vorne zum Steigflug festgeklemmt, so daß er nicht zurück konnte und in der Position stehen blieb, und hast dann die Hand vom Leistungshebel weggenommen. Anschließend hast du den Steuerknüppel, der bis dahin in deiner rechten Hand war, in die linke genommen – jetzt warst du schon in der Luft – und hast mit der freien rechten den Fahrwerkhebel rechts im Cockpit bedient, bis das Fahrgestell hochkam und die grüne Lampe anging. Naja, das hieß so 27mal pumpen. Wenn du da so wild drauflos pumpst mit der einen Hand, dann will die andere Hand automatisch mitpumpen, aber in der hältst du ja den Steuerknüppel. Da ist man normalerweise ganz

schön dahingewackelt. Ich hab' es so gemacht, ich hab' den Ellenbogen in die Hüfte gestützt und den Steuerknüppel zwischen Daumen und Zeigefinger gehalten, damit ich nicht mit der Hand mitpumpen konnte und der Steuerknüppel ruhig blieb."

Das Problem der Propellerwahl ließ sich am einfachsten korrigieren. Schon zu Beginn des Testprogramms hatte man mit zweifach verstellbaren Dreiblatt-Propellern experimentiert, sie jedoch wieder aufgegeben. Aufgrund der praktischen Erfahrungen wurden sie nun doch eingebaut.

„Man war beim Start und in der ersten Steigflugphase viel schneller und brauchte nicht gleich zur gröberen Luftschraubeneinstellung übergehen, solange man den Kühler nicht

überforderte, was eigentlich kaum der Fall war – der Rolls-Royce-Motor funktionierte ausgezeichnet. Auch der Treibstoffverbrauch war deutlich besser, da man den Propeller nach Höhe und Flugbedingungen regeln konnte."

Doch trotz der Verbesserungen wies auch der zweifach verstellbare Propeller Nachteile auf.

„Das war, als hätte man nur einen niedrigen oder einen hohen Gang; dazwischen gab es nichts. Man flog mit der Startdrehzahl los und wechselte dann zur Reisedrehzahl. Wenn es zum Gefecht kam, ging man wieder auf Startdrehzahl, so daß der Motor ständig überdreht wurde."

Neben dem Propeller wurden weiter Flugzeugteile ausgetauscht. Mit

„Der Typ vor uns nahm einfach den Knüppel ganz nach vorn, sein Motor vertrug das, und ab mit Vollgas nach unten. So schnell konnten wir gar nicht schauen, wie der weg war. Wir waren gezwungen, wegen des Vergasers eine positive g-Belastung beizubehalten, also gingen wir mit einer halben Rolle nach unten, gaben kräftig Querruder und verloren dabei viel an Geschwindigkeit. Bis wir gerollt hatten, war die Bf 109 schon weit unter uns. Und wenn man mit einer halben Rolle nach unten gegangen war, mußte man ja nochmal halb rollen, um relativ zu ihm in Position zu sein."

die Serienproduktion der Bf 109 B nicht mehr eingebaut.

Obwohl das Jumo-210-Triebwerk kontinuierlich verbessert worden war, wurde es schließlich doch als veraltet angesehen. So dauerte es nicht lange, bis es durch das neue DB-600A-Triebwerk von Daimler-Benz ersetzt wurde, das extra so konstruiert war, daß es genauso wie das frühere Jumo 210 in die Maschine paßte.

Die Bf 109 „Emil"

1938 wurden immer mehr Jumogetriebene Bf 109 C und DB-getriebene Bf 109D an die Luftwaffe geliefert. Die Produktion war mittlerweile zwischen dem eigenen Werk der Firma Messerschmitt und dem Unternehmen Focke-Wulf aufgeteilt worden. Das D-Modell war nur eine Art Notbehelf. Es hatte keinen kugelsicheren Schutz für den Piloten, war jedoch als erstes Modell mit einer Bordkanone bestückt – einer 20 mm MG FF, die durch die Propellernabe feuerte, sowie mit zwei darüberliegenden Maschinengewehren. Gegen Ende des Jahres 1938 folgte die DB 601A mit Kraftstoffeinspritzung, die

Vier Bf 109 fliegen für die Kamera in Formation. Dieser Flugzeugtyp fand erst einen ebenbürtigen Gegner, als er über Südengland auf die Spitfire traf.

87-Oktan-Benzin kam der Merlin II-Motor auf 1030 PS, mit einem 100-Oktan-Treibstoff erreichte er sogar 1310 PS. Diese Modifikation, die pro Flugzeug nur 53 Pfund Sterling kostete, war vor allem darauf zurückzuführen, daß der Lader jetzt sechs Kilo Druck erbrachte statt den knapp dreieinhalb.

„Das machte gleich einen Riesenunterschied. Die Steiggeschwindigkeit erhöhte sich, man konnte den Schub viel stärker spüren."

Der größere Vorteil jedoch bestand darin, daß die Extraleistung das zusätzliche Gewicht der kugelsicheren Verkleidung vor und hinter dem Piloten sowie die Funkausrüstung, mit der zu dieser Zeit jedes Flugzeug ausgestattet wurde, kompensierte. Eine weitere Schutzvorrichtung für den Piloten war für Dowding ein absolutes Muß: eine kugelsichere Windschutzscheibe.

Eine Bf 109 im Tiefflug-Angriff während des Spanischen Bürgerkriegs. Die Luftwaffe nutzte dieses Schlachtfeld, um ihre neuen Jagdflugzeuge im Kampf zu erproben und neue Angriffstaktiken auszuarbeiten.

Die Bleche für den Prototyp Bf 109 wurden gegen Ende des Jahres 1934 zugeschnitten; der Jungfernflug fand im September 1935 statt, fast ein halbes Jahr vor dem Flug der ersten Spitfire, dem Prototyp K5054. Man war sich einig, daß ein Junkers-Jumo-210-V-12-Triebwerk hängend eingebaut werden sollte, um so die Sicht nach vorne zu verbessern, doch es war keines aufzutreiben. Man griff schließlich auf das gleich gebaute Rolls-Royce-Kestrel-Triebwerk zurück, das beim Start 695 PS und in 14000 Fuß Höhe 640 PS leistete. Im Geradeausflug erreichte die Bf 109V1, wie der Prototyp genannt wurde, bei Testversuchen 290 mph.

Alles schien darauf hinzudeuten, daß ein Konkurrent, die Heinkel He 112, das Rennen um den Auftrag des Luftwaffenführungsstabes zum Bau von Kampfflugzeugen für den Fronteinsatz machen würde. Doch wieder einmal war die Konzeption der Tragflächen entscheidend. Große Tragflächen geben höheren Auftrieb, daher können sie mehr Last tragen. Kleine Flügel jedoch machen das Flugzeug wendiger. Heinkel entschied sich für das erste Kriterium, Messerschmitt für das zweite und sicherte sich so den Auftrag der Luftwaffe.

Legion Condor in Spanien

Die Luftwaffe erhielt ihre erste Serie der Bf 109B Ende Februar, doch zuvor schon waren drei der zehn Vorserien-Maschinen zum Einsatz gekommen. Hitler hatte die Legion Condor zur Unterstützung Francos und seiner Nationalisten im Spanischen Bürgerkrieg abgeordnet. Der vierte Prototyp 109V4 wurde zerlegt, in Kisten gepackt und nach Spanien geschickt. Im Januar trafen schließlich auch die Modelle V5 und V6 in Sevilla ein, so daß das komplette Trio bald zum Einsatz kam. Die ersten Serienmodelle der Bf 109B kamen bereits zahlreich im April an und hatten gleich zu Anfang beachtlichen Erfolg. Die Luftwaffe und das Oberste Heereskommando waren von ihrer neuen Waffe ganz begeistert.

Die Triebwerke vom Typ Jumo 210 der Bf109-Modelle mit Zwei-Stufen-

Lader erbrachten mit 87-Oktan-Benzin bereits 720 PS beim Start. Sie waren von Anfang an mit einem eingespiegelten Visier ausgestattet und mit drei 7,9mm-Maschinengewehren vom Typ MG 17 in der Nase bewaffnet, zwei davon waren auf dem Kurbelgehäuse in der oberen Triebwerksverkleidung eingebaut; die dritte ging durch die Luftschraubennabe durch. Da das mittlere Maschinengewehr sich schnell überhitzte, wurde es in

Die Entwicklung der Spitfire und Bf 109

SUPERMARINE TYPE 300
Der Prototyp der Spitfire, K5054, vom Luftfahrtministerium als F7/34 bezeichnet, war bei seinem Jungfernflug am 6. März 1936 mit einem 900-PS-Rolls-Royce-Merlin-C-Triebwerk mit 12 geraden Auspuffrohren und einem Zweiblatt-Propeller mit unverstellbarer Luftschraube ausgestattet.

Der Prototyp der Spitfire, die K5054. Auffallend die geraden Auspuffrohre und der große Zweiblatt-Propeller.

1935
9. März: Hitler verkündet der Welt die Formierung der bis dahin geheimgehaltenen Luftwaffe.

1936
3. März: Die Britische Regierung will die Flugzeugstärke zur nationalen Verteidigung auf 1750 Flugzeuge ausbauen.

Bf 109V1
Der Prototyp absolvierte seinen Jungfernflug Anfang September 1935. Das Triebwerk war – Ironie des Schicksals – ein Rolls-Royce Kestrel Motor, der eine Startleistung von 695 PS erbrachte. Er wurde gegen die Heinkel He 112 erprobt, die bis dahin als erste Wahl der Luftwaffe galt.

Bf 109 V2 und V3
Der zweite und der dritte Prototyp unterschieden sich vom ersten nur durch den Einbau eines Junkers Jumo 210A Triebwerks. Die V3 trug ferner zwei MG 17 Maschinengewehre in der vorderen oberen Rumpfverkleidung.

Der vierte Prototyp, die Bf 109 V4, war das erste Bf 109B-0 Vorserienflugzeug.

Diese frühe Bf 109B-1 weist noch den großen Kühlereinlauf und den hölzernen unverstellbaren Propeller auf. Dieser Typ bekam später eine stärker gestutzte Propellerhaube.

Spitfire contra Messerschmitt Bf 109

in Normalform 1175 PS leistete. Durch die Kombination dieses Triebwerks mit der Zelle der 109er entstand der berühmte 'Emil', die Bf 109E.

Obgleich die Spitfires bereits seit Kriegsanfang eingesetzt wurden, waren deutsche Luftangriffe über Großbritannien eher selten. Das sollte sich jedoch mit Beginn des Luftkampfes über England im Juli schlagartig ändern. Bis dahin war die Notwendigkeit einer Verbesserung der Bewaff-

Die unverwechselbare Silhouette der Spitfire war bei allen deutschen Piloten gefürchtet. Selbst wenn sie die neueste Bf 109 flogen, hatten sie einen ebenbürtigen Gegner im Visier.

nung der Spitfire mehr als dringend geworden. Es handelte sich jedoch nicht nur darum, die alten Waffen gegen neue auszutauschen.

"Viele deutsche Piloten flogen mit mehr als 200 Einschlußlöchern in ihren Maschinen nach Hause. Es kann also nicht daran gelegen haben, daß die englischen Piloten nicht zielen konnten. Ihre Geschütze waren einfach zu schwach, um die Dinger runterzuholen. Die deutschen Jagdpiloten hatten zwar nur drei Geschütze im Vergleich zu unseren acht, aber ihre waren echte Kanonen und standen enger zusammen. Die Wirkung war natürlich viel größer als bei unseren Spitfire-Maschinengewehren, die über die ganze Länge der Tragflächen verteilt waren."

Die Geschütze waren in die Tragflächen eingebaut. Ihre Munition machte einen Gutteil der Nutzlast des Flugzeuges aus; sobald sie abgefeuert war, änderte sich damit auch die Lastverteilung im Flugzeug. Eine Änderung der Bestückung hieß notwendigerweise, auf schwerere Waffen mit großkalibriger Munition umzusteigen.

Doch alle Versuche, Bordkanonen in die bestehenden Tragflächen einzupassen, schlugen fehl, so daß am Ende keine andere Wahl blieb, als die Konstruktion der Flügel grundlegend zu ändern.

Die ursprüngliche 0,303-Zoll-Maschinengewehr-Einrichtung hatte den Fehler, bei starker Kälteeinwirkung häufig zu blockieren. Das Problem wurde gelöst, indem man Heißluft vom Triebwerk und vom Kühler zuführte.

Beim ersten Probeeinsatz im Juli 1939 blockierten die Kanonen zwar ebenfalls, was jedoch eher auf die Deformation der Tragflächen bei negativen Beschleunigungen als auf große Temperaturschwankungen zurückzuführen war.

Der erste Einsatz

Ein halbes Jahr später kam eine mit Bordkanonen bestückte Spitfire zum ersten Mal zum Einsatz, als Pilot Officer George Proudman mit einer Staffel Hurricanes einen Angriff auf eine Heinkel 111 flog. Er traf sie, obwohl er aus der rechten Bordkanone nur einen Schuß der hochexplosiven Munition abfeuern konnte, bevor sie wieder blockierte. Die linke Kanone brachte auch nicht viel mehr; nach 30 Schuß stand sie ebenfalls. Die He 111 wurde dann von anderen Flugzeugen.

on 1935 bis zum Ende des Luftkampfes über England

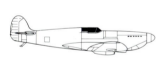

Hier die erste Spitfire Mk I aus der Serienproduktion mit den typischen gelben Ringen auf den Tragflächen.

SPITFIRE MK 1
Die erste in Serie produzierte Spitfire, die K9787, startete erst am 14. Mai 1938 zu ihrem Jungfernflug, ein Jahr später als geplant. Sie unterschied sich vom Prototyp durch ihre

Bestückung mit acht Browning-Maschinengewehren und wurde von einem Merlin-Motor mit fischschwanzförmigen Auspuffrohren angetrieben. Der Propeller war ein hölzernes Zweiblatt-Watts-Modell.

15. November: Die Freiwilligen der deutschen Legion Condor erproben sich im Spanischen Bürgerkrieg.

1937
Juni/Juli: Die Messerschmitt Bf 109B's der Legion Condor beherrschen den Himmel über Spanien.

1938
10. Februar: Eine Hawker Hurricane fliegt in einer Stunde von Edinburgh nach London (die Hälfte der Zeit, die ein Doppeldecker-Jagdflugzeug benötigte).

21. April: Die Britische Regierung finanziert mehr „Schattenfabriken" zur Deckung des Kriegsbedarfs.

September: Die Frontstärke der Luftwaffe besteht aus etwa 3000 Flugzeugen und einer Reserve von etwa 800 Maschinen.

Bf 109C-2
Nachdem die Schwierigkeiten mit dem MG gelöst waren, wurde es bei der C-2 wieder eingesetzt.

Bf 109D-2
Bei diesem Modell kamen zwei weitere MG 17 Maschinengewehre in den Tragflä-

chen hinzu; es wurde aber nicht weiterentwickelt.

Bf 109B-0
Dies war der erste Vorserien-Nachfolger des Prototypen Bf 109 V4. Er war mit einem Jumo 210A Triebwerk, den doppelten Maschinengewehren und einem weiteren Gewehr auf dem Triebwerksblock, das durch die Luftschraubennabe schoß, bestückt.

Bf 109B-1
Das erste Serienmodell wurde von einem Jumo-210Da-Motor angetrieben, der eine Startleistung von 680 PS erbrachte. Das auf dem Triebwerksblock installierte Maschinengewehr hatte die Tendenz zur Überhitzung gezeigt und war bei diesem Modell entfernt worden.

Bf 109B-2
Die frühen Modelle der 109-Serie hatten einen nicht verstellbaren hölzernen Propeller, doch die B-2 besaß als erste einen Zweiblatt-Propeller aus Metall mit variabler Blattverstellung. Die B-2 fand im Spanischen Bürgerkrieg weite Verbreitung.

Bf 109C-1
Nach einer Reihe von Entwicklungsmodellen kam die Bf 109C-1 mit Jumo 2106a Triebwerk heraus. Zusätzlich zu den Rumpfwaffen war sie noch mit MGs in den Tragflächen versehen. Auch dieses Modell wurde viel im Spanischen Bürgerkrieg eingesetzt.

Bf 109D-1 wurde aus dem Vorserien-Modell Bf 109D-0 entwickelt und führte das Daimler Benz DB 600A Triebwerk ein, das eine Startleistung von 986 PS lieferte und einen Dreiblatt-Propeller antrieb. Es war das erste Modell, das mit einer Bordkanone ausgerüstet wurde, einer 20 mm MG FF mit 160 Schuß Munition, die im Triebwerksblock installiert wurde. Die Bewaffnung mit Maschinengewehren wurde auf zwei MG 17 beschränkt.

Bf 109D-3
Eine weitere Variante stellte die D-3 dar, die mit zwei MG FF Bordkanonen in den Tragflächen bestückt war. Die D-3 wie auch die D-2 wurden bald aus dem Programm genommen, da man sich vorwiegend auf die Entwicklung der E-Serie konzentrierte.

Das Ende der mit dem Jumo 210 motorisierten Jäger war die Bf 109C-2 mit ihren fünf 17er MGs.

Von ihren Vorgängern aus der D-Serie unterschied sich die Bf 109E-1 im wesentlichen durch die neue Treibstoffeinspritzung.

Die 19. Staffel (No 19 Squadron), die immer noch zu den bestausgestatteten zählte, erhielt im Juli 1940 kanonenbestückte Spitfires. Das Problem der Bordkanonen war damit jedoch noch nicht gelöst. Am 24. Juli berichtete Air Chief Marshal Dowding dem britischen Kriegsminister:

„Die Bordkanonen von ungefähr sechs Flugzeugen des 19. Geschwaders funktionieren zufriedenstellend, und die Mängel der anderen werden in acht bis zehn Tagen behoben sein…"

Fortsetzung des Luftkampfes

Doch der Luftkampf über England war bereits in vollem Gange, und die kanonenbestückten Spitfire der 19. Staffel mußten mitmachen, ganz gleich, ob sie funktionierten oder nicht. Am 16. August funktionierten die Bordkanonen nur bei jedem siebten Flugzeug. Am 31. waren es immer noch nur die Hälfte. Der Kommandierende Offizier der Einheit beschwerte sich bei Dowding und schlug vor, die kanonenbestückten Spitfire gegen Flugzeuge einer Ausbildungseinheit mit acht Brownings auszutauschen.

„Die Bordkanone blieb bei drei Viertel aller Einsätze stehen, so daß acht funktionierende Maschinengewehre offensichtlich besser waren als zwei Kanonen, die ständig blockierten. Das Ersatzflugzeug kam von einer solchen OTU (Ausbildungseinheit), und ich glaube, das waren recht alte Dinger."

Die Mk II Spitfires liefen im Juni 1940 in Castle Bromwich vom Fließband. Sie unterschieden sich von den Mk I nur durch ihren stärkeren Merlin XII-Motor mit Coffman-Patronenstarter und einem Glykol-Wasser-Druck-Kühlsystem.

Bis dahin hatten die bestehenden Mk I neue abwerfbare Kanzeln bekommen, die mit ihrer rundlichen Form bekannter sind als die früher montierten engen und schmalen Versionen. Sie gehörten bei der Mk II bereits zur Standardausrüstung.

„Mit dieser neuen runden Haube hatte man ein viel weiteres Blickfeld, und sie hatte ein gut entwickeltes Abwurfsystem – das machte einen großen Unterschied. Die alte Führersitzhaube war an den Seiten flach und oben gekappt; man saß also völlig eingequetscht drin und konnte kaum nach hinten sehen. Es gab auch keinen Abwurfmechanismus für die Haube, man mußte sie wie am Boden nach hinten schieben. Man konnte sie bei 170 Meilen pro Stunde wegen des Saugeffekts des Propellerstroms auch nicht mehr öffnen."

Das Flugzeug hatte zusätzlich eine verbesserte Panzerung zum Schutz des Piloten bekommen.

„Der Einbau einer kugelsicheren Schutzplatte hinter dem Kopf war unbedingt nötig – viele hatten Angst, von hinten abgeschossen zu werden – das stimmte auch – so gut wie jeder, der abgeschossen wurde, war von hinten getroffen worden und nicht von der Seite. Mit der Schutzplatte fühlte man sich gleich sicherer."

Die vielleicht bedeutsamste Verbesserung bei den ersten Spitfires war die Einführung eines Dreiblatt-Propellers mit konstanter Drehzahl. Der Blattwinkel wurde automatisch von kleinster bis zur größten Steigerung variiert. Die bestehenden Propeller mit nur zwei Einstellwinkeln wurden von Arbeitsgruppen der Firma de Havilland noch vor Ort und Stelle nachgerüstet, als der Luftkampf seinen Höhepunkt erreichte.

SPITFIRE MK III
Die Spitfire III war so konstruiert, daß sie ein Merlin-XX-Triebwerk mit zweistufigem Gebläse und 1.240 PS aufnehmen konnte. Dazu kamen eine neue Frontscheibe, ein höheres Dach, ein neues Fahrgestell und ein einziehbares Spornrad. Das Flugzeug hatte vergrößerte Kühler und einen stärkeren Holm.

Die Speed Spitfire sollte den Geschwindigkeitsweltrekord brechen – ein Versuch, der jedoch mißlang.

SPEED SPITFIRE
Mit einer Spitfire I aus der Serienproduktion, die K9834, wollte man den Geschwindigkeitsweltrekord brechen. Das Flugzeug wurde großflächig verändert und erhielt ein abgewandeltes Merlin II Triebwerk, das mit einem besonderen Treibstoffgemisch und hohen Ladedrucken lief und eine Höchstgeschwindigkeit von 656 km/h erreichte. Der Jungfernflug fand am 10. November 1938 statt. Das Experiment wurde abgebrochen, als eine Me 209 den Geschwindigkeitsrekord auf 756 km/h heraufsetzte.

DREIBLATT-PROPELLER
Ab dem 78. Serienflugzeug, der K9961, die im Mai 1939 ausgeliefert wurde, wurden alle Spitfire I-Modelle mit einem zweifach verstellbaren Dreiblatt-Propeller und einem druckgekühlten Merlin-III-Triebwerk mit Coffman-Starter ausgestattet.

CANNON SPITFIRE
Eine einzelne Spitfire mit zwei Hispano Bordkanonen wurde zu Versuchszwecken an die Nr. 111 Squadron geliefert, die mit ihr am 13.1.1940 eine Heinkel 111 abschoß.

1939

10. September: Die Sudetenkrise verschärft sich. Deutschland schließt den Luftraum bis auf einige wenige Luftkorridore.

28. September: Chamberlain kehrt aus München zurück, nachdem er im Rahmen seiner Appeasement-Politik Hitler das Sudetenland überlassen hatte.

3. September: Großbritannien und Frankreich erklären Deutschland den Krieg. Deutschland verfügt über 3750 Kampfflugzeuge für den Fronteinsatz.

16. Oktober: Nr. 603 (Edinburgh) Squadron gelingt über dem Firth of Forth der erste Abschuß eines feindlichen Flugzeuges (einer Ju 88A) mit einer Spitfire.

1940

26. Mai – 4. Jun Die Bf 109 trifft über Dünkirchen zum ersten Mal auf eine Spitfire

Bf 109E-O
Ein Vorserienmodell der E-Serie führt das DB 601A Triebwerk mit 1050 PS Startleistung ein. Die Bewaffnung war auf vier MG 17 begrenzt worden.

Bf 109E-1
Obwohl die E-1 gegenüber der D-1 nur wenig verbessert war, war sie doch mit Treibstoffeinspritzung versehen, was die bei den Luftwaffenpiloten beliebten Abtauchmanöver unter hohen negativen Beschleunigungskräften ermöglichte. Die meisten Flugzeuge waren mit zwei Maschinengewehren im Rumpf und zwei MG FF in den Tragflächen versehen.

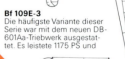

Bf 109E-3
Die häufigste Variante dieser Serie war mit dem neuen DB-601Aa-Triebwerk ausgestattet. Es leistete 1175 PS und sollte eine Bordkanone haben, die durch die Luftschraubennabe feuern sollte. Auch war das Kabinendach verstärkt und ein zusätzlicher Schutzschild für den Piloten eingebaut worden.

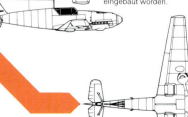

Bf 109T-1
Die T-Serie war ursprünglich für Einsatzzwecke auf dem nie fertiggestellten Flugzeugträger Graf Zeppelin vorgesehen. Sie hatte größere Spannweite, Auftriebshilfen auf den Flügeln für steileren Anflug, verstärktes Fahrgestell und Bremshaken.

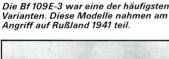

Die Bf 109E-3 war eine der häufigsten Varianten. Diese Modelle nahmen am Angriff auf Rußland 1941 teil.

Die Bf 109E-4 kam gänzlich ohne die im Triebwerksblock installierte Bordkanone aus.

Diese Bf 109E-4/N Trop hatte einen Luftfilter auf der linken Triebwerksseite.

„Das war gut, jetzt konnte man die Maschine nicht mehr überdrehen, der Propeller regelte das allein. Die Automatik suchte sich selber für jede Situation den besten Stellwinkel – je nach Bedarf entweder etwas gröber oder etwas feiner – eine wirklich feine Sache, und ausgesprochen zuverlässig noch dazu."

Noch fabrikneu erreichte eine Spitfire Mk II im Geradeausflug eine Höchstgeschwindigkeit von knapp über 350 mph. Sie brauchte sieben Minuten, um auf die normale Kampfhöhe von 20000 Fuß aufzusteigen. Das war jedoch nicht ausreichend. Die Messerschmitt Bf 109F, die im Frühjahr an die Luftwaffe ausgeliefert wurde, war auf Kampfhöhe 25 mph schneller und erreichte sie eine Minute früher. Auf Meeresspiegelhöhe war sie fast 45 mph schneller als die Spitfire. Dieser Unterschied ließ sich mit Mut oder Wendigkeit nicht mehr wettmachen. Ein radikales Umdenken war gefragt, wollte Großbritan-

nien seine mühsam erkämpfte Vormachtstellung nicht aufgeben. Je weiter der harte und blutige Luftkampf über Südengland und dem Kanal fortschritt, desto deutlicher kam zum Vorschein, daß die frühen Spitfires und die Bf 109E ebenbürtige Gegner waren. Doch mit der Zeit neigte sich die Waage des Schicksals zugunsten der Verteidiger. Die Hartnäckigkeit und die Einsatzbereitschaft der Piloten der Royal Air Force, die verbesserte Taktik, der wirksame Einsatz

von Radargeräten und der Heimvorteil trugen dazu bei, daß die RAF schließlich die Oberhand gewann.

Die Luftwaffe hatte wohl vorübergehend ihren Vorteil eingebüßt, doch mit der Einführung der Messerschmitt Bf 109F auch schnell wieder zurückerobert, da das neue Modell den frühen Spitfires bei weitem überlegen war.

Die Spitfire Mk III setzte 1940 mit einem größeren Merlin-XX-Triebwerk, höherem Cockpitdach und gestutzten Flügeln zu ihrem Jungfernflug an.

Mit Bordkanonen bestückte Spitfire VB. Es handelte sich hierbei um eine klassische Variante mit gemischter Bewaffnung.

SPITFIRE MK Vb
Einige Exemplare der V-Version und einige abgewandelte Maschinen erhielten Tragflächen mit zwei Kanonen und vier Maschinengewehren. Die Munition für die Bordkanonen wurde im Vergleich zur ursprünglichen Cannon Spitfire aufgestockt. Diese so umgewandelten Modelle wurden als Spitfire Vb ausgeliefert.

SPITFIRE MK V
Da sie vor allem kurzfristig gegen die Bf 109F eingesetzt werden sollten, waren die ersten Spitfires der V-Version Umwandlungen der beiden Cannon Spitfires. Sie erhielten ein stärkeres Merlin 45 Triebwerk und das gleiche veränderte Munitionszufuhrsystem wie die Spitfire Ib.

SPITFIRE MK IIb
Die letzten 170 Spitfire II wurden ebenfalls mit der Tragflächenkonstruktion für zwei Bordkanonen und vier Maschinengewehre der Spitfire Vb ausgerüstet. Die erste dieser Maschinen rollte im März 1941 vom Band.

SPITFIRE MK II
Um die Flugzeugproduktion voranzutreiben, wurde ein großes Werk in Castle Bromwich errichtet. Die dort hergestellten Flugzeuge bekamen die Serienbezeichnung Mk II. Dieser Typ entsprach den späteren Flugzeugen der Serie Mk I, deren Modifikationen alle übernommen wurden.

SPITFIRE MK Ib
Neue, mit Bordkanonen bestückte Spitfires mit verbessertem Zufuhrsystem wurden schließlich an die Fighter Command Squadrons ausgeliefert. Bis zum 20. November 1940 hatte sich dieses Modell durchgesetzt.

SPITFIRE MK Va
Der Großteil der ersten V-Modelle der Spitfire entstand aus abgewandelten Zellen der Ier und IIer Serie unter Beibehaltung der acht Maschinengewehre und wurde als Spitfire Va bezeichnet. Einige Spitfires Va wurden jedoch auch neu gebaut.

SPITFIRE MK Ia
Die Spitfires der Serie I, mit acht Browning-Maschinengewehren bestückt.

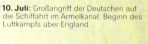
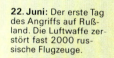

1941

10. Juli: Großangriff der Deutschen auf die Schiffahrt im Ärmelkanal; Beginn des Luftkampfs über England.

7. September: Hitler verlagert die Angriffe der Luftwaffe auf englische Städte.

Ab Januar: Die Royal Air Force übernimmt über Nordfrankreich die Offensive.

20. April: Die Me Bf 109E-7 zeigen sich in Nordafrika den Hurricanes und den Kittyhawks der Desert Air Force überlegen.

22. Juni: Der erste Tag des Angriffs auf Rußland. Die Luftwaffe zerstört fast 2000 russische Flugzeuge.

Bf109E-4
Bei diesem Modell wird die durch den Propellerschaft feuernde Bordkanone herausgenommen und statt dessen die Feuergeschwindigkeit der Tragflächenkanonen verbessert.

Bf 109F-2
Bei dieser Variante wurden die MG FF Bordkanonen durch eine 15mm MG 151 ersetzt.

Bf 109E-5
Bei diesem Modell handelte es sich um einen taktischen Fotoaufklärer, der aus der E-4 entwickelt worden war. Im hinteren Teil des Rumpfes wurde eine Rb 50/30 Kamera installiert.

Bf 109E-6
Ähnlich wie bei der E-5 hatte auch dieser Aufklärer den gleichen DB 601N Motor wie die E-4/N.

Bf 109F-0
Mit der stromlinienförmigeren Verkleidung ihres DB 601E Triebwerks hatte die F-0 ursprünglich kleinere Tragflächen, was jedoch ihre Manövrierfähigkeit derart beeinträchtigte, daß man die Tragflügelfläche mit abgerundeten Flügelspitzen vergrößerte.

Bf 109E-8 und E-9
Ähnlich wie die E-7 besaß diese Version das weiter entwickelte DB 601E Triebwerk und kam so auf eine Startleistung von 1350 PS. Die E-9 war das Gegenstück zum Fotoaufklärer.

Bf 109F-1
Bei den ersten Modellen der F-Serie wurde die durch den Propellerschaft feuernde MG FF Bordkanone wieder eingeführt.

109E-4/N
Unterschied zur E-4 verfügte dieses Modell über ein DB 601N Triebwerk; auch das Verdichtungsverhältnis war verbessert und die Oktanzahl des Treibstoffs erhöht worden. Damit konnte die Antriebsleistung auf 1270 PS in 16400 Fuß Höhe gesteigert werden.

Bf 109E-4/Trop
Im April 1941 dehnte sich der Einsatzbereich der Luftwaffe auch auf Nordafrika aus, wo sich der Sand katastrophal auf die Triebwerke auswirkte. Um die Luftzufuhr des Laders zu schützen, wurde auf der rechten Triebwerksseite ein Staubfilter angebracht.

Bf 109E-7
Dieses Modell war ein direkter und fast identischer Nachfolger der E-4/N. Es unterschied sich nur dadurch, daß entweder ein 250l-Abwurftank oder eine 225kg-SC-250-Bombe unter dem Rumpf mitgeführt werden konnte.

Bf 109E-7/Trop
Einige Modelle der E-Serie wurden für den Tropeneinsatz leicht verändert. Zusätzlich zum Staubfilter war auch eine Tropen-Überlebensausrüstung vorgesehen.

Die Bf 109F-1 hatte eine neu gestaltete Bugpartie und war wieder mit einer Bugkanone ausgestattet.

Supermarine Spitfire Mk I

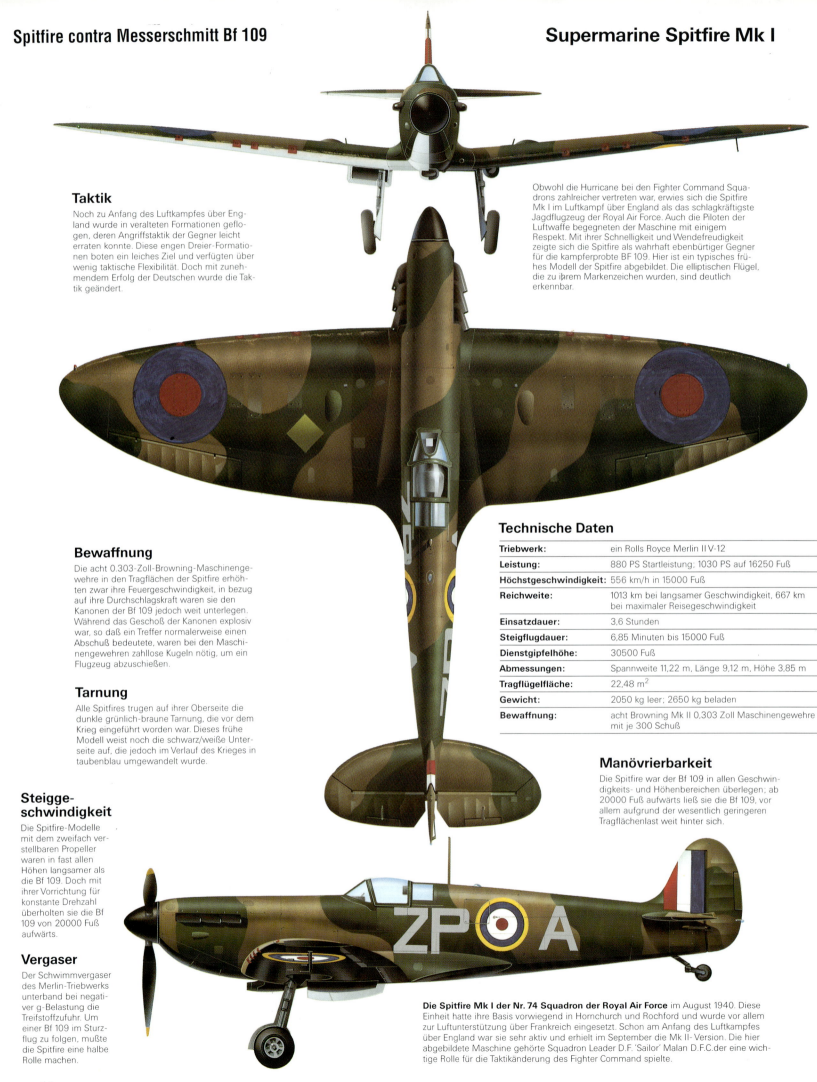

Taktik

Noch zu Anfang des Luftkampfes über England wurde in veralteten Formationen geflogen, deren Angriffstaktik der Gegner leicht erraten konnte. Diese engen Dreier-Formationen boten ein leichtes Ziel und verfügten über wenig taktische Flexibilität. Doch mit zunehmendem Erfolg der Deutschen wurde die Taktik geändert.

Obwohl die Hurricane bei den Fighter Command Squadrons zahlreicher vertreten war, erwies sich die Spitfire Mk I im Luftkampf über England als das schlagkräftigste Jagdflugzeug der Royal Air Force. Auch die Piloten der Luftwaffe begegneten der Maschine mit einigem Respekt. Mit ihrer Schnelligkeit und Wendefreudigkeit zeigte sich die Spitfire als wahrhaft ebenbürtiger Gegner für die kampferprobte Bf 109. Hier ist ein typisches frühes Modell der Spitfire abgebildet. Die elliptischen Flügel, die zu ihrem Markenzeichen wurden, sind deutlich erkennbar.

Bewaffnung

Die acht 0.303-Zoll-Browning-Maschinengewehre in den Tragflächen der Spitfire erhöhten zwar ihre Feuergeschwindigkeit, in bezug auf ihre Durchschlagskraft waren sie den Kanonen der Bf 109 jedoch weit unterlegen. Während das Geschoß der Kanonen explosiv war, so daß ein Treffer normalerweise einen Abschuß bedeutete, waren bei den Maschinengewehren zahllose Kugeln nötig, um ein Flugzeug abzuschießen.

Tarnung

Alle Spitfires trugen auf ihrer Oberseite die dunkle grünlich-braune Tarnung, die vor dem Krieg eingeführt worden war. Dieses frühe Modell weist noch die schwarz/weiße Unterseite auf, die jedoch im Verlauf des Krieges in taubenblau umgewandelt wurde.

Steiggeschwindigkeit

Die Spitfire-Modelle mit dem zweifach verstellbaren Propeller waren in fast allen Höhen langsamer als die Bf 109. Doch mit ihrer Vorrichtung für konstante Drehzahl überholten sie die Bf 109 von 20000 Fuß aufwärts.

Vergaser

Der Schwimmvergaser des Merlin-Triebwerks unterband bei negativer g-Belastung die Treifstoffzufuhr. Um einer Bf 109 im Sturzflug zu folgen, mußte die Spitfire eine halbe Rolle machen.

Technische Daten

Triebwerk:	ein Rolls Royce Merlin II V-12
Leistung:	880 PS Startleistung; 1030 PS auf 16250 Fuß
Höchstgeschwindigkeit:	556 km/h in 15000 Fuß
Reichweite:	1013 km bei langsamer Geschwindigkeit, 667 km bei maximaler Reisegeschwindigkeit
Einsatzdauer:	3,6 Stunden
Steigflugdauer:	6,85 Minuten bis 15000 Fuß
Dienstgipfelhöhe:	30500 Fuß
Abmessungen:	Spannweite 11,22 m, Länge 9,12 m, Höhe 3,85 m
Tragflügelfläche:	22,48 m^2
Gewicht:	2050 kg leer; 2650 kg beladen
Bewaffnung:	acht Browning Mk II 0,303 Zoll Maschinengewehre mit je 300 Schuß

Manövrierbarkeit

Die Spitfire war der Bf 109 in allen Geschwindigkeits- und Höhenbereichen überlegen; ab 20000 Fuß aufwärts ließ sie die Bf 109, vor allem aufgrund der wesentlich geringeren Tragflächenlast weit hinter sich.

Die Spitfire Mk I der Nr. 74 Squadron der Royal Air Force im August 1940. Diese Einheit hatte ihre Basis vorwiegend in Hornchurch und Rochford und wurde vor allem zur Luftunterstützung über Frankreich eingesetzt. Schon am Anfang des Luftkampfes über England war sie sehr aktiv und erhielt im September die Mk II- Version. Die hier abgebildete Maschine gehörte Squadron Leader D.F. 'Sailor' Malan D.F.C.der eine wichtige Rolle für die Taktikänderung des Fighter Command spielte.

Messerschmitt Bf 109E

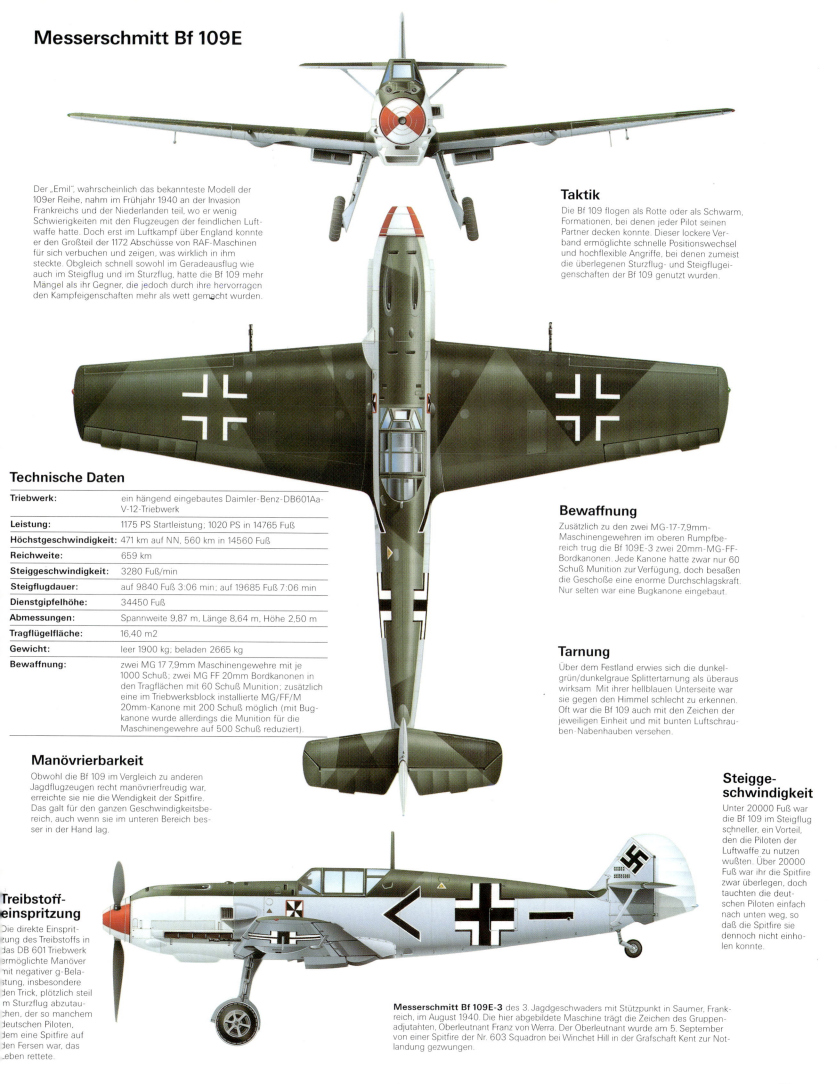

Der „Emil", wahrscheinlich das bekannteste Modell der 109er Reihe, nahm im Frühjahr 1940 an der Invasion Frankreichs und der Niederlanden teil, wo er wenig Schwierigkeiten mit den Flugzeugen der feindlichen Luftwaffe hatte. Doch erst im Luftkampf über England konnte er den Großteil der 1172 Abschüsse von RAF-Maschinen für sich verbuchen und zeigen, was wirklich in ihm steckte. Obgleich schnell sowohl im Geradeausflug wie auch im Steigflug und im Sturzflug, hatte die Bf 109 mehr Mängel als ihr Gegner, die jedoch durch ihre hervorragenden Kampfeigenschaften mehr als wett gemacht wurden.

Taktik

Die Bf 109 flogen als Rotte oder als Schwarm, Formationen, bei denen jeder Pilot seinen Partner decken konnte. Dieser lockere Verband ermöglichte schnelle Positionswechsel und hochflexible Angriffe, bei denen zumeist die überlegenen Sturzflug- und Steigflugeigenschaften der Bf 109 genutzt wurden.

Technische Daten

Triebwerk:	ein hängend eingebautes Daimler-Benz-DB601Aa-V-12-Triebwerk
Leistung:	1175 PS Startleistung; 1020 PS in 14765 Fuß
Höchstgeschwindigkeit:	471 km auf NN, 560 km in 14560 Fuß
Reichweite:	659 km
Steiggeschwindigkeit:	3280 Fuß/min
Steigflugdauer:	auf 9840 Fuß 3:06 min; auf 19685 Fuß 7:06 min
Dienstgipfelhöhe:	34450 Fuß
Abmessungen:	Spannweite 9,87 m, Länge 8,64 m, Höhe 2,50 m
Tragflügelfläche:	16,40 m2
Gewicht:	leer 1900 kg; beladen 2665 kg
Bewaffnung:	zwei MG 17 7,9mm Maschinengewehre mit je 1000 Schuß; zwei MG FF 20mm Bordkanonen in den Tragflächen mit 60 Schuß Munition; zusätzlich eine im Triebwerksblock installierte MG/FF/M 20mm-Kanone mit 200 Schuß möglich (mit Bugkanone wurde allerdings die Munition für die Maschinengewehre auf 500 Schuß reduziert).

Bewaffnung

Zusätzlich zu den zwei MG-17-7,9mm-Maschinengewehren im oberen Rumpfbereich trug die Bf 109E-3 zwei 20mm-MG-FF-Bordkanonen. Jede Kanone hatte zwar nur 60 Schuß Munition zur Verfügung, doch besaßen die Geschoße eine enorme Durchschlagskraft. Nur selten war eine Bugkanone eingebaut.

Tarnung

Über dem Festland erwies sich die dunkelgrün/dunkelgraue Splittertarnung als überaus wirksam. Mit ihrer hellblauen Unterseite war sie gegen den Himmel schlecht zu erkennen. Oft war die Bf 109 auch mit den Zeichen der jeweiligen Einheit und mit bunten Luftschrauben-Nabenhauben versehen.

Manövrierbarkeit

Obwohl die Bf 109 im Vergleich zu anderen Jagdflugzeugen recht manövrierfreudig war, erreichte sie nie die Wendigkeit der Spitfire. Das galt für den ganzen Geschwindigkeitsbereich, auch wenn sie im unteren Bereich besser in der Hand lag.

Steiggeschwindigkeit

Unter 20000 Fuß war die Bf 109 im Steigflug schneller, ein Vorteil, den die Piloten der Luftwaffe zu nutzen wußten. Über 20000 Fuß war ihr die Spitfire zwar überlegen, doch tauchten die deutschen Piloten einfach nach unten weg, so daß die Spitfire sie dennoch nicht einholen konnte.

Treibstoffeinspritzung

Die direkte Einspritzung des Treibstoffs in das DB 601 Triebwerk ermöglichte Manöver mit negativer g-Belastung, insbesondere den Trick, plötzlich steil im Sturzflug abzutauchen, der so manchem deutschen Piloten, dem eine Spitfire auf den Fersen war, das Leben rettete.

Messerschmitt Bf 109E-3 des 3. Jagdgeschwaders mit Stützpunkt in Saumer, Frankreich, im August 1940. Die hier abgebildete Maschine trägt die Zeichen des Gruppenadjutanten, Oberleutnant Franz von Werra. Der Oberleutnant wurde am 5. September von einer Spitfire der Nr. 603 Squadron bei Winchet Hill in der Grafschaft Kent zur Notlandung gezwungen.

SPITFIRE IN DER OFFENSIVE

Die hastig als Antwort auf die Fw 190 produzierte Spitfire Mk IX erwies sich als sehr erfolgreich.

ᴦᴦᴎ ach dem Sieg in der Luft-schlacht über England wurden die Besatzungen des RAF-Fighter-Command mit viel Lob und höchster Anerkennung überschüttet. Weniger Aufmerksamkeit wurde jedoch denen geschenkt, die eigentlich erst die Voraussetzungen für den überragenden Erfolg gschaffen hatten – den Entwicklungsingenieuren, den Konstrukteuren und den Herstellern der Militärflugzeuge, besonders der Supermarine Spitfire und ihres Merlin-Motors.

Die Schlacht um England ging tatsächlich nur sehr knapp aus. Der Fighter-Command verlor insgesamt 1172 Flugzeuge. 402 davon waren Spitfires. Die Luftwaffe büßte fast 2000 Flugzeuge ein – die meisten von ihnen waren Bomber, darunter befanden sich 610 Messerschmitt Bf 109. SUPERMARINE lieferte in dieser Zeit 808 Spitfires (einschließlich einiger reparierter Flugzeuge) aus.

Adolf Galland bemerkte dazu:

„Die RAF kämpfte über ihrem eigenen Land. Piloten, die aus ihren Flugzeugen aussteigen muß-ten, konnten fast unmittelbar danach wieder eingesetzt werden, während unsere Piloten gefangen genommen wurden. Beschädigte englische Flugzeuge konnten manchmal noch ihre Basis erreichen, für uns aber bedeutete eine beschädigte Maschine oft den Verlust des ganzen Flugzeugs.“

Varianten der 109

Es gab eine große Anzahl Varianten und Untervarianten der Bf 109E, die sich oft nur durch kleine Abweichungen voneinander unterschieden. Es wurden aber auch tropentaugliche Versionen für den Einsatz in Nordafrika und im Mittelmeerraum hergestellt, und es gab eine Version mit langen Tragflächen – die 109T –, die für den Einsatz auf dem deutschen Flugzeugträger bestimmt war, der jedoch nie fertiggestellt wurde.

Am stärksten verändert wurde die Grundkonstruktion der Bf 109F. Sie erhielt den DB-601N-Motor der späteren „Emils“, der in einer neuen, stromlinienförmigen Nase untergebracht wurde. Auch die Aerodynamik wurde verfeinert, man hatte die Tragflächen etwas verlängert und abgerundet und ein Frise-Querruder eingebaut. Die ersten dieser Maschinen wurden 1941 ausgeliefert, und sie zeigten sich der „Emil“ schon sehr bald als überlegen. Die 109F brachte zwar mehr Leistung als die Spitfire I und II, sie erreichte jedoch nicht deren Manövrierfähigkeit.

„Die 109F wurde immer bekannter. Sie verfügte über mehr Leistung und war uns in der Geschwindigkeit leicht überlegen. Deshalb waren wir froh, als wir

recht unerwartet mit der Spitfire VB ausgestattet wurden, die mit zwei 20 mm-Kanonen und vier 0.303-Browning-Maschinengewehren ausgerüstet war. Sofort stellten sich neue Erfolge ein, denn mit den stärkeren Kanonen waren die meisten Treffer wirksamer.“

Weiterentwicklung

Durch die Verbesserungen hatte die Spitfire an Gewicht gewonnen. Auswirkungen auf die Leistung der Maschine blieben nicht aus. Bald wurde absehbar, daß die Spitfire sich einer Konstruktionsänderung unterziehen mußte, um wettbewerbsfähig bleiben zu können. Am 16. März flog Jeoffrey Quill die einzige Spitfire III, die mit einem 1.390 PS starken Merlin-XX-Motor und auf 9,3 m gestutzte Tragflächen ausgestattet war. Der Merlin XX ließ sich nur schwer produzieren, und die Hurricane genoß bei der Herstellung Priorität, wollte man sie als überlebensfähigen Frontjäger erhalten.

Als geänderte Version des Merlin XX wurde das Merlin-45-Triebwerk

entwickelt. Zur Vereinfachung der Produktion wurde der Niedrighöhenlader nicht mehr eingebaut. Die hervorragende Leistung des Motors in großer Höhe blieb jedoch erhalten. Im Dezember 1940 entschied das Kriegsministerium, die Zelle der Spitfire II mit dem Merlin 45 auszustatten: die Spitfire V war geboren. Ihr erster Flug fand am 20. Februar 1941 statt.

Diese „Flugzeugkreuzung“ war zweifellos ein Erfolg, und der Auftrag für 1500 Mk III wurde zugunsten der Mk V annulliert. Viele der Spitfire I und II wurden in Spitfire V umgebaut. Dabei wurden jene Spitfire mit den Browning-Maschinengewehren als VA und jene mit den 2 Kanonen und vier Maschinengewehr-Tragflächen als VB bezeichnet.

Den Feind im Visier

Im Frühjahr 1941 wurden die Mk-V-Umbauten an das Fighter-Command ausgeliefert; sie konnten sich

"Metallüberzogene Querruder – ich kann nicht sagen, wie stark sich diese Verbesserung in Grad pro Sekunde beim Rollen auswirkte – stellten eine ungeheure Verbesserung dar, die sich an den Höhenrudern und am Seitenruder bemerkbar machte. Bis dahin war das Querruder der 109E besser als unseres."

Als Antwort auf die mit dem Merlin-45-Motor ausgestattete Spitfire V wurde nun auch die Bf 109 mit einem neuen, leistungsstarken Motor, dem 1200 PS starken DB 601E ausgestattet. Diese neue Variante hieß fortan Bf109F-4. Das Grundmodell war erheblich überarbeitet worden, zum einen durch vorgefertigte Untervarianten, zum anderen durch die Umrüstung im Dienst stehender Flugzeuge mit Rüstsätzen. Die 109F erhielt bald zwei weitere Kanonen unter den Tragflächen und eine NO_2-Einspritzung für eine verbesserte Leistung in großer Höhe. Einige Maschinen wurden speziell für den Einsatz unter heißen Klimabedingungen und für Flüge in großer Höhe ausgestattet.

Die Spitfire V-Versionen für den Einsatz in Afrika und im Nahen Osten wurden mit schwerfälligen Vokes-Luftfiltern bestückt, die die Motoren vor eindringendem Sand schützen sollten. Dies hatte eine erhebliche Auswirkung auf die Leistung der Spitfire. Konnte es eine tropentaugliche Spitfire V noch mit einer Bf 09E-4 Trop aufnehmen, so schnitt sie doch gegen eine gut gesteuerte 109F-4 Trop schon schlechter ab. Hans Joachim Marseille, der erfolgreichste Jäger-Pilot der Luftwaffe im Westen, verdankte seiner meisten seiner 158 Siege einer 109F-4 Trop. Vor den 109ern hatten die Spitfire-Piloten doch einigen Respekt:

"Die TROPICAL V war schrecklich, aber dennoch gelangen uns einige Abschüsse. Vielleicht hatte es psychologische Gründe, aber sicherlich hat uns der Anblick dieser Dinger (der Bf 109) geärgert. Natürlich haben wir dann gegen die 109E und später auch gegen die F aufgeholt."

Im Laufe des Jahres 1941 begannen RAF-Piloten über einen Luftwaffenjäger mit Sternmotor zu berichten.

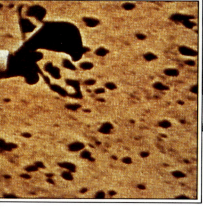

Oben: In der Offensive – eine Mk VB Spitfire, der Staffel Nr. 303 auf der Suche nach Jägern über Frankreich.

Links: Eine Bf 109E/Trop des JG 27 ist in der Nachmittagssonne über der nordafrikanischen Wüste kaum zu erkennen.

Die Bf 109 der Luftwaffe flogen sowohl Angriffe auf südenglische Badeorte als auch gegen Maschinen der RAF.

mit den 109F durchaus messen.

"Sie entsprachen einander sehr gut und waren in vielerlei Hinsicht gleichwertig, obwohl wir immer noch dasselbe Problem mit dem Vergaser bei negativer Beschleunigung hatten, während die Deutschen bereits über direkte Treibstoffeinspritzung verfügten."

Die wichtigste Version der Spitfire war die VC, die mit der sogenannten universellen Tragfläche ausgestattet war und mit acht Maschinengewehren oder zwei Kanonen und vier Maschinengewehren oder vier Kanonen ausgerüstet werden konnte. Die Tragfläche verfügte über ein neues Munitionszuführungssystem, das mehr Munition aufnehmen konnte.

"Die 20 mm-Kanone ließ sich sehr viel besser gegen Bodenziele einsetzen. Gegen Ende des Krieges waren die Spitfires nicht mehr ausschließlich Jäger, sondern vollwertige Jagdbomber. Die Spitfire konnte zwei 250-Pfund-Bomben unter den Tragflächen mitführen, und mit den 20 mm-Kanonen ließen sich ein Zug oder ein Schiff beschießen. Hierfür war jedoch größere Genauigkeit erforderlich, denn die Feuergeschwindigkeit war niedriger. Es war, als wenn man eine halbe Ladung von 12er-Kaliber verschoß."

Bei der Spitfire V wurden darüber hinaus die Steuerflächen mit Metall bespannt. Dadurch hatte man die Manövrierfähigkeit verbessert.

Feuerkraft im Vergleich

Spitfire Vb: Zwei leistungsstarke 20mm-Hispano-Kanonen werden durch vier kleinkalibrige Browning-MGs unterstützt.

0.303-Browning: 350 Schuß pro Gewehr für 47 Sekunden Dauerfeuer

20 mm-Hispano: 60 Schuß pro Kanone, ausreichend für 6 Sekunden Dauerfeuer

40 x 20 mm-Kanonengeschosse und 133 0.303-Patronen in 2-Sekunden-Dauerfeuer (11,5kp)

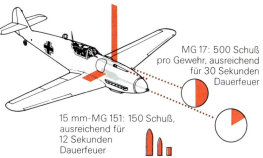

Messerschmitt Bf 109F: Die frühe 109F mit einer Kanone und zwei Maschinengewehren war der zur gleichen Zeit eingesetzten Spitfire unterlegen.

MG 17: 500 Schuß pro Gewehr, ausreichend für 30 Sekunden Dauerfeuer

15 mm-MG 151: 150 Schuß, ausreichend für 12 Sekunden Dauerfeuer

25 x 15 mm-Kanonengeschosse und 67 7,92 mm-Patronen in einer 2-Sekunden-Salve (5,2kp)

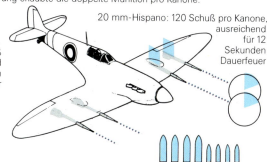

Spitfire Vc: In der universellen Tragfläche konnten vier Kanonen installiert werden. Eine neue Munitionszuführung erlaubte die doppelte Munition pro Kanone.

20 mm-Hispano: 120 Schuß pro Kanone, ausreichend für 12 Sekunden Dauerfeuer

80 x 20 mm-Kanonengeschosse in einer 2-Sekunden-Salve (20kp)

Anfangs glaubte man, es handele sich um die von den Franzosen erbeutete ältere Curtis 75, aber die hervorragende Leistung des mit einem neuen Faßrumpf ausgestatteten Jägers setzte dieser optimistischen Erwartung bald ein Ende. Die Fokke Wulf Fw 190 war in der Lage, die Spitfire V sowohl in der Geschwindigkeit als auch im Steigflug sowie im Sinkflug und beim Rollen (jedoch nicht im Kurvenflug) auszustechen.

Merlin 61

Die Antwort auf die Bedrohung durch die Fokke-Wulf lag in dem Merlin-61-Motor, den Quill und seine Test-Piloten im Prototyp der Spitfire III testeten. Es sollte aber noch einige Monate bis zum Produktionsbeginn dauern. Dieser neue Motor verfügte über einen Ladeluft-Zwischenkühler zwischen den beiden Ladestufen und erforderte einen zusätzlichen Unterflügelkühler.

Als Übergangslösung wurden dem Merlin 45 die Schaufelbätter des Laders gestutzt, was die Leistung des Merlin 50 in niedriger Höhe steigerte. Spitfires, die mit diesem Motor ausgerüstet wurden, verfügten auch nicht

mehr über die typischen abgerundeten Tragflächen-Enden und trugen fortan die Bezeichnung Spitfire LF.Mk V.

„Die Spit V mit gestutzten Tragflächen und gedrosseltem Motor für höhere Geschwindigkeit in niedriger Höhe war gut manövrierbar, aber in manchen Situationen doch furchteinflößend. Sie übersteuerte in Kurven und fiel beim Landen fast vom Himmel – und sobald man über 12.000 Fuß kam, passierte gar nichts."

Gegen Ende 1941 waren die Entwicklungs-Ingenieure bei Rolls-Royce endlich in der Lage, die Vergaser der Spitfire so zu verändern, daß eines der größten Probleme zumindest teilweise beseitigt werden konnte – die Tendenz des Aussetzens bei negativer Beschleunigung.

Während ihrer Bauzeit machte die Spitfire V eine große Anzahl Veränderungen durch und insgesamt wurden von ihr 6500 Stück gebaut. Sie erwies sich als unglaublich vielseitig und legte den Grundstein für eine Anzahl weiterer Typen.

„Die V enthielt die Grundlagen für alle späteren Modelle wie die

metallüberzogenen Steuerflächen, und sie verfügte bereits über die 20mm-Hispano-Kanone, die eine sehr viel größere Feuerkraft hatte. Ja, sie machten es möglich aus der V. Sie entwickelten aus ihr die VI mit den verlängerten Tragflächen, der Druckkabine und der Fähigkeit, in einer Höhe von 40.000 Fuß zu fliegen. Draußen in der Wüste stutzten sie die Tragflächen der normalen V und verliehen ihr quadratische Tragflächenspitzen, die die Spannweite verringerten. Dadurch erhielt sie wesentlich stärkere Querrudereigenschaften. Sie setzten sie in niedriger Höhe zur Unterstützung der Panzer in der Wüste und für das Tragen von Bomben und Raketen ein."*

Verlängerte Tragflächenenden

Das RAF-Fight-Command war stark interessiert an einer Version der Spitfire, die in großer Höhe fliegen konnte, um dort hoch fliegende Beobachtungsflugzeuge und Bomber bekämpfen zu können. Also wurde eine Mk V aus der Serienproduktion genommen und mit einer leichten Druckkabine, verlängerten Tragflächenspitzen und einem Merlin 47-Motor ausgestattet, der einen vierblättrigen Propeller antrieb. Für diese Maschine war ursprünglich eine Bewaffnung mit sechs Kanonen vor-

gesehen, aber aufgrund der Gewichtseinschränkungen entschied man sich für die B-Tragflächen-Bewaffnung.

„Es waren sehr hoch fliegende Maschinen mit Druckkabinen. Die Cockpit-Haube wurde vor dem Start mit vier Klemmhebeln über dem Cockpit befestigt. Aufgrund dieser Befestigung konnte sie während des Fluges nicht geöffnet und lediglich in einem Notfall abgeworfen werden. Diese Flugzeuge wurden hastig produziert, um mit der Ju 86 P gleichziehen zu können."

Die Verwandtschaft

Die 109F und die Spitfire V waren einander fast ebenbürtig, aber nach der Vorstellung der Spitfire IX, die als Antwort auf die Fokke Wulf Fw 190 konzipiert war, geriet der Messerschmitt-Jäger wieder ins Hintertreffen. Das Erscheinen eines Merlin-60-Motors mit einem zweistufigen und auf zwei Geschwindigkeiten arbeitenden Lader plus Ladeluftkühler ergab eine Serie, die wieder zu zwei neuen Spitfire-Modellen führte, der VII und der VIII. Die Spitfire VII war im wesentlichen eine VI mit anderem Motor und verlängerter C-Tragfläche und dadurch für große Höhen ausgelegt. Die VIII hingegen war eine Maschine ohne Druckkabine für den Einsatz in niedriger Höhe, die über einige aerodynamische Verfeinerun-

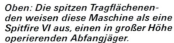

Oben: Die spitzen Tragflächenenden weisen diese Maschine als eine Spitfire VI aus, einen in großer Höhe operierenden Abfangjäger.

Eine Formation von Messerschmitt Bf 109F-3 in großer Höhe. Die Bf 109F war in vielfacher Hinsicht die ausgereifteste Variante der 109. Sie verband relativ hohe Geschwindigkeit mit leichter Bedienung und guter Manövrierbarkeit. Spätere Varianten waren schneller, aber etwas schwieriger zu fliegen.

Links: Aufgereihte Bf 109G-1, die vom Hersteller für die Entwicklung und Versuche benutzt wurden.

Zwei Spitfire IX der Staffel Nr. 241 der Desert Air Force hoch über Italien. Bis zum Einsatz der Spitfire VIII als Luftüberlegenheitsjäger übernahm die IX Bodenangriffe und taktische Überwachung.

gen, einschließlich eines einfahrbaren Heckrades und einer angehobenen Tragflächenvorderkante, verfügte. Das machte die VIII wahrscheinlich zu der am leichtesten handzuhabenden Spitfire, zugleich aber war ihre Herstellung am schwierigsten.

„Die VIII war als eine 'Super-Spitfire' mit einem Rumpf konstruiert, der den stärkeren Motor aufnehmen konnte. Aber die RAF konnte nicht darauf warten und nahm die IX, die im Grunde genommen eine umgebaute V war. Es war eine Übergangslösung, die für die gestellte Aufgabe ausreichte.

Mein erster Flug mit der Mk VIII beeindruckte mich mehr als jeder andere; mit dem Merlin-61-Motor ausgestattet, flog sie noch besser – mit 420 mph auf einer Höhe von über 26.000 Fuß."

Zwischenlösung Mk IX

Tatsächlich wiederholte sich die Geschichte. Denn der Merlin 61 war zuerst in einer Spitfire V eingesetzt worden, und dieses „Übergangsflugzeug" wurde statt der bereits weiterentwickelten Mk VIII hastig produziert. Es wurden nur 1658 Spitfire VIII gebaut, von denen die meisten als Jagdbomber in den Nahen und Fernen Osten gingen. Die Produktion des „Übergangsflugzeugs", erreichte eine Stückzahl von 5665.

„Diese Spit V war wirklich ein sehr vielseitig einsetzbares Flugzeug. Aus der Zelle einer V und einem zweistufigen Lader-Motor wurde die IX: Die Zelle, abgesehen vom Rolls-Royce-Motor, war im wesentlichen dieselbe wie bei der V."

War auch der Rumpf der Mk IX derselbe wie bei der Mk V, so machte der neue Motor aus dieser neuen Variante ein ganz anderes Flugzeug.

„Eine Spitfire V kam von einer anderen Staffel als nicht mehr einsatzbereit zu uns und wurde von uns wieder aufgemöbelt. Der Ingenieur sagte zu mir: 'Jemand muß sie fliegen, bevor wir sie zurückgeben. Wollen Sie jemanden einteilen?' Aber ich dachte, die fliegst du selber. Nachdem ich eine zeitlang die IX geflogen hatte, war ich neugierig darauf, wie sich danach eine V fliegen lassen würde. Und die Neugier war berechtigt. Es war wie das Umsteigen von einem MG auf einen Mini. Das Fehlen der Steigkraft, das Fehlen der Leistung – aber ich glaube, sie war etwas manövrierfähiger."

Der neue Motor veränderte die Spitfire. Er gab ihr eine bessere Leistung, besonders in größerer Höhe.

Die IX hatte immer noch das Problem mit der negativen Beschleunigung – selbst der veränderte Schill-

ling-Vergaser setzte noch aus – er war eben nicht vergleichbar mit der Kraftstoffeinspritzung. Während die alte Mk V über 2000 Fuß Höhe weich wurde, und die Motorleistung nachließ, stieg die Mk IX mit ihrem stärkeren Merlin und zweistufigen Lader immer weiter.

Wie eine Rakete

Viele deutsche Jägerpiloten hatten den Eindruck, daß mit der 109F die technischen Entwicklungsmöglichkeiten des Grundmodells ausgereizt waren, und sowohl höhere Leistungen als auch höheres Gewicht auf Kosten der Manövrierfähigkeit des Jägers gehen würde. Nach knapp einem Jahr und dem Bau von über

2000 Exemplaren wurde die 109F von der 'Gustav', der 109G, abgelöst.

„Die RAF hatte es nun mit der G zu tun: Die stellte mit Sicherheit gegenüber der F eine Verbesserung dar. Wir sahen auch die etwas eigenartige FW-190. Aber da waren wir schon bald wieder in Gibraltar und hatten unsere 'Neuner' …"

Selbst gegenüber der 109G konnten sich Spitfire-Piloten noch überlegen fühlen.

„Sie übertraf die 190 und die 109 in der Geschwindigkeit und wies dabei noch immer die größere Spitfire-Manövrierbarkeit auf. Der Lader setzte erst bei über 12.000 Fuß ein, so daß sie unterhalb dieser Höhe nicht viel besser als die V

Vier Spitfire IX der Staffel Nr. 611. Als eine der ersten Einheiten wurde diese Staffel mit der neuen IX ausgestattet, die sich im Kampf gegen die ebenfalls neue Fw 190 als sehr erfolgreich erweisen sollte.

war. Aber die meisten Kämpfe fanden eben höher statt. Eines unserer größten Erlebnisse war ein Flug von zwölf Spitfire IX in Kampfformation auf 43.000 Fuß. Wir wußten, daß kein deutscher Jäger uns erreichen konnte."

Jägerpiloten wollen ständig „schneller und höher" fliegen und deshalb war es nur natürlich, daß der größte Unterschied zwischen der neuen Bf 109G gegenüber ihren Vorgängern in dem stärkeren Motor – dem DB 605A – lag. Daimler Benz tunte den Motor so wie es ein Sportwagen-Enthusiast auch tun würde –

man bohrte den Motor auf und erhöhte das Kompressionsverhältnis.

Das neue Flugzeug verfügte über eine besonders gute Leistung in großen Höhen, so daß eine Druckkabine installiert werden mußte. Die Maschine war sehr schwer, und zum ersten Mal zeigten sich die Jagdflieger der Luftwaffe mit einem neuen Bf 109-Modell nicht voll zufrieden. Sie ging ab wie eine Rakete, aber sie ließ sich nicht so gut handhaben.

Eine Entwicklung jedoch gelang den Ingenieuren schließlich – das NO2-Einspritzsystem, das allerdings fast acht Pfund Treibstoff pro Minute

Die Entwicklung der Spitfire und der Bf 109 vom September 1941 bis Juli 1943

Spitfire HF.VI
Im wesentlichen eine mit Druckkabine ausgestattete Spitfire Vb, in der ein Merlin 47 einen Vierblatt-Rotol-Propeller antrieb. Die Spitfire VI war für Abfangaufgaben in großer Höhe konzipiert, besonders gegen die hochfliegenden Ju-86. Es wurden lediglich 97 Spitfire VI produziert, die im April 1942 in Dienst gestellt wurden.

Eine Spitfire HF.VI der No. 124 Squadron. Deutlich erkennbar sind die verlängerten, spitzen Tragflächenenden sowie der Vierblattpropeller.

Eine LF.Vb mit gestutzten Tragflächen und Aboukir-Tropenfilter, der Staffel Nr. 40 der SAAF.

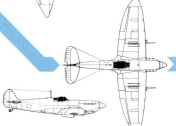

Spitfire Vc
Die mit der C- oder universellen Tragfläche ausgestattete V wurde zur Spitfire Vc. Die Maschine wurde überwiegend auf Kriegsschauplätzen in Übersee und im Nahen Osten eingesetzt.

Vokes-Filter
Die Spitfires für den Nahen Osten mußten sich als tropentauglich erweisen und speziell gegen Sand und Staub geschützt sein. Um schweren Motorschäden vorzubeugen, wurden die ersten Maschinen mit einem großen Filter unter der Nase über der Vergaser-Luftansaugung ausgestattet.

410-Liter-Treibstofftank
Um die Überführungsreichweite der Spitfire zu vergrößern, besonders für Transporte zu der belagerten Garnison auf Malta, wurden zusätzliche 410-Liter-Tanks unter der Mitte der Tragflächen installiert.

Spitfire IX
Der Mangel an Spitfire-VIII-Maschinen führte zur Konstruktion der IX. entstand als eine Verbindung der

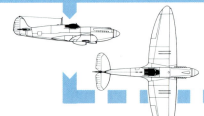

Spitfire IV
Zwei Spitfire I wurden zu Spitfire IV-Standard mit Rolls-Royce Griffin-Motoren umgebaut. Die erste stieg am 27. November 1941 zu ihrem

Jungfernflug auf. Die später als Spitfire Mk 20 bezeichnete Konstruktion ging, obwohl sie als Prototyp hervorragende Leistung gezeigt hatte, nicht in Produktion.

Spitfire IIC
1942 wurde die Spitfire ASR Mk IIC als Rettungsflugzeug vorgestellt. Die Maschine war mit Schlauchboot und Lebensmittelpaketen ausgestattet.

September 1941: Die RAF erfährt von der Focke Wulf Fw 190. Sie ist der Spitfire V überlegen, die bei 26 Staffeln im Einsatz ist.

Oktober 1941: Ein Prototyp des Messerschmitt-M163-Raketenflugzeugs stellt mit 623 mph (über 1000 km/h) einen Geschwindigkeitsweltrekord auf.

Dezember 1941: Japan greift Pearl Harbour an und zieht damit die USA in den Krieg. Sofort erklärt auch Hitler den USA den Krieg.

Januar 1942: Auf einer geheimen Konferenz in Berlin wird Hitlers „Endlösung des Judenproblems" der Führungsschicht der Nazis bekanntgegeben.

Februar 1942: Unter starkem Jägerschutz kreuzen die Scharnhorst, die Gneisenau und die Prinz Eugen den Kanal, ohne auf größeren Widerstand zu stoßen.

März 1942: Eine Staffel Spitfires startet von den Flugzeugträgern HMS Argus und HMS Eagle zu ihrem ersten Einsatz in Malta.

April 1942: Während eines 11-tägigen Blitzkrieges auf Malta werden 13 Ju-87D-Stukas von Spitfires und Luftabwehrbatterien zerstört.

Mai 1942: Der englische Luftfahrtminister erklärt die Absicht, Deutschlands Kriegspläne durch Tag- und Nachtbombardierungen zu zerstören.

Bf 109F-4
In der in großer Stückzahl produzierten F-4 wurde die 15mm-Maschinen-Kanone durch ein 20mm-MG-151 mit von 200 auf 150 Schuß reduzierter Munition ersetzt. Die selbstdichtenden Tanks und der Pilotenschutz wurden ebenfalls verbessert.

Bf 109F-4/B
Die Jabo-Version erschien Anfang 1942 mit einer zentralen Aufhängung für eine einzelne 250 kg-Bombe SC 250.

Bf 109F-5
Ein Aufklärungsflugzeug ohne Triebwerkskanone und mit einer einzelnen vertikalen Kamera.

Bf 109F-6
Dieses Aufklärungsflugzeug verfügte über keinerlei Bewaffnung, jedoch über eine Einrichtung zur Mitnahme von Kameras.

Bf 109F-4/R1
Dieser Rüstsatz enthielt zwei 20 mm-MG 151-Kanonen in Gondeln unter den Tragflächen.

Bf 109G-3
Entspricht der BF 109G-1. Unterscheidet sich durch das FuG 16z-Radio, welches das FuG 7a erset...

Bf 109G-1
Bewaffnet mit einer einzelnen MG 151 mit 20mm-Kaliber und zwei MG 17-Maschinengewehren. Die mit dem DB 605A-1 ausgestatteten G-1-Versionen verfügten über Druckkabinen.

Bf 109G-4
Ähnlich wie Bf 109G-2 v...

Bf 109F-4/Trop
Die F-4 war auch für den Einsatz in Nordafrika ausgestattet. In ihr konnten sowohl Kanonen wie auch Maschinengewehre separat oder gleichzeitig benutzt werden.

Bf 109F-3
Dieser Typ verfügte über den DB-601E-Motor; er benötigte Treibstoff geringerer Oktanzahl als der DB 601N der F-1- und F-2-Typen.

BF 109F-2/Trop
Für den Einsatz in Nordafrika wurde eine tropentaugliche Version mit Staubfilter entwickelt. Sie wurde zuerst beim II/JG 27 eingesetzt.

Bf 109G-0
In der G-Serie wurde der größere DB 605A-Motor eingesetzt.

Bf 109G-2/R1
Die Bf 109G verfügte nich... über ausreichend Bode... freiheit, um eine SC 500... Bombe unter dem Rump... zu tragen. Deshalb entw... kelte Fieseler eine neue... Unterrumpf-Aufhängun... mit einem abwerfbaren... Rumpfrad.

Diese Bf 109F-2 Trop trägt die „Pik-As-Insignien" des JG 53 Pik-As. Ein verlängerter Filter verkleidet die seitlich installierte Luftansaugung des Motors.

Die Bf 109G-2/R1 verfügte über ein zusätzliches Spornrad, das einer unter dem Rumpf aufgehängten Bombe genügend Bodenfreiheit verlieh. Dieses Spornrad wurde jeweils nach dem Start abgeworfen und landete dann am Fallschirm.

verbrauchte.Die Piloten des Fighter-Commands waren sichtlich beeindruckt, als sie diesem Flugzeug zum ersten Mal begegneten – es machte 406 mph auf 28.000 Fuß Höhe und war unübertroffen in der Beschleunigung.

Ein Schuß reicht

Die Bf 109G-6, deren Produktion Ende 1942 auslief, war wahrscheinlich das erste Flugzeug, das eine Vielzahl von Waffensystemen aufnehmen konnte. Es konnte zudem mit einer Anzahl verschiedener Varianten

der Motorserie DB 600 ausgestattet werden. Die beeindruckendste Variante war wahrscheinlich der DB 605ASOM, der bei der Druckgebläse-Einspritzung von 93-Oktan-Benzin mit Zusätzen von Methanol und Wasser (zu gleichen Teilen) zum Benzin/Luft-Gemisch 2.030 PS erzeugte. Die Lebensdauer dieses Motors war sehr kurz, und der Treibstoffverbrauch stieg um fast 40% an. Nur fünf Jahre vorher wären die Ingenieure von Daimler Benz glücklich gewesen, wenn sie weniger als die Hälfte dieser Leistung aus praktisch demselben Motor erzielt hätten!

Die 'Gustav' konnte eine ganze Reihe tödlicher Waffen tragen. Rheinmetall-Borsig, der Waffenhersteller, konnte allerdings seine neuen Mk-108-30-mm-Kanonen nicht schnell genug herstellen, um alle produzierten Flugzeuge damit auszurüsten. Die Tests verliefen sehr erfolgreich und die Maschine wurde als ein 'One-shot-Killer' (ein Schuß ist tödlich) angesehen. Daß sie nur über 60 Schuß Munition verfügte, spielte dabei keine Rolle mehr.

Im Jahr 1942 wurden insgesamt 2664 Messerschmitt Bf 109 produziert – fast alles G-Modelle. Zudem

produzierte die deutsche Flugzeugindustrie weitere 1878 FW 190.

Eine gut geflogene 'Gustav' stellte für die RAF-Spitfire-Piloten eine ernstzunehmende Bedrohung dar – sie waren ihr im Manövrieren überlegen, aber in der Bewaffnung und der Leistung in bestimmten Höhen unterlegen.

Die Spitfire HF.VII diente als extrem hoch fliegender Abfangjäger. Die Abbildung zeigt eine Maschine der Staffel No. 131.

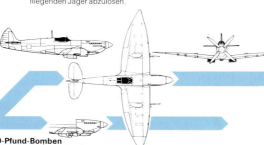

Spitfire HF.VII
Die Spitfire HF.VII war mit dem zweistufigen, mit zwei Geschwindigkeiten arbeitenden Merlin-60-Motor mit Ladeluftkühler ausgestattet. Über Druckkabine und verlängerte Tragflächenspitzen verfügend, war die Maschine bestimmt, die HF Mk VI als hochfliegenden Jäger abzulösen.

Die Spitfire VII mit der charakteristischen, spitzzulaufenden Seitenflosse, dem verlängerten Chord-Seitenruder und der stromlinienförmigen, tropentauglichen Luftansaugung.

Es wurden lediglich 140 Spitfire VII gebaut, mit denen man in England und im Nahen Osten stationierte Staffeln ausrüstete. Die letzte Maschine wurde im Frühjahr 1944 ausgeliefert.

250-Pfund-Bomben
Der Spit-Bomber war eine eigens von der RAF auf Malta entwickelte Version der Spitfire V. Er wurde für Angriffe auf Flugplätze in Sizilien eingesetzt.

Spitfire VIII
Die Spitfire VIII war eine Modifikation der Mk VII und für niedrig zu fliegende Einsätze bestimmt. Sie besaß keine Druckkabine, doch erlaubte ihre Konstruktion die Aufnahme des neuen Merlin-60-Motors. Sie hatte technische Neuerungen wie ein einfahrbares Spornrad und eine hochgezogene Tragflächenvorderkante.

Zelle der Spitfire Vc mit dem Merlin-60-Motor. Dieses Flugzeug wurde zur wichtigsten und am häufigsten produzierten Spitfire-Variante.

Aboukir-Filter
Der erste an den Spitfires installierte Tropenfilter war groß und verursachte einen hohen Luftwiderstand. Aus diesem Grunde baute die Squadron No. 103 MU in Ägypten ihren eigenen Filter, der wesentlich leichter und effektiver war.

770-Liter-Treibstofftank
Nach dem Erfolg des 440-Liter-Abwurftanks wurde im August 1942 ein größerer 770 Liter Treibstoff fassender Tank getestet.

Spitfire LF.Vb
Einige Spitfire V wurden für den Einsatz in niedriger Höhe mit gestutzten Tragflächenspitzen und gekappten Laderschaufeln versehen.

Die letzten Spitfire II wurden im Juli 1941 ausgeliefert und im August 1942 vollständig von der Front abgezogen.

Spitfire XI
Die Spitfire XI war eine unbewaffnete Fotoaufklärerversion der IX mit stromlinienförmiger Cockpithaube, breitem Chord-Seitenruder und einfahrbarem Spornrad.

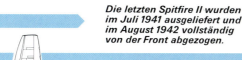

Spitfire XII
Die Pläne des Luftfahrtministeriums, die Spitfire VIII mit Griffin-Motoren auszustatten und eine XIV-Version zu entwickeln, wurden durchkreuzt, als die Focke Wulf Fw 190 über

England auftauchte. Man produzierte deshalb als Übergangslösung die Griffin-Spitfire, die auf dem Spitfire IV-Prototyp basierte, aber über gestutzte C-Tragflächen und vergrößertes Seitenleitwerk verfügte.

Juni 1942: Ein Luftwaffenpilot landet eine Fw 190 in Südwales, was der RAF die Möglichkeit gibt, den neuesten deutschen Jäger mit den neuen Spitfire-Typen zu vergleichen.

Juli 1942: In einer Welle von Angriffen bombardieren Formationen von bis zu 200 Spitfires Ziele im Norden Frankreichs.

August 1942: Die Landung englisch-kanadischer Verbände von See her bei Dieppe wird unter schweren Verlusten zurückgeschlagen.

September 1942: Beim Eintreffen der 8. US Air Force in England wechseln die drei Volunteer Eagle Squadrons von der RAF zur USAAF.

Oktober 1942: Die Desert Air Force bekämpft das Afrikakorps in El Alamein. Im Verhältnis 1:2 unterlegen, erleidet es schwere Verluste.

November 1942: In der sowjetischen Gegenoffensive bei Stalingrad kommen neue Flugzeugtypen zum Einsatz, die der Bf 109 in nichts nachstehen.

Dezember 1942: Über Tunesien treffen neun Blenheim-V-Bomber auf 50 Bf 109. Alle neun werden abgeschossen, worauf die RAF Operationen am Tag einstellt.

Januar 1943: Während der ersten schweren Bombenangriffe der USAAF greifen Bomber der 8. Air Force Emden und Wilhelmshaven an.

Juni 1943: Die RAF gibt die Formation der ersten, der zweiten und der dritten Tactical Air Force im Mittelmeer-Raum, in Europa und in Südost-Asien bekannt.

Bf 109G-1/Trop
Aufgrund der Kühlprobleme in der Wüste wurden die G-1/Trop mit den größerkalibrigen MG 131 (13 mm) statt mit den MG 17-MGs ausgestattet.

...igte dieser Typ die Funkinstallation der

G-3. Sowohl G-2 wie auch G-4 konnten für

Aufklärungszwecke umgebaut werden.

Bf 109G-5
Sie wurde in der Regel mit MG 131-Maschinengewehren ausgestattet und verfügte entweder über den GM-1-Motor mit höherer Leistung oder über den größeren Lader-Motor (DB 605 AS).

Die Bf 109G-6/R2 trug unter den Tragflächen schwere Geschütze, um in die dichten Formationen der USAAF-Tagesbomber einbrechen zu können.

Bf 109G-5/R2
Der Rüstsatz 2 mit seinen zwei 30 mm-Kanonen unter den Tragflächen wurde nachträglich an einigen Bf 109G-5 installiert.

Bf 109G-6
Eine vielproduzierte Version. Bei diesem Modell wurde eine 30mm-Mk-8-Kanone in der Triebwerksaufhängung installiert. Die G-6 war so konstruiert, daß sie mehrere Rüstsätze wie auch verschiedene Modelle des DB 605 aufnehmen konnte.

Bf 109G-6/R1
Die G-6/R1 verfügte für Jabo-Einsätze über eine zentrierte Aufhängung für eine einzelne SC 250 55-Pfund-Bombe.

Bf 109G-6/R2
Der Rüstsatz 2 wurde für die Pulk-Zerstörer entwickelt und enthielt ein WfrGr21-Geschütz für jede Tragfläche. Einsatzgebiet waren US-Bomberformationen.

Bf 109G-6/R4
Für die Zerstörer-Rolle der R4 wurde in Gondeln unter den Tragflächen je eine Mk-108-30-mm-Kanone installiert.

Bf 109G-6/R6
Ähnlich wie bei der R4 enthielt dieser Rüstsatz die 20 mm-MG 151-statt der Mk 108-Kanonen unter den Tragflächen.

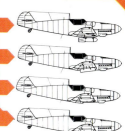

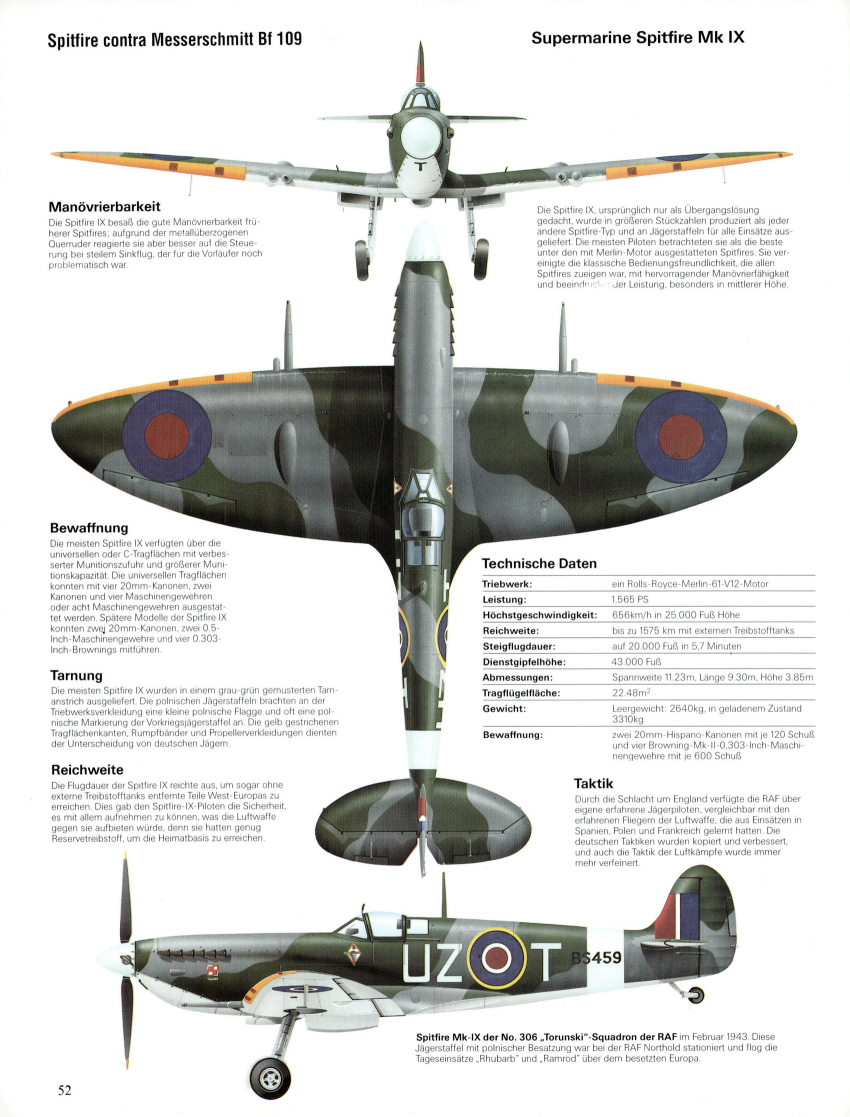

Manövrierbarkeit

Die Spitfire IX besaß die gute Manövrierbarkeit früherer Spitfires; aufgrund der metallüberzogenen Querruder reagierte sie aber besser auf die Steuerung bei steilem Sinkflug, der für die Vorläufer noch problematisch war.

Die Spitfire IX, ursprünglich nur als Übergangslösung gedacht, wurde in größeren Stückzahlen produziert als jeder andere Spitfire-Typ und an Jägerstaffeln für alle Einsätze ausgeliefert. Die meisten Piloten betrachteten sie als die beste unter den mit Merlin-Motor ausgestatteten Spitfires. Sie vereinigte die klassische Bedienungsfreundlichkeit, die allen Spitfires zueigen war, mit hervorragender Manövrierfähigkeit und beeindruckender Leistung, besonders in mittlerer Höhe.

Bewaffnung

Die meisten Spitfire IX verfügten über die universellen oder C-Tragflächen mit verbesserter Munitionszufuhr und größerer Munitionskapazität. Die universellen Tragflächen konnten mit vier 20mm-Kanonen, zwei Kanonen und vier Maschinengewehren oder acht Maschinengewehren ausgestattet werden. Spätere Modelle der Spitfire IX konnten zwei 20mm-Kanonen, zwei 0.5-Inch-Maschinengewehre und vier 0.303-Inch-Brownings mitführen.

Tarnung

Die meisten Spitfire IX wurden in einem grau-grün gemusterten Tarnanstrich ausgeliefert. Die polnischen Jägerstaffeln brachten an der Triebwerksverkleidung eine kleine polnische Flagge und oft eine polnische Markierung der Vorkriegsjägerstaffel an. Die gelb gestrichenen Tragflächenkanten, Rumpfbänder und Propellerverkleidungen dienten der Unterscheidung von deutschen Jägern.

Reichweite

Die Flugdauer der Spitfire IX reichte aus, um sogar ohne externe Treibstofftanks entfernte Teile West-Europas zu erreichen. Dies gab den Spitfire-IX-Piloten die Sicherheit, es mit allem aufnehmen zu können, was die Luftwaffe gegen sie aufbieten würde, denn sie hatten genug Reservetreibstoff, um die Heimatbasis zu erreichen.

Technische Daten

Triebwerk:	ein Rolls-Royce-Merlin-61-V12-Motor
Leistung:	1.565 PS
Höchstgeschwindigkeit:	656km/h in 25.000 Fuß Höhe
Reichweite:	bis zu 1575 km mit externen Treibstofftanks
Steigflugdauer:	auf 20.000 Fuß in 5,7 Minuten
Dienstgipfelhöhe:	43.000 Fuß
Abmessungen:	Spannweite 11.23m, Länge 9.30m, Höhe 3.85m
Tragflügelfläche:	22.48m^2
Gewicht:	Leergewicht: 2640kg, in geladenem Zustand 3310kg
Bewaffnung:	zwei 20mm-Hispano-Kanonen mit je 120 Schuß und vier Browning-Mk-II-0,303-Inch-Maschinengewehre mit je 600 Schuß

Taktik

Durch die Schlacht um England verfügte die RAF über eigene erfahrene Jägerpiloten, vergleichbar mit den erfahrenen Fliegern der Luftwaffe, die aus Einsätzen in Spanien, Polen und Frankreich gelernt hatten. Die deutschen Taktiken wurden kopiert und verbessert, und auch die Taktik der Luftkämpfe wurde immer mehr verfeinert.

Spitfire Mk-IX der No. 306 „Torunski"-Squadron der RAF im Februar 1943. Diese Jägerstaffel mit polnischer Besatzung war bei der RAF Northold stationiert und flog die Tageseinsätze „Rhubarb" und „Ramrod" über dem besetzten Europa.

Messerschmitt Bf 109G

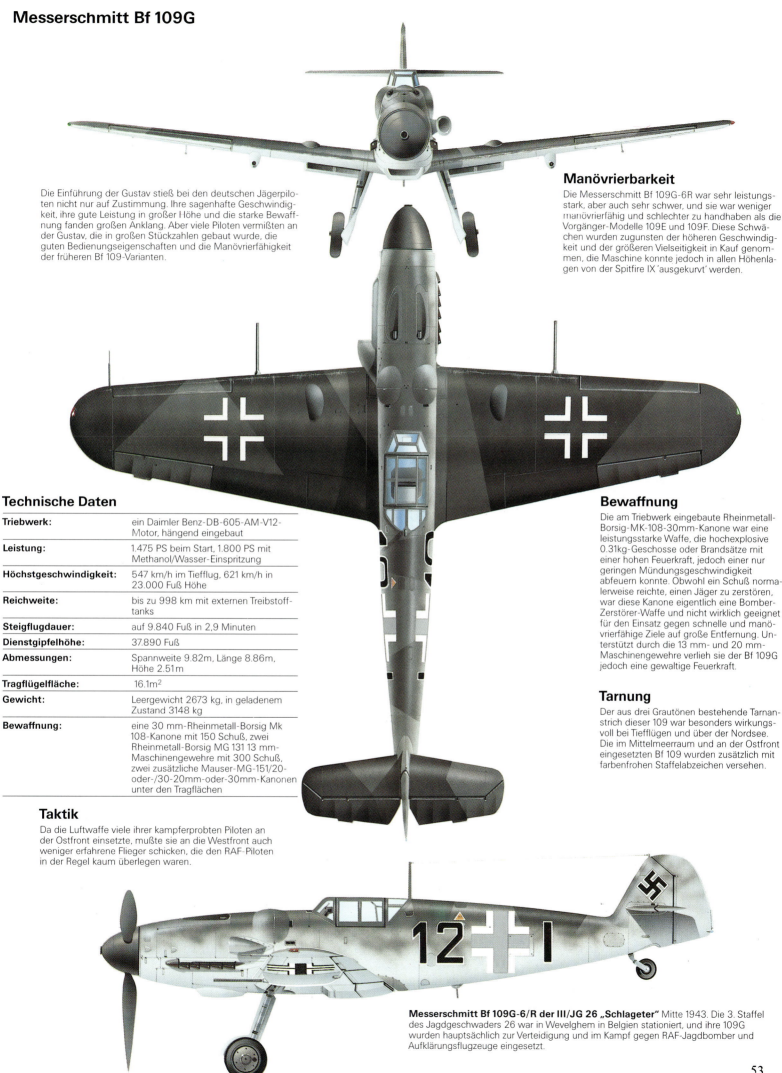

Die Einführung der Gustav stieß bei den deutschen Jägerpiloten nicht nur auf Zustimmung. Ihre sagenhafte Geschwindigkeit, ihre gute Leistung in großer Höhe und die starke Bewaffnung fanden großen Anklang. Aber viele Piloten vermißten an der Gustav, die in großen Stückzahlen gebaut wurde, die guten Bedienungseigenschaften und die Manövrierfähigkeit der früheren Bf 109-Varianten.

Manövrierbarkeit

Die Messerschmitt Bf 109G-6R war sehr leistungsstark, aber auch sehr schwer, und sie war weniger manövrierfähig und schlechter zu handhaben als die Vorgänger-Modelle 109E und 109F. Diese Schwächen wurden zugunsten der höheren Geschwindigkeit und der größeren Vielseitigkeit in Kauf genommen, die Maschine konnte jedoch in allen Höhenlagen von der Spitfire IX 'ausgekurvt' werden.

Technische Daten

Triebwerk:	ein Daimler Benz-DB-605-AM-V12-Motor, hängend eingebaut
Leistung:	1.475 PS beim Start, 1.800 PS mit Methanol/Wasser-Einspritzung
Höchstgeschwindigkeit:	547 km/h im Tiefflug, 621 km/h in 23.000 Fuß Höhe
Reichweite:	bis zu 998 km mit externen Treibstofftanks
Steigflugdauer:	auf 9.840 Fuß in 2,9 Minuten
Dienstgipfelhöhe:	37.890 Fuß
Abmessungen:	Spannweite 9.82m, Länge 8.86m, Höhe 2.51m
Tragflügelfläche:	16.1m^2
Gewicht:	Leergewicht 2673 kg, in geladenem Zustand 3148 kg
Bewaffnung:	eine 30 mm-Rheinmetall-Borsig Mk 108-Kanone mit 150 Schuß, zwei Rheinmetall-Borsig MG 131 13 mm-Maschinengewehre mit 300 Schuß, zwei zusätzliche Mauser-MG-151/20- oder-/30-20mm-oder-30mm-Kanonen unter den Tragflächen

Bewaffnung

Die am Triebwerk eingebaute Rheinmetall-Borsig-MK-108-30mm-Kanone war eine leistungsstarke Waffe, die hochexplosive 0.31kg-Geschosse oder Brandsätze mit einer hohen Feuerkraft, jedoch einer nur geringen Mündungsgeschwindigkeit abfeuern konnte. Obwohl ein Schuß normalerweise reichte, einen Jäger zu zerstören, war diese Kanone eigentlich eine Bomber-Zerstörer-Waffe und nicht wirklich geeignet für den Einsatz gegen schnelle und manövrierfähige Ziele auf große Entfernung. Unterstützt durch die 13 mm- und 20 mm-Maschinengewehre verlieh sie der Bf 109G jedoch eine gewaltige Feuerkraft.

Tarnung

Der aus drei Grautönen bestehende Tarnanstrich dieser 109 war besonders wirkungsvoll bei Tiefflügen und über der Nordsee. Die im Mittelmeerraum und an der Ostfront eingesetzten Bf 109 wurden zusätzlich mit farbenfrohen Staffelabzeichen versehen.

Taktik

Da die Luftwaffe viele ihrer kampferprobten Piloten an der Ostfront einsetzte, mußte sie an die Westfront auch weniger erfahrene Flieger schicken, die den RAF-Piloten in der Regel kaum überlegen waren.

Messerschmitt Bf 109G-6/R der III/JG 26 „Schlageter" Mitte 1943. Die 3. Staffel des Jagdgeschwaders 26 war in Wevelghem in Belgien stationiert, und ihre 109G wurden hauptsächlich zur Verteidigung und im Kampf gegen RAF-Jagdbomber und Aufklärungsflugzeuge eingesetzt.

Spitfire contra Messerschmitt Bf 109

SPITFIRE VORN

Die Griffon-Triebwerke veränderten das Aussehen der Spitfire erheblich und erhöhten gleichzeitig ihre Leistung. Mit den gestutzten Tragflächen (wie bei dieser Mk XII) wurden die Spitfires mit zu den besten Tieffliegjägern.

Mit dem Griffon-Triebwerk ausgestattet, wurde die Spitfire zum besten Jäger der RAF. Die Leistungsvorteile der Luftwaffenjäger gehörten der Vergangenheit an.

Der Sommer 1942 erschien den Briten wie Ewigkeiten von jenem Sommer zwei Jahre zuvor entfernt, in dem sie ums Überleben kämpften und einem scheinbar unbesiegbaren Feind allein gegenüberstanden. Nach dem japanischen Angriff auf Pearl Harbor waren im Dezember 1941 auch die Vereinigten Staaten in den Krieg eingetreten, Hitlers Truppen marschierten in die Sowjetunion ein.

Die deutsche Kriegspolitik hatte indes darüber das verlockende Ziel jenseits des Kanals nicht vergessen. Nachdem die Jagdgeschwader mit Bf 109 „Gustavs" und Fw 190 ausgestattet waren, auf englischer Seite aber die Spitfires mit den Merlin-61-Triebwerken immer noch nicht verfügbar waren, befand sich die Luftwaffe im Vorteil.

Gleichziehen

Das Luftfahrtministerium fand für das Problem die gleiche Lösung, wie bereits ein Jahr zuvor. Damals hatte man die Zelle der Mk I und der Mk II soweit verstärkt, daß sie den Merlin 45 aufnehmen konnte. Ergebnis war die Mk V. Die verstärkte und mit dem Merlin 61 ausgestattete Mk V wurde dann als Mk IX bezeichnet.

Mk IX und Fw 190 waren einander technisch ebenbürtig. Nun kam es auf die Leistung des Piloten an.

Die Ingenieure bei Junkers hatten unterdessen an weiteren Verbesserungen der Ju 86 und ihrer Jumo-207-Triebwerke gearbeitet. Mit diesen Sechszylinder-Zweitakt-Dieselmotoren, die in der höchstentwickelten B-3-Form mit zwei Kolben pro Zylinder eine Leistung von 1.000 PS erzeugten, konnte die Ju 86 in noch größerer Höhe operieren. Ende August verfügte die Luftwaffe über zwei einsatzfähige Ju 86R, die ohne

Verzögerung über England eingesetzt wurden. Sie warfen ihre Bomben aus einer Höhe von 40.000 Fuß ab, also höher als jedes bisherige Spitfire-Modell steigen konnte.

Gefecht in extremer Höhe

Als die Luftwaffe zwei Wochen später über Southampton einen ähnlichen Angriff durchführte, stieß sie auf einen unerwarteten Gegner. Der RAF Special Service Flight in Northolt hatte zwei Mk IX bis auf zwei 20-mm Kanonen von allen unnötigen Lasten befreit, und sie so zum Erreichen einer großen Dienstgipfelhöhe befähigt. Am 12. September jagte eine dieser Maschinen eine Ju 86R bis auf 43.000 Fuß. Achteinhalb Meilen über der Küste von Hampshire eröffnete der Pilot Prince Emanuel Galitzine das Feuer. Seine Backbordkanone blockierte sofort, und jedesmal, wenn er mit der verbleibenden Kanone der Steuerbordtragfläche feuerte, brachte der Rückschlag die Maschine außer Kontrolle. Die Ju 86 bekam lediglich einen Treffer ab, aber die Tage der deutschen Überlegenheit in großer Höhe waren vorbei, obwohl der Bomber theoretisch noch 4.000 Fuß höher hätte steigen können. Dieses Luftgefecht erwies sich später als der in der größten Höhe ausgetragene Kampf des ganzen Krieges.

Lückenbüßer Spitfire Mk IX

Von der als Lückenbüßer gedachten Spitfire Mk IX wurden die größten Stückzahlen produziert – bei Berücksichtigung der Variante Mk XVI über 7.000 Maschinen. Die Mk XVI unterschied sich von der Mk IX lediglich durch die Ausstattung mit einem Merlin 66, der in Lizenz von der Packard Company in den Vereinigten Staaten produziert wurde.

Die Mk IX machte, wie auch die anderen Varianten der Spitfire, eine Anzahl Veränderungen durch. Jeffrey Quill, wohl der größte Spitfire-Experte, behauptete, daß die Mk VIII mit den Standard-Tragflügelenden (die ersten Exemplare verfügten noch über verlängerte Tragflächen, wie die VI und VII) die beste aller Spitfire-Varianten war. Sie wurde aus der Mk VII entwickelt, die für Kämpfe in gro-

ßen Höhen konzipiert war und über eine Druckkabine verfügte, die dem Nachfolgemodell fehlte.

Die Mk VIII verfügte über eine verstärkte Zellstruktur, ein einfahrbares Spornrad und tragflächenmontierte Treibstofftanks.

Unbewaffnete Aufklärer

Die Mk VIII und IX waren nicht die einzigen Spitfiretypen, die zu jener

Ein getroffener Bf-109G-Pilot steigt aus seiner Maschine aus. Die Bf 109 und die Spitfire wurden den ganzen Krieg hindurch produziert und dabei jeweils den feindlichen Entwicklungen angepaßt.

Oben: Zwei der letzten Bf-109-Versionen: die vordere Maschine ist eine G-10, die hintere entweder eine K-4 oder eine der letzten G-10. Nach Vorstellung der K war die Kampfkraft der 109 immer noch beachtlich, aber die meisten auf ihr fliegenden Piloten waren unerfahren.

Zeit produziert wurden. Das RAF Bomber Command hatte nun die Verantwortung über die Frontbereiche übernommen, und sein Planungsstab benötigte präzise Informationen und besonders Zielfotografien. Für diese Aufgabe wurden die auf große Höhe ausgelegten Spitfires statt mit Kanonen und Munition mit Kameras und Treibstoff ausgerüstet. Sowohl die I wie auch die IX wurden zu Fotoaufklärern umgebaut, im November 1942 lief dann die erste MK XI vom Band. Mit Normalobjektiv- wie auch mit Teleobjektiv-Kameras ausgestattet, konnte die Mk XI Aufnahmen aus niedriger, mittlerer und großer Höhe liefern.

„Von allen Spitfire-Varianten war die PR.XI, die PRU-Version der IX, die Beste. Sie war weder mit Geschützen noch mit Kanonen bestückt, sondern nur mit zusätzlichem Treibstoff. Sie hatte eine phantastische Klarsichtverglasung, war hochpoliert und einfach ein schönes Flugzeug. Martindale erreichte nach dem Krieg mit einer XI im Sturzflug 0,9 Mach.“

In einem Sturzflug beschleunigte Staffelführer Martindale im April 1944 eine Mk XI auf über 965 km/h, obwohl der Propeller und die gesamte Antriebseinheit dabei abgerissen wurden. Selbst in horizontalem Flug war die Mk XI schnell – auf 24.000 Fuß erreichte sie eine Höchstgeschwindigkeit von fast 675 km/h.

Aufklärung in sehr großer Höhe war die Aufgabe der 16 Mk X, die von Supermarine gebaut wurden. Sie unterschieden sich von den Mk XI lediglich durch die Druckkabine.

Bereits Ende 1941 wurden von Rolls-Royce und Supermarine Spitfire VC mit vollkommen unterschiedlichen Triebwerken geflogen. Irgendwann stieß man jedoch an eine Grenze, und aus den 27 Litern der Merlins ließ sich nicht mehr Leistung herausholen. Hubraum ist, wie die Rennfahrer sagen, eben durch nichts zu ersetzen. Das neue Triebwerk war ein Griffon. Als V-12-Motor, wie sein Vorgänger, verfügte der Griffon über einen Hubraum von 36,7 Liter. Erstaunlicherweise war seine Frontfläche nur um sechs Prozent größer als die des Merlin-Motors. Er war lediglich 8 cm länger und um 270 kg schwerer und produzierte 1.700 PS.

Tiefflug mit hoher Geschwindigkeit

Der zuerst mit einem Griffon-Motor ausgestattete Prototyp, der DP 845m, war zunächst als Mk IV bekannt, später als Mk XX und schließlich als Mk XII.

Quill war wieder einmal der erste, der diesen Typ flog. Sie war zu jener Zeit wahrscheinlich in niedriger Höhe die schnellste Maschine.

Die Mk XII wurde bei den Staffeln im Februar 1943 in Dienst gestellt. Man baute lediglich 100 Exemplare, die jedoch als Tiefflugjäger erst in größerem Maßstab zum Einsatz kamen, als im Sommer 1944 die V1-Flugbombeneinsätze auf London begannen.

Der Griffon-Motor drehte in umgekehrter Richtung wie der Merlin. Ein unachtsamer Pilot, der gewohnt war, beim Start rechts gegenzusteuern, konnte sich plötzlich 90 Grad versetzt zu seinem ursprünglichen Startkurs wiederfinden. Ein Mk-XII-Pilot erinnert sich:

„Das war schon eine Maschine. Wenn man da zu schnell Gas gab, machte der Motor mit einem, was er wollte, und man rauschte im Zick-Zack über das Flugfeld. Die Mk XII war wirklich schnell und flog in niedriger Höhe über 645 km/h. Sie sah ein bißchen plump aus mit ihrer nach unten gezogenen Nase, aber es machte riesigen Spaß, sie zu fliegen“.

Noch schneller

Die Britische Luftfahrtindustrie hatte inzwischen mit der deutschen gleichgezogen. Als die ersten mit Griffon-Motoren ausgestatteten Maschinen bei den Fliegerstaffeln ankamen, wurde bereits der Prototyp für die nächste Maschine – die Mk XIV – vorgestellt. Sie stellte gegenüber der Mk IX eine genauso große Verbesserung dar, wie die Mk IX gegenüber der Mk V. Aber sie war – bei all ihrer Leistung – keine leicht zu fliegende Maschine.

Während der ersten Monate des Jahres 1944 wurden drei Staffeln des Fighter Command mit Mk XIV ausgestattet. Als im Juni die ersten V-1 auf London abgeschossen wurden, waren sie voll einsatzbereit. Um die Geschwindigkeit noch etwas zu steigern, verstärkte Rolls-Royce den Druck in den Triebwerken noch einmal um 25 Pfund pro Quadratinch – unter Verwendung von Treibstoff mit 150 Oktan. Dies brachte in Dachspitzenhöhe eine Geschwindigkeit von über 645 km/h. Selbst mit dem Standard-Druck von 18 psi (pound per square inch) war die Mk XIV noch immer erheblich schneller als die G-6 Variante der Bf 109, gegen die sie oft im Einsatz war. Bis zu einer Höhe von 16.000 Fuß, der optimalen Flughöhe der deutschen Maschinen, wies sie einen Geschwindigkeitsvorteil von 40 km/h auf, in 30.000 Fuß war die Supermarine sogar um 80 km/h schneller als die Messerschmitt. Zudem hatte die Mk XIV immer noch den unvergleichlichen Vorteil der besseren Manövrierbarkeit.

Die Mk XIV wurde von der Mk XVIII abgelöst, die im wesentlichen dem Vorgängermodell entsprach, bei der aber neue Konstruktions-Methoden angewandt und ein verstärkter Griffon-65-Motor eingesetzt wurde. Für den Einsatz im Zweiten Weltkrieg kam die Mk XIV zu spät. Sie wurde anschließend in Palästina und dem Fernen Osten eingesetzt.

„Die Mk XIV bewährte sich als ausgezeichneter taktischer Jagd-

bomber für den Abwurf von Bomben oder den Abschuß von 60-Pfund-Raketen. Die vergrößerte Seitenflosse und das vergrößerte Heck erleichterten das Zielen und Schießen von Raketen oder mit der Bordkanone erheblich. Die Maschine hatte jene seltenen Eigenschaften, die durch ein perfektes Zusammenspiel von Steueraktion und eigenem Gefühl entstehen und dir den Eindruck vermitteln, daß das Flugzeug nach dem Start zum Teil von dir selbst wird. Die Bewegungen deiner Hand am Steuerknüppel setzten sich unmittelbar in Flugbewegungen um."

Spitfire – der Sieger

Die Mk XIX war eine Foto-Aufklärerversion der Mk XIV, die im Frühjahr 1944 in Dienst gestellt wurde. Die letzten Spitfiremaschinen verfügten über vollständig umkonstruierte Tragflächen, die eine verbesserte Manövrierbarkeit bei hoher Geschwindigkeit erlaubten. Der erste dieser Typen, die F.21, unterschied sich so stark von den vorherigen Versionen, daß sie fast in Victor (der Sieger) umgetauft wurde. Im März 1945 wurde sie bei der Staffel Nr. 91 in West Malling in Dienst gestellt. Die Staffel Nr. 1 erhielt diese Version noch rechtzeitig genug, um damit die Landun-

Eine mit zusätzlicher Seitenleitwerksfläche für gesteigerte Längsstabilität ausgestattete Spitfire IX wird auf ihre Tauglichkeit als Wasserflugzeug getestet. Die Maschine ging jedoch nicht in Serie.

Die Entwicklung der Spitfire und der Bf 109 von Juli 1943 bis Mai 1945

Spitfire VIII (entgegengesetzt rotierender Propeller)
Der entgegengesetzt drehende Propeller des Merlin-63-Triebwerks glich das Drehmoment aus.

Spitfire VIII (Blasenhaube)
Eine einzelne Spitfire VIII wurde mit einer verkürzten Heckpartie und einer Blasenhaube ausgestattet. Dadurch wurde die Rundumsicht stark verbessert.

Die E-Tragfläche
Die E-Tragfläche der Spitfire IX war mit zwei 20mm-Kanonen ausgestattet, die von 0,5-Inch-Browning-MGs abgelöst wurden.

Spitfire XIV Prototyp
Als Prototypen der Spitfire XIV dienten sechs mit Griffon-Triebwerken ausgestattete Mk VIII, die zum Ausgleich des Drehmoments vergrößerte Seitenleitwerke und Seitenruder hatten.

Die Spitfire V wurde bis Ende 1943 produziert und von der Spitfire IX als dem hauptsächlich produzierten Jäger abgelöst.

Spitfire XIVc
Die Spitfire XIV wurde mit einer verbesserten und vergrößerten Seitenflosse und Seitenruder ausgestattet und behielt die „Universelle Tragfläche" der Standard-Spitfire. Auslieferung Ende 1944.

Spitfire XIVe
Gegen Produktionsende wurde die Spitfire XIV mit einer 20mm-Kanone und einem 0,5-Inch-

Spitfire „floatplane"
Mehrere Spitfire V wurden im Laufe des Jahres 1943 zu Schwimmerflugzeugen umgebaut und nach Ägypten geschickt, wo sie gegen die Ju-52-Schwimmerflugzeuge eingesetzt werden sollten, kamen jedoch nicht zum Einsatz. Eine umgebaute Spitfire IX flog am 6. Juni 1944 zum ersten Mal.

Spitfire PR.XIX
Die Spitfire PR.XIX war eine bewaffnete Fotografier-Aufklärerversion der Spitfire XIX mit Tragflächen und Kamera, sowie mit dem Merlin-Triebwerk der Spitfire XI.

Spitfire LF.XVI
Spitfire IX mit dem bei Packard gebauten Merlin 266 wurden als Mk XVI bezeichnet. Die mit gestutzten Tragflächen für den Jagdbombereinsatz in niedriger Höhe versehenen Maschinen wurden als LF.XVI bezeichnet. Wie viele Spitfire IX verfügten die XVI über Blasen-Cockpitdächer und pointierte Seitenruder.

Spitfire F-21
Wegen der Querruderprobleme bei hohen Geschwindigkeiten blieb die Höchstgeschwindigkeit der Spitfire XIV auf 756 km/h begrenzt. Die F-21 war die erste Spitfire mit einer neu konstruierten Tragfläche. Die früheren Spitfire-IV- und XII-Prototypen dienten als Übergangsprototypen.

Die beste Merlin-Spitfire war die mit gestutzten Tragflächen und gewölbtem Cockpitdach für den Einsatz in niedriger Flughöhe ausgelegte LF.XVI.

Juni 1943: Nach Luftangriffen und Bombardements während des ganzen Monats fand die Landung auf Sizilien statt.

September 1943: Italien schließt mit den Alliierten einen Friedensvertrag, der zum sofortigen Waffenstillstand führt.

Dezember 1943: US-Tagbomber werden auf dem gesamten Weg von P-51 Mustangs begleitet. Die Niederlage der Luftwaffe beginnt sich abzuzeichnen.

März 1944: Die alliierten Luftstreitkräfte beginnen systematisch, deutsche Verkehrsverbindungen und Einrichtungen in Nord- und Westeuropa zu zerstören.

Juni 1944: Die Alliierten bieten während der Invasion Europas fast 10.000 taktische Flugzeuge an der Front auf, die 198 RAF- und USAAF-Staffeln mit 5.400 Jägern einschlossen.

6. Juni 1944: Operation „Overlord", die Invasion der Normandie. Innerhalb von zwei Tagen fliegen die Alliierten 14.000 Einsätze (Luftwaffe: 400).

Bf 109G-8
Diese Aufklärungsversion war lediglich mit einer im Triebwerk eingebauten Mk 108 bewaffnet. Im Heckteil des Rumpfes wurde eine einzelne Rb-12-5/7- oder Rb-32/7-Kamera mitgeführt.

Bf 109G-6/N
Für „Wilde Sau"-Nachtjagden war die Bf 109G-6/R6 mit Flammendämpfern an den Auspuffenden und FuG-Naxos-Z-Ausrüstung ausgestattet, die die Emmisionen der H2S Radargeräte auffing, mit denen die RAF-Bomber versehen waren.

Bf 109G-5/R2
Einige Bf-109G-4 wurden mit dem Rüstsatz 2 einschließlich zwei 30mm-Kanonen unter den Tragflächen nachgerüstet.

Bf 109G-12
Die G-12 stellte den Umbau der bestehenden G-Serienflugzeuge mit einem zweiten Sitz und einer vergrößerten Kanzel dar. Außenwölbungen am hinteren Teil der Kanzel erlaubten dem hinten sitzenden Fluglehrer die Geradeaussicht. G-1, G-5 und G-6 wurden ebenfalls derartig modifiziert.

Bf 109G-7
Die G-7 war ein Versuch, die Produktion der U2- und der U4-Modifikationen mit Heckseitenflosse und halbeinfahrbarem Spornrad zu standardisieren.

Bf 109G-10
Ungeachtet ihrer früheren Bestimmung war die G-10 die beste G-Serienentwicklung mit einem verbesserten DB-605D-Triebwerk, das beim Start 2.000 PS entwickelte. Die schnellsten G-Modelle erreichten 685 km/h.

Bf 109G-10/R1
Dieser Jabo-Feldumbau konnte entweder eine 250 kg-Bombe oder vier 50 kg-Bomben tragen.

Bf 109G-10/R2
Mit dem DB-605DB-Triebwerk und ohne die im Rumpf eingebauten MG-131-Maschinengewehre wurde die G 10/R2 als Aufklärer ausgeliefert.

Bf 109G-10/R4
Wie die G 6/R4, zwei 30mm Mk-131-Kanonen unter den Tragflächen.

Bf 109H-O
Mit dem DB-601E-Triebwerk der Bf 109F 4Z, einem sich verjüngenden Zentralbereich zwischen den Tragflügelpanelen und einer vergrößerten Spannweite von 13,25 m war die H-O für Flüge in großen Höhen ausgelegt.

Bf 109H-1
Die auf der Zelle der Bf 109 G-5 basierende H-1 wurde mit dem DB-605A-Triebwerk mit GM 1 ausgestattet. Die Bewaffnung bestand aus einer MG-151-20-mm-Kanone und zwei 7,9-mm-MG-17-Maschinengewehren; Aufnahmemöglichkeit für eine Kamera war vorhanden.

Die Kuppel hinter dem Cockpit der G-6/N beherbergte die Naxos-Z-Ausstattung zum Aufspüren der RAF-Bomber bei Nacht.

Bf 109G-10/R6
Für Angriffe gegen Tagbomber war die G-10/R6 mit zusätzlichen MG-151-Kanonen mit 20mm-Kaliber unter den Tragflächen ausgestattet.

Spitfire contra Messerschmitt Bf 109

gen auf den Kanalinseln zu decken. Die meisten Piloten waren von der Maschine stark beeindruckt.

„Die Stabilität der Mk 21 war nicht sehr ausgeprägt. Wenn man in einer Kurve die Steuerung losließ, ging sie nicht, wie es eigentlich sein sollte, von allein wieder in den Horizontalflug über. Aber die Leichtigkeit der Steuerung bei sehr hohen Geschwindigkeiten stellte gegenüber der Mk IX und allen anderen Modellen eine solche Verbesserung dar, daß man sich freudig in ‚aerobatics' bei Geschwindigkeiten versuchte, die man vorher für unmöglich gehalten hätte.

Die Mk 21 war ein phänomenales Flugzeug, das es ohne Probleme

mit den besten der 190er hätte aufnehmen können. Natürlich mußte man für die verschiedenen Geschwindigkeiten ständig die Trimmung neu einstellen. Die Maschine war etwas frontlastig und verhielt sich ähnlich wie ein Mini, den man mit einem 3-Liter-Motor ausstattet. Ich weiß nicht, ob man das Flugzeug mit der Spit IX vergleichen sollte, aber Steigflug, Sinkflug und Geschwindigkeit der 21 waren einfach besser. Das war schon eine Maschine, ohne Zweifel, aber sie kam zu spät, um den Kriegsverlauf noch wesentlich zu beeinflussen."

Die Supermarine Spitfire und die Messerschmitt Bf 109 in ihren unzäh-

Nach vielen Dienstjahren wurde die Maschine erst in der G-Serie als zweisitziges Schulflugzeug gebaut. Der Fluglehrer saß in einem Extra-Cockpit hinter dem Flugschüler. Die Seiten des hinteren Cockpits waren nach außen gewölbt, um dem Fluglehrer eine bessere Sicht nach vorn zu ermöglichen.

Browning-Maschinengewehr sowie E-Tragflächen, abgeschrägtem Rumpf und tränenförmigen Kanzeln ausgestattet.

Die mit einem Griffon-Triebwerk ausgestattete F.R.Mk.XIVe erwies sich 1945 im Fernen Osten als den japanischen Jägern überlegen.

Die letzten Spitfire VIII wurden im Januar 1945 gebaut. Der Typ wurde jedoch in großen Stückzahlen noch weit bis über den VJ-Tag hinaus geflogen.

Im Januar 1946 wurde die Produktion der Spitfire XVIII eingestellt. Am 1. Januar 1951 flog eine XVIII der Staffel Nr. 60 den letzten Einsatz mit diesem Flugzeugtyp, einen Angriff auf malayische Terroristen.

Spitfire FR.XVIII
Die Spitfire FR.XVIII war eine Mk XIV mit verstärkten Tragflächen, verstärktem Unterbau und im hinteren Teil des Rumpfes eingebauten Kameras. Es wurden 201 Maschinen des Typs ACFR.XVIII gebaut, davon 99 Jagdbomber ohne Vorrichtungen für Untertragflächenbomben und Raketen.

Nach dem Krieg wurden 50 Spitfire PR.XIX an Schweden und 4 an die Türkei geliefert. Die PR.XIX flog ihren letzten Einsatz am 1. April 1955 in Malaya. Meteorologische Forschungsflüge mit der Spitfire XIX wurden im Juni 1957 eingestellt; das Central Fighter Establishment aber setzte noch 1963 eine dieser Maschinen für taktische Versuche gegen eine Lightning ein.

Die Spitfire IX wurde bis Mitte 1945 produziert. Viele Maschinen des Typs blieben für zweitrangige Aufgaben bis in die 50er Jahre im Dienst.

Die mit einem Griffon-Triebwerk ausgestattete Fotoaufklärungs-Maschine trug die Bezeichnung PR.Mk XIX.

Die Spitfire XI wurde nur in kleiner Stückzahl bis Ende 1944 produziert.

Spitfire F-22
Die F-22 wurde parallel zur F-21 entwickelt und unterschied sich durch einen verkürzten Rumpf, vergrößerte Spitfire-Heckoberflächen und Blasencockpitdach.

---

17. Juli 1944: Spitfires der Staffel Nr. 602 greifen das Fahrzeug von Feldmarschall Erwin Rommel an; der fähigste Kommandeur der Deutschen wird ernsthaft verletzt.

Juni bis September 1944: RAF-Jäger fliegen Einsätze gegen Startgeräte und fliegende V1-Bomben.

September 1944: Die Operation „Market Garden" scheitert, während die Briten Arnheim einnehmen.

Januar 1945: Als letzte Offensive startet die Luftwaffe die Operation „Bodenplatte" gegen die alliierten Luftstreitkräfte.

20. März 1945: In dieser Nacht fliegt die Luftwaffe ihren letzten Einsatz gegen Großbritannien.

21. bis 24. März 1944: Die Reste der Luftwaffe werden buchstäblich ausgelöscht, bevor die Alliierten den Rhein überqueren.

7. Mai 1945: In General Eisenhowers Hauptquartier wird die bedingungslose Kapitulation aller deutschen Streitkräfte unterzeichnet.

Bf 109G-14/U4
Einige G-14 verfügten über das vergrößerte hölzerne Heckteil der U4-Umbau-Version.

Bf 109G-16
Das letzte Modell der G-Serie wurde standardmäßig mit dem DB-605D-Triebwerk, einer zentrierten Bombenaufhängung, tragflächengestützten MG 151 und gepanzerten Ölkühlern und Gebläse ausgestattet.

Die glatte „Galland"-Haube war Standard der späten Bf 109 (hier: Bf 109G-14).

Diese nach dem Krieg in den USA getestete Bf 109K-6 war ein Bombenzerstörer.

Bf 109G-14
Bereits vor der G-10 produziert, wurde die G-14 zu einer Verbesserung der G-6 Jäger, die nicht mit dem DB-605D-Triebwerk ausgestattet waren. Später wurden diese Maschinen sowohl mit MW-50 als auch mit GM-1-Ladern ausgestattet.

Bf 109K-2
Wurde mit dem DB 605ASCM oder dem DB 605DBCM (mit GM-1-Ladern) ausgestattet, kleine Stückzahlen.

Bf 109K0
Die K-Serie war ein weiterer Versuch, die Bf 109-Produktion zu standardisieren und die vielen verschiedenen Varianten zusammenzubringen. Ihre Bewaffnung bestand aus einer im Triebwerk eingebauten Mk 120 und zwei MG-151-15mm-Kanonen im oberen Rumpfabschnitt. Unter der Backbordtragfläche befand sich eine nach vorn gerichtete Funkantenne. Zudem war ein halb einziehbares Spornrad installiert.

Bf 109K4
Als eine der hauptsächlich produzierten K-Versionen verfügte sie über das DB 605DB-Triebwerk. Bei späteren Maschinen wurde die Mk-108-Kanone durch die 30mm-Mk-103 ersetzt.

Bf 109K6
Dieser nur in kleinen Stückzahlen gebaute Bomberzerstörer trug im Unterschied zur K4 zusätzliche Mk-103-Kanonen unter den Tragflächen. Bei dieser Ausstattung wurden die MG-151-Kanonen im oberen Rumpfabschnitt durch MG-131-13 mm-Maschinengewehre ersetzt.

Bf 10K14
Das letzte Bf 109 Modell wurde mit dem lange erwarteten DB-605L-Triebwerk mit zweistufigem, mechanischem Lader ausgestattet und verlieh ihm eine ausgezeichnete Leistung in großer Höhe (728 km/h bei 37.000 Fuß). Die Bewaffnung wurde auf eine Mk 103 und zwei Mk 131 reduziert.

Spitfire contra Messerschmitt Bf 109

ligen Versionen waren einzigartige Flugzeuge. Vorgestellt Mitte der 30er Jahre, behaupteten sie sich durch den Zweiten Weltkrieg hindurch und erreichten schließlich Fähigkeiten, von denen keiner ihrer Konstrukteure am Anfang der Entwicklung zu träumen gewagt hätte.

Auf dem Rückzug

Im Frühjahr 1943 steckte das Oberkommando der Wehrmacht in erheblichen Schwierigkeiten. Die Invasion der Sowjetunion war in der Kesselschlacht von Stalingrad zu Ende gegangen, Rommels Afrika-Korps hatte sich ergeben, die Alliierten standen bereits in Italien, das deutsche Hinterland war starken Luftangriffen ausgesetzt. Auch wenn die Zerstörungen noch nicht das Ausmaß erreicht hatten, das die alliierten Luftplaner wünschten, waren Industrie und Verkehrswege schon erheblich in Mitleidenschaft gezogen. Aber die Messerschmitt Bf 109G kämpfte weiter.

Die Produktion der „Gustav" lief auf Hochtouren – allein im Juli wurden 725 Maschinen hergestellt. Die Fertigung der Maschine war dabei zunehmend mit ins Ausland verlagert worden. Im Juni trafen die ersten Lieferungen der in Ungarn hergestellten „Gustavs" ein; dreisteilige Produktionszahlen erreichte man jedoch erst

im folgenden Jahr. Selbst in Rumänien wurden einige Exemplare hergestellt.

Während des ganzen Jahres 1943 stellte die G-6 in all ihren Variationen die höchste Entwicklungsstufe der Bf 109 dar. Die Nachtangriffe der RAF und die Tagangriffe der USAAF zwangen die Maschine zum Rollenwechsel – sie wurde nun mehr als Abfangjäger denn als Begleitjäger eingesetzt. Die Bekämpfung von Halifax- und Stirling-Flugzeugen bei Nacht unterschied sich stark von den Luftkämpfen mit den Spitfires. Die „Gustavs" bekamen es nun auch noch mit den nordamerikanischen P-51B Mustangs zu tun, die zur Deckung der Bomber mitflogen. Die Mustang war mit dem Merlin 266 der Spitfire Mk XVI ausgestattet, die beiden Maschinen waren sich in ihrer Leistung sehr ähnlich. Die Bf 109Gs wurden also über ihrem eigenen Territorium und mehr und mehr auch in ihrer ureigenen Disziplin geschlagen.

Wahl der Waffen

Neue Taktiken und luftgestütztes Radar machten die G-6 zu einem effektiven Nachtjäger, in ihrer Tageinsatzfähigkeit war sie technisch ins Hintertreffen geraten. Dies änderte sich im Frühjahr 1944 mit der G-10. Ohne Außenlasten und mit dem 2.000 PS starken DB-605DC-Trieb-

werk erreichte die G-10 im Tiefflug 550 km/h, in 24.000 Fuß sogar 685 km/h. Die Maschine flog indes selten in dieser „sauberen", widerstandsarmen Konfiguration, sondern wurde, wie schon ihre Vorgänger, mit Rüstsätzen nachgerüstet. Diese Vorgehensweise zog jedoch derartige Schwierigkeiten bei der Ersatzteillieferung nach sich, daß man bald wieder zur Standardisierung überging und das „neue" Flugzeug unter der Bezeichnung Bf 109K führte. Von den allein 1944 gebauten 14.000 Bf 109 – angesichts der massiven alliierten

Bombardierungen eine erstaunliche Anzahl – wurden lediglich 754 Maschinen als 109K konstruiert.

Zweisitziges Schulflugzeug

Die letzten drei „Gustavs" waren den Modellen der 10er-Reihe (G-14 und G-16) in mancher Hinsicht ähnlich, unterschieden sich aber in anderen Punkten von ihnen. Die G-12-

Um die geringe Reichweite der Bf 109G zu vergrößern, installierte man diesen Bauchtank. Für Längsstabilität sorgte eine kleine Seitenflosse (Abb.: Bf 109G-10).

Die Spitfire nach 1945

Weder der VE-Tag, noch das Ende des Krieges im Fernen Osten bedeuteten das Ende der Spitfiregeschichte. Neue Varianten wurden produziert – wenn auch in geringer Anzahl – und in mehreren kleinen Kriegen eingesetzt. Die Spitfire blieb also noch einige Jahre im Dienst.

Mit den großen, leistungsstarken Griffon-Motoren bestückt, ließ sich die Spitfire am Boden nur schwer handhaben. Sobald man den Gashebel vorschob, riß einen das Drehmoment wild herum. Einige Spitfire F.21 wurden zur Lösung dieses Problems mit entgegengesetzt rotierenden Propellern ausgestattet.

Die Spitfire F.22 war, bis auf das verkürzte Heck, eine Klarsichtkanzel und das typische vergrößerte Leitwerk mit der F.21 praktisch identisch. Viele dieser Maschinen wurden von den Piloten der Royal Auxiliary Air Force geflogen. Einige Maschinen gingen an Rhodesien, Ägypten und Syrien.

Der Prototyp der Spitfire F.23 Victor wurde zum Prototyp Valiant umgebaut, wie die Spitfire F.23 genannt werden sollte. Die mit vergrößerter Spannweite, der hochgezogenen Tragflächenvorderkante der F.VIII und sechs 20mm-Kanonen augestattete F.23 ging jedoch nicht in Produktion.

Spitfire XIV-Maschinen auf Patrouille über Südengland. Maschinen der Luftwaffe trafen sie nur selten, mit der Zerstörung der V1-Bomben waren sie jedoch vollauf beschäftigt.

Variante war als Schulflugzeug für Pilotentraining konzipiert, in dem in einem verlängerten Cockpit ein zweiter Sitz mit einer kompletten zweiten Steuerung installiert war.

Die K-Modelle wiesen ebensoviele verschiedene Varianten auf wie ihre Vorgänger. Die K-10 war ein schwerer Abfangjäger mit 30-mm-Mk-103-Kanonen, die durch die Luftschraube feuerten, zwei 13mm-Maschinengewehren über dem Triebwerk und zwei 20mm-Kanonen an den Tragflächen. Die K-14 war mit dem lange erwarteten DB-605L-Triebwerk für große Höhen ausgestattet und erreichte eine Geschwindigkeit von 725 km/h.

Die Bf 109 blieb bis zum bitteren Ende im Einsatz. Als General Jodl sich im Mai 1945 General Eisenhower ergab, flogen noch fast 800 dieser Maschinen, die meisten davon waren G- oder K-Varianten.

Die letzten Versionen der Spitfire wiesen nicht mehr die klassische Tragflächenform auf. Viele von ihnen wurden nach dem Krieg, wie diese Mk 21, bei der Royal Auxiliary Air Force eingesetzt.

Die Spiteful vereinigte in sich einen Flügel mit Laminarströmung und den Rumpf einer normalen Spitfire XIV sowie ein vergrößertes Leitwerk. Durch die Vorstellung der neuen Düsenjäger ließ das Interesse an der Spiteful nach; sie ging nicht in Produktion.

Die Spitfire F.24 war praktisch identisch mit der F.22, obwohl sie mit einer anderen 20mm-Kanone ausgerüstet war. Die Maschine diente zuerst bei der Staffel Nr. 80 in Deutschland und dann bei der Luftabwehr in Hong Kong. Einige Maschinen wurden an die Royal Hong Kong Auxiliary Air Force geliefert.

Einige Spitfire wurden von der Staffel Nr. 261 der RAF und der Russian Air Force während des Krieges in zweisitzige Übungsflugzeuge umgebaut, aber erst 1946 dachte man ernsthaft an ein zweisitziges Übungsflugzeug von Supermarine. Die Spitfire T.VIII entsprach dem Prototyp F.VIII. Zwanzig Mk IX wurden umgebaut und an die Niederlande, Indien, Ägypten und Irland verkauft.

Supermarine Spitfire FR-Mk XIVe

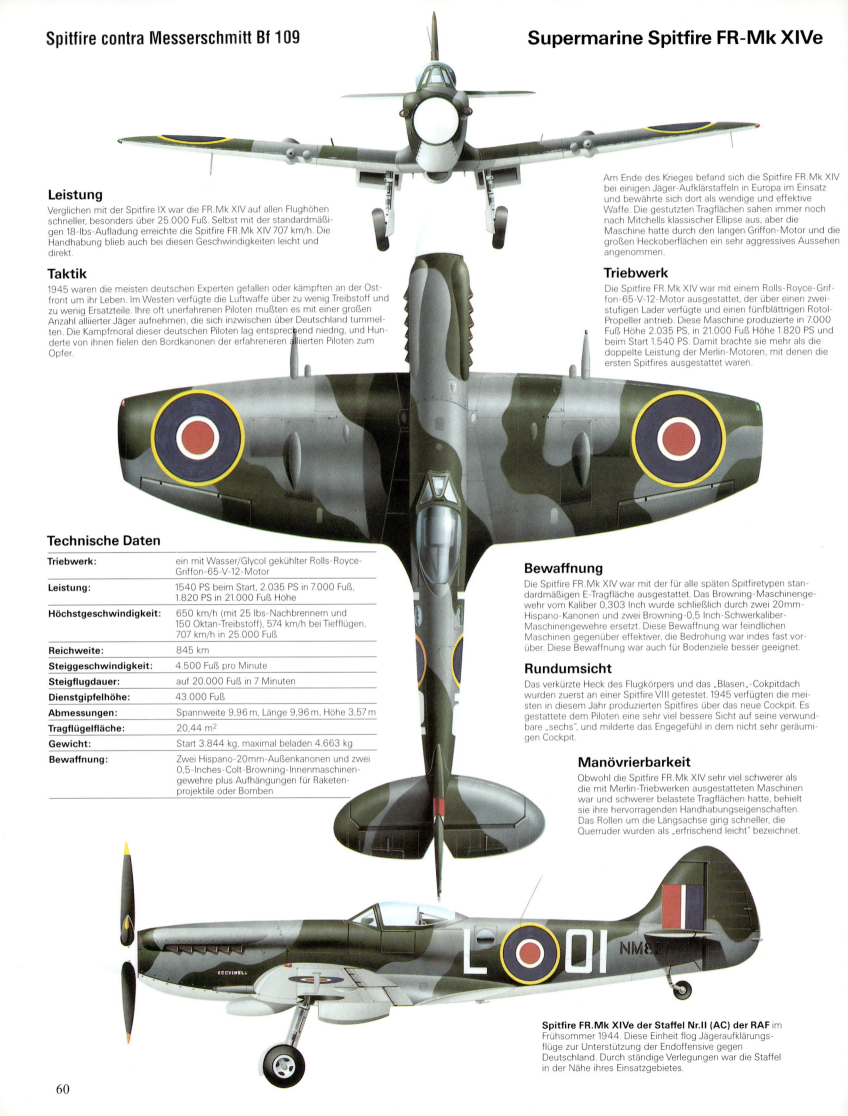

Leistung

Verglichen mit der Spitfire IX war die FR.Mk XIV auf allen Flughöhen schneller, besonders über 25.000 Fuß. Selbst mit der standardmäßigen 18-lbs-Aufladung erreichte die Spitfire FR.Mk XIV 707 km/h. Die Handhabung blieb auch bei diesen Geschwindigkeiten leicht und direkt.

Taktik

1945 waren die meisten deutschen Experten gefallen oder kämpften an der Ostfront um ihr Leben. Im Westen verfügte die Luftwaffe über zu wenig Treibstoff und zu wenig Ersatzteile. Ihre oft unerfahrenen Piloten mußten es mit einer großen Anzahl alliierter Jäger aufnehmen, die sich inzwischen über Deutschland tummelten. Die Kampfmoral dieser deutschen Piloten lag entsprechend niedrig, und Hunderte von ihnen fielen den Bordkanonen der erfahreneren alliierten Piloten zum Opfer.

Am Ende des Krieges befand sich die Spitfire FR.Mk XIV bei einigen Jäger-Aufklärstaffeln in Europa im Einsatz und bewährte sich dort als wendige und effektive Waffe. Die gestutzten Tragflächen sahen immer noch nach Mitchells klassischer Ellipse aus, aber die Maschine hatte durch den langen Griffon-Motor und die großen Heckoberflächen ein sehr aggressives Aussehen angenommen.

Triebwerk

Die Spitfire FR.Mk XIV war mit einem Rolls-Royce-Griffon-65-V-12-Motor ausgestattet, der über einen zweistufigen Lader verfügte und einen fünfblättrigen Rotol-Propeller antrieb. Diese Maschine produzierte in 7.000 Fuß Höhe 2.035 PS, in 21.000 Fuß Höhe 1.820 PS und beim Start 1.540 PS. Damit brachte sie mehr als die doppelte Leistung der Merlin-Motoren, mit denen die ersten Spitfires ausgestattet waren.

Technische Daten

Triebwerk:	ein mit Wasser/Glycol gekühlter Rolls-Royce-Griffon-65-V-12-Motor
Leistung:	1540 PS beim Start, 2.035 PS in 7.000 Fuß, 1.820 PS in 21.000 Fuß Höhe
Höchstgeschwindigkeit:	650 km/h (mit 25 lbs-Nachbrennern und 150 Oktan-Treibstoff), 574 km/h bei Tiefflügen, 707 km/h in 25.000 Fuß
Reichweite:	845 km
Steiggeschwindigkeit:	4.500 Fuß pro Minute
Steigflugdauer:	auf 20.000 Fuß in 7 Minuten
Dienstgipfelhöhe:	43.000 Fuß
Abmessungen:	Spannweite 9,96 m, Länge 9,96 m, Höhe 3,57 m
Tragflügelfläche:	20,44 m²
Gewicht:	Start 3.844 kg, maximal beladen 4.663 kg
Bewaffnung:	Zwei Hispano-20mm-Außenkanonen und zwei 0,5-Inches-Colt-Browning-Innenmaschinengewehre plus Aufhängungen für Raketenprojektile oder Bomben

Bewaffnung

Die Spitfire FR.Mk XIV war mit der für alle späten Spitfiretypen standardmäßigen E-Tragfläche ausgestattet. Das Browning-Maschinengewehr vom Kaliber 0,303 Inch wurde schließlich durch zwei 20mm-Hispano-Kanonen und zwei Browning-0,5 Inch-Schwerkaliber-Maschinengewehre ersetzt. Diese Bewaffnung war feindlichen Maschinen gegenüber effektiver, die Bedrohung war indes fast vorüber. Diese Bewaffnung war auch für Bodenziele besser geeignet.

Rundumsicht

Das verkürzte Heck des Flugkörpers und das „Blasen"-Cokpitdach wurden zuerst an einer Spitfire VIII getestet. 1945 verfügten die meisten in diesem Jahr produzierten Spitfires über das neue Cockpit. Es gestattete dem Piloten eine sehr viel bessere Sicht auf seine verwundbare „sechs", und milderte das Engegefühl in dem nicht sehr geräumigen Cockpit.

Manövrierbarkeit

Obwohl die Spitfire FR.Mk XIV sehr viel schwerer als die mit Merlin-Triebwerken ausgestatteten Maschinen war und schwerer belastete Tragflächen hatte, behielt sie ihre hervorragenden Handhabungseigenschaften. Das Rollen um die Längsachse ging schneller, die Querruder wurden als „erfrischend leicht" bezeichnet.

Spitfire FR.Mk XIVe der Staffel Nr.II (AC) der RAF im Frühsommer 1944. Diese Einheit flog Jägeraufklärungsflüge zur Unterstützung der Endoffensive gegen Deutschland. Durch ständige Verlegungen war die Staffel in der Nähe ihres Einsatzgebietes.

Messerschmitt Bf 109 K-4

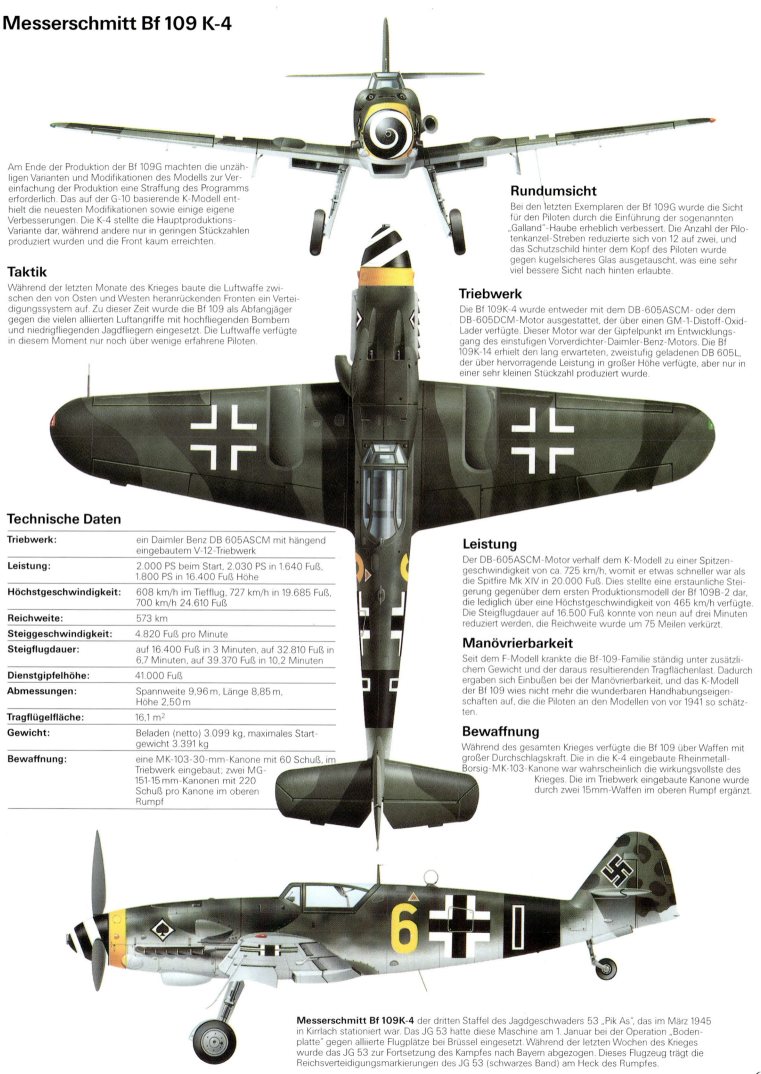

Am Ende der Produktion der Bf 109G machten die unzähligen Varianten und Modifikationen des Modells zur Vereinfachung der Produktion eine Straffung des Programms erforderlich. Das auf der G-10 basierende K-Modell enthielt die neuesten Modifikationen sowie einige eigene Verbesserungen. Die K-4 stellte die Hauptproduktions-Variante dar, während andere nur in geringen Stückzahlen produziert wurden und die Front kaum erreichten.

Taktik

Während der letzten Monate des Krieges baute die Luftwaffe zwischen den von Osten und Westen heranrückenden Fronten ein Verteidigungssystem auf. Zu dieser Zeit wurde die Bf 109 als Abfangjäger gegen die vielen alliierten Luftangriffe mit hochfliegenden Bombern und niedrigfliegenden Jagdfliegern eingesetzt. Die Luftwaffe verfügte in diesem Moment nur noch über wenige erfahrene Piloten.

Rundumsicht

Bei den letzten Exemplaren der Bf 109G wurde die Sicht für den Piloten durch die Einführung der sogenannten „Galland"-Haube erheblich verbessert. Die Anzahl der Pilotenkanzel-Streben reduzierte sich von 12 auf zwei, und das Schutzschild hinter dem Kopf des Piloten wurde gegen kugelsicheres Glas ausgetauscht, was eine sehr viel bessere Sicht nach hinten erlaubte.

Triebwerk

Die Bf 109K-4 wurde entweder mit dem DB-605ASCM- oder dem DB-605DCM-Motor ausgestattet, der über einen GM-1-Distoff-Oxid-Lader verfügte. Dieser Motor war der Gipfelpunkt im Entwicklungsgang des einstufigen Vorverdichter-Daimler-Benz-Motors. Die Bf 109K-14 erhielt den lang erwarteten, zweistufig geladenen DB 605L, der über hervorragende Leistung in großer Höhe verfügte, aber nur in einer sehr kleinen Stückzahl produziert wurde.

Technische Daten

Triebwerk:	ein Daimler Benz DB 605ASCM mit hängend eingebautem V-12-Triebwerk
Leistung:	2.000 PS beim Start, 2.030 PS in 1.640 Fuß, 1.800 PS in 16.400 Fuß Höhe
Höchstgeschwindigkeit:	608 km/h im Tiefflug, 727 km/h in 19.685 Fuß, 700 km/h 24.610 Fuß
Reichweite:	573 km
Steiggeschwindigkeit:	4.820 Fuß pro Minute
Steigflugdauer:	auf 16.400 Fuß in 3 Minuten, auf 32.810 Fuß in 6,7 Minuten, auf 39.370 Fuß in 10,2 Minuten
Dienstgipfelhöhe:	41.000 Fuß
Abmessungen:	Spannweite 9,96 m, Länge 8,85 m, Höhe 2,50 m
Tragflügelfläche:	16,1 m^2
Gewicht:	Beladen (netto) 3.099 kg, maximales Startgewicht 3.391 kg
Bewaffnung:	eine MK-103-30-mm-Kanone mit 60 Schuß, im Triebwerk eingebaut; zwei MG-151-15-mm-Kanonen mit 220 Schuß pro Kanone im oberen Rumpf

Leistung

Der DB-605ASCM-Motor verhalf dem K-Modell zu einer Spitzengeschwindigkeit von ca. 725 km/h, womit er etwas schneller war als die Spitfire Mk XIV in 20.000 Fuß. Dies stellte eine erstaunliche Steigerung gegenüber dem ersten Produktionsmodell der Bf 109B-2 dar, die lediglich über eine Höchstgeschwindigkeit von 465 km/h verfügte. Die Steigflugdauer auf 16.500 Fuß konnte von neun auf drei Minuten reduziert werden, die Reichweite wurde um 75 Meilen verkürzt.

Manövrierbarkeit

Seit dem F-Modell krankte die Bf-109-Familie ständig unter zusätzlichem Gewicht und der daraus resultierenden Tragflächenlast. Dadurch ergaben sich Einbußen bei der Manövrierbarkeit, und das K-Modell der Bf 109 wies nicht mehr die wunderbaren Handhabungseigenschaften auf, die die Piloten an den Modellen von vor 1941 so schätzten.

Bewaffnung

Während des gesamten Krieges verfügte die Bf 109 über Waffen mit großer Durchschlagskraft. Die in die K-4 eingebaute Rheinmetall-Borsig-MK-103 war wahrscheinlich die wirkungsvollste des Krieges. Die im Triebwerk eingebaute Kanone wurde durch zwei 15mm-Waffen im oberen Rumpf ergänzt.

Messerschmitt Bf 109K-4 der dritten Staffel des Jagdgeschwaders 53 „Pik As", das im März 1945 in Kirrlach stationiert war. Das JG 53 hatte diese Maschine am 1. Januar bei der Operation „Bodenplatte" gegen alliierte Flugplätze bei Brüssel eingesetzt. Während der letzten Wochen des Krieges wurde das JG 53 zur Fortsetzung des Kampfes nach Bayern abgezogen. Dieses Flugzeug trägt die Reichsverteidigungsmarkierungen des JG 53 (schwarzes Band) am Heck des Rumpfes.

Focke-Wulf Fw 190

'SUPERVOGEL'

Um den 6. September 1941 patrouillierte eine RAF-Spitfire-V-Staffel in 13.000 Fuß (3.900 m) Höhe über der belgischen Küste bei Gravelines, nahe der französischen Grenze. Plötzlich explodierten drei Maschinen und stürzten, eine Rauchfahne hinter sich herziehend, ab. Der Rest der Staffel brauchte einige Sekunden, um zu begreifen, daß er angegriffen wurde. Sie befanden sich nur vier feindlichen Maschinen gegenüber, aber diese waren aus dem Gegenlicht auf sie zugeschossen und hatten den Verband vollkommen überrascht. Dies waren die ersten von vielen tausend alliierten Flugzeugen, die den Kanonen der Fw 190 zum Opfer fallen sollten.

Am 18. September fand über einem deutschen See-Geleitzug vor Ostende ein Nahkampf statt, bei dem ein Jäger der deutschen Luftwaffe abgeschossen wurde. Als man nach der Bergung an der Maschine einen Sternmotor fand, beschrieb die RAF sie als eine „Curtiss Hawk" (oder Fw 190). Die britische Luftfahrtpresse behauptete sogar, es handele sich bei

dem feindlichen Jäger zweifellos um eine Curtiss Hawk 75A. Doch noch vor Ende des Monats wurde bei den RAF-Jägerstaffeln bekannt, daß die Deutschen über einen neuen Jäger mit Sternmotor verfügten, der mit der bekannten Curtiss ganz und gar nichts zu tun hatte.

Unzureichende Feindaufklärung

Es herrschte allerdings Uneinigkeit darüber, wie die Sache zu bewerten sei. Denn der Prototyp dieses beachtlichen Jägers hatte bereits am 19. Mai 1939 in aller Öffentlichkeit auf dem Zivilflughafen in Bremen seinen Jungfernflug absolviert. Am 1. Juni hatte man dort mit den zwei Monate dauernden Testflügen begonnen, diese dann allerdings nach Rechlin verlegt, um sie so den Augen der Öffentlichkeit zu entziehen. Die britische Feindaufklärung erwies sich demnach nicht als besonders effizient, denn keine dieser Informationen gelangte offensichtlich bis zum britischen Generalstab der Luftwaffe. Es dauerte zwei Jahre, bis britische Agenten damit begannen, die ersten

Berichte über einen neuen Jäger nach England zu schicken, der Focke-Wulf Fw 190 genannt wurde.

Selbst heute noch gibt es widersprüchliche Aussagen darüber, wann und warum man die 190 in Auftrag gab. Aus einigen Quellen geht hervor, daß sie im Herbst 1937 bestellt wurde, da die Messerschmitt 109 nicht in ausreichender Anzahl zur Verfügung stand. Es dauerte aber tatsächlich drei Jahre, bis das deutsche Luftfahrtministerium die Firma Focke Wulf aufforderte, Unterlagen für einen neuen Jäger vorzulegen – dies war 1938, drei Jahre nach dem Jungfernflug der Bf 109.

Schließlich wurden jedoch von dem neuen Jäger große Stückzahlen bestellt, nachdem das Focke-Wulf-Konstruktions-Team unter der Leitung des brillanten Diplomingenieurs Kurt Tank mit seiner Arbeit überzeugen konnte. Die Firma führte bis zu diesem Zeitpunkt keine größeren Aufträge für die Luftwaffe aus, und so war ein neues Jäger-Projekt willkommen. Niemand glaubte jedoch tatsächlich, daß daraus einer der Bf 109E

Prototypen

Die Prototypen, deren erstes Exemplar (V1) am 1. Juni 1939 von Diplom-Ingenieur Flugkapitän Hans Sander geflogen wurde, waren Anfang des Jahres 1939 in Bremen gebaut worden. Die V2 folgte am 31. Dezember, bestückt mit einem Maschinengewehr und zwei 13-mm-MG-131-Bordkanonen. Beide Maschinen wurden 1940 mit der konventionellen

Die Alliierten waren vollkommen perplex, als die Fw 190 zum ersten Mal über Frankreich auftauchte. Erstaunlicherweise wußten sie kaum etwas über die Entwicklung dieses Militärflugzeuges, das bereits 1939, vor Beginn des Krieges, in aller Öffentlichkeit seinen Jungfernflug absolviert hatte.

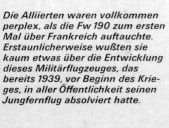

Ganz oben: Die Überlegenheit über die alliierten Jäger dauerte trotz Einführung der Spitfire IX noch bis ins Jahr 1943. Die Fw 190 waren an der Westfront nützlicher, da sie dort auf besser ausgestattete feindliche Jäger trafen. Die Abbildung zeigt die Fw 190A-4 in Frankreich.

Oben: Während andere Jäger-Einheiten für die Invasion der Sowjetunion nach Osten abgezogen wurden, blieben das JG 26 und das JG 2 als wichtigste Einheiten 1941 in Frankreich. Diese Maschinen des 7. JG 2 „Richthofen" wurden 1942 in Frankreich von einem Feldflugplatz aus eingesetzt.

Links: Gerade ausgelieferte und zum Einsatz aufgestellte Fw 190A-1. Das Erscheinungsbild der Fw 190 änderte sich innerhalb der A-Serie leicht, eine erstaunliche Vielfalt der Bewaffnung und der Einsatzmöglichkeiten blieb jedoch erhalten.

Links außen: Diplomingenieur Kurt Waldemar Tank – hier in einer der ersten Fw 190As – erwies sich als einer der besten Flugzeugkonstrukteure seiner Zeit.

Während der ersten Flugphase trug der erste Prototyp Fw 190 V1 noch eine zivile Registrierung.

Zur Verbesserung der Flugeigenschaften wurde die V5 später mit einer Tragfläche größerer Spannweite ausgestattet. So entstand die Fw 190 V5g (g = groß).

Das BMW-139-Triebwerk wurde in der Fw 190 V5 von dem BMW-801-Triebwerk abgelöst. Die Abbildung zeigt diese wichtige Entwicklung mit der ursprünglichen, kurzen Tragfläche.

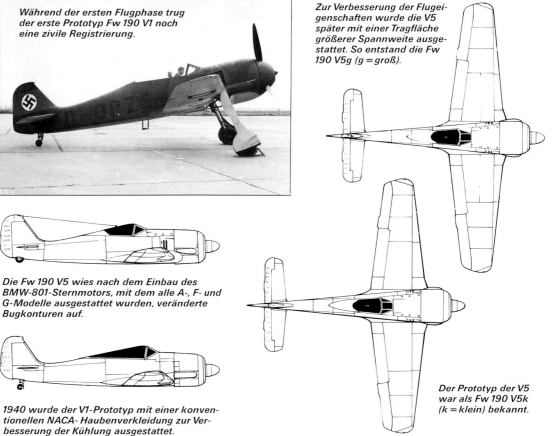

Die Fw 190 V5 wies nach dem Einbau des BMW-801-Sternmotors, mit dem alle A-, F- und G-Modelle ausgestattet wurden, veränderte Bugkonturen auf.

Haubenverkleidung über dem BMW-139-Sternmotor ausgestattet. Der dritte geflogene Prototyp – die V5 – besaß bereits den BMW-801-Sternmotor und überarbeitete Tragflächen. Sie wurde nacheinander mit Tragflächen kurzer und langer Spannweite ausgerüstet.

1940 wurde der V1-Prototyp mit einer konventionellen NACA-Haubenverkleidung zur Verbesserung der Kühlung ausgestattet.

Der Prototyp der V5 war als Fw 190 V5k (k = klein) bekannt.

überlegener Jäger hervorgehen würde. Die meisten Vorschläge des Ingenieurs Tank gingen in Richtung eines mit Flüssigkeit gekühlten Triebwerks wie dem DB 601. Er legte aber auch ein Projekt für einen Jäger mit einem leistungsstarken luftgekühlten Triebwerk, dem BMW 139, vor.

Dieses Triebwerk bestand aus zwei fast vollständigen BMW-132-Triebwerken, die in einem gemeinsamen Triebwerkgehäuse untergebracht waren (das Triebwerk 132 basierte auf dem 1926 in den USA gebauten Pratt & Whitney Hornet). So verfügte das neue Triebwerk über 18 Zylinder und ein Volumen von nicht weniger als 55,4 l. Es erreichte kurz nach seinem ersten Lauf 1938 eine Leistung von 1.550 PS.

Leistungsstarker Sternmotor

Der Wettbewerb um die Schneider-Trophy wie auch verschiedene andere Faktoren hatten zu der Überzeugung geführt, daß ein mit Flüssigkeit gekühltes V-Triebwerk, dessen Zylinder in Reihe angeordnet waren, das einzig mögliche Triebwerk für einen Hochgeschwindigkeitsjäger darstellten. Dieser Eindruck basierte hauptsächlich auf der Tatsache, daß solche Triebwerke stromlinienförmig aussahen, während luftgekühlte Sternmotoren mit ihren wie Radspeichen hervorstehenden Zylindern zu voluminös erschienen und einen zu großen Luftwiderstand verursachten. Später erwies sich diese Annahme als Irrtum, doch damals wurde sie noch von der schwachen Leistung der meisten mit Sternmotoren ausgerüsteten Jäger unterstützt, wie zum Beispiel den italienischen Typen und der Curtiss Hawk 75A. Als dann die italienischen Firmen Fiat, Macchi und Reggiane ihre Jäger mit flüssigkeitsgekühlten deutschen Triebwerken ausstatteten, erhöhte sich ihre Leistung erheblich. Von vielen wurde dabei jedoch übersehen, daß die Mehrleistung auf den Einbau eines 1.150 PS- oder gar eines 1.475-PS-Triebwerks anstatt der 840-PS-Maschine zurückzuführen war.

Heute ist dieser Zusammenhang bekannt. Damals war die Fw 190 für die britischen Konstrukteure ein regelrechter Schock. Plötzlich ging man mit großem Nachdruck daran, einen leistungsstarken Sternmotor so zu installieren, daß er wirksam arbeiten konnte. Ein – unter Weglassung des schweren Flüssigkeitskühlsystems – luftgekühlter Sternmotor ist leichter und kompakter und bietet einen geringeren Luftwiderstand als das stromlinienförmige „Konkurrenztriebwerk". Geschwindigkeitsrekorde von Bear Cats und Sea Furies bewiesen diese Annahme, der Sternmotor galt 1938 dennoch nur als „zweite Wahl". Schließlich entschied man sich aus drei Gründen für das BMW-Triebwerk: Eine Beschädigung

bei Luftgefechten erschien unwahrscheinlicher; es bot eine höhere Leistung als jedes andere verfügbare flüssigkeitsgekühlte Triebwerk (obwohl ein solches größer und schwerer gewesen wäre), und – der wichtigste Grund – es würde keine höhere Produktion von DB-601- und Jumo-211-Triebwerken erforderlich sein, bei denen sich bereits ein erheblicher Produktionsrückstand ergeben hatte.

Als im August 1938 der offizielle Auftrag für drei Fw-190-Prototypen vergeben wurde, hatte Ingenieur Tank die Konstruktionsarbeit in groben Zügen bereits beendet; sein Assistent R. Blaser – ebenfalls ein hervorragender Ingenieur – begann bereits mit den Detailkonstruktionen. Stärker als bei jedem der bis dahin weltweit gebauten Jäger achtete man bei der Konstruktion der Fw 190 auf extrem sorgfältige Ingenieurarbeit in den Details, um eine Produktion in großem Umfang (die unter Umständen von vielen kleinen, verstreut liegenden Fabriken bewältigt werden mußte) zu vereinfachen und Probleme bei der Wartung zu minimieren. Der Schwerpunkt der Konstruktionsarbeit lag auf niedrigem Gewicht und Kompaktheit. Gemessen an der Größe und Stärke des Triebwerks fielen die Abmessungen erstaunlich gering aus. So betrug die Spannweite 9,5 m und der Tragflächenbereich 14,86 m² (im Vergleich zu 22,7 m² bei der Spitfire).

Hervorragende Rundumsicht

Es gibt zwar keinen Beweis dafür, aber der neue Jäger schien beeinflußt zu sein von dem kleinen, schnellen Landflugzeug, das – von Howard Hughes konstruiert und gebaut – Mitte der dreißiger Jahre den Geschwindigkeitsweltrekord hielt. Viele Konstruktionsdetails ähnelten einander, der Jäger brauchte allerdings erheblich mehr Treibstoff, zudem war eine bessere Sicht für den Piloten erforderlich.

Jun. 1939	Aug. 1939	Okt. 1939	Dez. 1939	Feb. 1940	Apr. 1940	Jun. 1940	Aug. 1940	Okt. 1940	Dez. 1940	Feb. 1941	Ap 194

V5k — kurze Tragfläche
V1 — 1. Prototyp
V2 — 2. Prototyp
V5 — 1. Typ mit BMW-801-Triebwerk
V5g — lange Tragfläche
A-0 — Vorserienmaschine

Entwicklung der Focke-Wulf Fw 190 von 1939 – Mai 1942

Vorserien-Produktion: Fw 190A-0

Die erste Fw 190A-0 ähnelte im wesentlichen der V5k mit den kleineren Tragflächen. Die meisten dieser Maschinen stattete man jedoch mit der größeren Tragfläche der V5g aus und verbesserte damit die Handhabungseigenschaften des ersten Prototyps. In der A-0-Serie wurden verschiedene Versionen der BMW-801C- und -D-Triebwerke eingebaut; außerdem veränderte und verbesserte man laufend die Bewaffnung. Ursprünglich geplant war eine Ausstattung mit vier 7,9-mm-MG-17-Maschinengewehren – zwei auf

dem Rumpfdeck und zwei an den Tragflächenansätzen. Es wurden jedoch bald 20-mm-MG-FF-Bordkanonen an den äußeren Tragflächen installiert.

Von den ursprünglich 40 in Auftrag gegebenen Fw 190A-0 wurden 28, zumeist mit langen Tragflächen, gebaut. Viele dieser Maschinen benutzte man für die Entwicklung späterer Varianten.

Die ersten neun Vorserienmaschinen der Fw 190A-0 wiesen eine Tragfläche mit kurzer Spannweite auf, spätere Baureihen wurden nur noch mit den längeren Tragflächen ausgestattet.

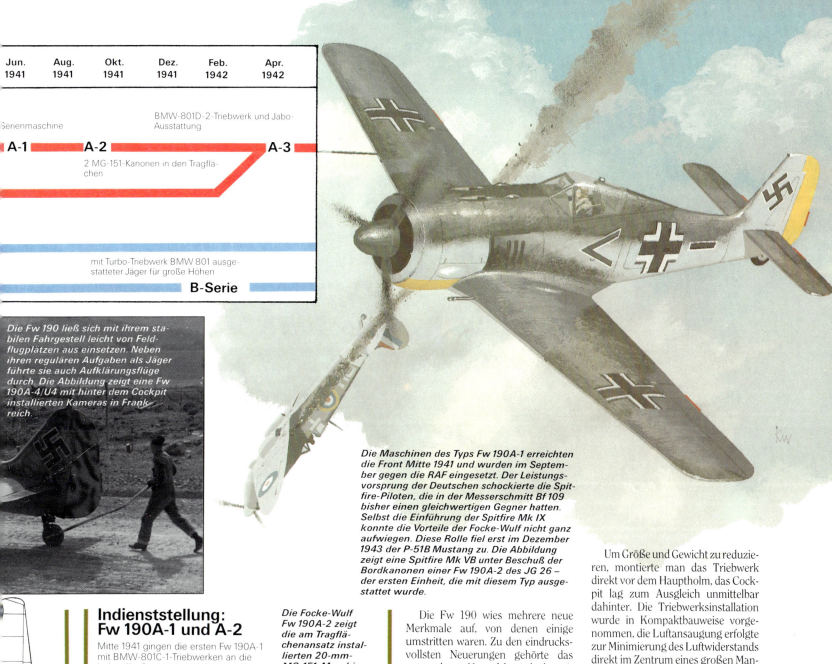

Jun. 1941	Aug. 1941	Okt. 1941	Dez. 1941	Feb. 1942	Apr. 1942

Serienmaschine

BMW-801D-2-Triebwerk und Jabo-Ausstattung

A-1   **A-2**   **A-3**

2 MG-151-Kanonen in den Tragflächen

mit Turbo-Triebwerk BMW 801 ausgestatteter Jäger für große Höhen

B-Serie

Die Fw 190 ließ sich mit ihrem stabilen Fahrgestell leicht von Feldflugplätzen aus einsetzen. Neben ihren regulären Aufgaben als Jäger führte sie auch Aufklärungsflüge durch. Die Abbildung zeigt eine Fw 190A-4/U4 mit hinter dem Cockpit installierten Kameras in Frankreich.

Die Maschinen des Typs Fw 190A-1 erreichten die Front Mitte 1941 und wurden im September gegen die RAF eingesetzt. Der Leistungsvorsprung der Deutschen schockierte die Spitfire-Piloten, die in der Messerschmitt Bf 109 bisher einen gleichwertigen Gegner hatten. Selbst die Einführung der Spitfire Mk IX konnte die Vorteile der Focke-Wulf nicht ganz aufwiegen. Diese Rolle fiel erst im Dezember 1943 der P-51B Mustang zu. Die Abbildung zeigt eine Spitfire Mk VB unter Beschuß der Bordkanonen einer Fw 190A-2 des JG 26 – der ersten Einheit, die mit diesem Typ ausgestattet wurde.

Indienststellung: Fw 190A-1 und A-2

Mitte 1941 gingen die ersten Fw 190A-1 mit BMW-801C-1-Triebwerken an die Luftwaffe. Sie wurden im Betrieb in Marienburg gebaut und waren mit vier MG-17-Maschinengewehren und zwei MG-FF-102-Bordkanonen ausgerüstet. Die Fw 190A-2 besaß statt der zwei MG-17-Bordkanonen eine MG 151 an den Tragflächenansätzen. Sie wurde von Focke-Wulf (118 Exemplare), AGO (105 Exemplare) und Arado (203 Exemplare) gebaut. Das in Frankreich stationierte JG 26 unter der Führung von Adolf Galland erhielt als erste Einheit die Fw 190.

Die Focke-Wulf Fw 190A-2 zeigt die am Tragflächenansatz installierten 20-mm-MG-151-Maschinen-Gewehre, mit denen dieser Typ zuerst ausgestattet wurde.

Focke-Wulf Fw 190A-2

Die Fw 190 wies mehrere neue Merkmale auf, von denen einige umstritten waren. Zu den eindrucksvollsten Neuerungen gehörte das extrem lange Hauptfahrgestell, das mit über einem Drittel seiner Länge aus der Gesamtform herausragte. Diese Konstruktion bot viele Vorteile, doch das schmale Fahrwerk der Rivalin Bf 109 beanspruchte die Tragflächen weniger und ermöglichte, da es am Rumpf montiert war, den Austausch einer Tragfläche an der stehenden Maschine. Wie bei Hughes' Hochgeschwindigkeitsflugzeug war jedes eingezogene Laufrad mit einer Klappe verkleidet. Ein anderes ungewöhnliches Merkmal stellte die aus einem Stück Plexiglas geformte Pilotenkanzel dar, die eine hervorragende Rundumsicht ermöglichte, ganz im Gegensatz zu den Prototypen der Hawker Tornado und der Typhoon.

Stärker entwickeltes Triebwerk

Die leichtgewichtige Kanzel bot zudem nur geringen Luftwiderstand; ihr einziger Nachteil bestand darin, daß sie während des gesamten Fluges sowie bei hochtourig laufendem Triebwerk geschlossen bleiben mußte.

Um Größe und Gewicht zu reduzieren, montierte man das Triebwerk direkt vor dem Hauptholm, das Cockpit lag zum Ausgleich unmittelbar dahinter. Die Triebwerksinstallation wurde in Kompaktbauweise vorgenommen, die Luftansaugung erfolgte zur Minimierung des Luftwiderstands direkt im Zentrum eines großen Mantelstromgebläses, das sorgfältig in die dicht sitzende Haubenverkleidung installiert war. In der Mitte verkleidete eine spitze Luftschraube den Verdichter eines dreiblättrigen VDM-Propellers mit konstanter Geschwindigkeit. Zur besseren Kühlung des Triebwerks drehte sich ein im Innern der Haubenverkleidung vor den Zylindern angebrachter zehnblättriger Ventilator mit 3,2facher Kurbelwellengeschwindigkeit. Die Kühlluft wie auch die gesammelten Abgase wurden an beiden Seiten des Rumpfes und unter den Tragflächen abgeleitet.

Ingenieur Tank beabsichtigte, die gesamte Bewaffnung an den Tragflächen zu installieren, und schlug vor, je eine Kanone an den Flächenwurzeln und außerhalb des Fahrwerks zu plazieren. Das technische Amt des Luftfahrtministeriums drängte jedoch auf die Installation von Kanonen am Rumpf. Dafür wies jedoch die kompakte 190 vor dem Cockpit nicht mehr genug Platz auf. So wurden bald Pläne für die Konstruktion eines neuen Jägers geschmiedet.

Die führenden Ingenieure bei BMW, Sachse und Bruckmann waren mit dem weitgehend veralteten BMW-139-Triebwerk nie besonders glücklich. Sie konstruierten daher 1936 ein vollkommen neues und sehr viel fortschrittlicheres Triebwerk – das 801. Obwohl nur mit 14 auf jeweils 156 mm aufgebohrten Zylindern ausgestattet, die dem Triebwerk einen Hubraum von 41,8 l gaben, war es mit einem Gewicht von über einer Tonne schwerer als das Triebwerk vom Typ 139. Der Durchmesser von Triebwerk und Haubenverkleidung hatte sich nicht verändert, obwohl das Modell 801 mit 1.600 PS eine sehr viel stärkere Leistung mit noch zu erwartendem weiteren Leistungszuwachs brachte. Der Wechsel zum 801 bedeutete den Verzicht auf die kompakte Konzeption und erforderte ein größeres Flugzeug. Tatsächlich ging Ingenieur Tank davon aus, daß dies mit dem 801-Triebwerk ohne Leistungsverlust geschehen könne und zu einer noch besseren Maschine mit stärkerer Bewaffnung, einschließlich Rumpfkanonen, führen würde.

Vollelektrischer Jäger

Diese Umstellung schien zudem ein weiteres Problem zu lösen: die hohen Temperaturen im Cockpit. Der erste Prototyp, die V1, wurde Mitte Mai 1939 fertiggestellt und unmittelbar danach am Boden erprobt. Dipl.-Ingenieur Sander beschwerte sich als Chef des Testflugteams sofort darüber, daß er heiße Füße bekam. Da der Triebwerkskühlventilator noch nicht ausgeliefert war, überhitzten sich sowohl das Triebwerk (besonders die hintere Zylinderreihe) als auch das Cockpit sehr schnell. Dennoch entschied man sich am 1. Juni 1939 für den Beginn der Flugtests. Von Anfang an erwies sich die 190 als hervorragendes Flugzeug, an dem auch Sander wenig zu kritisieren hatte. Ingenieur Tank, der den neuen Jäger seinen „Würger" nannte, war hoch zufrieden.

In der Konstruktionsphase hatte sich Focke Wulf dafür entschieden, den Amerikanern zu folgen und alle Aggregate elektrisch statt hydraulisch anzutreiben. Die Fw 190 war damit der erste vollelektrische Jäger. Vom ersten Start des Testflugprogramms an wurde sorgfältig beobachtet, ob die elektrisch angetriebenen Einheiten wie Fahrwerk, Klappen und Verstellflosse alle Erwartungen erfüllten. Das Ergebnis war sehr ermutigend.

Die V2 nahm ab Oktober 1939 am Flugprogramm teil, stürzte jedoch zu Beginn des Jahres 1940 aufgrund eines Kurbelwellendefektes ab. Zu diesem Zeitpunkt waren bereits 40 Vorserienmaschinen der Fw 190A-0 bestellt worden. Man entschied sich dafür, die V3 und die V4 nicht zu vollenden, sondern statt dessen eine mit dem BMW-801C-Triebwerk ausgestattete V5 zu produzieren. Diese Maschine flog zum ersten Mal im April 1940, nachdem man sich entschlossen hatte, auf das große Mantelstromgebläse zu verzichten. Die V5 stellte dann schon ein überarbeitetes und stärkeres Flugzeug mit erheblich höherem Gewicht dar.

Steuerkurs

Das Triebwerk hatte man um ungefähr 100 mm nach vorne verlängert und das Cockpit weiter nach hin-

Focke-Wulf gegen Spitfire

Als die Fw 190 zum ersten Mal auf die Spitfire Mk V der RAF traf, erwies sie sich in fast allen Bereichen als überlegen, besonders jedoch im Sturzflug. Selbst nach Einführung der Mk IX blieb die Fw 190 im Sturzflug und in Wendemanövern bei hohen Geschwindigkeiten die bessere Maschine. Als besonderes Ausweichmanöver

ten versetzt und verkleinert. Die Fahrgestellklappen waren näher an den Rumpf gerückt und wurden beim Einziehen des Rads über eine Scharnierverbindung geschlossen. Zu den Veränderungen gehörte auch eine neue Anordnung des Ölkühlers um die Fronthaubenverkleidung hinter einem verstärkten Ring, wobei der Luftfluß zunächst vorwärts und dann nach hinten um den Bugring geführt wurde.

Das höhere Gewicht erforderte eine entsprechend größere Tragfläche. So entschied man sich im August 1940 für einen Versuch mit Tragflächen der Spannweite 10,50 m und einer Fläche von 18,30 m², die man zusammen mit einem verbreiterten Heckruder an der V5 installierte. Das Ergebnis war voll zufriedenstellend. Die Geschwindigkeit wurde lediglich um 10 km/h reduziert, die meisten anderen Eigenschaften dagegen erfuhren spürbare Verbesserungen. Die einzigen wirklichen Nachteile, die sich

konnte sie eine halbe Rolle im Sturzflug durchführen, aber auch mit dem hier abgebildeten Wendemanöver ließ sie die Spitfire hinter sich. Die langsamen Wendemanöver bei horizontalen Gefechten dagegen waren die Stärke der Spitfire. Erfahrene Focke-Wulf-Piloten führten Gefechte in vertikal fliegenden Maschinen aus, weil dabei die Querruderwenden und die Sinkgeschwindigkeiten am besten ausgenutzt werden konnten.

nie ausräumen ließen, waren die schlechte Geradeaussicht am Boden, eine hohe Landegeschwindigkeit, eine schlechte Quersteuereinrichtung bei hohen Geschwindigkeiten und ein im allgemeinen großer Wendekreis, der aus der noch immer hohen Tragflächenlast (Gewicht dividiert durch Tragflächenbereich) resultierte. Pluspunkte waren die hohe Geschwindigkeit, außergewöhnliche Steig- und Sinkflugeigenschaften, das Fehlen von Flugbegrenzungen, eine generell gute Handhabung und eine enorm große Strukturstärke. Als einziges noch ungelöstes Problem verblieb die Bewaffnung.

Jagdbomber: Fw 190A-3

Die Gesamtleistung der Fw 190 erhöhte sich 1942 nach der Installation des BMW-801D-2-Triebwerks, das beim Start eine Leistung von 1.700 PS erzeugte. Dieses Triebwerk ermöglichte eine Höchstgeschwindigkeit von 669 km/h in 21.000 Fuß (6.300 m) Höhe. Die A-3 – die erste ganz auf Jagdbomberaufgaben ausgerichtete Maschine – war mit Waffenhalterungen unter Rumpf und Tragflächen ausgestattet. Die U-3- und U-4-Varianten trugen als erste Flugzeuge vom Typ Fw 190 Kameras für Aufklärungsaufgaben.

Nachdem Oberleutnant Arnim Faber am 23. Juni 1942 auf RAF Pembrey in South Wales gelandet war, konnte die RAF die Fw 190A-3 genau untersuchen. Faber hatte während eines Nahkampfs die Orientierung verloren und Südwales mit Nordfrankreich verwechselt.

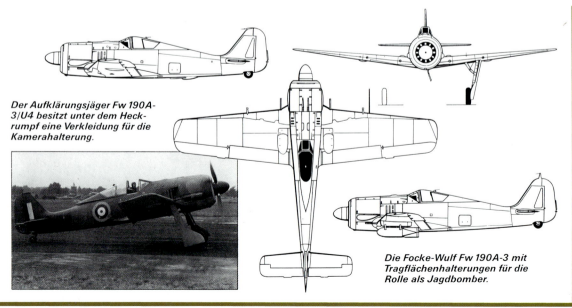

Der Aufklärungsjäger Fw 190A-3/U4 besitzt unter dem Heckrumpf eine Verkleidung für die Kamerahalterung.

Die Focke-Wulf Fw 190A-3 mit Tragflächenhalterungen für die Rolle als Jagdbomber.

MG-VISIER

Das Reflexvisier C/12 D erlaubte dem Piloten, über eine Schalterwahl je zwei Kanonen unabhängig oder eine beliebige Kombination von je zwei Kanonen abzufeuern.

BEWAFFNUNG

Die Fw 190A-1 trug am oberen Rumpf und an den Tragflächenansätzen MG-17-Maschinengewehre von Rheinmetall Borsig. Alle vier MGs konnten synchron durch die Propellerscheibe feuern. Zwei verkleidete, unter den Tragflächen befindliche MG-FF-Bordkanonen verstärkten die Feuerkraft erheblich.

FAHRWERK

Das breitspurige Fahrwerk der Fw 190 erwies sich für den Einsatz auf Feldflugplätzen als besonders geeignet und erleichterte besonders unerfahrenen Piloten die Handhabung der Maschine.

Focke-Wulf Fw 190A-1,
6. Jagdgeschwader 26 „Schlageter",
Coquelles, Pas de Calais,
November 1941

FUNKAUSRÜSTUNG

Die Fw 190A-1 war mit dem Funkgerät FuG 7 ausgerüstet, das in der Regel noch durch das FuG 25 – ein frühes IFF-System (Freund-/Feinderkennung) ergänzt wurde.

COCKPIT

Das Cockpit der Fw 190A-1 mit seiner einteiligen, zurückschiebbaren Kanzel verschaffte dem Piloten eine, gemessen am Standard der Zeit, hervorragende Rundumsicht. Trotz einer kompakten Kopfstütze hatte der Pilot auch nach hinten gute Sicht. Diese Eigenschaften sowie die Agilität und die Leistungsfähigkeit machte die in der Luftwaffe äußerst beliebte Maschine zu einem höchst gefährlichen Gegner im Luftkampf.

TRIEBWERK

Die ersten Fw 190 besaßen ein BMW-801C-Triebwerk, das beim Start eine Leistung von 1.600 PS erzeugte. Es neigte allerdings zur Überhitzung und bereitete den BMW- und Focke-Wulf-Ingenieuren eine Menge Probleme.

PILOT

Diese Maschine wurde von Staffelkapitän Oberleutnant Walter Schneider geflogen, auf dessen Konto 20 Abschüsse gingen. (19 davon sind bereits auf dem Heck registriert). Er kam im Dezember 1941 ums Leben, als seine Maschine zusammen mit vier anderen im Nebel auf einem Transitflug Bodenberührung bekam.

KENNZEICHEN

Diese Maschine ist in den Jägerstandardfarben 74/75 der Luftwaffe mit 76er Unterseiten ausgeführt. Die Kennzeichen des JG 26 sind noch nicht angebracht.

Focke-Wulf Fw 190

MEHRZWECKJÄGER

Zu Beginn des Jahres 1941 war die Produktion der 40 Vorserien-Modelle Fw 190 A-0 bei Focke-Wulf in Bremen schon weit fortgeschritten. Die achte Maschine (die erste mit größerer Tragflügelfläche) hatte bereits ihren Jungfernflug hinter sich. Focke-Wulf besaß nun einen Auftrag über die erste Serie von 100 Fw-190-A-1-Modellen. Das war der Start zu dem langfristig noch sehr viel wichtigeren Produktionsverteilungsprogramm für den Jäger, an dem innerhalb der folgenden drei Jahre 100.000 Arbeiter beteiligt sein sollten.

Am 4. und 5. Juli 1940 wurde das Werk in Bremen von Bombenangriffen der RAF getroffen. Um die Produktion nicht zu gefährden, beschloß Kurt Tank eine teilweise Auslagerung, zunächst nach Marienburg,

nahe der ostpreußischen Küste. Das war weit genug von den in Großbritannien stationierten Bombern entfernt. Im Laufe der Jahre stieg die Zahl dann auf über 20 Zulieferfabriken. Die größten von ihnen lagen in Cottbus, Posen und Sorau. Auch die Fw 190 wurde in Lizenz gebaut, so bei AGO in Oschersleben, bei Arado in Warnemünde, bei Dornier in Wismar und bei Fieseler in Kassel-Waldau. Diese Hersteller arbeiteten jeweils mit mehreren Zulieferern unter zentraler Kontrolle. Fiel einer von ihnen nach einem Bombenschaden aus, konnte jederzeit ein anderer die Lücke füllen.

Pilotenschutz

Der Produktionsrhythmus der 40 A-0-Jäger war seit November 1940 ständig straffer geworden. Am 22.

Februar 1940 begann die Auslieferung der sechs Maschinen an die Erprobungsstaffel 190 des Testflugplatzes in Rechlin-Roggenthin. Bis auf die ersten beiden Maschinen waren alle A-0 mit dem BMW 801C-1-Triebwerk ausgestattet und verfügten über eine Bewaffnung von vier 7,92-mm-MG-17-Maschinengewehren, zwei oben im Bug und zwei in den Tragflächenansätzen. Der Pilot hatte ein elektrisch beleuchtetes Reflexvisier C/12C zur Verfügung. Er war geschützt durch einen verstärkten Sitz, eine 14 mm starke Schutzplatte hinter dem Kopf und eine 58 mm starke Windschutzscheibe. Kurt Tank sollte schnellstens die Feuerkraft verstärken, damit die II. JG 26 im Spätsommer mit dem Jäger operieren konnte.

Massive Schwierigkeiten durchkreuzten die Pläne. Von Anfang an lag das Hauptproblem des BMW-139-Triebwerks in der Überhitzung. Selbst die kompakte Installation des neuen BMW-801-C-Triebwerks stellte keine Lösung dar.

In mancher Hinsicht erwies sich der neue Sternmotor als das modernste Triebwerk der Welt. Besonders sein System der direkten Treibstoffeinspritzung war allen anderen Triebwerken der Zeit voraus. Das gesamte Triebwerk wurde von einem zentralisierten Kommandogerät geregelt – einer Art Computer, der jedoch statt der Elektronik Druckkapseln und andere mechanische Regler einsetzte. Mit einem einzigen Hebel brachte der Pilot das leistungsstarke Triebwerk unter Kontrolle, denn Drehzahl,

Unten: Die Fw 190 wurde besonders für Bodenangriffe an der Ostfront eingesetzt. Die Abbildung zeigt Langstreckenangriffsjäger Fw 190G-3 der V. Schlachtgeschwader 1 bei Deblin-Irena in Polen im Januar 1943.

Oben: Der Jäger in Aktion: Zu Beginn des Krieges war die Fw 190 den alliierten Maschinen absolut überlegen. Mit der Spitfire IX änderte sich die Lage. Mit der P-51B Mustang gingen dann die Alliierten endgültig in Führung.

Rechts: Mit den Umrüstbausätzen 8 wurde aus einem Jäger der A-Serie ein Langstreckenbomber Jabo-Rei. Die Hauptmerkmale waren Tragflächentanks und eine in der Mitte geführte Bombe. Die Abbildung zeigt eine A-5/U8.

Links: Einzeln oder zu zweit kamen die Fw 190 mit hoher Geschwindigkeit heran, warfen eine Bombe und drehten sofort wieder ab.

Unten: Die A-8, das meistproduzierte A-Modell, konnte zusätzlichen Treibstoff aufnehmen und besaß verbesserte Systeme. Sie wurde mit vielen verschiedenen Waffen ausgestattet.

Späte Fw 190-Serie: Vielseitigkeit

Die ab Juli 1942 produzierte A-4 war mit den schon in der A-3-Produktion vorgenommenen Verbesserungen und verschiedenartigen Waffenträgern ausgestattet. Aufgrund des durch die Ausrüstung gestiegenen Gewichts benötigte die A-5 jedoch eine verlängerte Triebwerksaufhängung, mit der das Gleichgewicht des Jägers gehalten werden sollte. An der A-6 und A-7 wurden veränderte Tragflächen und neue Elektriksysteme vorgestellt. Das wichtigste Modell dieser Spätserie ist die A-8. An ihr erprobte man in vielen Tests eine verwirrende Vielzahl von Halterungen.

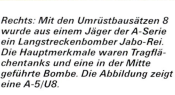

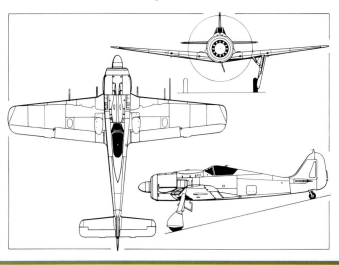

Rechts: Bei zusätzlichem Schutz für den Piloten trug die Fw 190A- 4/U3 eine einzelne SC-250-Bombe für die taktische Unterstützung von Panzer-Formationen unter dem Mittelrumpf.

Links: Die Fw 190A-5 wies eine verlängerte Nase auf. Abgebildet ist eine A-5/U17, die eine SC-500-Bombe unter dem Rumpf und vier SC-50-Bomben unter den Tragflächen tragen konnte.

Ladedruck, Übersetzung des Vorverdichters, Zündzeitpunkt und Betätigung der Einspritzpumpe wurden automatisch geregelt. Der breitblättrige VDM-Propeller war mit einer ähnlichen konstanten Geschwindigkeitsautomatik ausgestattet.

Vollständige Überlegenheit

Alles wäre in Ordnung gewesen, hätte nicht die komplexe Technik dem Wartungspersonal Kopfschmerzen verursacht. Noch nie hatte man ein so modernes Triebwerk gesehen. Schlimmer jedoch war nach wie vor das Überhitzungsproblem (auch wenn es nicht mehr das Cockpit betraf), obwohl man dem Motor einen 12-blättrigen Kühlventilator statt des bisherigen 10-Blatt-Ventilators gegeben hatte, der mit 3,17facher Kurbelwellengeschwindigkeit angetrieben wurde.

Alles hätte bereits funktionieren sollen, doch die Liste der Probleme schien endlos: Ausfall durch Überhitzen des unteren Zylinders der hinteren Reihe, Bruch der Treibstoff- und Ölleitungen, Versagen der Verstell-Luftschraube mit konstanter Geschwindigkeit, Bruch des Verstärkungsrings vor dem Ölkühler und Triebwerksbrände. Im Mai 1941 wurde das Jagdgeschwader 26 nach Le Bourget bei Paris verlegt, um dort Tests unter Einsatzbedingungen zu absolvieren. Aber die Lage war so chaotisch, daß ein Untersuchungsausschuß des Reichsluftfahrtministeriums die Einstellung des gesamten Fw-190-Programms empfahl. Die eigentliche Ursache dafür lag wohl in Zerwürfnis von Flugzeug- und Triebwerkshersteller, die sich gegenseitig für die Schwierigkeiten verantwortlich machten.

Im Juni 1941 begann die Produktion der Fw 190A-1. Neben anderen Detailveränderungen war sie mit Sprengsätzen ausgestattet, mit denen im Notfall die Haltestangen der Kanzel abgesprengt werden konnten. In Marienburg baute man 100 Maschinen des Typs A-1. Ab August produzierten auch AGO und Arado das A-2-Modell, in dem die in den Tragflächenansätzen installierten Maschinengewehre durch neue Mauser-MG-151/20-Kanonen ersetzt wurden.

Diese Schnellfeuerkanone wurde zur wichtigsten Waffe der Luftwaffe. Ihre elektrische Betätigung sowie die Möglichkeit zum elektrischen Abfeuern jeder einzelnen Patrone paßte hervorragend zu der durchweg elektrisch geregelten 190. Wie bereits einige A-0- und A-1-Jäger verfügten die meisten A-2 über zwei der älteren MG-FF-20-mm-Kanonen in den Außenflächen unmittelbar neben dem Fahrwerk. Die zusätzliche Ausrüstung mit den MG 151 führte zu flachen Ausbeulungen über den Tragflächenansätzen zur Abströmkante hin, während das 60-Schuß-Magazin

der MG FF eine Ausbeulung unter den Tragflächen verursachte.

Im Frühjahr 1942 wurde die Produktion auf die Fw 190A-3 mit dem BMW-801D-2-Triebwerk und verbessertem Funkgerät umgestellt. Großbritannien schien zu dieser Zeit noch immer sehr wenig über den neuen Jäger zu wissen und erfand die Bezeichnung „Fw 190H". Doch dann landete der Adjutant der III. JG 2 aus Versehen auf dem RAF-Flugplatz Pembrey in Süd-Wales.

Noch nie war ein Flugzeug so eingehend untersucht worden. Dennoch gelang es der RAF nicht, die exakte Geschwindigkeit festzustellen. Ihre Messungen ergaben 603 km/h und eine Kurzzeitaufladung im Notfall von 1 Minute auf 628 km/h. Die tatsächlichen Werte lagen bei 622 km/h und 663 km/h. Somit gab die Firma Focke-Wulf die 190 korrekt als den schnellsten Jäger der Welt an.

Von Anfang an waren die 190A-2 und die A-3 der Spitfire Mk V absolut überlegen und damit automatisch allen alliierten Jägern, gegen die sie antreten sollten. Auch wenn die Spitfire über einen etwas besseren Wenderadius verfügte. Ohne eigentlichen Auftrag hatte Rolls-Royce inzwischen für den Wellington-Bomber ein Merlin-Triebwerk mit zweistufigem Vorverdichter entwickelt. Eine Umrüstung der Spitfire Mk V mit diesem Triebwerk ergab die Spitfire Mk IX. Dieses mehr oder weniger improvisierte Flugzeug mit gesteigerter Leistung versetzte die Briten in die Lage, es halbwegs mit der Fw 190 aufzunehmen. Später wurde die Spitfire durch das größere Griffon-Triebwerk weiter verbessert, im Sommer 1944 war sie sogar besser als die meisten 190. Aber selbst dann genossen Focke-Wulf-Jäger noch höchsten Respekt.

Große Waffenvielfalt

Im ersten Teil dieses Artikels wurde darauf hingewiesen, daß die 190 im allgemeinen etwas kleiner als die britischen und amerikanischen Jäger war, die sowjetischen Jäger fielen sogar noch etwas kleiner aus. Dennoch wies die 190 ein beachtliches Gewicht auf und konnte immer noch eine enorme Vielfalt von Waffen und anderer Ausrüstung tragen – darunter vollwertige Marine-Torpedos und eine SC1800-Bombe mit einem Gewicht von 1.800 kg.

Das lag an der Kombination von Strukturstärke, großer Bodenfreiheit, starkem Breitspurfahrgestell und starkem Triebwerk. Selbst der Vater des Projekts Kurt Tank wunderte sich über die vielfältigen Fähigkeiten der Focke-Wulf 190.

Dieses Potential versuchte man durch den Bau von Spezialversionen wie der 190E für Fotoaufklärung bestmöglich zu nutzen. Tatsächlich jedoch waren die großangelegte

Serienproduktion und die zusätzssätzliche Fertigung von Umrüstbausätzen und Rüstsätzen sehr viel effektiver und führten zu einer großen Ausstattungsvielfalt.

Bis auf wenige Ausnahmen konnte fast jeder dieser Bausätze für alle Untertypen der Fw 190 verwendet werden. Nur einige besondere Waffenausrüstungen mußten im Werk oder bei größeren Werfteinheiten eingebaut werden. Die Fw 190 konnte sicher mehr Waffentypen tragen als irgendein anderes Flugzeug.

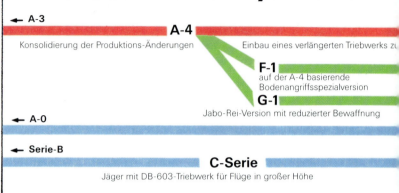

| Juni 1942 | Juli 1942 | Aug. 1942 | Sept. 1942 | Okt. 1942 | Nov. 1942 | Dez. 1942 | Jan. 1943 | F 19 |

Die Entwicklung der Focke-Wulf Fw 190, Juni 1942 – April 1944

← A-3

A-4
Konsolidierung der Produktions-Änderungen — Einbau eines verlängerten Triebwerks zu

F-1
auf der A-4 basierende Bodenangriffsspezialversion

G-1
Jabo-Rei-Version mit reduzierter Bewaffnung

← A-0

← Serie-B

C-Serie
Jäger mit DB-603-Triebwerk für Flüge in großer Höhe

Die Abwehr an Ost- wie Westfront konzentrierte sich darauf, die Fw-190-Jabos abzufangen, die oft allein oder in geringer Anzahl auftauchten. Da die Fw 190 allgemein als zielsicherer Bomber bekannt war und einige schwere Bomben tragen konnte, war der Demoralisierungseffekt auf die Bevölkerung, besonders in Großbritannien, außerordentlich groß. Die Abbildung zeigt eine F-8/R1 mit einem Unterrumpftreibstofftank und vier SC-50-Bomben unter den Tragflächen.

Fw 190F: Jagdbomber

Die Fw-190F-Serie wich nicht wesentlich von der A-Serie ab, reduzierte aber die unübersehbare Anzahl der Umbausätze. Die F-1 basierte auf der Flugzelle der A-4, ihr folgte die an die A-5 angelehnte F-2. Beide Typen wiesen eine reduzierte Bewaffnung bei gleichzeitiger höherer Bombentragfähigkeit unter dem Rumpf auf. Die F-3 wurde nach der A-6 mit veränderter Tragflächenstruktur entwickelt. Die auf der A-8 basierende F-8, das Hauptmodell, ist serienmäßig mit MG-131-Kanonen und Tragflächenhalterungen ausgestattet. Ähnlich wie die A-8 war auch die F-8 Versuchsobjekt für viele verschiedene Ausstattungen und Waffenversuche.

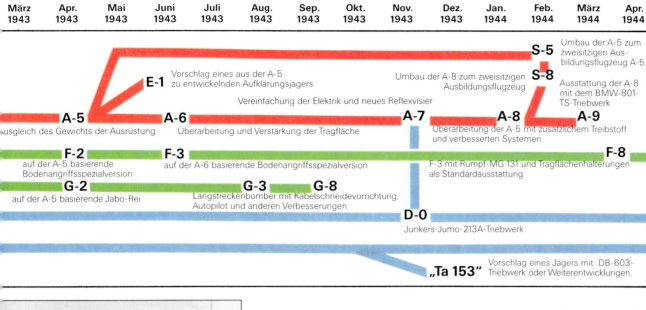

März 1943	Apr. 1943	Mai 1943	Juni 1943	Juli 1943	Aug. 1943	Sep. 1943	Okt. 1943	Nov. 1943	Dez. 1943	Jan. 1944	Feb. 1944	März 1944	Apr. 1944

S-5 Umbau der A-5 zum zweisitzigen Ausbildungsflugzeug A-5

E-1 Vorschlag eines aus der A-5 zu entwickelnden Aufklärungsjägers

Umbau der A-8 zum zweisitzigen Ausbildungsflugzeug **S-8**

Vereinfachung der Elektrik und neues Reflexvisier

A-5 ausgleich des Gewichts der Ausrüstung **A-6** Überarbeitung und Verstärkung der Tragfläche **A-7** **A-8** **A-9**

Ausstattung der A-8 mit dem BMW-801-TS-Triebwerk

Überarbeitung der A-5 mit zusätzlichem Treibstoff und verbesserten Systemen

F-2 auf der A-5 basierende Bodenangriffsspezialversion **F-3** auf der A-6 basierende Bodenangriffsspezialversion **F-8**

F-3 mit Rumpf-MG 131 und Tragflächenhalterungen als Standardausstattung

G-2 auf der A-5 basierende Jabo-Rei **G-3** **G-8** Langstreckenbomber mit Kabelschneidevorrichtung, Autopilot und anderen Verbesserungen

D-0 Junkers-Jumo-213A-Triebwerk

„Ta 153" Vorschlag eines Jägers mit DB-603-Triebwerk oder Weiterentwicklungen.

Unten: Eine SG-117-Rohrblock-Waffe in Aktion. Die MK 108-Kanonen-Magazine waren mit 30-mm-Munition bestückt, die durch den Schatten des Bombers fliegend gezündet wurde, den die Fw 190 unterflog. Ein Fotozellenfühler löste den Abschuß aus.

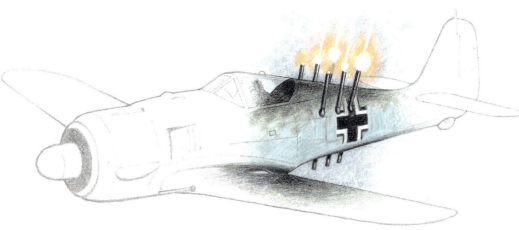

Links: Die Fw 190A-5/U13 war eine Jabo-Rei-Version mit Untertragflächen-Halterungen zum Tragen einer Bombe oder eines Treibstofftanks.

Fw 190S: Umschulungsflugzeug

Für die Umschulung von Ju-87-Piloten auf die Fw 190 des Schlachtgeschwaders war ein Umschulungsflugzeug erforderlich. So entstand die Fw 190A-8/U1 mit einem zweiten Sitz im verlängerten Cockpit und den wichtigsten Kontrollfunktionen für den Ausbilder im hinteren Sitz. Mehrere A-5- und A-8-Maschinen wurden umgebaut und als S-5 und S-8 gekennzeichnet. In der Praxis bestand jedoch nur wenig Bedarf für diese Maschine.

Oben: Das zweisitzige Ausbildungsflugzeug basierte auf der Zelle der A-8. Später wurden einige Maschinen vom Typ A-5 umgebaut.

Unten: Diese von den Alliierten erbeutete Fw 190A-8/U1 wurde nach England gebracht und ist dort noch heute in einem Museum zu besichtigen.

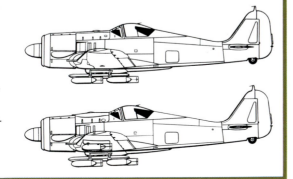

Oben: Diese SG 2 Fw 190F-8 weist die für die F-Serie typische gewölbte Kanzel auf.

Rechts: Die Fw 190F-2 war an den glatten Konturen des vorderen Oberrumpfs und der Installation der MG 17-Maschinengewehre zu erkennen.

Rechts: Die F-8 besaß als Standardausrüstung die durch den Einsatz des MG 131 bedingte obere Rumpfausrundung und Tragflächenträger.

An der Ost-front löste die Fw 190F die Junkers Ju 87 in den Schlachtge-schwadern ab. Diese Maschinen gehörten zum Schlacht-geschwader 2.

Bomben und Kameras

Typisch für die ersten Umrüstsätze waren die Fw 190A-3/U1, bei der die Fahrwerksschachtklappen entfernt und eine Rumpfbomben- Halterung für eine 250-kg- oder eine 500-kg-Bombe oder aber für vier 50-kg-Bomben installiert wurden, die A-3/U3 mit einer Rumpfhalterung für eine 250-kg-Bombe und Tragflächenhalterungen für vier 50 kg-Bomben sowie die A-3/U4 mit zwei großen Rb-12- Aufklärungskameras im Rumpfheck. Bei einigen dieser Ausrüstungen mußte die MG-FF-Kanone entfernt werden.

Im Frühjahr 1942 wurde die Produktion auf die A-4 umgestellt. Sie unterschied sich äußerlich durch einen kleineren Mast, der das hintere Ende des HF-Funkantennenkabels eines neuen Funkgeräts aufnahm. Mit der Einspritzanlage (50% Methanol und 50% Wasser), konnte die Leistung des Triebwerks erheblich gesteigert werden.

Unter den verschiedenen Rüstsätzen für die A-4 gab es den sogenannten A-4/U8-Jabo-Rei-Satz (Jagdbomberreichweite), der aus einer Kombination verschiedener Bomben und Zusatztanks bestand. Dazu gehörten

ein 300-l-Abwurftank und zwei 250-kg-Bomben, wodurch sich ein Gesamtgewicht von 4.752 kg ergab! Der A-4/R6 enthielt zwei WGr-21-(Werfergranate)-Rohre zur Aufhängung unter beiden Tragflächen. Aus den schräg gerichteten Werferrohren konnten Granaten mit einem Kaliber von 210 mm nach vorn oben

Unten: Die SG-113-A-Waffe an der F-8 wurde ausgelöst, sobald die Maschine über das magnetische Feld eines Panzers geriet. Dieses System blieb im Teststadium.

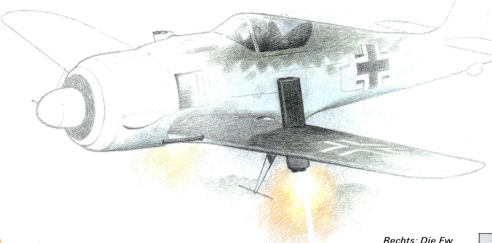

Unbegrenzte Bewaffnung

Viele F-Varianten ähnelten den A-5 oder den A-8. Die F-8/U14, ein Torpedoträger, war mit einer LT 950 ausgestattet.

Oben: Man hatte die Fw 190A-8/V26 so umgebaut, daß sie die B-246-Hagelkorn-Gleiterbombe tragen konnte. Diese wurde an den Tragflächen der 190 von Polen gehalten. Nach Lösen der Pole sprang die Bombe ab.

Unten: Die Fw 190 F-8 sollte Bombentorpedos (hier die BT 700) tragen. Die besonders zur Bekämpfung von Schiffen gut geeigneten Waffen kamen jedoch nie zum Einsatz.

Rechts: Die Fw 190A-4/R6 trug die Wfr-Gr-21-Mörser unter den Tragflächen. Sie dienten zum Aufbrechen von Bomberformationen.

Unten: Die Fw 190 besaß eine ganze Reihe verschiedener Bombenhalterungen.

Die A-5/U14 konnte als erste Variante ein Torpedo tragen. An dieser LTF 5b ist das verlängerte Heckfahrwerk gut zu erkennen.

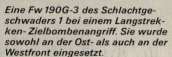

Eine Fw 190G-3 des Schlachtgeschwaders 1 bei einem Langstrek-
ken- Zielbombenangriff. Sie wurde
sowohl an der Ost- als auch an der
Westfront eingesetzt.

Oben: Die Fw 190 Fs leisteten der sowjetischen Armee während des Rück-
zugs erbitterten Widerstand. Die Abbildung zeigt eine F-8/R1 beim Start zu
einem Einsatz im Jahre 1945.

gefeuert werden und so dichte Formationen schwerer amerikanischer
Bomber zersprengen. Der Einsatz
mehrerer Wellen mit R6-getunten Fw
190 führte am 14. Oktober 1943 über
Schweinfurt zu über 50 % Ausfällen
bei der B-17.

Volle Umrüstpalette

In den ersten beiden Monaten des
Jahres 1942 wurde die türkische Luftwaffe mit 75 Fw 190A-3 ausgerüstet,
die neben der Spitfire und vielen

anderen Typen bis 1948 im Einsatz
blieben.

Im April 1943 begann die Produktion der A-5, bei der die Ausrundung
der Vorderkante und eine veränderte
Triebwerksaufhängung zu einem 150
mm längeren Rumpf führte. Sie war
von Anfang an so konstruiert, daß sie
mit allen Umrüstsätzen ausgestattet
werden konnte. Dazu gehörten: der
U1/3/4/8, der U2-Nacht-Jabo-Satz
mit Blendschutz, Flammendämpfern
und Aufhängungen für eine 250-kg-

Bombe und zwei Tanks; der U9 mit
zwei 13-mm-MG 131 im Rumpf, zwei
MG 151 in den Tragflächenansätzen
und zwei MG 151 unter den äußeren
Tragflächen; der U11 mit zwei 30 mm
MK 103 anstelle der MG FF; der U12
mit der R1-Ausstattung unter den
Tragflächen mit je zwei MG 151 statt
der MG FF; der U13 mit einer Rumpfhalterung für eine 500-kg-Bombe
und Tragflächenhalterungen für
widerstandsarme Abwurftanks; der
U14 mit einer Halterung für den LTF

5b-Torpedo, mit größerem Leitwerk
und höherem Spornrad; der U15,
ähnlich dem U14, aber für den Lenk-
torpedo LT 950 ausgestattet; der
U17 mit Tragflächenhalterungen für vier
50-kg-Bomben (der zur Fw 190F
führte).

Während die Produktion weiter
zunahm – 1.878 Maschinen im Jahre
1942, 3.208 im Jahr 1943 und 11.411
Maschinen im Jahr 1944 – wurde die
Entwicklung der Grundserie A weiter
fortgeführt. Daneben gab es Varian-

Oben: Zur „Zellendusche"
SG 116 gehörten drei
MK-103-30-mm-Kanonen
im hinteren Rumpf. Sie
feuerten – ausgelöst von
einem Sensor – auf über-
fliegende Bomber.

Rechts und unten: Die
A-8/R3 und die A-5/U11
waren mit einer 30-
mm-Kanone MK 103 aus-
gestattet.

Die Kanonenausstattung der Fw 190
variierte. So besaß die A-5/U12 zwei
MG-151-Kanonen unter jeder Tragfläche für eine bessere Schlagkraft am
Boden.

Die Forstersonde SG 113 A bestand
aus vier nach unten feuernden
77-mm-Panzerangriffs-Kanonen. Drei
Fw 190F-8 wurden zu Testzwecken
mit diesen Waffen ausgerüstet.

*Ganz oben: Eine Fw 190 G-3
vor einem Einsatz im Jahre
1942 an der Ostfront. Sie trägt
unter dem Rumpf eine fast 500
kg schwere SD- 500-Bombe.*

*Oben: An der Ostfront kam
die Fw 190 vor allem bei
Bodenangriffen zum Einsatz.
Sie flog jedoch gelegentlich
auch als Jäger. Die Abbildung
zeigt eine SG 2 Fw 190F-8.*

BOMBEN
Die F-8 war standardmäßig mit Halterungen für eine
ETC-250-Unterrumpf-Bombe und ETC-50-Tragflächen
bomben ausgestattet, es gab jedoch noch viele weite
Variationen. Diese Maschine trägt acht SC-50-Bombe
(zu je 50 kg) – davon vier unter dem Rumpf.

ten, so die F- und die G-Serie, und ab
Mitte 1944 die im letzten Teil dieses
Artikels beschriebene D-Serie mit
neuem Triebwerk. Die A-6 war für die
Aufnahme der U- und der R-Sätze
vorbereitet, bei denen man auf die MG
FF-Kanone verzichtet hatte. Die A-7
wurde lediglich in 80 Exemplaren
gebaut. Man ersetzte dabei die MG 17
durch die 13- mm-MG-131-Kanone
und erhielt so eine flache Ausrundung vor der Windschutzscheibe.

Die A-8 jedoch – eine A-7 mit der
Einspritzanlage MW50 – wurde in
sehr viel größeren Stückzahlen
gebaut als jede andere Version (ungefähr 8.000 Maschinen). Sie konnte
jeden U/R-Satz aufnehmen. Drei dieser Maschinen baute man zur
Beschleunigung der Umschulung von
Ju 87-Piloten zu Zweisitzern mit Doppelsteuerung um. Außerdem wurden
einige A-5- und A-8-Maschinen zu
S-5- und S-8-Schulflugzeugen umgebaut. A-8-Flugzeuge setzte man
ebenfalls ein, um die Doppelreiter-
Langstreckentanks über den Tragflächen, die SG 116 mit einer Reihe von
drei 30-mm-Kanonen, die fast senkrecht auf Bomber feuern konnten,
und die SG 117 mit sieben 30-mm-
Rohren sowie die drahtgelenkten
Antibomberraketen X-4 zu testen.

Ende 1942 begann die Produktion
der Fw 190F, einer Untergattung der
190 für Nahunterstützung, die man in
Schlachtfliegereinheiten als Ersatz
für die Ju 87 einführte. Bei dieser
Maschine handelte es sich im Grunde
um eine A-4 mit Halterungen für verschiedene Arten schwerer Bombenlasten, einer stärkeren Bewaffnung und
einem stärkeren Fahrgestell, wobei
auf die MG FF verzichtet wurde.
Nachdem Mitte 1943 ungefähr 550
F-Maschinen ausgeliefert waren,
stellte man die Produktion auf die
G-Serie Jabo-Rei (Langstrecken-
Jagdbomber) um. Die häufigste
F-Version war die F-8 mit 13-mm-
Rumpfkanonen. Einige Exemplare
wurden für Testzwecke mit über 40
verschiedenen Waffen ausgestattet –
einschließlich der SG 113 (paarweise
gekoppelte, rückstoßfreie Granatwer-
ferrohre mit einem Kaliber von 77
mm, die von jeder Tragfläche senkrecht nach oben feuerten), BV 246-
Gleitbomben, BT 400-, 700- und
1400- Bomben (die Zahlen bedeuten
jeweils das Gewicht in kg) und Bombentorpedos zum Einsatz gegen
Schiffe und Betonbunker.

Die Brücke bei Remagen

Die 190G-Gattung behielt lediglich
die innenliegenden MG 151-Kanonen
und wurde ansonsten mit der Bewaffnung und dem Fahrgestell der F-Serie
sowie einem zusätzlichen PKS 11-
Autopiloten ausgestattet. Zudem verfügten die meisten Maschinen über
ein Leistungsladesystem für niedrige
Höhen und entweder die MW50- oder
die großvolumige und schwere GM-1-
Stickstoff-Oxyd-Einspritzanlage zur
Leistungssteigerung in großer Höhe.
Alle Flugzeuge besaßen Halterungen
für zwei 300-l-Tragflächen-Abwurf-
tanks.

Zu Beginn des Jahres 1945 trugen
die G-1, die G-3 und die G-8 1.000-
kg-Bomben. Am 7. März 1945 dann
flogen sie mit massiven SC1800-
Bomben gegen die Rheinbrücke bei
Remagen. Die Zerstörung der Brücke
selbst wird den Ar 234B-2 zuge-
schrieben.

Fw 190G: Langstreckenbomber

„Jagdbomber mit vergrößerter Reichweite" war die offi-
zielle Bezeichnung des als Jabo-Rei bekannten Bombers.
Als erste Beispiele entstanden die aus dem A-Modell entwickelten Typen U5 und U13. Daraus wurde dann die
G-1, die man parallel zur A-4 und F-1 produzierte. Die
Bewaffnung wurde auf zwei MG-151-Kanonen in den
Tragflächenansätzen reduziert. Dafür konnten dann große
Bomben und Treibstofftanks aufgenommen werden. Die
G-2 basierte auf der Flugzelle der A-5, ebenso wie die
mit einem Autopiloten und einem Ballonseil-Schneidege-
rät ausgestattete G-3. Zudem verließen auch einige tropentaugliche G-3Tp-Versionen die Montagehallen. Eine
letzte Variante ist die auf der Flugzelle der A-8 basierende G-8.

*Links: Die G-2 basierte
auf der A-5 mit verlän-
gerter Nase. Sie erhielt
Tanks, die in die Tragflächen integriert wurden.*

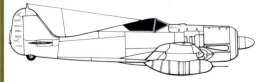

*Rechts: Die im Bau der
A-8 ähnliche G-8 war
die letzte Version des
Jabo-Rei-Konzepts und
konnte Bomben bis zu
einem Gewicht von
1.800 kg tragen.*

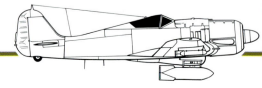

Fw 190F: Jagdbomber
Gruppe 1/Schlachtgeschwader 2 „Immelmann"

TRIEBWERK
Die F-8 wurde von einem BMW-801D-2-Sternmotor mit 14 Zylindern und einer Startleistung von 1.700 PS angetrieben. In 5.700 m Höhe erzeugte das Triebwerk noch eine Leistung von 1.440 PS. Die spätere F-9 erhielt einen 2.270 PS starken BMW-801TS-Motor mit Turbovorverdichter.

BEWAFFNUNG
Die Basisbewaffnung der F-8 bestand aus einer 20-mm-Kanone MG 151 mit 250 Schuß pro Geschütz an den Tragflächenansätzen sowie zwei 13-mm-MG 131 Maschinengewehren mit je 475 Schuß Munition im oberen Rumpfdeck. Diese Waffen ersetzten die 7,9-mm-MG-117-Kanonen der früheren F-Varianten.

FAHRWERK
Aufgrund des größeren Startgewichts hatte man das Fahrgestell der F-Serie gegenüber dem der A-Serie verstärkt. Im Winter wurden an vielen an der Ostfront eingesetzten Maschinen zur Erleichterung des Startens und Landens auf extrem schlammigem Untergrund die Radverkleidungen entfernt.

PRODUKTION
Arado und Dornier, die die F-Serie bauten, unterbrachen die Produktion nach Einführung der F-3 zunächst, nahmen sie aber angesichts des gestiegenen Bedarfs für Schlachtflieger später wieder auf. In beiden Werken wurden 385 F-8-Maschinen produziert, davon einige – wie zum Beispiel die F-8Tp – mit Tropenfiltern.

TARNUNG
Diese F-8 trägt die schwarzgrüne Standardtarnung der deutschen Jäger, zusätzlich jedoch auf der Oberseite hellblaue Mäandermuster. Die gelben Bänder am Heck und unter den Tragflächenspitzen waren die Standardmarkierungen der an der Ostfront eingesetzten Maschinen.

COCKPIT
Öltank und Triebwerk wurden durch besondere Panzerung vor Bodenangriffen geschützt. Da die Standardkanzel der Fw 190 der Kritik von Bodenangriffsspezialisten nicht standhielt, rüstete man viele Maschinen der F-Serie mit einer absprengbaren Kanzel aus.

Oben: Eine Fw 190G-3 in klassischer Jabo-Rei-Konfiguration. Sie trägt unter dem Rumpf eine SC-500-Bombe mit 500 kg Gewicht und unter den Tragflächen zwei 300-l-Treibstofftanks. Für größere Bomben mußten die unteren Flossen oft entfernt werden, damit eine ausreichende Bodenfreiheit gewährleistet blieb.

Die Vielfalt der A-Serie machte eine Aufteilung der Produktion in drei Hauptzweige erforderlich: Abfangjäger und Vielzweckjäger der A-Serie, Angriffsjäger der F-Serie und Langstrecken-Angriffsjäger der G-Serie. Die F-Serie löste dann die als Schlachtflieger ungeeignete Ju 87 ab. In den letzten Jahren des Krieges operierte die F vor allem an der Ostfront gegen die übermächtige Sowjetarmee.

75

Focke-Wulf Fw 190

NASE VORN

Im April 1944 traf der Pilot eines US-Army-Jägers im deutschen Luftraum auf eine Maschine, die er für eine Fw 190 mit verlängerter Nase und – aufgrund der Triebwerksverkleidung – mit Sternmotor hielt. Nach einem langnasigen amerikanischen Komiker wurde diese Maschine als „Schnozzle" bekannt. Es gab so viele unbestätigte Berichte über eine „Fw 290", eine „Me 209" und andere Maschinen, daß die Nachricht von einer langnasigen 190 ungläubig aufgenommen wurde.

Die Alliierten besaßen kaum Informationen. Bis sich herausgestellt hatte, daß die „Fw 290" nicht existierte, waren in den zurückliegenden beiden Jahren Dutzende „langnasiger 190" – und zwar immer unterschiedliche Typen – gesichtet worden! Das

Ganze wurde dadurch noch undurchsichtiger, daß der in den ersten Jahren der Fw-190-Entwicklung benutzte luftgekühlte Sternmotor BMW 801 für die Maschine überhaupt nicht geeignet schien. Dieses Triebwerk brachte der Fw 190 so viele Schwierigkeiten, daß das gesamte Programm fast storniert worden wäre. Und dann, Ende 1941, hatte sich die Fw 190 offenbar plötzlich zum schnellsten und besten Jäger der Welt entwickelt und war ihrem Hauptgegner, der Spitfire Mk VB, weit überlegen. Warum hätte man sie also umbauen sollen?

Die Antwort liegt in der Tatsache, daß die Leistung eines Jägers mit Kolbenmotor sich während des Steigflugs vom Start bis in große Höhen erheblich veränderte. Einige Trieb-

werke besaßen besonderen Schub, um im Tiefflug maximale Leistung zu erreichen. Diese ließ jedoch im Steigflug bei dünner und kälter werdender Luft immer mehr nach. Andere Maschinen wurden mit komplexen, mechanisch angetriebenen Vorverdichtern oder sogar Turbovorverdichtern ausgestattet, die dem Triebwerk in großen Höhen mehr Luft zuführten. Diese Art Jäger war im Tiefflug nicht so effektiv, in der dünnen Luft der Stratosphäre konnte ihm aber kein Gegner folgen.

Der bekannte Feind

Während die Fw 190 in Höhen zwischen 15.000 und 20.000 Fuß (ca. 4.500 und 6.000 m) unübertroffen war, sank ihre Leistung in größeren Höhen schnell ab. In 30.000 Fuß (ca.

9.000 m) Höhe erwies sich die Spitfire Mk VB schon fast als ebenbürtig. Zur gleichen Zeit entwickelte Rolls-Royce unbemerkt von den Deutschen den Merlin 61, der die Luft in zwei hintereinander geschalteten Vorverdichtern komprimierte. Dadurch wurde aus der Spitfire Mk VB – dem bekannten Feind – die bei weitem gefährlichere Spitfire Mk IX. Diese war der 190 selbst in 20.000 Fuß (6.000 m) Höhe schon fast ebenbürtig und in größeren Höhen weit überlegen. Kurt Tank, der technische Direktor (und Chef-Testpilot) von Focke Wulf erkannte, das etwas geschehen mußte – und zwar schnell. Er war davon überzeugt, daß die 190 mit dem BMW-801-Triebwerk in großer Höhe nie Überlegenheit erlangen würde.

Oben: Die Dora-9 erwies sich als hervorragender Jäger. Sie wurde jedoch nicht ihrer Leistung und ihren Fähigkeiten entsprechend eingesetzt.

Oben: Während der letzten Kriegsmonate passierte es immer häufiger: Ein Jäger der USAF trifft eine Fw 190 im Tiefflug. Von den erfahrenen Piloten der deutschen Luftwaffe lebten nur noch wenige. Jetzt bestanden die meisten Besatzungen aus jungen und schlecht ausgebildeten Piloten, die den gut trainierten Crews der USAAF und der RAF eindeutig unterlegen waren.

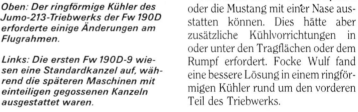

Oben: Der ringförmige Kühler des Jumo-213-Triebwerks der Fw 190D erforderte einige Änderungen am Flugrahmen.

Links: Die ersten Fw 190D-9 wiesen eine Standardkanzel auf, während die späteren Maschinen mit einteiligen gegossenen Kanzeln ausgestattet waren.

Links: Von der mächtigen Ta 152H mit großer Spannweite und hervorragender Leistung in großer Höhe wurden nur einige wenige Exemplare in Dienst gestellt.

lösung an, da es im Luftkampf verwundbar war, zusätzliche 420 kg wog und die Leistung in großer Höhe nur für wenige Minuten steigern konnte. Innerhalb einer Woche wurde das BMW-801C-Triebwerk ausgebaut und die Maschine für die Aufnahme des DB 603A-0 umgestaltet.

Zu dieser Zeit hatte Focke Wulf bereits drei Alternativen einer in großer Höhe fliegenden Fw 190 geplant. Die 190B sollte das Originaltriebwerk behalten, aber mit einem GM 1 oder einem Turbovorverdichter (von DVL und von dem Triebwerkshersteller Hirth wurde je ein Typ entwickelt) sowie einer Druckkabine ausgestattet werden. Für die 190C waren das DB 603 sowie einige Extras vorgesehen, während die 190D mit einem Jumo 213 ausgestattet werden sollte. Beide Alternativen zum ursprünglichen Triebwerk bestanden in V-12-Zylinder-Triebwerken mit hängenden Zylindern und Flüssigkeitskühlung.

Man hätte die 190 wie die Spitfire oder die Mustang mit einer Nase ausstatten können. Dies hätte aber zusätzliche Kühlvorrichtungen in oder unter den Tragflächen oder dem Rumpf erfordert. Focke Wulf fand eine bessere Lösung in einem ringförmigen Kühler rund um den vorderen Teil des Triebwerks.

Fw 190B: Steigerung der Flughöhe

Die Fw 190A war ein hervorragender Tiefflugjäger, dessen Leistung jedoch in größerer Höhe stark abnahm. Zur Beseitigung dieses Problems wurden verschiedene Lösungen ins Auge gefaßt: die erste davon war die Fw 190B. Sie behielt den BMW-801-Sternmotor, wurde aber mit einer Druckkabine, größeren Tragflächen und Vorverdichter ausgestattet. Vier zu Fw 190B-0 umgebaute Flugzeugzellen der Fw 190A-0 wurden auf verschiedenste Weise getestet. Durch die Leistungssteigerung gerieten die Systeme aber so schwer, daß keine Waffentragekapazität mehr vorhanden war. 1943 stellte man das Projekt ein.

Die Fw 190 V13 diente der Entwicklung der Fw 190B-Serie. Die Abbildung zeigt sie jedoch als einen Prototyp der Fw 190C.

Natürlich wollte die Firma BMW aus dem Fw-190-Programm nicht ausgeschlossen werden. Sie antwortete mit dem BMW-801Q-Triebwerk, das durch ein GM-1-System beschleunigt werden konnte, sowie mit den mit Turbovorverdichter ausgestatteten 801TJ und TQ. Das GM-1-System führte dem Triebwerk Distickstoffoxid zu, um es einerseits mit mehr Sauerstoff zu versorgen und andererseits das Klopfen der Zylinder zu unterbinden. Es war noch schwerer und voluminöser als der Turbovorverdichter, da es große Druckluftzylinder zum Einspritzen der Flüssigkeit und dicke Glaswollelagen benötigte, die ein Verdampfen im Tank und in den Zuleitungen verhindern sollten.

Das deutsche Luftfahrtministerium war sich bewußt, daß die Leistung der Fw 190 in großer Höhe gesteigert werden mußte und ließ nicht weniger als 15 Entwicklungsprototypen zu, die ausschließlich für diesen Zweck getestet wurden, fast alle Fw 190A-0 mit den Seriennummern 29 bis 45). An einigen der Maschinen erprobte man neue Triebwerke, an anderen das GM-1-Beschleunigungssystem, die Turbovorverdichter oder die Druckkabine. Die erste in solchen Tests eingesetzte Maschine war eine 29 A-0, später in Fw 190 V13 umbenannt (der 13. experimentelle Prototyp).

Drei Alternativen

Die Maschine startete im ersten Quartal 1942 in Bremen mit dem flugtauglichen GM-1-System. Kurt Tank sah dies lediglich als eine Übergangs-

Maschinen vom Typ Fw 190D-9 und Ta 152H dienten oft zum Schutz der wertvollen Messerschmitt-Me-262-Jäger, die besonders während des Landevorgangs verwundbar waren.

Die sowjetisch-baltische Rotbanner-Luftwaffe übernahm nach der Besetzung Ostpreußens einige Fw 190D-9 in ihren Dienst.

Das DB 603 war im Vergleich zu dem BMW 801 (41,8 l) und dem britischen Merlin (27 l) mit 44,5 l ein sehr großes Triebwerk. Andererseits wog es nur ca. 915 kg im Vergleich zu den etwa 10.65 kg des BMW 801C – und dies, obwohl Kühler und Kühlflüssigkeit im Bug allein schon 135 kg ausmachten.

Beeindruckende Leistung

Um die zusätzliche Länge des neuen Triebwerks auszugleichen, war Focke Wulf gezwungen, einen großen Teil der internen Ausrüstung in den hinteren Rumpfbereich zu verlegen. Kurt Tank bevorzugte das DB 603 wegen seiner Größe und Leistung, die Behörden in Berlin drängten ihn jedoch, die mit dem Jumo-Triebwerk ausgestattete Fw 190D weiterzuentwickeln. Tank ließ nun mehrere Fw 190 zu Versuchszwecken mit beiden Maschinen ausstatten.

Von Anfang an zeigte die V13 eine beeindruckende Leistung. Im Sommer 1942 wurde sie nach Hannover-Langenhagen überstellt, wo sich auch bald die V16 und die V18 einfanden. Flugkapitän Ellenrieder erreichte in der V16 724 km/h und flog im Oktober 1942 in über 39.000 Fuß (11.890 m) Höhe. Bis Oktober waren bereits viele der Experimental-190 geflogen. Die V18, der erste wirkliche Prototyp der 190C, verfügte als Gewichtsausgleich für die größere Nase über ein neues, breites Leitwerk mit Steuerruder. Ende 1942 dann begannen die Tests mit Druckcockpit und Turbovorverdichter. Wie in der P-47 Thunderbolt war letzterer unter dem Heck-

rumpf aufgehängt, fiel aber sehr viel stärker auf als an dem britischen Jäger. Der Turbovorverdichter steckte in einer ungewöhnlich großen, deutlich sichtbaren Verkleidung. Verschlungene Rohre führten die Abgase über die Tragflächenwurzeln zur Turbine im hinteren Bereich der Auswölbung.

1942 wurde klar, daß Jäger für den Einsatz gegen die in großer Höhe fliegenden amerikanischen Bomber unverzichtbar waren.

Im Konstruktionsbüro in Bremen entschied man sich sofort für die verbesserte Fw 190Ra-2 und die Ra-3, die auf den geplanten Fw 190Ds basierten, aber über einen längeren Heckrumpf, ein breiteres Leitwerk mit Steuerruder, ein zurückversetzes Cockpit, einen speziellen, für große Höhen geeigneten Jumo 213E und eine Reihe anderer Änderungen verfügten. Die auffälligste Neuerung bestand in der hydraulischen Betätigung der Klappen und des Fahrgestells bei der Ra-Familie, während sonst bei der 190 alles auf elektrischen Antrieb abgestellt war. Langfristig empfahl Tank die Ra-4D, die bei gleichem Äußeren eine vollkommen neue Konstruktion darstellte.

In den Jahren 1942 und 1943 wurden Dutzende von 190-Prototypen und Testversionen mit Turbovorverdichtern und Druckkabinen geprüft, ohne daß dabei ein serienreifer Typ herauskam. Ende 1943 entschied man dann, daß die anfälligen Turbos bei weitem noch nicht serienreif seien; das bauchige Testflugzeug flog jedoch weiter.

Zunehmend drängte das Luftfahrtministerium Focke Wulf, normale 190 mit dem Jumo-213A-Triebwerk zu testen. Hierbei handelte es sich um ein High-Tech-Triebwerk, das in großen Höhen eine stärkere Leistung als der BMW-Sternmotor brachte, aber ursprünglich für Bomber, wie die HE 111 und die Ju 88, entwickelte wurde. Kurt Tank sah deshalb die mit diesen Triebwerken ausgestatteten 190Ds

als Improvisation an, obwohl sie seit ihrem ersten Flug im März 1942 in der V17 zufriedenstellend geflogen waren. Abgesehen von dem neuen Triebwerk, das einen sehr breitblättrigen Propeller antrieb, gab es nur noch eine Veränderung (im Vergleich zu der 190A-7 zum Beispiel): die Verlängerung des Heckrumpfes und die Verbreiterung des Leitwerks (das jedoch nicht so breit wurde, wie in der Ra-Serie).

Die Beste in der Luftwaffe

Im Winter 1943/44 baute man mehrere A-7 unter Beibehaltung der Originalbewaffnung von vier MG-151-Kanonen in den Tragflächen und zwei MG-17-Maschinengewehren im Rumpf in D-0-Versionen um. Alles, was jetzt noch zu tun übrig blieb, waren die Verstärkung der Triebwerksaufhängungen, die Installation des breiteren Leitwerks, die zusätzliche Installation des MW50-Einspritzsystems für ein 50/50-Gemisch aus Methylalkohol und Wasser sowie der Austausch der außenliegenden MG-17-Kanonen durch die stärker durchschlagenden MG-131. Auf diese Weise entstand die Fw 190D-9, die

Die Fw 190 V18, einer der Prototypen der C-Serie, war mit einem vierblättrigen Propeller und einem riesigen Turbovorverdichter ausgestattet.

Der von den Abgasen angetriebene Turbovorverdichter in der Unterrumpfverkleidung gab den Prototypen der C-Serie den Spitznamen Känguruh.

Fw 190C: Das Känguruh

Die Fw 190C mit einem Daimler-Benz-DB 603-Triebwerk stellte den zweiten Anlauf auf der Suche nach einem Jäger für Flüge in großer Höhe dar. Das Triebwerk wurde durch einen ringförmigen Kühler gekühlt und erhielt der Maschine das Aussehen eines Sternmotorflugzeugs mit unten liegendem Ölkühler. Spätere Maschinen besaßen einen großen, unter dem Rumpf befindlichen Vorverdichter, der von den abgasgetriebenen Turbovorverdichtern abgelöst wurde, die der Maschine eine hervorragende Leistung in großer Höhe ermöglichten. Technische Probleme und politische Opposition gegen die Installation des DB 603 führten zur Einstellung der Fw 190C.

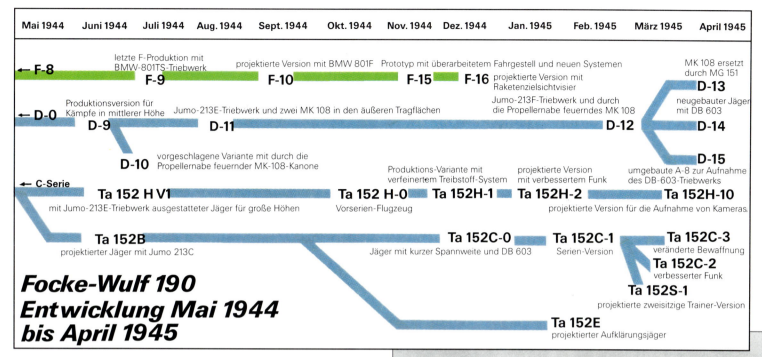

Mai 1944	Juni 1944	Juli 1944	Aug. 1944	Sept. 1944	Okt. 1944	Nov. 1944	Dez. 1944	Jan. 1945	Feb. 1945	März 1945	April 1945

← F-8
letzte F-Produktion mit BMW-801TS-Triebwerk
F-9
projektierte Version mit BMW 801F
F-10
Prototyp mit überarbeitetem Fahrgestell und neuen Systemen
F-15   F-16
projektierte Version mit Raketenzielsichtvisier
MK 108 ersetzt durch MG 151
D-13
neugebauter Jäger mit DB 603

← D-0
Produktionsversion für Kämpfe in mittlerer Höhe
D-9
Jumo-213E-Triebwerk und zwei MK 108 in den äußeren Tragflächen
D-11
Jumo-213F-Triebwerk und durch die Propellernabe feuerndes MK 108
D-12
D-14

D-10
vorgeschlagene Variante mit durch die Propellernabe feuernder MK-108-Kanone

D-15
umgebaute A-8 zur Aufnahme des DB-603-Triebwerks

← C-Serie
Ta 152 H V1
mit Jumo-213E-Triebwerk ausgestatteter Jäger für große Höhen
Produktions-Variante mit verfeinertem Treibstoff-System
Ta 152 H-0
Vorserien-Flugzeug
Ta 152H-1
projektierte Version mit verbessertem Funk
Ta 152H-2
Ta 152H-10
projektierte Version für die Aufnahme von Kameras

Ta 152B
projektierter Jäger mit Jumo 213C
Ta 152C-0
Jäger mit kurzer Spannweite und DB 603
Ta 152C-1
Serien-Version
Ta 152C-3
veränderte Bewaffnung
Ta 152C-2
verbesserter Funk
Ta 152S-1
projektierte zweisitzige Trainer-Version

Ta 152E
projektierter Aufklärungsjäger

Focke-Wulf 190 Entwicklung Mai 1944 bis April 1945

Ingenieur Tank betrachtete die Fw 190D immer als eine Zwischenlösung bis zur Fertigstellung der Ta 152. Sie stellte sich jedoch als der beste Luftwaffenjäger des Zweiten Weltkrieges heraus und war den alliierten Maschinen ebenbürtig.

Mitte Juni 1944 für die Produktion freigegeben wurde. Man wundert sich, daß dies nicht bereits zwei Jahre früher geschehen war.

Die ersten Serienmaschinen wurden im September 1944 ausgeliefert (und nicht im Winter 1943/44, wie oft berichtet wird) und dem III/JG54 in Oldenburg zugeteilt.

Diese von Major Robert „Bazi" Weiss kommandierte Einheit stand der Langnasen-Dora mit großer Skepsis gegenüber. Man liebte die Original-190 und sah sich nun mit einer häßlichen Maschine mit einem Bombertriebwerk konfrontiert. Kurt Tank versuchte persönlich, Stimmung für die neue Maschine zu

machen und entschuldigte sie als Notlösung aufgrund der noch nicht entschiedenen Produktion der Ta 152. Doch erst Testflüge überzeugten die Piloten, daß sie mit der Dora-9 über den besten Jäger mit Kolbentriebwerk in der Luftwaffe verfügten. Die Maschine hatte nur Pluspunkte. Man sah es allerdings als Unterforderung an, als die Gruppe nach Achmer und Hesepe geschickt wurde, um landende und startende Me-262-Jets zu schützen – eine Aufgabe, die jede 190 genauso gut hätte ausführen können. Die nächste Dora-9-Gruppe war das I/JG26 unter Major Karl Borris, der als erster Kampfpilot der Luftwaffe (damals im 6/JG26) im August 1941

Fw 190D: Die Langnasen

Der dritte Versuch zur Entwicklung eines für große Höhe tauglichen Jägers führte zur Installation eines Jumo-213-Triebwerks. Obwohl als Jäger für mittlere Höhe konzipiert, war die D als erste Maschine mit einem Druckcockpit ausgestattet. Das innenliegende Jumo-Triebwerk war sauber verkleidet und enthielt einen ringförmigen Kühler und Kühlrolladen, die einen paddelblättrigen Dreiblatt-Propeller antrieben.

Oben: Durch das Jumo 213A-Triebwerk wurde die Nase der Fw 190D um etwa 0,6 m länger. Zum Ausgleich setzte man kurz vor dem [Leit]deck einen zusätzlichen Verlängerungsspant ein.

Die D-9 (unten) war die Hauptproduktionsversion; daneben wurden jedoch auch einige Folgevarianten produziert. Darunter befand sich die D-11 (oben) mit Jumo-213E-Triebwerk und geänderter Bewaffnung.

Fw 190D-9: Dora-Neun

Die Entwicklung der D-Serie gestaltete sich erheblich leichter als die der B oder C. Probleme mit der Druckkabine zwangen Focke Wulf jedoch, Pläne für einen Jäger für große Höhen zu stornieren. Trotzdem erhielt man ein hervorragendes Flugzeug, das – obwohl als Lückenbüßer für die Ta 152 angesehen, in großen Stückzahlen bestellt wurde. Die D-9-Produktionsversion mit einer Bewaffnung von zwei 20-mm-Kanonen MG 151 in den Tragflächenwurzeln und zwei 13-mm-Kanonen MG 131 im Rumpf wurde von Focke Wulf in Cottbus und von Fieseler in Kassel hergestellt.

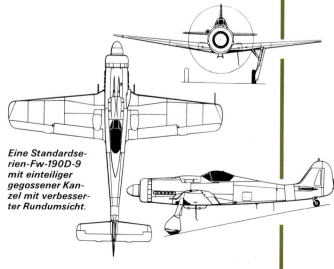

Eine Standardserien-Fw-190D-9 mit einteiliger gegossener Kanzel mit verbesserter Rundumsicht.

die 190 geflogen hatte. Hunderte von Langnasen-Doras folgten. Das JG6 wurde mit 150 Maschinen aus dem benachbarten Focke-Wulf-Werk überschwemmt, doch der Geschwaderkommodore Major Barkhorn (301 Siege) blieb bei seiner Bf 109G-14.

Es gab viele weitere Dora-Varianten, von denen jedoch keine zum Einsatz kam. Die Ra-Serie dagegen wurde vorangetrieben und noch vor Ende 1942 in Ta 152 (so groß war das Ansehen Kurt Tanks) umbenannt. Tank konnte die Behörden von zwei Hauptversionen überzeugen – der Ta 152B mit kurzer Spannweite als Begleitjäger und der TA 152H mit langer Spannweite als Jäger in großer Höhe. Sein großes Konstruktionsteam erarbeitete Tausende detaillierter Zeichnungen, die zu einer Flut von gebauten Prototypen führten. Doch die Behörden widersetzten sich der Produktionsunterbrechung bei der 190 mit der Begründung, daß die Indienststellung der Ta 152 in der Luftwaffe noch länger dauerte als die der Dora-9.

Unterforderung in niedriger Höhe

Tank bewegte die Behörden zum Nachgeben in zwei Punkten: Man gestattete ihm, die für die „langfristige" Ra-4D (die zur Ta 153 wurde) geplante überarbeitete Tragfläche zu verwenden und die 152 mit dem starken DB-603-Triebwerk als Ta 152C zu planen. Tatsächlich löste diese Maschine Ende 1944 die mit dem Jumo-Triebwerk ausgestattete 152B ab. Die größten Anstrengungen widmete man jedoch der in großer Höhe fliegenden Ta 152H. Und während ab Ende Juni 1944 Prototypen getestet wurden, gingen die Planungen für ihre Produktion in Cottbus und Sorau voran. Im Oktober und im November 1944 schließlich baute man in Cottbus die ersten 20 Vorserien-Ta-152H-0-Jäger.

Sie besaßen alle bereits genannten Eigenschaften und verfügten zusätzlich über eine auf 14,42 m verlängerte Spannweite sowie über den kurzen Vorderholm der 152, der eine größere Treibstoffkapazität ermöglichte. Als Triebwerk wurde ein Jumo 213E-1 mit einem Dreigang-Zweistufen-Vorverdichter-Induktionskühler und MW50-Beschleuniger eingesetzt. Eine 30-mm-MK108 feuerte durch die Propellernabe, in den Tragflächenwurzeln befanden sich MG151-Kanonen. (Die letzte H-0 testete bereits die neuen MG213-Revolver-Kanonen, Grundlage der heutigen Aden- und DEFA-Kanonen).

Die 152H erzielte in 41.000 Fuß (12.500 m) Höhe hervorragende 759 km/h. Als Kurt Tank während eines Testfluges selbst von P-51Ds angegriffen wurde, entkam er mühelos, indem er Vollgas gab. Diese für große

Flughöhen ausgelegte Maschine wurde bei der Luftwaffe Anfang 1945 eingesetzt, allerdings nur noch in Tiefflugoperationen, für Geleitschutz und den Schutz von Me-262-Standorten.

Fast Serienreife erreichte als einzige weitere Version die 152C-1 mit kurzer Spannweite und dem 2.300 PS-starken DB-603LA-Triebwerk (bei dem sich die Luftansaugung auf der linken Seite befand, während sie beim Jumo-Triebwerk rechts lag). Die C-1 verfügte über eine 30-mm-MK108, die durch die Propellernabe feuerte und vier 20-mm-MG151, von denen sich zwei im Rumpf und zwei in den Tragflächen befanden. Sie war eine hervorragende deutsche Maschine.

LEISTUNG
Bei normalem Gewicht erzielte die D-9 eine Höchstgeschwindigkeit von 685 km/h in mittlere Höhe und 574 km/h in Meereshöhe. Ihre Geschwindigkeits- und Steigflug-/Sinkflug-Eigenschaften machten sie zu einem gefürchteten Gegner der alliierten Jäger.

KENNZEICHEN
Der Winkel mit den beiden Balken stand für einen Major beim Stab der Staffel. Die gelb-weiß-gelben Bänder wurden an Maschinen des JG 2 angebracht, als sie zu den Reichsverteidigungseinheiten gehörten.

Ta 152: Reiner Jäger

Probleme bei bereits laufenden Entwicklungen und der Bedarf an einem Jäger für große Höhen veranlaßten Kurt Tank dazu, die Fw 190 durchgreifend umzugestalten. Das neue Flugzeug trug ihm zur Ehre die Bezeichnung Ta 152. Der erste Entwurf – die von einem Jumo 213 angetriebene Ta 152A – wurde zugunsten der Ta 152B, einem Jäger mit kurzer Spannweite, schnell zurückgestellt. Da jedoch die Entwicklung der Ta 152H mit großer Spannweite für den Einsatz in großer Höhe Vorrang genoß, wurde die Ta 152B nicht gebaut. Der Typ Ta 152A ging in einigen wenigen Exemplaren in Dienst. Kurt Tank kehrte zu der Maschine mit kurzer Spannweite für Tiefflugaufgaben zurück und favorisierte für die C-Serie der Ta 152 das DB-603-Triebwerk. Hiervon wurden vor Ende des Krieges jedoch nur Prototypen gebaut und eine Anzahl von Entwicklungen gelangte nie über das Entwurfsstadium hinaus.

Links: Die Ta 152C war ein hervorragender Jäger in mittlerer Höhe. Sie wurde jedoch nur als Prototyp gebaut. Für sie wären viele verschiedene Bewaffnungsmöglichkeiten vorgesehen.

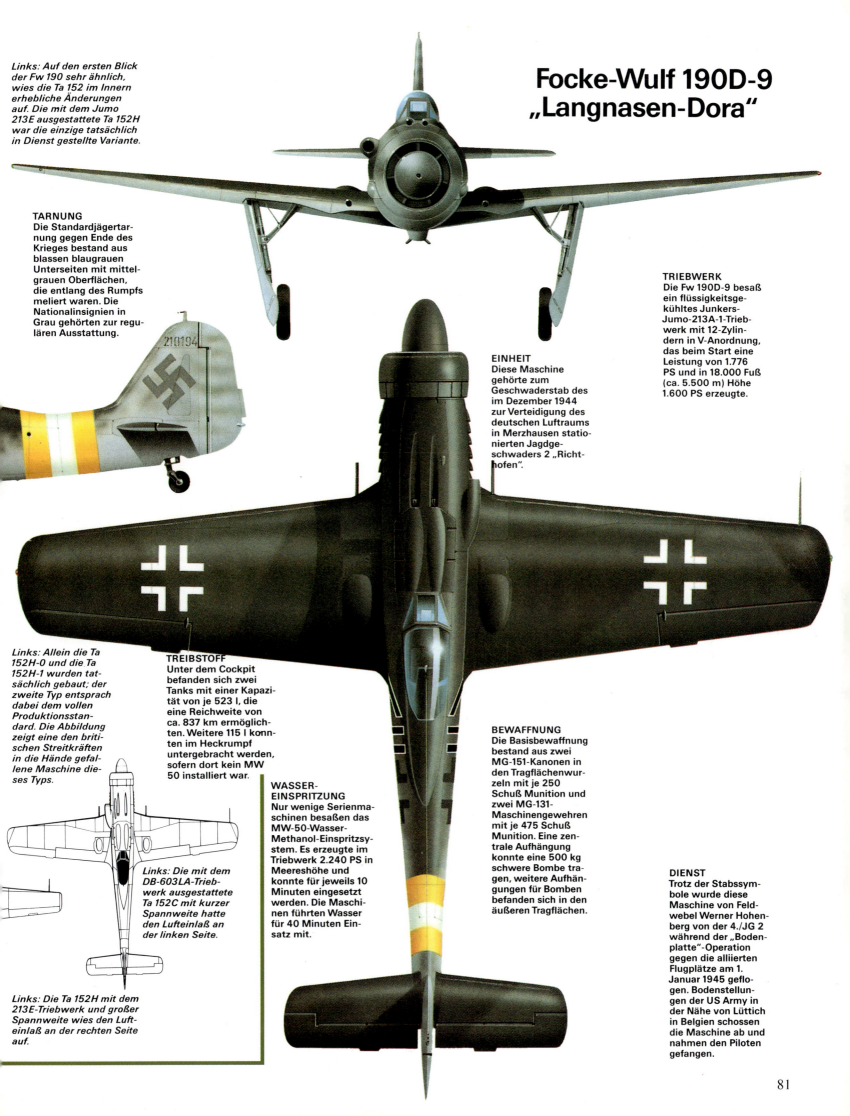

Links: Auf den ersten Blick der Fw 190 sehr ähnlich, wies die Ta 152 im Innern erhebliche Änderungen auf. Die mit dem Jumo 213E ausgestattete Ta 152H war die einzige tatsächlich in Dienst gestellte Variante.

Focke-Wulf 190D-9
„Langnasen-Dora"

TARNUNG
Die Standardjägertarnung gegen Ende des Krieges bestand aus blassen blaugrauen Unterseiten mit mittelgrauen Oberflächen, die entlang des Rumpfs meliert waren. Die Nationalinsignien in Grau gehörten zur regulären Ausstattung.

TRIEBWERK
Die Fw 190D-9 besaß ein flüssigkeitsgekühltes Junkers-Jumo-213A-1-Triebwerk mit 12-Zylindern in V-Anordnung, das beim Start eine Leistung von 1.776 PS und in 18.000 Fuß (ca. 5.500 m) Höhe 1.600 PS erzeugte.

EINHEIT
Diese Maschine gehörte zum Geschwaderstab des im Dezember 1944 zur Verteidigung des deutschen Luftraums in Merzhausen stationierten Jagdgeschwaders 2 „Richthofen".

Links: Allein die Ta 152H-0 und die Ta 152H-1 wurden tatsächlich gebaut; der zweite Typ entsprach dabei dem vollen Produktionsstandard. Die Abbildung zeigt eine den britischen Streitkräften in die Hände gefallene Maschine dieses Typs.

TREIBSTOFF
Unter dem Cockpit befanden sich zwei Tanks mit einer Kapazität von je 523 l, die eine Reichweite von ca. 837 km ermöglichten. Weitere 115 l konnten im Heckrumpf untergebracht werden, sofern dort kein MW 50 installiert war.

WASSER-EINSPRITZUNG
Nur wenige Serienmaschinen besaßen das MW-50-Wasser-Methanol-Einspritzsystem. Es erzeugte im Triebwerk 2.240 PS in Meereshöhe und konnte für jeweils 10 Minuten eingesetzt werden. Die Maschinen führten Wasser für 40 Minuten Einsatz mit.

BEWAFFNUNG
Die Basisbewaffnung bestand aus zwei MG-151-Kanonen in den Tragflächenwurzeln mit je 250 Schuß Munition und zwei MG-131-Maschinengewehren mit je 475 Schuß Munition. Eine zentrale Aufhängung konnte eine 500 kg schwere Bombe tragen, weitere Aufhängungen für Bomben befanden sich in den äußeren Tragflächen.

DIENST
Trotz der Stabssymbole wurde diese Maschine von Feldwebel Werner Hohenberg von der 4./JG 2 während der „Bodenplatte"-Operation gegen die alliierten Flugplätze am 1. Januar 1945 geflogen. Bodenstellungen der US Army in der Nähe von Lüttich in Belgien schossen die Maschine ab und nahmen den Piloten gefangen.

Links: Die mit dem DB-603LA-Triebwerk ausgestattete Ta 152C mit kurzer Spannweite hatte den Lufteinlaß an der linken Seite.

Links: Die Ta 152H mit dem 213E-Triebwerk und großer Spannweite wies den Lufteinlaß an der rechten Seite auf.

Junkers JU 88

„SCHNELLBOMBER"

Die Ju 88 V1 (erste Versuchsmaschine) flog erstmals am 21. Dezember 1936 unter den Händen von Flugkapitän Kindermann, dem Cheftestpiloten bei Junkers. Sie war zunächst als reiner Schnellbomber konzipiert, erwies sich aber als unglaublich vielseitig. Später wurde sie auch auf vielen anderen Gebieten eingesetzt.

Rechts: Die Testpiloten Seibert und Heintz stellten mit diesem Typ einen neuen Weltrekord auf, als sie eine Nutzlast von 2.000 kg mit einer Durchschnittsgeschwindigkeit von 516,89 km/h über einen 1.000-km-Rundkurs beförderten.

„Wo ist die Ark Royal?", schrillte die Stimme von Josef Goebbels, Hitlers Reichsminister für Volksaufklärung und Propaganda, am 26. September 1939. Am Nachmittag des 26. hatten vier der neuen Ju-88-Bomber die britische Flotte in der Nordsee angegriffen. Einer der Piloten, der ehemalige Rechliner Testpilot Carl Francke, meldete, daß eine seiner Bomben den britischen Flugzeugträger getroffen haben könnte. Das war ein Irrtum. Alle britischen Schiffe hatten den Angriff unbeschadet überstanden. Am 9. Oktober, schlugen die neuen Bomber des Kampfgeschwaders 30 erneut zu. Diesmal traf eine der großen Bomben einen Kreuzer, explodierte aber nicht. Außerdem wurden zwei Ju 88 abgeschossen, darunter die Maschine des Gruppenkommandanten Pohle.

Das Debüt eines neuen Bombertyps hätte kaum niederschmetternder sein können. Mehr noch, die Ju 88 verfügte nicht nur über eine schwache Abwehrbewaffnung, es stellte sich auch noch heraus, daß ein Bordschütze allein unmöglich vier einzelne Maschinengewehre richten, feuern und nachladen konnte. Zu allem Überfluß litt die Zelle der Ju 88 an Festigkeitsproblemen, so daß Kunstflugmanöver untersagt werden mußten. Trotzdem baute man die Ju 88 in Dutzenden von Versionen für jede nur denkbare Einsatzart; und das in einer Größenordnung, die in der Geschichte zweimotoriger Flugzeugtypen einmalig war.

Oben: Die Ju 88 V6 war der zweite Prototyp mit der endgültigen Bugverglasung des Bombers und mit dem neu entworfenen Fahrwerk und den schlanken Motorgondeln. Wie die V5-Rekordmaschine hatte auch sie Jumo-211B-1-Motoren, die allerdings Vierblatt-Luftschrauben antrieben.

Links: Frühe Ju-88-Bomber in der Serienfertigung. Fast 15.000 Ju 88 wurden gebaut – der mit Abstand meistproduzierte deutsche Bomber des Zweiten Weltkriegs.

Unten: Die für ihre Rekordflüge modifizierte Ju 88 V5.

Dieses Kriegsflugzeug entstand 1936 auf der Grundlage einer Luftwaffenanforderung für einen Schnellbomber. Die Maschine sollte mindestens 30 Minuten lang eine Geschwindigkeit von 500 km/h halten, eine Bombenzuladung von 800 kg mitführen und auf kurzen Pisten starten und landen können. Die Entwürfe von Henschel und Messerschmitt schieden aus dem Wettbewerb aus, und Junkers hatte freie Bahn. Der Hersteller wurde von vornherein angewiesen, den Entwurf ohne Kompromisse ausschließlich auf die Einsatzart als Bomber hin zu konzipieren.

Weltrekorde

Im Januar 1936 begann man mit der Konstruktion. Zwei Jahre zuvor hatte Junkers die herkömmliche Bauweise in Form der gewellten Blechbeplankung aufgegeben, mußte dann jedoch feststellen, daß dem Unternehmen die neuesten Fertigungsverfahren für eine mittragende Außenhaut fehlten. Für den Bau der Zelle stellte man daher eigens zwei amerikanische Konstrukteure ein. Das Ergebnis

war eine der besten Strukturen aller Flugzeuge des Zweiten Weltkriegs. (Die eingangs erwähnten Anfangswehen währten nur kurz.) Das Grundmuster hatte einen schlanken Rumpf, dessen vorderer Abschnitt die dreiköpfige Besatzung aufnahm. Als Antrieb dienten zwei DB-600Aa-Reihenmotoren, die unter die Trapezflächen des Mitteldeckers gehängt waren. Zwei relativ kurze Bombenschächte – einer zwischen den Hauptholmen, der andere hinter dem Hilfsholm – nahmen die volle Breite des Rumpfes ein.

Die Ju 85 mit dem Doppelleitwerk gab man bald auf und konzentrierte sich auf die sauber durchkonstruierte Ju 88, deren erster Prototyp am 21.

Ju-88-Prototypen

Am 15. Januar 1936 begann die Arbeit an zwei Parallelprojekten: die Ju 85 mit Doppelseitenleitwerk und die Ju 88 in der üblichen Auslegung mit nur einer Seitenflosse. Man entschied sich schließlich für den letztgenannten Entwurf in Verbindung mit dem DB600Aa als Antrieb für die **Ju 88 V1 (1)**. Am 31. Dezember 1936 hob sie zum ersten Mal vom Boden ab. Die V2 war ähnlich, aber die **Ju 88 V3 (2)** wurde von stärkeren Jumo-211A-Motoren angetrieben. Das Kabinendach war nach oben erweitert und ein Bombenvisier in einer blasenförmigen Verkleidung unter der Bugwanne installiert. Die **Ju 88 V4 (3)** erhielt einen neu verglasten Bug sowie eine Unterrumpfkuppel für ein nach hinten feuerndes Maschinengewehr. Die **Ju 88 V5 (4)** war ähnlich, hatte jedoch Jumo-211B-1-Motoren, bis dieser Prototyp für Geschwindigkeitsrekordflüge völlig umgebaut wurde. Die **Ju 88 V6 (5)** war der eigentliche Prototyp für die A-Serienbomber dieses Musters mit serienmäßig produzierten Triebwerken und modifiziertem Fahrgestell.

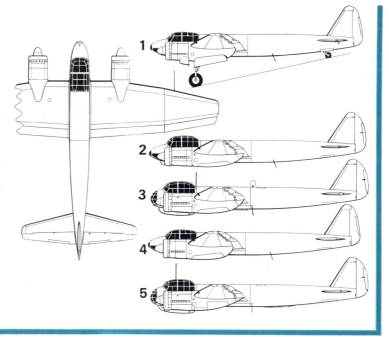

Auf einem vorgeschobenen Feldflugplatz wartet eine Ju 88A-4 darauf, mit Bomben beladen zu werden. Die weiße Rumpfbinde weist auf den Einsatzraum Mittelmeer hin. Die Ju 88A-4 stellte die stärkeren Jumo-211J-Triebwerke, eine größere Spannweite, metallbeplankte Querruder und ein stärkeres Fahrwerk vor.

Oben: Das Edelweiß-Abzeichen weist diese Ju 88A-2 als eine Maschine der I./KG 51 aus. Die A-2 war mit Jumo-211G-1-Motoren ausgerüstet. Außerdem konnten Starthilfsraketen unter die Tragflächen montiert werden.

Rechts: Drei Ju 88A-4 der III. Gruppe des Lehrgeschwaders 1, das im östlichen Mittelmeerraum operierte. Nach der Luftschlacht um England wurde das LG1 zunächst in den Mittelmeerraum, dann nach Belgien und über Deutschland nach Dänemark verlegt. Als einziges Ju-88-Geschwader wurde das LG1 nie an der Ostfront eingesetzt.

Ju-88A-Serienflugzeuge

Die Ju 88A-0 entsprach grundsätzlich der Versuchsmaschine V6 mit Sturzflugbremsen und Aufhängungen für Bomben unter den Tragflächen. Die ersten Maschinen gingen zunächst an das Erprobungskommando 88 und rüsteten anschließend die I./KG 25 aus. Diese Gruppe übernahm die ersten **Ju 88A-1**, bei denen man wieder zu Dreiblatt-Propellern übergegangen war. Das Basismuster für die Serienfertigung wurde mit Jumo-211G1-1-Motoren und Starthilfsraketen unter den Tragflächen in A-2 umbenannt. Die A-3 war die Schulversion der A-1 mit Doppelsteuerung. Die **Ju 88A-4 (2)** war die erste deutlich verbesserte Version dieses Musters; sie führte neben leistungsstärkeren Motoren ein verstärktes Fahrwerk, metallbeplankte Querruder und eine größere Spannweite ein. Schwierigkeiten bei der Entwicklung des Jumo-211J-Triebwerks führten zur A-5 als Zwischenlösung. Bei diesem Bomber handelte es sich grundsätzlich um eine A-2 mit den neuen Tragflächen von größerer Spannweite. Die **Ju 88A-6 (6)** wurde eigens zur Abwehr britischer Ballonsperren entwickelt. Sie erwies sich aber als zu langsam und zu schwerfällig und wurde daher rasch von der Einsatzverwendung abgezogen. Bei einigen A-6 baute man das schwere Kabeltrenngeschirr ab und installierte statt dessen ein FuG-200-Radargerät in den Bug. In dieser Form wurden sie als Ju 88A-6/Us zur Seezielbekämpfung eingesetzt. Einige Ju 88A-5 baute man zu Schul-

Dezember 1936 flog. Der fünfte Prototyp stellte mehrere Geschwindigkeitsweltrekorde auf Fernflügen mit schwerer Zuladung auf. Die Spitzengeschwindigkeit der Hurricane, die gerade bei der RAF in Dienst gestellt wurde, lag nicht höher. Diese Rekorde dürften also auch für die britische Regierung interessant gewesen sein, zumal die Serienfertigung der Ju

88 kurz bevorstand. Der Bug wurde an der Unterseite um einen gondelartigen Waffenstand für ein viertes Besatzungsmitglied erweitert, der die nach vorn, hinten unten und hinten oben feuernden Maschinengewehre bediente. Das bisherige Hauptfahrwerk mit doppelten Ölstoßdämpfern und elektrischer Betätigung wurde durch eine völlig neue Baugruppe mit

langen Einzelbeinen ersetzt, deren hochgespannte Stahlringe mit trapezförmigem Profil den Landestoß auffingen. Die großen Räder mit Niederdruckreifen wurden hydraulisch eingezogen, wobei sie um 90° gedreht wurden, so daß sie flach im hinteren Teil der Motorgondel lagen. Unter dem inneren Tragflächenteil wurden vier Aufhängungen für Bom-

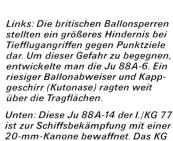

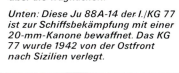

Links: Die britischen Ballonsperren stellten ein größeres Hindernis bei Tiefflugangriffen gegen Punktziele dar. Um dieser Gefahr zu begegnen, entwickelte man die Ju 88A-6. Ein riesiger Ballonabweiser und Kappgeschirr (Kutonase) ragten weit über die Tragflächen.

Unten: Diese Ju 88A-14 der I./KG 77 ist zur Schiffsbekämpfung mit einer 20-mm-Kanone bewaffnet. Das KG 77 wurde 1942 von der Ostfront nach Sizilien verlegt.

kam die A-5 mit einer endgültigen Spannweite von 20,08 m, zusätzlichen Bombenschlössern unter den Außenflügeln und einem stärkeren Fahrwerk. Von Anfang an hatten Spaltklappen die gesamte Hinterkante beider Tragflächen eingenommen, deren äußere Teile als Querruder wirkten. Beim neuen Tragflügel wurden diese von Junkers patentierten „Doppelflügel" aber nicht bis zum äußersten Ende erweitert. Die A-3 und A-7 waren Schulflugzeuge, die auf der A-1 bzw. auf der A-5 basierten.

Außergewöhnliche Wendigkeit

Mitte 1941 erreichten die ersten ausgereiften Ju 88A-4 die Einsatzverbände. Diese Version beinhaltete alle Änderungen der A-5, nur mit dem Unterschied, daß der neue Jumo-211J-Motor mit 1.340 PS das Leistungsvermögen insgesamt verbessert hatte. Andererseits war das Gesamtgewicht gewaltig gestiegen: von 10.360 kg der A-1 auf 14.000 kg bei der A-4 und ihren zahllosen Untervarianten. Das schmälerte jedoch erheblich das Leistungsspektrum. Trotzdem war die A-4 bei der Truppe sehr beliebt, weil sie sich prima fliegen ließ und praktisch alles konnte. Ein beständiges Merkmal nahezu aller Versionen der JU88 war es, daß sie ein großes Leistungsspektrum mit außergewöhnlicher Wendigkeit in horizontaler und vertikaler Ebene verbanden. Selbst Bombeneinsätze aus dem steilen Sturzflug heraus bereiteten der Ju 88A-4 keinerlei Schwierigkeiten; bei einem anderen Flugzeug dieser Größe hätte man zittern müssen. Wenn der Pilot den Bremsklappenhebel zum Sturzflug

ben angebracht. Dadurch stieg die gesamte Bombenlast auf beachtliche 2.400 kg. Gitterartige Sturzflugbremsen konnten an der Unterseite der Tragflächen beidseitig gegen den Luftstrom ausgefahren werden.

Am 22. September 1939 wurde die Ju 88A-1 bei der I. Gruppe des Kampfgeschwaders 30 (I./KG 30) in Dienst gestellt. Die Produktion lief zunächst langsam an, obwohl das Reichsluftfahrtministerium ein gewaltiges Bauprogramm aufgestellt hatte. Bereits Mitte 1938 waren außer sieben Junkers-Werken noch Anlagen von

Arado, Dornier, Heinkel, Henschel und das Volkswagenwerk damit befaßt. Der schleppende Beginn war aber bis zu einem gewissen Grad auch vorteilhaft, weil man die ersten Versionen einfach als Zwischenlösung gelten ließ. Die bis August 1940 einzige Version der Ju 88 in der Truppenverwendung, die A-1, hatte ein Tragwerk mit kurzer Spannweite (18,38 m). Sie wurde von Junkers Jumo 211B-1 oder G-1, hängenden, flüssigkeitsgekühlten Zwölfzylinder-Reihenmotoren, mit einer Leistung von je 1.200 PS angetrieben. Dann

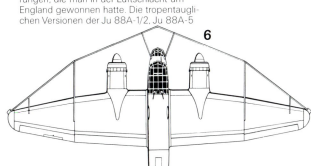

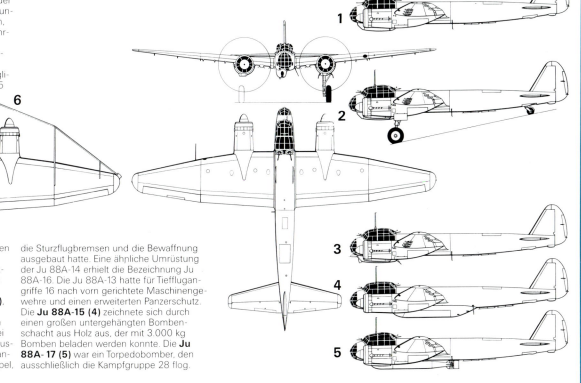

flugzeugen mit Doppelsteuerung unter der neuen Bezeichnung Ju 88A-7 um. Während der gesamten Serienfertigung der Ju 88A-4 flossen unaufhörlich Verbesserungen und Neuerungen in diese Version ein, hauptsächlich auf dem Gebiet der Abwehrbewaffnung und der Form der Kabinenhaube. Sie waren das Ergebnis von Erfahrungen, die man in der Luftschlacht um England gewonnen hatte. Die tropentauglichen Versionen der Ju 88A-1/2, Ju 88A-5

und Ju 88A-4 erhielten die Bezeichnungen Ju 88A-9, A-10 und A-11. Alle anderen A-Serienflugzeuge stellten Weiterentwicklungen der A-4 dar. Die Ju 88A-8 war im Grunde genommen eine A-4 mit Kabeltrenngeschirr; ebenso die **Ju 88A-14 (3)**, obwohl einige Maschinen mit einer 20-mm-Bugkanone zur Bekämpfung von Seezielen ausgestattet worden waren. Bei der Ju 88A-12 handelte es sich um ein Ausbildungsflugzeug mit Doppelsteuerungsanlage, bei dem man die untere Rumpfkuppel,

die Sturzflugbremsen und die Bewaffnung ausgebaut hatte. Eine ähnliche Umrüstung der Ju 88A-14 erhielt die Bezeichnung Ju 88A-16. Die Ju 88A-13 hatte für Tiefflugangriffe 16 nach vorn gerichtete Maschinengewehre und einen erweiterten Panzerschutz. Die **Ju 88A-15 (4)** zeichnete sich durch einen großen untergehängten Bombenschacht aus, der mit 3.000 kg Bomben beladen werden konnte. Die **Ju 88A-17 (5)** war ein Torpedobomber, den ausschließlich die Kampfgruppe 28 flog.

Diese Ju 88A-17 ist mit zwei 765 kg schweren LT-F5b-Torpedos bewaffnet.

nach vorn drückte, wurden die Höhenruder automatisch für den steilen Abwärtsflug ausgetrimmt. Beim Einfahren der Bremsklappen erfolgte die Höhentrimmung umgekehrt, so daß die Maschine automatisch aus dem Sturzflug in die Horizontallage zurückgeführt wurde.

Bei eingefahrenen Bremsklappen konnte die Ju 88 mit 700 km/h stürzen. Während der Luftschlacht um England entzog sich manch einer dieser großen Bomber so den britischen Spitfire-Jagdflugzeugen. Dennoch mußten die Ju-88-Geschwader (KG 30 und KG 51 sowie in geringer Zahl bei einigen anderen Einheiten) insgesamt doch recht schwere Verluste hinnehmen; ganz offensichtlich war die Abwehrbewaffnung völlig unzureichend. Es gab zahlreiche Bewaffnungsmöglichkeiten, doch meistens flogen die Maschinen entweder mit sieben MG81-Maschinengewehren oder mit drei MG81 und zwei 13-mm-MG131 für eine höhere Durchschlagskraft. Die A-13, -14, -15 und -17, die alle auf der Zelle der A-4 gründeten, erhielten eine grundsätzlich andere Bewaffnung. Die A-13 war auf Tieffluganriffe spezialisiert und führte neben dem Panzerschutz als typische Bewaffnung 16 nach vorn feuernde MG17-Maschinengewehre mit Gurtmunition und 500-kg-Splitterbomben mit. Die A-14 war ein Schiffszerstörer mit Kabeltrenngerät, einer 20-mm-Kanone (MG FF) anstelle des Bombenvisiers und erweitertem Panzerschutz. Die A-15 stellte die erste Version dieses zweimotorigen Bombers dar mit einem großen hölzernen Bombenschacht, der 3.000 kg Bomben faßte; allerdings auf Kosten des vierten Besatzungsmitglieds und der Waffengondel unter der Bugwanne. Zum Teil ebenfalls ohne Gondel flog die A-17 mit zwei LT-F5b-Torpedos, für die Peil- und Steuereinrichtungen in einer großen blasenförmigen Verkleidung an der rechten Seite des Vorderrumpfs untergebracht waren.

Mit neu gestaltetem Besatzungsraum bildeten die Ju 88B und E die Ausgangsbasis für die Ju 188. Die Ju 88C, R und G waren in erster Linie Nachtjagdversionen, die in der näch-

sten Folge beschrieben werden. Man konzentrierte sich bei der Serienfertigung zwar weiterhin auf die verschiedenen Untervarianten der A-4, entwickelte daneben aber mit der Ju 88D eine neue Aufklärerversion. Bereits vor dem Krieg hatte man erkannt, daß man für diese Aufgabe etwas Besseres benötigte als die Do 17P. Im Februar 1940 modifizierte man eine A-5 zur Ju 88D-2. Es folgten mehrere D-2-Fernaufkläer, alles Flugzeuge mit der Zelle der A-5 und 211G-Motoren. Hauptserie wurde allerdings die auf der A-4 fußende D-1 mit einem beheizten Rumpfschacht für eine Rb 20/30 – und /oder eine Rb 50/30 - Luftbildkamera. Es entfielen die Sturzflugbremsen, und unter den Innenflächen waren zwei 250-l-Abwurftanks installiert.

Langstrecken-Aufklärer

Die H ist, obwohl sie später als die Ju 88P gebaut wurde, von der D abgeleitet, denn sie sollte Aufklärungsauf-

gaben erfüllen. Erstaunlicherweise hatte die Luftwaffe keine wirklichen Langstrecken-Aufklärer; weder die Fw 200 noch die He 177 und die Ju 290 waren dafür geeignet. Die ausgezeichnete Ju 88D bot sich als Ausgangsbasis an, wenn man den Rumpf streckte, um wesentlich mehr Kraftstoff unterzubringen. Man wählte das Merseburger Werk (und nicht die Großanlage in Bernburg) für die Endmontage von je zehn H-1 und H-2 im Jahre 1943.

Für die H-Aufklärungsversionen nahm man das verstärkte Tragwerk des Nachtjägers Ju 88G und zwei BMW-801D-2-Sternmotoren mit je 1.700 PS. Der Rumpf wurde von 14,35 m bei der A-4 auf ganze 17,66 m verlängert. Dadurch stieg die interne Kraftstoffkapazität von normal 2.170 l auf maximal 5.390 l, die nochmals durch zwei abwerfbare Zusatztanks mit insgesamt 1.500 l erhöht werden konnte. Dies ergab eine Reichweite von 5.150 km. Die H-1

Ju-88H-, P- und S-Serienflugzeuge

Die Ju 88H sollte als Superfernaufklärer eingesetzt werden. Sie erhielt einen gestreckten Rumpf, um mehr Treibstofftanks einbauen zu können. Die **Ju 88H-1 (1)** stattete man zur Aufklärung über See mit Luftbildkameras und einem FuG-200-Radargerät aus. Die P- Serie wurde als Antwort auf die zunehmende Bedrohung dieser sowjetischen Panzerkräfte entworfen. Die **Ju 88P-1 (2)** war eine Ju 88A-4 mit einer einzelnen 7,5-cm-Kanone, während die **Ju 88P-2** und die **Ju 88P-3 (3)** (mit erweitertem Panzerschutz) aus zwei 37- mm-Kanonen feuern konnten. Die P-4 trug eine einzelne 50-mm- Kanone in einem kleineren Unterrumpfbehälter. Alle vier Varianten taten Dienst an der Ostfront; die P-2 dagegen wurden auch als Tagjäger eingesetzt. Die Ju 88S-Baureihe entwickelte einen schnellen Tagbomber mit strömungsgünstigem Bug und BMW-801- Triebwerk. Die **Ju 88S-2 (4)** hatte motorgetriebene Turbolader und einen bauchigen Bombenschacht. Die **Ju 88S-3 (5)** trieben Jumo- 213A-Motoren an, deren Leistung durch Stickstoff-Oxyd- Einspritzung gesteigert werden konnte.

Die Ju 88D-1 war grundsätzlich eine Aufklärungsversion des A-4-Bombers mit mehr Kraftstoff und zwei oder drei fernbedienten Luftbildkameras. Der vordere Bombenschacht entfiel natürlich auch bei den Aufklärungsflugzeugen.

Kleines Bild links unten: Die Ju 88P-1 hatte einen nichtverglasten Bug und eine Pak 40 (Panzerabwehrkanone) mit Kaliber 75 mm. Da diese Maschinen erheblich durch Abfangjäger gefährdet waren, konnten sie im Notfall die Kanone abwerfen. Im übrigen wurde ihre Effektivität auch noch durch die niedrige Feuergeschwindigkeit dieser Waffe beeinträchtigt.

Unten: Die Ju 188 ging aus der Ju 88E-0 hervor, die ihrerseits aus einer Ju 88B entwickelt worden war. Die Ju 188 verwendete man für Bombeneinsätze, zur Aufklärung, Erkundung und sogar zur Bekämpfung von Seezielen. Eine ganze Reihe von Varianten wurde entwickelt, doch trotz überlegener Leistung verdrängten sie die Ju 88 nicht in der Produktion. Diese Ju 88E-0 war die persönliche Transportmaschine für General Milch.

Unten: Die Ju-88B-Serie hatte einen breiteren und stärker verglasten Bug als die A-Serie. Die im frühen Entwurfsstadium geplante Bugform wurde als zu radikal befunden. 1939 wurde ein neuer Entwurf vorgelegt, der zugleich ein neues Triebwerk, den Jumo 213, vorsah. Das Programm wurde mit niedriger Vorrangstufe fortgeführt. Dieser Prototyp absolvierte seinen Jungfernflug erst Anfang 1940. Zu diesem Zeitpunkt hatte man als Antrieb den BMW 139 gewählt, der einen Fortschritt gegenüber dem zunächst geplanten Motor darstellte.

Oben: Die Ju 88 P-2 war mit zwei 37-mm-Kanonen in einer kastenförmigen Verkleidung unter der Rumpfwanne bewaffnet. Die in erster Linie zur Panzerabwehr konzipierte P-2 wurde gelegentlich auch gegen Bomberströme der USAAF eingesetzt.

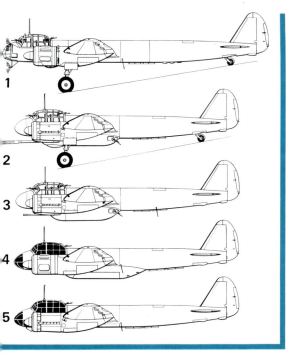

1

2

3

4

5

Die Ju 388 übernahm nur die Zelle der ursprünglichen Ju 88. Die Ju 388, deren Flugwerk dem der Ju 188 entsprach, wurde zur Aufklärung und Höhenjagd für Tag- und Nachteinsätze sowie als Bomber verwendet.

„Schnellbomber"

Die Ju-88T-Serie bestand aus Aufklärungsflugzeugen, die parallel zur S-Bomberserie mit dem gleichen widerstandsarmen Bug und dem gleichen starken Motortyp entwickelt wurden. Anfang 1944 begannen diese Maschinen, die Ju 88D bei den Aufklärungsstaffeln zu ersetzen.

COCKPIT
Die vierköpfige Besatzung der Ju 88 war dicht beieinander im vorderen Rumpfabschnitt vor dem Nasenholm zusammengefaßt. Der Pilot flog auf dem linken Sitz, der zweite Flugzeugführer/Bombenschütze saß etwas tiefer rechts von ihm, so daß er das Bombenvisier in der unteren Rumpfgondel bedienen konnte. Außerdem setzte er das einzelne, nach vorn gerichtete Maschinengewehr MG 81, Kaliber 7,9 mm, vor der Windschutzscheibe ein beziehungsweise die Zwillings-MG 81 oder das einzelne 13-mm-MG-131 im verglasten Bug einiger A-4. Der hinter dem Piloten sitzende Bordingenieur konnte die beiden im hinteren Kabinenteil montierten MG 81 bedienen, die den rückwärtigen Raum sicherten. Der Funker flog hinter dem Bombenschützen und konnte sich jederzeit in die Gondel fallen lassen.

Diese Ju 88A-4 Trop trägt das Wappen des Lehrgeschwaders 1, den pommerschen Greif, am Bug. Das LG1 diente als Lehr- und Versuchsverband für die Ju 88 und nahm an der Luftschlacht um England teil. Dann wurde es in den Mittelmeerraum verlegt. Dieser Verband trug die Hauptlast der Ju-88-Einsätze im Zweiten Weltkrieg. Die I. Gruppe nannte sich nach ihrem Gruppenkommandeur, Hauptmann Joachim Helbig, die „Helbig-Flieger", war aber eher als die „Feuerwehr des Mittelmeers" bekannt, weil die von einem Brennpunkt zum nächsten geworfen wurde. Nach ihrer Teilnahme an den Luftangriffen gegen Malta verlegte man die Einheit nach Libyen, um direkte Unterstützung für Rommels Afrika-Korps beim Vorstoß nach El Alamein zu fliegen. Anschließend wurde sie nach Kreta abgestellt zur Bekämpfung von Seezielen. Im Juni 1944 beorderte man die Einheit nach Belgien zurück, um die Landung der Alliierten in der Normandie abzuwehren. Dann folgte der allgemeine Rückzug vor den vorrückenden Alliierten. Das Kriegsende erlebte der Verband auf einem Fliegerhorst in Schleswig Holstein. Das LG 1 war der einzige Ju-88-Verband, der nicht an der Ostfront eingesetzt worden ist.

BOMBENZULADUNG
Die Ju 88A-4 konnte maximal zehn 50 kg schwere SC-50-Bomben im internen Bombenschacht und vier 250-kg-Bomben (SC 250) oder zwei 500-kg-Bomben (SC 500) an Aufhängungen unter den Tragflächen mitführen. Alternativ konnte die Maschine mit vier SC 500 an den Außenlastträgern beladen werden, wobei die internen Bombenschächte leer bleiben mußten. Der vordere interne Bombenschacht wich einem weiteren Kraftstofftank. Der gondelartige Waffenstand unter dem Bug nahm ein einzelnes, nach hinten gerichtetes MG 131 oder zwei MH 81 auf.

führte drei Kameras im hinteren Rumpfabschnitt und ein FuG-200-Hohentwiel-Radar im Bug mit, um Schiffe der Alliierten weit draußen im Atlantik aufspüren zu können. Die H-2 war ein Langstrecken-Jäger zur Bekämpfung von Jagdflugzeugen, die Begleitschutz für die Konvois der Alliierten flogen (und als Jagdschutz für die H-1). Im unverglasten Bug dieser Maschine befanden sich zwei MG151-20-mm-Bordkanonen und weitere vier in einem Kasten unter dem Rumpf. Seltsamerweise hatte man die Spannweite bei den 20 Ju 88Hs auf 19,95 m gestutzt. Sie nahmen auch nicht am Kampfgeschehen

teil, sondern wurden später zu Mistel-Huckepack-Trägerflugzeugen umgerüstet. Verschiedene andere Projekte mit noch längerem Rumpf und Strahltriebwerken gelangten nicht mehr zur Ausführung.

1943 konzentrierte sich die Produktion zunehmend auf den Bau von Nachtjägern. Es fiel ins Auge, daß die einst ausgezeichnete Ju 88 nicht mehr schnell genug war, um im europäischen Luftraum überleben zu können, der sich zusehends mit immer besseren Jägern der Alliierten füllte. Junkers arbeitete verbissen an der Ju 188, 288 und 388 (sogar eine viermotorige 488 befand sich in der Entwick-

lung); die Luftwaffe benötigte dringend ein schnelleres Flugzeug, möglichst sofort. Bei der bewährten Ju 88 konnte man nur noch den Antrieb verstärken und den Widerstand verringern, indem man auf die Gondel und das vierte Besatzungsmitglied verzichtete. Das Ergebnis war die Ju 88S, die als Ju 88V93 (93. Versuchsmaschine) Anfang 1943 erstmals flog. Den Hauptunterschied machten die 1.700-PS-BMW-801D-Sternmotoren aus. Ferner war der Bug strömungsgünstiger, Sturzflugbremsen, der Rumpfgondel und Außenlastträger unter den Tragflächen entfielen, und man verzichtete auf Panzerung.

Dies alles steigerte die Geschwindigkeit aber nur auf 534 km/h in 5.800 m Höhe.

Im Herbst 1943 nahm man die S-1 in Serie, ausgestattet mit dem BMW-801G-2-Motor und der GM1-Stickstoff-Oxyd-Einspritzanlage, um ihre Höhenleistung zu verbessern. Die Geschwindigkeit stieg auf 610 km/h in 8.000 m Höhe, ohne die beiden riesigen 1.000-kg-Bomben an Außenlastträgern. Die Abwehrbewaffnung bestand aus einem einzigen Maschinengewehr MG131. 1944 wurde noch eine kleine Zahl Ju 88S-2 mit BMW-801TJ-Triebwerk und Turbolader und dem großen hölzernen Bomben-

Junkers Ju 88A-4 Trop, I./LG1
Derna, Libyen, Juli 1942

TRIEBWERK
Die fortwährende Weiterentwicklung des Jumo 211 ergab die leistungsstärkeren Motorversionen Jumo 211F und 211J. Sie hatten eine stärkere Kurbelwelle, ein sauber verkleidetes Schleudergebläse für den Lader, eine bessere Einspritzanlage und eine Druckumlaufkühlung. Der Jumo-211J-Motor gab beim Start 1.340 PS ab. Es war ein flüssigkeitsgekühlter Zwölfzylinder-Reihenmotor und trotz des Ringkühlers kein Sternmotor.

TRAGFLÄCHEN
Die Ju 88A-4 führte ein neues Tragwerk mit größerer Spannweite ein, wodurch die tragende Fläche um 2,32 m² erweitert wurde. Die stoffbespannten Querruder der ersten Ju 88A, die bis zum Randbogen reichten, waren durch metallbeplankte, kürzere Ruder ersetzt worden. Sie ermöglichten eine bessere Kontrolle der Maschine bei hohen Geschwindigkeiten.

STURZFLUGBREMSEN
An der Unterseite der Tragflächen waren einziehbare, durchbrochene Bremsklappen installiert, damit die Maschine steile Sturzflugangriffe unter Einhaltung der richtigen Geschwindigkeit durchführen konnte.

Die letzte Rolle der Ju 88 war die einer unbemannten Flugbombe, die kleinere bemannte Jäger zum Einsatz brachte. Gewöhnlich wurde einer ausgedienten Ju 88 ein gewaltiger Sprengkörper in den Bug gepflanzt. Der Pilot einer aufgesattelten Bf 109 oder FW 190 flog sie zum Ziel. Diese tödliche Kombination nannte man „Mistel".

MARKIERUNGEN
Der gelbe Buchstabe J und der vierte Buchstabe L in Schwarz lassen erkennen, daß diese Maschine zur 3. Staffel der I. Gruppe des Lehrgeschwaders 1 gehörte.

schacht der Ju 88A-15 als Außenlast gefertigt. Er konnte 3.000 kg Bomben und zwei fest eingebaute, nach hinten feuernde MG81 aufnehmen. Im Sommer 1944 verließen noch weniger S-3 mit flüssigkeitsgekühlten Jumo-213A-Motoren und GM1-Einspritzung, jedoch ohne den großen Bombenbehälter, die Junkers-Werke. 1944 wurde die Ju 88T-1 in geringer Zahl ausgeliefert. Es handelte sich um einen schnellen Aufklärer mit der Zelle der S-1, mehr Treibstoff und verschiedenen Kamerarüstsätzen im hinteren Rumpfschacht. Von der T-3, die die Zelle und Motoren der S-3 hatte, wurden nur noch Prototypen gebaut. Als die Produktion 1944 eingestellt wurde, waren insgesamt 9.125 Ju-88-Bomber/Jagdbomber und 1.911 Aufklärungsflugzeuge gefertigt worden.

Ju-88B-Baureihe, Ju 188 und Ju 388

Die im Januar 1936 von Junkers beim Technischen Amt eingereichten Unterlagen für die Ju 88 und Ju 85 beinhalteten auch eine B-Version beider Typen mit einem mächtigen, weitgehend verglasten und zugleich widerstandsarmen Bug. Die neue Maschine gelangte als **Ju 88B-0 (1)** zur Truppenerprobung und kam beim fliegenden und technischen Personal gut an. Um die laufende Produktion der Ju 88A nicht zu unterbrechen, wurde nur eine kleine Serie aufgelegt. Die Ju 188 verband den Rumpf und Antrieb der Ju 88B-0 mit den Tragflächen größerer Spannweite der Ju 88A-4, doch legte man den Entwurf so aus, daß entweder der Jumo 213 (Ju 188A, C und D) oder der BMW 801 (Ju 188E, F, G und H) eingebaut werden konnte. Die **Ju 88E-1 (2)** trieben BMW-801ML-Motoren an. Die Ju 188R, S und T waren druckbelüftete Nachtjäger, Stör- und Aufklärungsflugzeuge für große Höhen mit Jumo-Motoren. Nur ein halbes Dutzend wurde ausgeliefert, bevor die 188-Serie zugunsten der Ju 388 mit BMW-801-Motoren aufgegeben wurde. Die neue Version trug die Bezeichnung Ju 188J, K und L. Die **Ju 388L-0 (3)** war ein Fernaufklärer, die 388J ein Nachtjäger und die 388K ein Bomber.

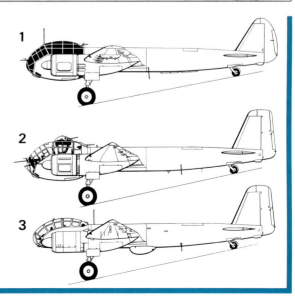

Junkers JU 88

„NACHTJÄGER"

Links: Bei diesem Zerstörer-Jagd-flugzeug Ju 88C-6 hat man den Bug so gestrichen, daß er wie die verglaste Nase des Ju-88-Bombers aussieht. Vermutlich wollte man damit die sowjetischen Jagdpiloten täuschen.

Die Ju 88C-6 erwies sich als effektiver Zerstörer. Trotz ihrer Größe war sie sehr wendig, besaß ein hohes Leistungsvermögen und enorme Feuerkraft. Diese Maschine des KG 3 wurde im November 1943 von der Insel Leros aus zur Unterstützung von Fallschirmjägern eingesetzt.

Im Mai 1945 durchkämmten die Nachrichtentrupps der Alliierten das zerstörte Deutschland, auf der Suche nach intakten Kriegsflugzeugen der neuesten Muster. Sozusagen überall stießen sie auf riesige grau gestrichene Ju-88G-Nachtjäger. Gemessen an der Spannweite, gehörten diese Maschinen zu den größten Jagdflugzeugen, die jemals gebaut wurden. Sie starrten nur so von Antennen und ausgeklügelten Sensoren. Ungeheures Leistungsvermögen und eine effektive Bewaffnung machten diese Maschinen zu einer absolut wirksamen Waffe.

In den letzten Kriegsjahren hatte die Luftwaffe einen unersättlichen Bedarf an Jagdflugzeugen. Bis zum endgültigen Zusammenbruch des "Tausendjährigen Reiches" wurden sie in den Flugzeugwerken gebaut, nachdem die Produktion aller anderen Muster schon längst eingestellt worden war.

Als diese Ju 88G-1 am 13. Juli 1944 irrtümlich auf dem britischen Fliegerhorst Woodbridge landete, stand die G-Serie erst zwei Monate in Dienst bei den deutschen Jagdgeschwadern. Der Royal Air Force bot sich eine unvergleichliche Gelegenheit, den neuesten deutschen Nachtjäger sofort auswerten zu können. Das Radargerät SN-2 Lichtenstein und der Zusatzempfänger Flensburg (der das Heckwarnradar „Monica" der RAF-Bomber anpeilte), wurden entdeckt, so daß die RAF Gegenmittel entwickeln konnte.

„Nachtjäger"

Offensive. Hunderte von Ju-88-Bombern rollten von den Montagestraßen, um den Sieg im Blitzkrieg herbeizuführen. Dann erschienen einige Jäger-Versionen. 1940 befanden sich unter 2.208 gebauten Ju 88 ganze 62 Jäger. 1941 waren es 66 Nachtjäger bei einer Gesamtzahl von 2.780. Dann zeigten die Angriffe des britischen Bomberkommandos allmählich ihre Wirkung: 1942 stieg die Zahl der Jäger auf 257 bei einer Gesamtproduktion von 3.094 Ju 88. 1943 waren von 3.260 gefertigten Maschinen 706 Nachtjäger. 1944, als das Reich langsam aber sicher in Trümmer zerfiel, stieg die Zahl auf 2.518 von insgesamt 3.234 Ju 88. 1945 wurden noch 355 Ju 88 gebaut, und zwar ausschließlich Nachtjäger.

Schon 1938 interessierte man sich jedoch für ein schweres Jagdflugzeug oder einen schweren Zerstörer.

Die erste Gattung dieser neuen Kategorie war die Bf 110, in der Göring ein Spitzenflugzeug seiner Luftwaffe sah. Ihre Aufgabe bestand darin, den kleineren Bf 109 vorauszu-

Bf 110. Aber wozu? Die 110 konnte jeden Gegner schlagen (so meinte man), und Hitler brauchte die Ju 88 als Bomber.

Zerstörer

Anfang 1939 schlug Junkers die Ju 88B mit einer neuen stromlinienförmigen Kanzel und BMW-801-Sternmotoren vor. Sie war sowohl als Bomber wie als Kampfzerstörer einsetzbar. Die erste Kategorie nahm allmählich in der Ju 188 Gestalt an, die Entwicklung des Jagdflugzeugs verlief jedoch schleppend. Erst im Sommer 1939 erhielt das Unternehmen die Genehmigung zum Bau eines Ju-88-Jagdprototyps. Für die Umrüstung wählte man die V7 (die siebte Versuchsmaschine), die bereits im September 1938 als Erprobungsflugzeug für die A-Serienbomber geflogen war.

Diese erste Umrüstung gestaltete sich noch recht einfach. Man baute eine 20-mm-Kanone MG FF und drei MG-17-Maschinengewehre in den Bug; die Plexiglasscheiben vorn

rechts, um den Mündungsbereich der Waffen, wurden durch Aluminiumbleche ersetzt; das Bombenvisier wurde entfernt und die Besatzung auf drei Mann reduziert; das Nachladen der Trommelmagazine je Schuß wurde dem Bordmechaniker übertragen. Später wurde diese Maschine komplett umgebaut mit vier Passagiersitzen im ehemaligen Bombenschacht und vier Bullaugen auf beiden Seiten. Fortan diente sie als schnelles Transportflugzeug für den Generalstab.

Im Winter 1939/40 genehmigte man Junkers die Serienfertigung einer Zerstörer-Version. Die Ju 88C-1 sollte mit BMW-801MA-Sternmotoren und einer vorwärtsfeuernden Bewaffnung von zwei MG-FF-Bordkanonen und zwei MG-17-Maschinengewehren ausgerüstet werden. Da man die BMW-Flugzeugmotoren vorrangig für die FW 190 benötigte, konnte Junkers erst im Jahre 1940 62 Jagdflugzeuge der Version C-2 mit der geplanten Bewaffnung, aber mit der Zelle und dem Antrieb der Ju 88A-1 liefern. Die einzigen echten Neuerungen waren ein glatter Metallbug und der Einbau eines zusätzlichen Panzerschotts vor der Kanzel mit Bohrungen für die Kanonenrohre. Diese Maschinen rüsteten eine neu aufgestellte Staffel des KG 30 aus, die im weiteren Verlauf des Jahres 1940 den Kern der II./NJG 1 (später I./NJG 2) bildete, der ersten Nachtjagdeinheit der Luftwaffe.

Etwa im September 1941 hatte man die Produktion auf die Ju 88C-4 umgestellt, die auf der Zelle der A-4 mit Jumo-211J- Motoren gründete. In der gondelförmigen Wanne unter dem Bug waren zusätzlich zwei MG FF installiert, und in die Bombenschlösser unter den Tragflächen konnten zwei Behälter mit je sechs MG-81-Maschinengewehren eingehängt werden. 1942 ging die C-5 mit 1.700-PS-BMW-801D-2-Motoren in Serie, die diesen Maschinen eine Geschwindigkeit von 570 km/h verliehen. In einer Auswölbung unter

Eine der merkwürdigsten Episoden dieses Krieges war der Frontenwechsel einer kompletten Besatzung der 10./JG 3 mit ihrer Ju 88R-1 von Norwegen nach Großbritannien. Die Aktion muß im voraus geplant worden sein, denn der deutsche Nachtjäger wurde von drei Spitfires in Empfang genommen und zum Flugplatz Dyce geführt.

Ein Ju-88-Nachtjäger versucht sein Heil in der Flucht. Die Ju 88 konnte eine britische Beaufighter oder Mosquito mühelos auskurven, aber gegen eine Mustang hatte sie keine Chance.

Eine erstaunliche Entwicklung, wenn man bedenkt, daß die Ju 88 1936 als Bomber entwickelt worden war. Die Ausschreibung hatte die Konstrukteure in den Dessauer Junkers-Werken sogar ausdrücklich angewiesen, keinerlei Kompromiß zugunsten anderer Einsatzmöglichkeiten einzugehen.

Die Geschichte der Ju 88 spiegelt das Schicksal des großdeutschen Reiches wider. Zu Beginn des Krieges lag der Schwerpunkt eindeutig in der

fliegen und die gegnerischen Kampfflugzeuge vom Himmel zu jagen, eine Bresche für nachfolgende Bomber zu schlagen und Schiffe anzugreifen – kurz, all das, was man heute unter dem Begriff „Störeinsatz" zusammenfaßt. 1938 erkannte der Luftwaffenführungsstab zwar, daß die unglaublich fähige Ju 88 eine gute Grundlage für den geplanten Nachtjäger abgäbe. Bei gleicher Geschwindigkeit könnte sie mit sogar schwererer Bewaffnung weiter fliegen als die

Die ersten Ju-88-Nachtjäger unterschieden sich äußerlich kaum von den Zerstörer-Versionen. Diese Ju 88C-6 gehörte zum Nachtjagdgeschwader 1 (NJG 1).

dem Bombenschacht trug sie zwei zusätzliche MG 17, im Bug drei weitere Maschinengewehre und eine 20-mm-Kanone MG 151, die aber die Leistung nicht beeinträchtigten. Der Mangel an BMW-Motoren begrenzte diese Serie auf nur zehn Maschinen. Die Produktion wurde aber mit der C-6 verstärkt fortgesetzt, die im großen und ganzen der C-4 entsprach, aber stärker gepanzert war. Sie stellte die erste Jagdversion dar, die in großer Stückzahl gebaut wurde.

Ende 1942 standen die Radargeräte FuG 202 Lichtenstein BC und

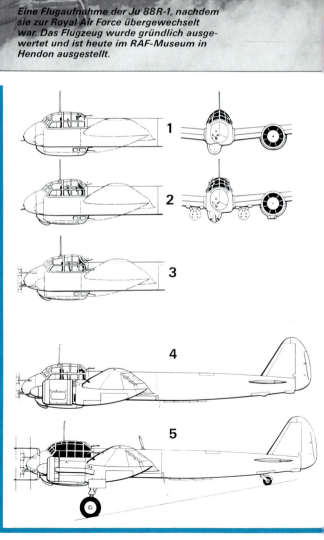

Eine Flugaufnahme der Ju 88R-1, nachdem sie zur Royal Air Force übergewechselt war. Das Flugzeug wurde gründlich ausgewertet und ist heute im RAF-Museum in Hendon ausgestellt.

Oben: Diese Ju 88C-6b ist mit dem FuG 212 Lichtenstein C-1 ausgerüstet. Dieser frühe Gerätetyp erwies sich als stark anfällig gegenüber Düppelmaterial und wurde daher bald durch ein neues Bordradar ersetzt.

Unten: Die Antennen unter den Tragflächen waren Teil der Flensburg-Ausrüstung, die das Heckradarwarngerät Monica der britischen Bomber anpeilen konnte. Diese Maschine ist mit dem FuG 202 Lichtenstein BC ausgestattet.

FuG 212 Lichtenstein C-1 zur Verfügung. Ihre gewaltige Dipol-Antennengruppe erzeugte am Bug viel Widerstand. Mit Radarausrüstung wurde die C-6 zur C-6b. Damit hatten die Nachtjagdverbände erstmals ein Jagdflugzeug mit großer Flugdauer in der Hand. Es konnte die „Himmelbett-Sektoren" der sogenannten Kammhuber-Linie, die von der Schweiz über Ostfrankreich, Belgien, die Niederlande und Norddeutschland bis nach Dänemark reichte, wirksam überwachen. Die in C-6y umbenannten Tagjäger operierten vorwie-

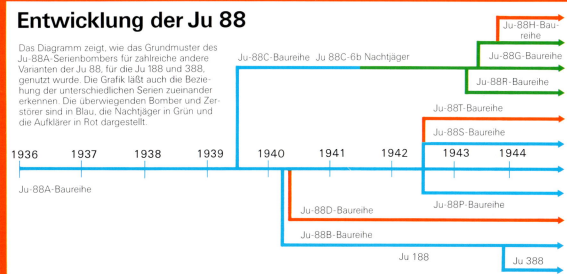

Entwicklung der Ju 88

Das Diagramm zeigt, wie das Grundmuster des Ju-88A-Serienbombers für zahlreiche andere Varianten der Ju 88, für die Ju 188 und 388, genutzt wurde. Die Grafik läßt auch die Beziehung der unterschiedlichen Serien zueinander erkennen. Die überwiegenden Bomber und Zerstörer sind in Blau, die Nachtjäger in Grün und die Aufklärer in Rot dargestellt.

Ju-88H-Baureihe
Ju-88G-Baureihe
Ju-88R-Baureihe
Ju-88C-Baureihe Ju 88C-6b Nachtjäger
Ju-88T-Baureihe
Ju-88S-Baureihe

1936 1937 1938 1939 1940 1941 1942 1943 1944

Ju-88A-Baureihe
Ju-88D-Baureihe
Ju-88P-Baureihe
Ju-88B-Baureihe
Ju 188
Ju 388

Das Bild zeigt die Überläufermaschine, bevor die Briten sie umspritzten und mit eigenen Markierungen versahen. Das Radar wurde zur sofortigen technischen Auswertung ausgebaut.

Ju-88C-Zerstörer und Nachtjäger

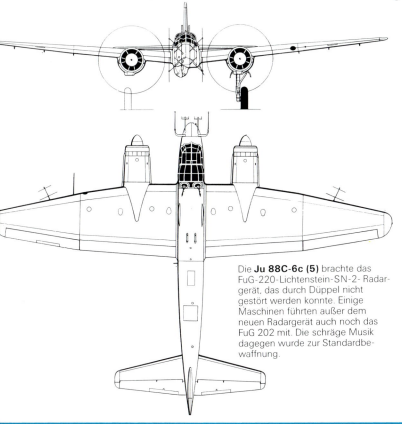

*Die **Ju 88C-6c (5)** brachte das FuG-220-Lichtenstein-SN-2-Radargerät, das durch Düppel nicht gestört werden konnte. Einige Maschinen führten außer dem neuen Radargerät auch noch das FuG 202 mit. Die schräge Musik dagegen wurde zur Standardbewaffnung.*

Das Potential der Ju 88 als Zerstörer erkannte man zu einem sehr frühen Zeitpunkt. Als Erprobungsflugzeug diente die Ju 88 V7 mit drei 7,9-mm-Maschinengewehren und einer 20-mm-Kanone auf der rechten Seite des verglasten Bugs. Der erste serienmäßige Zerstörer war die **Ju 88C-2 (1)**, die noch auf den Montagebändern der Ju 88A-1 umgerüstet wurde. Ein paar Maschinen stießen zur Fernnachtjagdgruppe, die im September 1940 in I./NJG 2 umbenannt wurde. Diese Zerstörer flogen auch Nachtstöreinsätze gegen die Bomberbasen der Royal Air Force. Die **Ju 88C-4 (2)** war die erste Jagdversion der Ju 88. Die auf der Zelle der A-4 mit der großen Spannweite fußende C-4 hatte außer den Maschinengewehren im unverglasten Bug zwei Kanonen in einer Wanne an der Unterseite des vorderen Rumpfabschnitts. In die Bombenschlösser unter den Tragflächen konnte zur Bekämpfung von Bodenzielen ein Behälter mit sechs MG-81-Maschinengewehren eingehängt werden. Die **Ju 88C-6b (3)** hatte neben einem erweiterten Panzerschutz entweder das FuG-202- oder das FuG-212-Bordradar. Später kam die in Zelle und Ausrüstung gleiche **Ju 88R-1 (4)** hinzu, die aber von BMW-801-Sternmotoren angetrieben wurde. Der stärkere Antrieb glich den Widerstand durch die Radarausrüstung aus.

gend über dem Atlantik und über dem Mittelmeer.

Anfang 1943 wurden ein paar Ju-88R-1-Nachtjäger geliefert, die bis auf ihr BMW-801MA-Triebwerk der C-6b entsprachen. Eine der ersten R-1, eine Maschine der 10./NJG 3, startete in Norwegen zu einem der geheimnisumwittertsten Flüge des Zweiten Weltkriegs. Am 9. Mai landete sie auf dem RAF-Flugplatz Dyce, dem heutigen Aberdeen Airport. An Bord befand sich die vollständige Besatzung und die komplette Einsatzausrüstung. Die Maschine wurde offenbar erwartet, denn Spitfires stiegen ihr entgegen, um sie zum Platz zu leiten. Man überführte die R-1 sofort nach Farnborough, wo sie als PJ876 ausgiebig getestet wurde. Heute steht die Maschine perfekt restauriert im Originalanstrich und mit den Hoheitsabzeichen der Luftwaffe als Nummer 360043 im Battle of Britain Museum in Hendon.

Zu Beginn des Jahres 1944 gab die Luftwaffe dem Nachtkampf höchste Priorität. Die Produktion der Ju 88 verlagerte den Schwerpunkt von Bombern auf Nachtjäger. Außerdem steigerte man die Effektivität aller Maschinen durch ein neues Radargerät, das nicht mehr immun gegen die Stanniolstreifen („Window" oder „Düppel") der schweren RAF-Bomber war, und durch völlig neue passive Empfänger. Sie konnten den Nachtjäger mit Hilfe der von den RAF-Bombern ausgehenden Funksignale automatisch zum Ziel führen.

Eine der meistgebauten Versionen war zugleich die mit der schwächsten Leistung. Die übernommenen Motoren sowie die Zelle blieben unverändert und konnten die zusätzliche Ausrüstung kaum verkraften. Ab Oktober 1943 bis etwa Juni 1944 lief die Fertigung der Ju 88C-6c auf Hochtouren. Man hielt zwar an den Jumo-211J-Motoren mit 1.340 PS fest, baute aber das neue leistungsstarke FuG-220-Lichtenstein-SN-2-Radargerät in diese Maschinen ein. Die riesigen Dipolantennen – Hirschgeweih genannt – ließen die Spitzengeschwindigkeit der C-6b um 40 km/h sinken.

Das auf einer Frequenz von 90 Mhz arbeitende SN-2-Bordradargerät ließ sich nicht durch die von den Halifax- und Lancaster-Bombern abgeworfenen Düppelwolken irritieren. Die Verluste der Royal Air Force stiegen alarmierend. Der einzige Nachteil dieses Bordradargeräts war die Mindestreichweite von 400 m. Daher baute man zusätzlich das erste Kurzwellen-Lichtenstein BC in die C-6c ein. Dadurch stieg wieder das Gewicht. Nunmehr verunzierten den Bug nicht weniger als 40 Dipole!

Monica

Die C-6c stellte zwei weitere Avionikanlagen vor, die in jeder Beziehung das Mehrgewicht wert waren; sie rechtfertigten sogar ein viertes Besatzungsmitglied für ihre Bedienung. Das FuG 350 Naxos Z war ein passiver Empfänger. Man hatte es auf die diagonal abwärts gerichteten Suchstrahlen des leistungsstarken H2S-Bodendarstellungsradars abgestimmt, das die RAF-Bomber in großen und sehr schweren Behältern an ihrer Unterseite mitführten. Die zur Abwehr der Luftangriffe eingesetzten Nachtjäger konnten die H2S-Radargeräte bereits erkennen, wenn die „Lancs" sich noch im Steigflug über Yorkshire befanden. Sie brauchten nur noch abzuwarten.

Aber nicht nur die H2S-Geräte erwiesen sich als ungünstig, gefährlicher war noch das Radargerät Monica. Die Engländer hatten ihre Lancaster und Halifax mit dem kleinen, nach hinten gerichteten Radar ausgerüstet, in der irrigen Annahme, daß dadurch ihre Überlebenschancen stiegen. Es war am äußersten Ende des Hecks direkt über dem Heckwaffenstand angeordnet. Monica sollte die Bomberbesatzung vor Abfangjägern warnen, die sich aus dem hinteren Sektor näherten. In der Praxis schalteten die meisten Besatzungen das Gerät aus, weil Monica ständig vor den eigenen schweren Bombern im hinteren Strom „warnte". Das rettete ihnen wahrscheinlich das Leben. Die Bomber, die Monica in Betrieb hatten, lieferten den C-6c unfreiwillig

eine Art Leuchtfeuer im Dunkeln. Das FuG 227 Flensburg, mit dem die C-6cs neuerdings ausgestattet waren, konnte Monica aus Entfernungen bis zu 120 km anpeilen.

Das war aber noch längst nicht alles. Die C-6c erhielt als Standardbewaffnung die sogenannte schräge Musik, zwei MG-151-Kanonen, deren Rohre im Winkel von 70° schräg nach vorn aus dem Mittelrumpf ragten. Unter Einsatz aller Sensoren konnte der Nachtjagdpilot seine Maschine ohne weiteres in Schußposition für diese Waffen manövrieren, d.h. etwa 300 m tiefer und hinter den Bomber, wo er nicht vom Radargerät Monica erfaßt werden konnte.

Dieser Jäger fiel den Briten in die Hände, nachdem sich die Besatzung aufgrund eines Kompaßfehlers hoffnungslos verflogen hatte und irrtümlich auf dem RAF-Fliegerhorst Woodbridge gelandet war.

Links: Bei einigen Ju 88 waren die Antennen des FuG 220 schräg gerichtet, um Interferenzen auszuschalten. Diese von BMW-Motoren angetriebene Ju 88G-7 ist mit der Peilanlage Naxos Z – dunkle Kuppel am hinteren Kabinendach – ausgestattet.

Unten: Diese Aufnahme einer Ju 88G-1 zeigt die ursprüngliche Antennenanordnung des FuG-220-Lichtenstein-SN-2-Radargeräts. Die Maschine trägt anscheinend den Standard-Sichtschutz der Tagbomber.

Links: Eine Ju 88G-6 der 1./NJG 100 wird rückwärts in den Schutz der Bäume eines Feldflugplatzes geschoben. Der 1943 aufgestellte Verband wurde den ganzen Krieg hindurch an der Ostfront eingesetzt. Bis Juli 1944 war jede Staffel in drei selbständig operierende Schwärme unterteilt. Jeder Schwarm verfügte über eigene Bahnwagen für rasche Verlegungen im frontnahen Raum. Im Juli 1944 bewegte sich die 1. Staffel des NJG 100 geschlossen zunächst nach Warschau, dann weiter nach Norden an die Ostseeküste. Hier flog sie unter der Führung eines an der Küste vor Anker liegenden Schiffes mit einem Weitbereichsradar Abfangeinsätze.

Rechts: Diese Ju 88G-6c der 7./NJG 5 setzte sich im April 1945 in die Schweiz ab, wo sie beschlagnahmt wurde. Die Maschine trägt die typischen Antennen des FuG 218 Neptun am Bug und eine weitere Antennengruppe am Leitwerk.

Links: Diese als „Panzerknacker" konzipierte Ju 88P-2 trägt die Tarnfarben des Nachtjägers und die Bugantennen eines Lichtenstein-C-1-Bordradars. Diese Kombination in Form eines Nachtjägers mit Bordradar und zwei Mk-103-Kanonen wurde einer umfassenden Einsatzerprobung unterzogen. Die Bewilligung zur Serienfertigung blieb jedoch aus.

Erstaunlicherweise verfügten die RAF-Bomber über keinerlei nach unten feuernde Geschütze. Selbst ein kleines Beobachtungsfenster zur Überwachung des unteren Luftraums fehlte. Alle anderen Richtungen waren dagegen durch drei schwere, motorgetriebene Drehwaffentürme gesichert. Für den Nachtjäger war es ein Leichtes, sich dem Bomber zu nähern und sein Ziel ins Visier zu nehmen, während er praktisch mit seinem Opfer Formation flog. Ohne Leuchtspurmunition zu benutzen, konnte er die Fläche des Bombers mit einem Feuerstoß wegfetzen.

Um das ständige Gewichtsproblem durch die Zusatzausrüstung ein für allemal in den Griff zu bekommen, plante Junkers sogar einen noch besseren Nachtjäger. Die Versuchsmaschine V58 flog zum ersten Mal im Juni 1943. Kennzeichnend für dieses Muster war die Kombination des größeren Seiten- und Höhenleitwerks der Ju 188 mit der Zelle und den 1.700-PS-BMW-801D-Sternmotoren der R88.

Die vorwärtsfeuernde Bewaffnung wurde gewaltig gesteigert: vier MG-151-Kanonen in einer nach links versetzten Wanne unter dem Mittel-

Ju 88G-Baureihe

Der fortwährende Einbau von zusätzlichem Panzerschutz und neuen Geräten sowie der hohe Widerstand durch Radarantennen zehrten zunehmend an der Leistungssubstanz des Ju-88-Nachtjägers. Aus diesem Grund entschied man sich für den BMW-801D-Sternmotor als Standardantrieb für die Jäger, wie ihn die Ju 88R-1 bereits hatte. Bei der Ju 88G-1 reduzierte man die vorwärtsfeuernde Bewaffnung auf vier MG 151 in einer Bodenwanne und ergänzte sie durch ein einzelnes nach hinten gerichtetes MG 131. Lichtenstein-SN-2-Bordradar und Flensburg-Peilempfänger wurden standardmäßig eingebaut. Die G-1 erhielt ständig neue Ausrüstungsgeräte und mündete schließlich in den neuen Standard **Ju 88G-4 (1)**. Die Ju 88G-6a wurde von BMW-801G-Motoren angetrieben und erhielt zusätzlich zwei MG 151, die schräg hoch nach vorn schießen konnten – die „Schräge Musik". Die **Ju 88G-6b (2)** glich der 6a, bis auf das Antennengehäuse für das Naxos Z auf dem Kabinendach. Die Ju 88G-6c hatte Jumo-213A-Motoren; ihre „schräge Musik" befand sich unmittelbar hinter der Kanzel. Als letzte Variante der G-Serie ging die G-7 in Produktion. Die **Ju 88G-7a (3)** unterschied sich von der G-6c durch ihre Jumo-213E- Motoren mit Wasser-Methanol-Einspritzung zur Leistungssteigerung. Die **Ju 88G-7n (4)** war mit dem FuG 228 ausgerüstet, das aber später zugunsten des FuG 218 Neptun ausgebaut wurde, weil dieses Gerät wesentlich störfester war. Dazu gehörte normalerweise die Morgensternantenne, deren Elemente auf einem einzigen Träger zusammengefaßt waren. Bei manchen Maschinen war diese Antenne bereits durch eine Bugkuppel abgedeckt. Zehn G-7 wurden mit dem FuG-240-Berlin-N-1a-Bordradar ausgestattet und als **Ju 88G-7c (5)** bezeichnet.

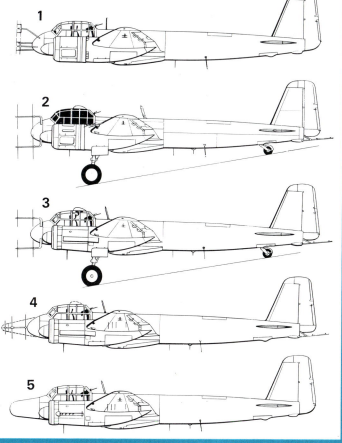

rumpf und zwei weitere Kanonen auf der rechten Bugseite. Alle Waffen waren leicht abwärts gerichtet, und 1.250 Schuß Munition befanden sich in den Magazinen. Diesmal standen BMW- Motoren zur Verfügung, da der Bau von Nachtjägern höchste Priorität genoß. Im Frühjahr 1944 ging die neue G-Baureihe in groß angelegtem Maßstab in Serie.

Die erste Version Ju 88G-1 wurde mit dem SN-2-Abfangradar und den Radarempfängern Flensburg und Naxos Z ausgerüstet. Die Besatzung wurde auf vier Mann erhöht. Die beiden Bugkanonen entfielen; man hatte festgestellt, daß ihr Mündungsfeuer die Besatzung bei Nacht stark blendete und die vier MG 151 völlig ausreichten, um einen Bomber zu zerstören. Am 13. Juli 1944 unterlief der Besatzung einer der ersten G-1 ein verhängnisvoller Irrtum – für die Briten ein Glücksfall. Über der Nordsee hatten sie einen um 180° falschen Kurs eingeschlagen und landeten auf dem RAF-Flugplatz Woodbridge in Suffolk. Nachdem die RAF diese Maschine in England erprobt hatte, befahl sie den Bomberverbänden un-

verzüglich, das Gerät Monica auf keinen Fall mehr einzuschalten. Außerdem wurde den Einheiten dringend nahegelegt, sich im Gebrauch des H2S auf ein absolutes Minimum zu beschränken.

Spätere Varianten

Inzwischen hatte die Royal Air Force enorme Fortschritte auf dem Gebiet der elektronischen Gegenmaßnahmen gemacht. Unter anderem schaltete sie sich mit gefälschten Weisungen in den Funkverkehr der deutschen Bodenleitstellen ein, um die Nachtjäger von den Zielen abzulenken. Um dem zu begegnen, wurden die G-Serienmaschinen mit dem FuG 120a Bernardine ausgestattet, das die Besatzung nicht nur mit einem Ausdruck der echten Leitsprüche in Schriftform, sondern auch mit Peilungen zu Navigations-Funkfeuern versorgte. Eine Reihe anderer Verbesserungen in der Ausrüstung erhöhte die Wirksamkeit der Nachtjäger. So trat das FuG 228 Lichtenstein SN-3 an die Stelle des bisherigen SN-2. Das FuG 218 Neptun wandte das Frequenzsprungverfahren an

Junkers Ju 88G-6b, 10./NJG 6

Radar
Die Ju 88G-6b war mit dem FuG 220d Lichtenstein SN-2D ausgerüstet, das primär als Zielsuchradar, zugleich aber auch als Heckwarngerät fungierte. Zur Ausschaltung von Interferenzen war das vierpolige Hirschgeweih gewöhnlich schräg gerichtet. Als die RAF die Freya-Funkmeßstellen in Deutschland zu stören begann, zeigten sich auch Auswirkungen für das FuG 220.

Cockpit
Die Ju-88-Nachtjäger wurden zunächst mit einer dreiköpfigen Besatzung geflogen; bei den G-Serienmaschinen kam ein zweiter Beobachter hinzu. Eine schwere Panzerung und Frontscheiben aus Panzerglas schützten die Besatzung. Die Antenne des FuG-350-Naxos- Z-Empfängers für das britische H2S-Radargerät befand sich auf dem Kabinendach.

Schräge Musik
Zwei schräg hoch nach vorn schießende 20-mm-Kanonen im Mittelrumpf ermöglichten der Ju 88, sich von unten dem Heck der Zielmaschine zu nähern, um einen mörderischen Geschoßhagel in die verwundbare Unterseite und Flächenansätze des Gegners zu jagen. Die meisten Besatzungen der britischen Kommandos erkannten überhaupt

nicht, wer sie beschossen hatte; viele meinten, sie seien ein Opfer der Flak geworden.

Die Ju 388 V2 war der Prototyp für den Nachtjäger Ju 388 J. Aufgrund des starken Antriebs und der Druckbelüftung hätte diese Maschine einen hervorragenden Allwetter-Abfangjäger für große Höhen abgegeben. Die sich rasch verschlechternde Lage in Deutschland führte dazu, daß von dieser Serie kein Flugzeug mehr fertiggestellt wurde.

Ju-388J-Baureihe

Die Entwicklung einer Nachtjagdversion der Ju 388J erachtete die Luftwaffe als vordringlich; mehrere hohe Offiziere drängten auf Einstellung des Heinkel He 219-Bauprogramms zugunsten des neuen Typs. Er sollte möglichst schnell in die Jagdverbände eingeführt werden. Die **Ju 388 V2 (1)** hatte die gleiche Zelle wie die Bomber und Aufklärer dieses Musters. Sie wurde mit dem FuG-220-Lichtenstein-Radargerät ausgerüstet; bewaffnet war sie mit zwei 20-mm-kalibrigen MG 151, zwei 30-mm-Mk-108-Kanonen in einer Verkleidung unter dem Rumpf und einem fernbedienten Heckwaffenturm mit zwei MG-131-Maschinengewehren. Der zweite Prototyp, die **Ju 388 V4 (2)**, hatte ein FuG-218-Neptun-Radar mit der verkleideten Morgensternantenne am Bug; es fehlte die Waffe im Heck.

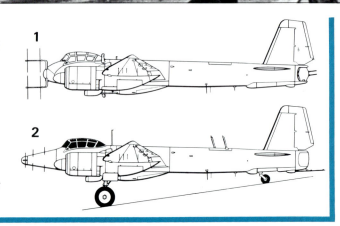

Bewaffnung
Die Ju 88G war mit vier MG-151-20-mm-Kanonen in einer Bodenwanne, zwei schräg hoch nach vorn feuernden MG 151 („schräge Musik") und einem MG-131-Maschinengewehr auf einer Drehlafette an der Rückseite der Kabine bewaffnet. 200 Schuß pro Kanone und 500 Schuß für das Maschinengewehr gaben dem Jäger eine gewaltige Feuerkraft.

Triebwerke
Die Ju 88G-6b wurde von zwei BMW-801G-Sternmotoren mit einer Leistung von 1.730 PS in Meereshöhe angetrieben. Die G-6- Nachtjäger wurden in der Fertigung von der G-7 mit dem Jumo 213 abgelöst. Dies waren die letzten Ju-88-Nachtjäger, die noch serienmäßig produziert wurden.

und hatte eine Morgenstern-Dipolgruppe, deren Einzelelemente um eine Achse angeordnet waren; so konnte sie in einem stromlinienförmigen Bugkonus untergebracht werden. Und schließlich das FuG 240 Berlin, das erste deutsche Zentimeterwellenradargerät mit einer Antennenschüssel unter einer Radarkuppel am Bug. Die Technologie des Magnetrons für dieses Gerät stammte von den H2S abgeschossener britischer Bomber.

Vier abgestellte Ju 88 sind dem gnadenlosen Beschuß durch alliierte Jagdbomber ausgesetzt. Gegen Ende des Krieges waren die Ju 88 – in der Luft wie am Boden – allgemein eine leichte Beute für die Piloten der Alliierten; einige wenige „Experten" konnten sich allerdings immer noch behaupten.

Diese Ju 88G-6 trug zwar den Kennbuchstaben W der 12. Staffel, flog aber im Mai 1945 bei der 10./NJG 6 vom Flugplatz Bad Aibling aus. Zu dieser Zeit wurde das NJG 6 überwiegend als Nachtschlachtgeschwader eingesetzt – eine Rolle, die dieser Verband Ende 1944 für die Offensive in Lothringen und über den Ardennen übernommen hatte. Nur noch wenige kampferprobte Veteranen flogen bis zum Ende des Krieges Nachtjagdeinsätze gegen die RAF-Bomberströme. Mangelnder Sprit und die Unerfahrenheit vieler Besatzungsmitglieder setzten ihrem Einsatz meist bald ein Ende. Ungewöhnlich ist die schwarze Unterseite. Der standardmäßigen gefleckte Sichtschutz der Nachtjäger wurde für den neuen Auftrag unten einfach schwarz überstrichen. Interessant ist, daß das Seitenleitwerk teilweise am Rand geschwärzt wurde, um den Flugzeugführern der Alliierten die Silhouette einer Ju 88C vorzugaukeln.

Gelegentlich wurden diese Flugzeuge mit Untervarianten der G-7, der letzten Version der Ju 88, verwechselt. Die Ju 88G-7 hatte die leicht nach oben abgewinkelten Außenflächen der Ju 188 mit einer Spannweite von 22 m und Jumo-213E-Motoren, deren Leistung in großer Höhe durch eine MW-50-Einspritzanlage (Methanol und Wasser im Verhältnis 1:1) gesteigert wurde. Die G-7 bot eine ähnliche Geschwindigkeit wie die G-6, nämlich 620 km/h mit Flammendämpfer oder knapp über 645 km/h ohne diese Schutzeinrichtung. Die neueren G-Modelle unterschieden sich in mancher Hinsicht von den ersten Ju 88 (beispielsweise wurden die Propeller mit Hilfe von Reglern am Gashebel verstellt), doch waren auch sie großartige Jagdflugzeuge; sie bildeten den Höhepunkt einer jahrzehntelangen Fortentwicklung eines ausgezeichneten Grundentwurfs.

Leitwerk
Die Baureihe Ju 88G bekam ein neues, größeres Leitwerk, dessen erweiterte Flächen die Seiten- und Längsstabilität verbessern sollten. Die rechteckige Form der Seitenflosse gab diesen Maschinen ein ganz charakteristisches Aussehen.

Die Ju 88G-4 fügte der ohnehin starken Bewaffnung noch die „Schräge Musik" und eine nach hinten gerichtete Antenne für das SN-2-Radargerät hinzu. Bei der G-6a wurden Junkers Jumo 213A mit Flüssigkeitskühlung und 1.750 PS eingesetzt. Anschließend kamen die G-6b mit Neptun- und die G-6c mit Berlin-Bordradar.

Junkers Ju 88

Die Ju 88 wurde von der Luftwaffe 1939 in Dienst gestellt und bis zur Kapitulation an vorderster Front eingesetzt. Sie war ein Mitteldecker in Ganzmetallbauweise, schnell, manövrierfähig und bei ihren Besatzungen sehr beliebt. Sie konnte als Sturzkampfbomber und als mittelschwerer Horizontalbomber eingesetzt werden und eine ansehnliche Bombenlast tragen. Sie war bei allen Eroberungsfeldzügen von 1939 und 1940 im Einsatz und wurde auch bei der Luftschlacht um England, auf dem Balkan, im Mittelmeerraum und an der Ostfront benutzt. Die grundlegende Bomberversion war die Ju 88A (einschließlich der Seekriegsvarianten); die schnelle Ju 88S erreichte eine Höchstgeschwindigkeit von 615 km/h.

Technische Daten: Junkers Ju 88A-4, Sturzkampfbomber bzw. mittelschwerer Bomber mit vier Mann Besatzung
Triebwerk: zwei 1.000 kW (1.340 PS)-Junkers-Jumo-211J-1-Motoren
Spannweite: 20 m
Länge: 14,4 m
Höhe: 4,85 m
Tragflügelfläche: 54,5 m²
Startgewicht: 14.000 kg
Höchstgeschwindigkeit: 470 km/h
Dienstgipfelhöhe: 26.900 Fuß
Reichweite: 2.730 km
Bewaffnung: bis zu sieben 7,9mm-Maschinengewehre sowie eine Bombenlast bis zu vier 500-kg-Bomben

Junkers Ju 188

Die Ju 188E mit ihren vergrößerten Flügeln und geradem Leitwerk, verbesserter Kabine und stärkeren Triebwerken war eine direkte Weiterentwicklung der Ju 88E und stieß im Sommer 1943 zur Nachtbomberflotte der Luftwaffe. Mit ihrer auf 3.000 kg erhöhten Bombenzuladung und verbesserten Abwehrbewaffnung erwies sich diese Version als äußerst wirksamer Bomber und furchterregender Gegner. Aufklärungsvarianten waren die 188D, F und H; im Jahre 1944 waren die Bomberversionen A, E, G und S recht weit verbreitet. Die Version G konnte 3.300 kg Bomben laden; die unbewaffnete S mit ihrer GM-1-Distickstoff-Monoxid-Einspritzung erreichte eine Höchstgeschwindigkeit von 686 km/h – durchaus vergleichbar mit der schnellsten Mosquito.

Technische Daten: Junkers Ju 188E-1, schneller mittelschwerer Bomber mit vier Mann Besatzung
Triebwerk: 1.194 kW (1.600 PS)-BMW-801ML-Sternmotoren mit Luftkühlung
Spannweite: 22 m
Länge: 14,95 m
Höhe: 4,44 m
Tragflügelfläche: 56 m²
Startgewicht: 15.508 kg
Höchstgeschwindigkeit: 500 km/h
Dienstgipfelhöhe: 30.510 Fuß
Reichweite: 1.950 km
Bewaffnung: eine 20mm-Kanone, ein 13mm- und bis zu vier 7,9mm-Maschinengewehre; Bomben oder Torpedos bis zu einem Gewicht von 3.000 kg

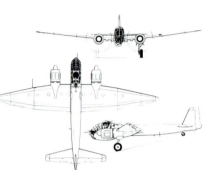

Junkers Ju 288

Als Ersatz für die Ju 88 geplant, war die radikale Ju 288 eine völlig neue Konstruktion mit 1.194 kW (1.600 PS)-Sternmotoren, senkrechtem Doppelleitwerk und doppeltem Hauptfahrwerk. Der Prototyp flog im Januar 1941. Ursprünglich war eine Bombenzuladung von 5.000 kg geplant, die jedoch wegen Schwierigkeiten bei der Handhabung erheblich reduziert werden mußte. Schrittweise baute man immer stärkere Motoren ein, ebenso eine ferngesteuerte Kanonenbewaffnung. Als im Jahr 1943 viele deutsche Bomberprojekte gestrichen wurden, darunter auch die Ju 288, wurde die Ju 288 für die Erdkampfrolle unter Verwendung riesiger Einzelschußkanonen wie das Gerät 104 Münchhausen mit 35,56-cm-Kaliber weiterverfolgt, es kam jedoch nicht mehr zur Serienfertigung.

Technische Daten: Junkers Ju 288C-1 (geplant) mittelschwerer Hochgeschwindigkeitsbomber mit vier Mann Besatzung
Triebwerk: zwei 2.200 kW (2.950 PS)-DB610-24-Zylindermotoren
Spannweite: 22,66 m
Länge: 18,15 m
Tragflügelfläche: 65 m²
Startgewicht: 21.390 kg
Höchstgeschwindigkeit: 655 km/h
Dienstgipfelhöhe: 34.100 Fuß
Reichweite: 2.600 km
Bewaffnung: drei oder fünf 15mm-Kanonen in Drehtürmen am Bug, Rükken und bis zu drei 1.000-kg-Bomben im Bombenschacht

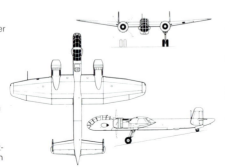

Messerschmitt Me 264

Die viermotorige Me 264 wurde 1941 als transatlantischer Bomber entworfen, der in Frankreich stationiert werden und Städte an der Ostküste Amerikas bombardieren sollte. Der Prototyp dieser reinen Schulterdeckerkonfiguration flog im Dezember 1942. Serienmuster sollten bis zu 3.000 kg Bomben auf einem 45-Stunden-Flug transportieren können, für den 25.250 Liter Kraftstoff und sechs Startraketen benötigt würden. Als Amerika in den Krieg eintrat, wurde die Bomberforderung über die Fähigkeiten der Me 264 hinaus erweitert, und die sechsmotorige Me 264B sowie die Ju 390 und Ta 400 kamen zur Entwicklung. Nur die Ju 390 machte je einen Testflug, der sie in die Nähe der amerikanischen Küste brachte.

Technische Daten: Messerschmitt Me-264A-(V3)-Langstreckenbomber-Aufklärer mit sechs Mann Besatzung
Triebwerk: vier 1.268 kW (1.700 PS)-BMW-801G-14-Zylindersternmotoren
Spannweite: 43 m
Länge: 20,9 m
Höhe: 6,78 m
Tragflügelfläche: 127,7 m²
Startgewicht: 45.540 kg
Höchstgeschwindigkeit: 470 km/h
Dienstgipfelhöhe: 26.240 Fuß
Reichweite: 15.000 km
Bewaffnung: bis zu 3.000 kg-Bomben und zwei 20mm-Kanonen und vier 13mm-Maschinengewehre

Nacht-angriff

Peter Stahl, ehemals Flugzeugführer auf der Ju 88 beim Kampfgeschwader 30, beschreibt, wie er mit diesem leichten Bomber einen nächtlichen Angriff gegen England flog.

Eine Ju 88 des Kampfgeschwaders 51 „Edelweiß" läßt die Motoren auf dem Hallenvorfeld warmlaufen und wirbelt dabei eine Menge Staub auf.

Links: Die Vorbereitungen für einen neuen Bombeneinsatz dieser Ju 88 des KG 1 gegen England sind so gut wie abgeschlossen. Merkwürdigerweise ist einer der beiden Außenlastträger unter der linken Fläche nicht beladen.

❝❝ Der Backbordmotor heult auf, als sich der Lader automatisch zuschaltet. Das plötzliche Geräusch reißt mich aus dem Halbschlaf. Neben mir hängt Hans, mein Navigator, müde in den Sitzgurten, den Kopf gegen die Windschutzscheibe gelehnt. Ich rufe Theo und Hein über die Bordsprechanlage. Keine Antwort, beide schlafen. Seit dem Start ist unsere Ju 88 auf 4.200 m gestiegen. Die Motortemperatur liegt viel zu niedrig, weil niemand die Klappen eingefahren hat. Die Fördertanks sind fast leer. Keiner von uns trägt seine Sauerstoffmaske – hätten wir weitergeschlafen, wären wir sang- und klanglos ins Jenseits eingegangen.

Fliegen, schlafen, essen und wieder fliegen – so haben wir die letzten Wochen verbracht. Heute abend gab Stoffregen bei der Einsatzbesprechung der versammelten Staffel den neuesten Befehl von Hermann Göring bekannt. Die Nachteinsätze gegen England seien nicht nur mit der bisherigen Intensität fortzuführen, sondern unter Aufbietung aller Kräfte auf ein Höchstmaß zu steigern. Das Oberkommando der Luftwaffe besitze Informationen, daß die Briten innerhalb weniger Wochen am Ende seien.

Schreibtischbonzen

Laut genug, daß jeder es hören konnte, stöhnte Hans auf: ‚Der Dicke und seine Schreibtischbonzen mit den roten Biesen an der Hose sollten selbst mal rüberfliegen und nachsehen, wer da kurz vor dem Zusammenbruch steht.'

Ich knuffte ihn in die Rippen, doch er rief auch noch ‚Aber das ist doch wahr!'

Totenstille im ganzen Saal. Schließlich sagte Stoffregen nur, als sei nichts geschehen: ‚Also dann, macht's gut Jungs.' Was

Links: Ein Trupp belädt diese
Ju 88A mit SC-250-kg-Bomben für
einen Nachteinsatz. Dazu hat man
praktisch alle Markierungen an der
Maschine mit schwarzer Farbe
abgedeckt.

Oben: Suchscheinwerfer tasten den
Himmel nach Stahls Ju 88 ab, als er
zum Angriff in einen flachen Sturzflug übergeht.

sonst hätte er uns Piloten, die
wir die Wahrheit kannten, auch
schon erzählen können?

Diese Leute im Hauptquartier
haben sich so weit von der Rea-
lität entfernt, daß wir für sie gar
keine Menschen mehr sind, sondern nur noch Nummern. Daß
immer mehr Besatzungen die
Grenze ihrer psychischen und
physischen Kräfte erreicht
haben, wird einfach ignoriert. So
aber sieht es in Wirklichkeit mit
dem Luftkrieg über Großbritannien aus.

England hat nun schon seit
mehr als sechs Monaten den
Luftkrieg gegen einen überlegenen Gegner durchhalten müssen
und läßt noch immer keine

Anzeichen von Schwäche erken-
nen. Im Gegenteil, die britische
Abwehr wird von Woche zu
Woche stärker.

Vor uns zeichnen sich die
Umrisse der Küste ab. Die
Suchscheinwerfer langen nach
uns, aber die Flak bleibt ruhig.
Die Kanoniere des Gegners
schlafen jedoch nicht, also
bedeutet das Nachtjäger am
Himmel. Einige Scheinwerfer-
stellungen sind in Fünfergrup-
pen angelegt, so daß unser Flugweg durch eine wandernde
Lichtpyramide markiert wird.

Nachtjäger

Häufig wird unsere Maschine
voll von einem Strahl getroffen,

der mich kurze Zeit blendet. Er
wandert eine kleine Ewigkeit an
uns entlang, bis er wieder
abgleitet. Das bedeutet aber, daß
sie unsere grau gestrichenen
Bomber in großer Höhe vom
Boden aus nicht mehr optisch
erfassen können.

Ich fliege so, daß der Mond
schräg im Winkel hinter mir
bleibt. Wenn ich auf ihn zuhielte,
hätten die feindlichen Nachtjäger
keine Mühe, uns gegen den hel-
leren Hintergrund zu erkennen,
nachdem sie vom Boden aus
und durch die Suchscheinwerfer
geleitet worden sind. Das haben
uns vorherige Einsätze gelehrt.

Ungefähr 100 m voraus
kreuzt ein zweimotoriger Nachtjäger des Gegners unseren Flugweg. Zum Glück hat er das
Mondlicht gegen sich und ver-

paßt uns. Dann meldet mein
Bordschütze ganz ruhig, so als
wenn es sich nur um eine Stern-
schnuppe handelte, die wir jede
Nacht zu Hunderten erleben:
‚Nachtjäger, links hinten.'

Ich lege die Ju 88 sofort links-
herum auf's Kreuz und lasse sie
in die Nacht fallen. Kaum habe
ich die Maschine abgefangen, da
wiederholt Hein seine Warnung.
Hol's der Teufel! Erneut fallen
wir wie ein Stein in die pech-
schwarze Finsternis nach unten.
Dann ein drittes Mal. Jetzt haben
wir nur noch 800 m unter uns
bei einer Bombenlast von
2.000 kg und einen langen
Steigflug vor uns, um wieder auf
eine wirkungsvolle Einsatzhöhe
zu kommen. Daß wir dem feindlichen Jäger entkommen sind,
verdanken wir dem ausgezeich-

Oben: Drei Ju 88 As des KG 51 „Edelweiß" in Formation über Nordfrankreich. Bei der Führungsmaschine sind das Balkenkreuz, das Hakenkreuz und der Kodebuchstabe noch nicht getarnt.

Bei den nächtlichen Angriffen gegen England leistete sich Deutschland sogar Photographen an Bord der Bomber, die Farbaufnahmen für die Propaganda schossen. Hier sieht man Ju 88 vom KG 30 auf dem Weg zum Ziel.

Die elegante Ju 88 war der vielseitigste Bomber der Achsenmächte; sie erfüllte ähnlich unterschiedliche Einsatzarten wie die britische Mosquito. Der gegnerischen Abwehr entzog sie sich primär durch ihre Geschwindigkeit.

neten Leistungsvermögen unserer Ju 88. Ich ertappe mich dabei, wie ich vor Dankbarkeit den Steuerknüppel streichle.

Die Ju 88 ist schon etwas ganz Besonderes. Sie unterscheidet sich so gründlich von allem bisher Dagewesenen, daß die Flugzeugführer erst eine äußerst umfangreiche technische Einweisung am Boden erhalten, bevor sie die Maschine fliegen dürfen.

Da wäre zunächst einmal die überaus komplizierte Hydraulikanlage zu nennen, die das Fahrwerk, die Landeklappen, die Sturzflugbremsen, die Automatik für das Auffangen aus dem Sturzflug und das Spornrad betätigt; das Ganze ist doppelt ausgelegt für den Notbetrieb mit der Handpumpe. Eine weitere Neuerung im Vergleich zu den modernsten Kampfflugzeugen der Welt ist das Ein-Mann-Konzept dieses Entwurfs. Zwar fliegt sie normalerweise mit einer vier-

köpfigen Besatzung (Pilot, Bombenschütze/Navigator, Funker und Bordschütze), notfalls kann aber der Flugzeugführer von seinem Sitz aus alle für den Einsatz erforderlichen Funktionen selbst ausführen. Das ist völlig neu und erklärt auch, warum viele Ju 88 trotz schwerer Kampfbeschädigungen und verwundeter Besatzungsmitglieder noch den Heimflug schafften.

Traum eines jeden Piloten

Der Entwurf und die Anordnung des Führerraums sind ideal. Dank der vollverglasten Nase besteht uneingeschränkte Sicht in alle Richtungen, sogar senkrecht nach unten. Alle Instrumente und Hebel sind übersichtlich angeordnet und leicht erreichbar. Die Griffhebel unterscheiden sich in der Form, so daß der Flugzeugführer sie beim bloßen Anfassen eindeutig erkennt – ein überaus wichtiger

Faktor bei Dunkelheit und in der Hitze des Gefechts, wenn man besser nach draußen sieht.

Die Ju 88 scheint sich ihrer Schönheit und Anziehungskraft durchaus bewußt zu sein, zeigt sie doch entsprechende Starallüren. Ohne leiseste Vorwarnung kann sie überraschende Launen an den Tag legen, besonders beim Start. Hat man sie aber erst einmal gebändigt, ist die Ju 88 wunderbar fügsam – der Traum eines jedes Piloten.

Als ich auf unsere Einsatzhöhe zurücksteige, stoßen wir auf Wolken; eine dünne Eisschicht setzt sich auf den Nasenkanten an. In 6.000 m Höhe ist die Temperatur auf –30° gesunken, aber die Vereisung hat aufgehört. Es ist bitterkalt in der Kabine, und durch jede Ritze in der Verglasung dringen feine Eiskristalle.

Die Wolkenschicht lockert sich auf, und fast sofort setzt heftiges Flakfeuer ein. Die Schützen scheinen nicht nur die richtige Höhe, sondern auch unsere Geschwindigkeit und die relative Position zur Stellung genau zu kennen. Vor und hinter uns zerplatzen Granaten; jedes Ausweichmanöver erscheint zwecklos. Dennoch zwinge ich mich, mein ganzes Repertoire an Tricks voll auszuschöpfen. Unsere Lage sieht so schlimm aus, daß ich mehrmals in Versuchung gerate, meine

ganze Ladung an Minen blind abzuwerfen.

Wir haben LM-B Seeminen geladen. Sie sehen wie große Fässer aus, wiegen rund 1.000 kg und schweben an Fallschirmen ins Ziel. Unsere Staffel setzte diese Waffe erstmals Anfang dieses Monats beim Angriff gegen Coventry ein.

Jetzt sind wir endlich wieder im Hauptangriffskorridor, der belebter ist. Hier bieten sich noch andere Ziele an, und für ein paar Minuten haben wir Ruhe.

Hinter dem Horizont sieht man einen rötlichen Widerschein. Die Navigation zählt im Moment nicht. Ich ändere die Route, um Gebiete mit besonders konzentriertem Flakfeuer zu meiden. Je näher wir an das Zielgebiet herankommen, desto deutlicher spüren wir, daß dort unten die Hölle los sein muß. In regelmäßiger Folge detonieren Minen, die vorausfliegende Maschinen abgeworfen haben. Man kann fast auf die Sekunde genau die Abstände bestimmen, in denen die Bomber das Ziel überflogen haben.

Je näher wir kommen, desto dichter wird das Abwehrfeuer; Tausende von Scheinwerfern scheinen eingesetzt zu sein. Der Flug durch dieses Flammeninferno und die Explosionen der Flakgranaten kommt mir endlos vor. Immer wieder bin ich gezwungen auszuweichen. Was wir dann aber über dem Ziel erleben, übersteigt jedes Vorstellungsvermögen. Die ganze Stadt scheint in Flammen zu stehen, dabei sind wir erst die Vorhut: der Kern der Bombergruppe kommt erst noch. Der Widerschein des Feuers wird ihnen schon den Weg zeigen. Außerdem tauchen in unregelmäßigen Abständen Leuchtbomben das Ziel in grelles Licht.

Mit gedrosselten Triebwerken leite ich den Sinkflug auf unser Ziel ein. Plötzlich schlägt meiner Ju 88 genau gezieltes Flakfeuer entgegen, das mich zum Ausweichen zwingt. Ich stoppe die Zeit, bis sich die explodierenden Flakgranaten auf ein anderes Flugzeug konzentrieren. Diesen Augenblick nutze ich, um die Maschine im steilen Abschwung mit hoher Geschwindigkeit an

macht. Wir können jede Einzelheit, die man uns bei der Zieleinweisung auf den Luftbildern gezeigt hat, so klar erkennen, als sei Tag. Meine Stoppuhr läuft, und auf die Sekunde genau sehen wir zwei feurige Explosionen – unsere Minen.

Plötzlich wirft eine Reihe von Leuchtraketen, die links von uns an einem Fallschirm hängen, gleißendes Licht über unsere Ju 88. Ich reiße die Maschine sofort nach rechts herum; immer wieder ändere ich die

Flugrichtung und die Drehzahl der Motoren. Die Minuten erscheinen endlos, bis wir endlich die Küste erkennen. Meine Nerven halten nicht mehr lange durch. Ohne lange zu fackeln, stelle ich die Triebwerke auf ‚leise‘ und gehe in einen Hochgeschwindigkeitssturzflug, auch wenn mich das in die Reichweite der leichten Flugabwehr-Küstenbatterien bringt. Mir ist jetzt alles egal; vielleicht habe ich Glück und erwische eine Schneise in dem massierten Flakgürtel.

Treffer

Und dann passiert es! Ein greller Blitz: Treffer. Ich ziehe unsere Ju 88 hoch und werfe schnell einen Blick auf die Instrumente. Alles scheint normal, und keiner von uns ist verletzt. Ich nehme die Gashebel zurück – der Backbordmotor röhrt mit gleicher Drehzahl weiter. Ein Granatsplitter muß die Verbindung zwischen Gashebel und Motor durchschlagen haben. Kein Kolbentriebwerk hält über längere Zeit eine sol-

Junkers Ju 88A-5

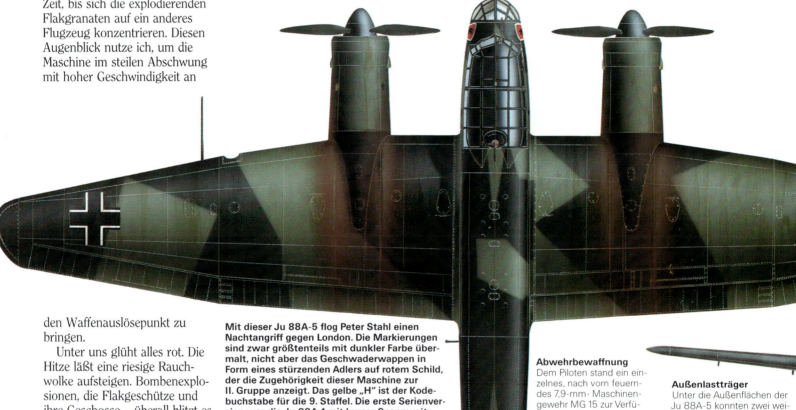

den Waffenauslösepunkt zu bringen.

Unter uns glüht alles rot. Die Hitze läßt eine riesige Rauchwolke aufsteigen. Bombenexplosionen, die Flakgeschütze und ihre Geschosse – überall blitzt es auf, unter uns, über uns, wohin man schaut.

Unser Ziel sind die Hafenschleusen im Dockgebiet von London. Ich überfliege den brennenden Hafen nach den Anweisungen von Hans, dem man heute die Aufgabe leichter

Mit dieser Ju 88A-5 flog Peter Stahl einen Nachtangriff gegen London. Die Markierungen sind zwar größtenteils mit dunkler Farbe übermalt, nicht aber das Geschwaderwappen in Form eines stürzenden Adlers auf rotem Schild, der die Zugehörigkeit dieser Maschine zur II. Gruppe anzeigt. Das gelbe „H“ ist der Kodebuchstabe für die 9. Staffel. Die erste Serienversion war die Ju 88A-1 mit kurzer Spannweite. Sie wurde im September 1939 bei der I./KG 30 in Dienst gestellt. Bis zur Luftschlacht um England stellte sie die einzige einsatzreife Version der Ju 88 dar. Bei der Baureihe Ju 88A-5 handelte es sich um eine Zwischenlösung, die ab August 1940 die Einsatzverbände erreichte. Sie besaß Tragflächen von großer Spannweite, die man für den definitiven Ju-88A-4-Bomber entworfen hatte. Dessen Auslieferung verzögerte sich aber durch Schwierigkeiten, die bei der Entwicklung der Motoren auftraten.

Abwehrbewaffnung
Dem Piloten stand ein einzelnes, nach vorn feuerndes 7,9-mm- Maschinengewehr MG 15 zur Verfügung, das man vor der rechten Windschutzscheibe lafettiert hatte. Zur Sicherung nach hinten waren normalerweise zwei ähnliche Waffen hinten im Cockpit eingebaut. Ein viertes MG 15 befand sich im Heck der unteren Rumpfgondel, die den Bombenschützen aufnahm.

Außenlastträger
Unter die Außenflächen der Ju 88A-5 konnten zwei weitere Träger für je eine 250-kg-Bombe angeschraubt werden.

Diese vollständig abgedunkelte Ju 88 des KG 1 zeigt nur noch die Kodebuchstaben der Staffel in winziger Ausführung. Selbst die Hoheitsabzeichen sind unkenntlich gemacht worden.

Rechts: Drei Ju 88 im Tiefflug über England. Die deutschen Bomber flogen in engen, sehr beweglichen Formationen, um eine geballte Feuerkraft ihrer Abwehrwaffen zu erreichen.

che Höchstdrehzahl aus. Ich stelle den Motor ab, und die Ju 88 schiebt in Schräglage durch die Nacht.

Vor uns fingern Suchscheinwerfer durch den Himmel. Es sind unsere. Wir feuern die Erkennungsleuchtkugeln, aber die Scheinwerfer tasten weiter nach uns. Nochmal eine Serie Leuchtkugeln. Plötzlich eröffnen leichte Flugabwehrgeschütze das Feuer. Wieder muß ich gefährliche Ausweichmanöver fliegen – und das mit abgestelltem Motor.

Links: Eine Besatzung des KG 51 legt die sperrigen Schwimmwesten an, bevor sie im Spätsommer 1940 zu einem neuen Angriff über den Kanal fliegen. Ihre Ju 88A-1 trägt den gefleckten Standardtarnanstrich der Tagbomber während der Luftschlacht um England.

Kode
Der vierstellige Kode der deutschen Kampfflugzeuge zeigte genau an, zu welcher Einheit die Maschine gehörte. Die erste Kodegruppe (Zahl/Buchstabe) stand für das Geschwader, in diesem Fall Kampfgeschwader 30, während das zweite Buchstabenpaar die einzelne Maschine und die Staffel zu erkennen gab.

Besatzung
Die Ju 88A-4 flog gewöhnlich mit einer vierköpfigen Besatzung, bestehend aus Pilot, Kopilot/Bombenschütze, Bordfunker/Bordschütze (in der Bodenwanne) und Bordmechaniker/Heckschütze. Die Positionen waren eng zusammengefaßt, um die Kooperation innerhalb der Besatzung zu optimieren.

Triebwerke
Die Ju 88A-5 wurde von zwei Jumo-211B-1-, G-1- oder H-1-Zwölfzylinder-Reihenmotoren mit je 1.200 PS angetrieben. Die für die Ju 88A-4 entwickelten Versionen Jumo 211F und J hatten ein neues Laderlaufrad, eine stärkere Kurbelwelle und einen modifizierten Ladedruckregler; sie gaben 1.350 PS ab.

Tragwerk
Die Ju 88A-5 führte Tragflächen von großer Spannweite ein, die eigentlich für die Ju 88A-4 entworfen waren. Statt der traditionellen Steuerflächen mit Stoffbespannung zeigte sie eingehängte Metallruder, die die Steuerung erheblich verbesserten, insbesondere bei hohen Geschwindigkeiten. Einziehbare durchbrochene Bremsklappen an der Unterseite der Außenflügel ermöglichten dem Bomber Angriffe im steilen Sturzflug bei relativ niedrigen Geschwindigkeiten.

Fahrwerk
Wegen des höheren Gesamtgewichts erhielt die Ju 88A-5 ein stärkeres Fahrwerk.

Bombenlast
In den beiden internen Waffenschächten der Ju 88A-5 ließen sich insgesamt 28 50-kg-Bomben unterbringen. Die vier Bombenträger unter dem Innenflügel konnten zusätzlich je eine 500-kg-Bombe aufnehmen. Wenn die internen Bombenschächte genutzt wurden, belud man die Außenstationen aber gewöhnlich nur mit 100-kg-Bomben.

Unten: Bei den Tagangriffen gegen England mußte die Ju 88 schwere Verluste durch die Jagdflugzeuge und die Flak des Gegners hinnehmen.

Eine Ju 88 versucht, den Jäger der Royal Air Force im Tiefflug abzuschütteln.

Unten: Diese Ju 88 hat es nicht mehr ganz bis nach Hause geschafft. Schwere Kampfbeschädigungen zwangen sie zu einer Notwasserung unmittelbar vor der französischen Küste.

Bei der Heimkehr nach einem Bombenangriff auf London wäre die Landung mit nur einem Motor für Stahl und seine Besatzung beinahe zur Katastrophe geworden. Die linke Fläche berührte den Boden und riß die Ju in eine scheußliche Bruchlandung. Zum Glück brach kein Feuer aus, und die Besatzung kam mit ein paar Beulen und Platzwunden davon.

Nachtangriff

Diese Ju 88 mit dem Edelweiß hat zwar den Fliegerhorst noch erreicht, ging aber bei der Landung völlig zu Bruch.

Oben: Auf einem Platz irgendwo in Nordfrankreich startet diese geschundene Ju 88A-5 die Motoren für einen Nachtangriff gegen London.

lasse das Fahrwerk herunter. Das braucht seine Zeit, da nur der halbe Hydraulikdruck zur Verfügung steht. Noch ein prüfender Blick, dann drehe ich zum Endanflug ein. Keiner sagt ein Wort.

Bruchlandung

Kurz vor dem Anschweben schätze ich die Höhe. Zu tief. Wir kommen mit der linken Fläche auf und krachen zu Boden. Das schrappende Geräusch des über den Boden rutschenden Flugzeugs scheint kein Ende zu nehmen. Der Steuerbordmotor heult auf und läßt sich nicht stoppen. Uns packt panische Angst vor Feuer. Alle drängen raus aus dieser Maschine, aber das Kabinendach klemmt. Soldaten schlagen die Kabine von außen ein, und wir taumeln ins Freie.

Feuerwehrmänner und Sanitäter sind sofort zur Stelle. Die Soldaten melden dem Arzt, der ganz jung und frontunerfahren ist, daß niemand ernsthaft verletzt sei. Wir beobachten, wie er in die Maschine krabbelt. Er erscheint wieder mit der Borduhr als Souvenir.

Für Hans ist das Verhalten des Arztes der Tropfen, der das Faß endgültig zum Überlaufen bringt. Ganz ruhig geht er auf ihn zu, nimmt ihm die Uhr ab und schlägt ihm dann so hart ins Gesicht, daß er gegen die Tragfläche der Maschine geschleudert wird und dann flach zu Boden geht.

So endet unser Einsatz über London. 🙶

Die ganze Küste entlang verfolgen uns Suchscheinwerfer und leichte Flak. Meine Besatzung, die durch Angst und Mangel an Schlaf schon völlig erschöpft ist, gerät außer sich vor Wut und feuert mit den Maschinengewehren auf die eigenen Leute zurück. Ich kann ihnen keinen Vorwurf machen. Jeder Vierzehnjährige hätte uns als deutsches Flugzeug erkannt.

Kurz bevor wir unseren Fliegerhorst erreichen, bereite ich die Besatzung auf die Besonderheiten einer Landung mit nur einem Motor vor. Ich will den überschüssigen Treibstoff ablassen, aber irgendetwas klemmt. Die Sicht ist ausgezeichnet; daher entscheide ich mich gegen die übliche Bauchlandung und

Oben: Eine deutsche Besatzung sieht sich die Beschädigungen an, die die Kanonen eines britischen Nachtjägers an ihrer Ju 88A-5 angerichtet haben.

Bomber der Royal Air Force
im Zweiten Weltkrieg

Avro Lancaster

Die Avro Lancaster war zweifellos der beste Bomber der RAF im Zweiten Weltkrieg und spielte mit Abstand die wichtigste Rolle bei „Bertie" Harris nächtlichen Massenangriffen auf deutsche Städte.

Armstrong Whitworth Whitley

Die Whitley war 1939 einer der drei Pfeiler des RAF Bomber Command (Erstflug März 1936). Die ersten 80 Maschinen waren 34 Whitley Mk I mit Armstrong-Siddeley-Tiger-IX-Sternmotoren mit 593 kW (806 PS) und 46 Whitley Mk II mit Tiger-VII-Motoren mit 686 kW (932 PS). Dann folgten 80 Whitley Mk III mit motorgetriebenen Bugwaffenständen, einem Waffenstand als Bodenwanne am Kiel sowie verbesserten Bombenschlössern. Bei der Whitley Mk IV führte man Merlin- Reihenmotoren und einen Heckwaffenstand mit Motorantrieb ein; die 33 Mk IV hatten zwei Merlin IV mit 768 kW (1.044 PS); die sieben Mk IVAs, zwei Merlin X mit 854 kW (1.161 PS). Die endgültige Bomberversion war die Whitley Mk V, von der man 1.466 Stück mit einem um 0,38 m längeren Bug und geraden Vorderkanten zu den Seitenflossen herstellte. Im April 1942 nahm das Bomber Command die Whitley aus dem Dienst.

Technische Daten: Armstrong Whitworth Whitley Mk V, fünfsitziger, schwerer Nachtbomber
Spannweite: 25,60 m
Länge: 21,11 m
Triebwerk: zwei Rolls-Royce Merlin X mit je 854 kW (1.161 PS)
Bewaffnung: fünf 7,7-mm-MGs in Bugwaffenständen für eine Kanone und Heckwaffenständen für vier Kanonen sowie Waffenzuladungskapazität für bis zu 3.175 kg Bomben intern
Max. Startgewicht: 15.196 kg
Höchstgeschwindigkeit: 370 km/h in 16.400 Fuß (5.000 m) Höhe
Einsatzreichweite: 2.654 km mit 1.361 kg Bombenlast

Avro Manchester

Die Manchester erwies sich im Einsatz als Mißerfolg. Der Fehler lag nicht beim Flugwerk, das später die Grundlage für die herausragende Lancaster bilden sollte, sondern beim Motor. Die Manchester startete erstmals im Juli 1939 mit Seitenleitwerksflächen als Endscheiben. Nach den Testflügen fügte man über dem hinteren Rumpfteil eine charakteristische dritte Flosse hinzu. Von der Ursprungsversion Manchester Mk I wurden nur 20 hergestellt; dann folgte die Manchester Mk IA mit größeren Endscheiben bei einer von 6,71 m auf 10,06 m vergrößerten Leitwerksspannweite. Die Gesamtproduktion belief sich auf 200 Stück, die von November 1940 bis Mitte 1942 in Dienst waren.

Technische Daten: Avro Manchester Mk IA siebensitziger, mittlerer Nachtbomber
Spannweite: 27,46 m
Länge: 20,98 m
Triebwerk: zwei Rolls-Royce Vulture I mit je 1.312 kW (1.784 PS)
Bewaffnung: acht 7,7-mm-MGs in Waffenständen für zwei Kanonen am Bug und an der Rumpfunterseite (später Oberseite) und im Heckwaffenstand für vier Kanonen sowie Waffenzuladungskapazität für bis zu 4.695 kg Bomben intern
Max. Startgewicht: 25.402 kg
Höchstgeschwindigkeit: 426 km/h in 17.000 Fuß (5.181 m) Höhe
Einsatzreichweite: 2.622 km mit 3.629 kg Bombenlast

Bomber-kommando
der RAF

Die gesamte britische Bevölkerung und größtenteils sogar die Royal Air Force empfanden die ersten Kriegsmonate als eine Art „Scheinkrieg" (Phoney War). Für das Bomber Command dagegen war dies eine Phase bitterer, blutig bezahlter Lehren.

„Wir haben einen Einsatzbefehl erhalten', eröffnete uns unser Staffelkapitän Leonard Snaith. ‚Sechs Maschinen sind angefordert, jede Teilstaffel stellt also drei. Das Zielobjekt ist mir nicht bekannt – vermutlich deutsche Schlachtschiffe…' Es war der 3. September 1939; der Zweite Weltkrieg hatte gerade begonnen.

Guy Gibson, der zu dieser Zeit gerade 21 Jahre alt war, diente seit drei Jahren als Pilot bei der Royal Air Force. Sein Verband, die No. 83 Squadron der A Flight, lag mit Handley-Page-Hampden-Maschinen auf dem Fliegerhorst Scamton. Später sollte er hierher zurückkehren und die No. 617 Squadron, die „Dam Busters", aufbauen und anführen.

„Das anschließende Gespräch eine Einsatzbesprechung zu nennen, wäre wohl nicht angebracht. Der Kommandeur teilte uns locker mit, wir sollten deutsche Schlachtschiffe angreifen, die vor Schillighörn lagen.

Gen Deutschland

„Ungefähr fünf Minuten vor fünf Uhr ließen wir die Motoren warmlaufen, dann rollten wir nacheinander zur Startbahn. C-Charlie war genau genommen eine lausige Maschine. Beim Start brach sie nach rechts aus, und im Flug ließ sie die linke Fläche hängen; manchmal setzte sogar ein Motor aus. Aber das störte uns nicht weiter. Sie gehörte uns, und deshalb liebten wir sie.

Ich zog die Bremse fest an und schob beide Gashebel voll

durch. Dann löste ich die Handbremse, und die alte Hampden hob gemächlich den Schwanz. Ungefähr 30 Sekunden später waren wir in der Luft auf dem Wege nach Deutschland.

Die Maschine fühlte sich ganz besonders schwer an (vor dem Start wußte niemand genau, ob sie mit einer 900-kg-Bombe überhaupt abheben würde). Es dauerte recht lange, bis die Maschine an Geschwindigkeit gewann. Selbst bei leichten Kurven war sie schwammig und neigte dazu, über die Innenfläche abzurutschen. Nach geraumer Zeit gelang es mir, Willie Snaith einzuholen. Wir flogen mit Kurs auf Lincoln."

Bei Skegness passierten die sechs Maschinen die Küste in etwa 300 m Höhe. Auf halbem Wege über der Nordsee beobachteten sie ein Flugboot vom Typ Dornier 18. Gibson rief sich energisch die Grundsatzweisung für die Bomberbesatzungen ins Gedächtnis: ‚Direkt zum Ziel und zurück. Keinerlei Mätzchen.'

Etwa 60 km vor Wilhelmshaven sank die Wolkengrenze plötzlich auf 100 m ab. Unten regnete es so heftig, daß ich meinen Kopf aus dem Fenster strecken mußte, um Willie überhaupt sehen zu können.

Verfehlter Angriff

„Zu meinem Erstaunen drehte Snaith plötzlich nach links ab. Mir war nicht klar, was er vorhatte, doch ich blieb dran. Auf der anderen Seite warf der arme Rossy den Kopf wild nach links und rechts und beobachtete seine Backbordfläche, die jeden Augenblick ins Wasser zu klatschen drohte. Dann richtete der Verbandsführer seine Maschine wieder in Horizontallage, und ich stellte fest, daß wir uns auf dem Heimweg befanden.

Zweifellos eine völlig richtige Entscheidung. Wahrscheinlich waren wir Meilen vom Kurs abgekommen.

Auf dem Rückweg sahen wir dasselbe Flugboot, das uns schon beim Hinflug aufgefallen war. Man hatte es vermutlich dort postiert, um anfliegende Feindflugzeuge zu melden. Da wir unsere Bomben kurz zuvor ins Meer versenkt hatten, waren wir jetzt keine Bomber mehr, sondern Jäger. Ich sah keinerlei Grund, warum wir nicht angrei-

fen sollten, und bat den Verbandsführer um Erlaubnis. Er reagierte nicht. So verpaßten wir die einmalige Gelegenheit, das erste Flugzeug in diesem Krieg abzuschießen.

Als wir die Küste bei Boston überflogen, war es bereits dunkel. Da man alle Funkfeuer auf Geheimstellungen verlegt hatte, verloren wir völlig die Orientierung. Zwei Stunden lang irrten wir über Lincolnshire herum. Erst als der Mond den Kanal nach Lincoln erkennen ließ, konnten wir nach Norden in Richtung auf unsere Basis ein-

drehen. Erst der abgebrochene Angriff und dann diese blamable Rückkehr!"

Taktisch war der Angriff auf die Tiefwasser-Schiffsroute vor Wilhelmshaven als Fehlschlag zu werten. Für die Besatzungen und das Bomberkommando im allgemeinen aber lieferte er den Beweis für ihre sofortige Einsatzfähigkeit und gab der Moral der Truppe gewaltigen Aufschwung.

Falscher Optimismus

Die Tatsache, daß dieser erste Einsatz ohne Verluste ablief,

mochte einem falschen Optimismus Vorschub geleistet haben. Doch schon der nächste Tag sollte ihn ebenso schnell wieder zunichte machen. Ein gemischter Verband mit 15 Blenheims und 14 Wellingtons war wiederum auf deutsche Großkampfschiffe vor Wilhelmshaven und der Mündung des Kielkanals angesetzt.

Ein Drittel der Bomberflotte fand seine Ziele erst gar nicht, und das trotz hellen Tageslichts über Wasser. Die Blenheims, die auf die Schlachtschiffe Scheer und Hipper stießen, schnitten

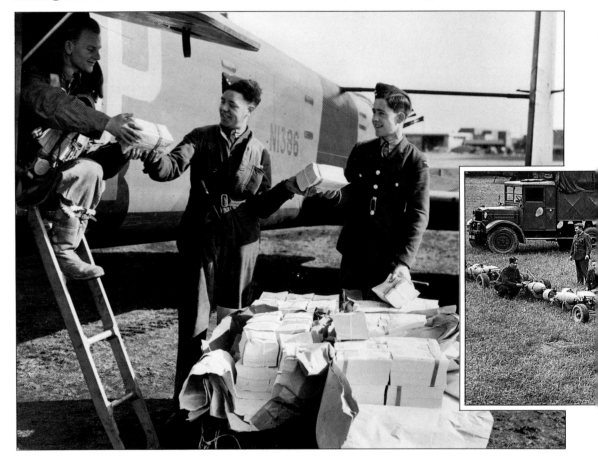

Die Handley Page Hampden besaß ein ausgezeichnetes Leistungsvermögen. Sie war schneller als die Whitley und die Wellington und konnte die zweifache Bombenlast der Blenheim über die doppelte Entfernung tragen. Ihre hervorragende Wendigkeit konnte die mangelnde Abwehrbewaffnung jedoch nicht wettmachen.

Mit Wing Commander Willie Snaith als Verbandsführer fliegen die Handley Page Hampdens der No. 83 Squadron in Richtung Schilligreede. Tiefhängende Wolken und strömender Regen zwangen zum Abbruch der Mission. Jüngere Flugzeugführer wie Guy Gibson brachten dafür wenig Verständnis auf.

Links und oben: Statt Flugblätter warfen die Whitleys bald Bomben über Deutschland ab.

Blenheim Mk IV des Bomber Command flogen den ersten Aufklärungseinsatz über Deutschland am Tage, als der Krieg ausbrach. Einen Tag später griffen die Bomberstaffeln No. 110 und No. 107 Teile der deutschen Flotte im Raum Schillighörn an. Für den Navigator hatte man den Bug der Blenheim Mk IV erweitert.

auch nicht viel besser ab. Drei Bomben trafen zwar die Admiral Scheer, explodierten aber nicht. Völlig ungeschoren kam die Admiral Hipper davon. Der Kreuzer Emden, der sich im weiteren Verlauf des Krieges zum Schrecken der Handelsschiffe entwickelte, wurde durch einen abstürzenden Bomber leicht beschädigt. Fünf Bomber gingen verloren, alle durch das Abwehrfeuer der Schiffsbatterien.

Das Kriegstagebuch des Bomberkommandos enthält dazu nur den kargen Vermerk: „Über den Angriff gegen Brunsbüttel (Schlachtschiffe Scharnhorst und Gneisenau) liegen keine genauen Ergebnisse vor." Vier der übrigen neun Wellingtons fanden Ziele, auf die sie Bomben

abwarfen. Bei einem handelte es sich aber um Esbjerg in Dänemark – 175 km nördlich vom befohlenen Einsatzgebiet. Die größte Bedeutung war vermutlich der Tatsache zuzumessen, daß eine der beiden Wellingtons, die nicht vom Feindflug zurückkehrten, von Feldwebel Alfred Held in einer Bf 109 der II./JG77 auf der Insel Wangerooge abgeschossen wurde – der erste Luftsieg im Zweiten Weltkrieg.

Scheinkrieg

Die Engländer bezeichnen die Kriegsphase zwischen September 1939 und April 1940 als „Phoney War" (Scheinkrieg). Das traf besonders für das Bomberkommando zu, denn die Regierung hatte Einsätze gegen das deutsche Mutterland untersagt. Es gab zwar Seeziele zu bekämpfen, und man konnte Lehren aus den ersten Einsätzen ziehen. Am 29. September fielen beispielsweise alle fünf Hampdens bei einem Angriff gegen Schiffsziele in der Helgoländer

Bucht deutschen Jägern zum Opfer. Aber weder das Bomberkommando noch das Kriegskabinett zeigte sich lernwillig. Drei Jahre später mußte die USAAF dieselben Erfahrungen Zug um Zug noch einmal machen.

Die Planstrategen waren überzeugt, daß die geballte Feuerkraft eines Bomberverbandes zur Abwehr eines Angriffs durch feindliche Jagdflugzeuge völlig ausreiche, wenn die Maschinen nur zusammenblieben. Ein Einsatz über der Helgoländer Bucht am 3. Dezember schien diese These auch zu bestätigen. In Wirklichkeit aber handelte es sich um einen glücklichen Zufall. Keiner der 24 Wellington-Bomber erlitt Kampfbeschädigungen durch Jäger. Ausgerichtet hatten sie aber so gut wie nichts.

Dennoch war die Operation in dreierlei Hinsicht bedeutsam: Die erste Bombe fiel auf deutschen Boden (eine 227-kg-Sprengbombe gegen Schiffe war über Helgoland ausgeklinkt worden); der erste deutsche Jäger ging verloren (eine BF 109 der II/JG77); zum ersten Mal kam ein neues deutsches Muster zum Einsatz (der zweimotorige Bf-110-Zerstörer).

Das Bomber Command feierte dieses dürftige Ergebnis als großartigen Sieg, und die Planstrategen klopften sich gegensei-

tig auf die Schultern. Elf Tage später schickten sie erneut einen gemischten Verband mit Hampdens, Wellingtons und Whitleys aus, um deutsche Schiffe aufzuspüren und zu bekämpfen. Die No. 99 Squadron stellte 12 Wellingtons. Fünf fielen über der Bucht von Helgoland deutschen Jägern zum Opfer. Eine sechste Maschine machte auf dem Rückweg in der Nähe von Newmarket eine Bruchlandung. Da sie wie alle rückkehrenden Maschinen ihre Bomben noch an Bord hatte, wurden drei Besatzungsmitglieder getötet.

Der einzige Erfolg dieser Mission bestand in der Meldung, man habe drei Bf 110 abgeschossen (die Deutschen gaben nur eine zu) und dem anschließenden Ordensregen. Einer der Überlebenden äußerte bitter: „Die paar lächerlichen Verdienstmedaillen können den Verlust von 35 prächtigen Soldaten und sechs Maschinen wohl kaum wettmachen."

Cromwellsche Kavallerie

Am 18. Dezember startete das Bomberkommando genau dieselbe Aktion zum zweiten Mal. Es war ein strahlend schöner Tag: blauer Himmel, Sonnenschein und 100% Sicht in alle Richtungen. „Wenn die Tommies dumm genug sind, heute

nochmal dieselbe Taktik anzuwenden", dachte Carl Schumacher, Kommodore des Jagdgeschwaders 1, „dann gibt es was zu feiern." Überdies sollte am 18. Dezember auch das neue Weitbereichsradar Freya auf Wangerooge versuchsweise in Betrieb genommen werden.

Schumacher standen rund 100 Bf 109 und 110 zur Verfügung, die er einen dichten Schutzschirm um die wichtigsten Kriegshäfen bilden ließ. Die

Briten (nach halbem Weg über der Nordsee mit nur noch 22 Maschinen) näherten sich „im Schulterschluß wie die Cromwellsche Kavallerie", wie ein Sprecher der RAF sich ausdrückte.

Nachdem sie Wilhelmshaven erreicht hatten, überflogen sie zweimal das Zielgebiet. Ihre Offensive erschöpfte sich darin, ein paar Luftbilder zu schießen. Docks und Hafenanlagen sowie am Kai festgemachte Kriegs-

Vickers Wellington

Wellington Mk IAs der No. 149 Squadron nahmen an dem letzten größeren Tageinsatz des Bomber Command am 18. Dezember 1939 teil, der gegen Kriegsschiffe im Raum Helgoland und Wilhelmshaven geführt wurde. Vierundzwanzig Wellingtons der Squadrons No. 9, No. 27 und No. 139 waren erstmals panzerbrechende 227-kg-Bomben auf ihre Ziele ab. Die deutschen Jäger wußten genau, wie stark die Heckbewaffnung der Wellington war, und griffen daher von den Seiten an. Sie schossen zehn Bomber ab und beschädigten drei.

TRIEBWERKE
Die Wellington Mk I wurde von zwei Bristol-Pegasus-XVIII-Neunzylinder-Sternmotoren mit je 1.000 PS angetrieben. Damit erreichte sie in 4.725 m Höhe eine Spitzengeschwindigkeit von 378 km/h. Die Dienstgipfelhöhe lag bei 5.800 m.

TRAGFLÄCHEN
Die sich nach außen verjüngenden, freitragenden Flächen wiesen dieselbe geodätische Bauweise mit Stoffbespannung auf wie der Rumpf. Sie überstanden daher selbst schwere Kampfbeschädigungen. Die Hinterkante nahmen Spaltklappen und Frise-Querruder ein.

Die Besatzungen der No. 50 Squadron posieren für ein Gruppenfoto vor einer Handley Page Hampden. Im März 1940 warf diese Staffel die ersten britischen Bomben gegen ein deutsches Landziel – einen Liegeplatz für Wasserflugzeuge auf der Insel Sylt.

Oben: Das typische Rautenmuster auf den Tragflächen dieser Wellington macht die geodätische Struktur der Tragflächen sichtbar.

Links: Die Crew einer Wellington rüstet sich für den bevorstehenden Bombeneinsatz. Die Bordschützen tragen schwere, fast bis zur Brust reichende Pelzlederhosen und Irvin-Lammfelljacken.

schiffe durften nicht bombardiert werden. Flughöhen unterhalb 3.000 m waren auch untersagt, um das Risiko durch die Fliegerabwehrkanonen zu minimieren. Nach Auffassung des Bomber Command bestand der einzig ernstzunehmende Gegner in der Flak. Hielten die Bomber die

BOMBENLAST

Die Wellington besaß einen relativ großen Bombenschacht. Als einziger zweimotoriger mittlerer Bomber der RAF konnte sie eine einzelne 1.800-kg-Bombe (eine „Cookie") mitführen. Die maximale Zuladung der Wellington betrug 2.050 kg im Vergleich zu 1.800 kg bei der Hampden, 3.175 kg bei der Whitley und 600 kg bei der Blenheim.

STRUKTUR

Die Wellington war in der gleichen geodätischen Bauweise mit diagonaler Gitterstruktur konstruiert worden, wie sie Barnes Wallis für die Vickers Wellesley entwickelt hatte. Um Gewicht einzusparen, bedeckte man dieses starke Gerüst mit lackiertem Spanntuch.

ABWEHRBEWAFFNUNG

Die plumpen Vickers-Waffentürme der Wellington Mk I ersetzte man bei der Mk IA durch motorgetriebene Einheiten von Nash und Thompson. Die Gefechtsstände im Heck und Bug enthielten je zwei 7,7-mm-Maschinengewehre, ergänzt durch eine einzelne Kanone in der Bodenwanne. Hier baute man später Waffen mit guter Flächenwirkung ein. Schwere Verluste bei Tageinsätzen bewiesen, daß die konzentrierte Feuerkraft einer Wellington-Formation nicht ausreichte, um die Jäger des Gegners wirksam abzuwehren.

selbstschützende Formation ein, könne kein Jäger ihnen etwas anhaben.

Als die Bomber der Staffeln No. 9 und No. 149 gerade abdrehen wollten, kreuzten die deutschen Jäger auf, unter ihnen zwei Männer, die sich in den kommenden Jahren einen ruhmvollen Namen machen sollten. Führer von sechs Bf 109 des JG 26 war „Macky" Steinhoff, der nach dem Krieg 176 anerkannte Luftsiege nachweisen konnte und später Inspekteur der Bundesluftwaffe wurde. Dahinter flog Helmut Lent in einer Bf 110. Er fiel nach 110 Abschüssen im Oktober 1944.

Drei seiner Abschüsse erzielte Lent an diesem Tage. Aber damit nicht genug. Neun andere Wellingtons kehrten ebenfalls nicht zurück, genau die Hälfte der eingesetzten Maschinen. Einer der glücklicheren Bomber – denn diesmal konnte man es nur als reines Glück bezeichnen – war die Maschine mit der Kennung WS-G der No. 9 Squadron G wie George. Sie wurde geführt von Sergeant John Ramshaw; Charlie Driver, ein 18jähriger Mechaniker, besetzte den vorderen Waffenstand:

„Auf einmal fühlte es sich so kalt an meinen Füßen und Beinen an. Ich schaute runter und sah nur noch Wasser unter mir. Die Maschinengewehre feuerten auch nicht mehr, weil beide Rohre abgesprengt waren. Dann fetzte ein Hagel von Geschossen die Frontverglasung des Gefechtsstands weg…"

Driver befand sich in einer äußerst gefährlichen Lage. Der Waffenstand um ihn herum war demoliert, und Qualm und Feuer versperrten ihm den Rückzug in den Rumpf der Maschine. Er streifte den schweren Überhandschuh ab und erstickte damit die Flammen. Als er sich mühsam zum Cockpit durchgekämpft hatte, fand er Ramshaw seelenruhig am Steuer sitzen. Der pfiff einen populären Schlager, offenbar unbeeindruckt davon, daß die halbe Luftwaffe unterwegs war, um sie abzuschießen.

Wundersame Rettung

„Alles Okay, Charlie?", fragte Ramshaw ungerührt. Driver streckte bejahend beide Daumen nach oben. Sergeant Hewitt, der zweite Pilot, konnte kaum glauben, daß Driver aus diesem Wrack von Turm lebendig herausgekommen war.

Der Waffenturm im Heck von G-George blieb ebenfalls stumm. Beide Maschinengewehre hatten Ladehemmung, und alle Messerschmitts um sie herum wußten es. Eine setzte zum Gnadenstoß an und feuerte endlose Garben gegen das Heck. Der Heckschütze Walter Lilley, ein guter Freund von Driver, fummelte am Verschluß herum, als er getroffen wurde. Er starb auf der Stelle. Sergeant Hewitt und Charlie Driver zerrten den leblosen Körper aus der Kanzel und legten ihn auf den Rumpfboden.

Lilley hatte einen oder zwei der Angreifer abgeschossen. Als ob ihnen sein Tod Genugtuung verschaffte, schwangen die Deutschen ab. Wahrscheinlich aber waren ihnen die Munition und der Sprit ausgegangen. G-George hielt sich immer noch in der Luft; Driver, der seinen Kopf in die Astrokuppel gesteckt hatte, konnte es kaum glauben.

„Wohin ich schaute, überall flatterte die Stoffbespannung im Fahrtwind. Das Innere der Tragflächen lag bloß, als ob jemand die gesamte Nasenkante mit einem riesigen Messer aufgeschlitzt hätte. Die Flugzeugnase war verschwunden. Zum Glück hatte ich beim Verlassen des Bugturms die Schotten dicht gemacht, damit die Stauluft nicht bis nach hinten durchpu-

Oben: Wellington-Besatzungen der No. 149 Squadron auf dem Wege zu ihren Maschinen für den ersten Einsatz des Bomber Command gegen Deutschland.

Unten: Ein Beladekommando bereitet diese Wellington für einen bevorstehenden Tageinsatz über der deutschen Küste vor.

Eine Jagdgruppe Messerschmitt Bf 109Es des JG 26, angeführt von dem späteren Luftwaffeninspekteur Steinhoff, attackiert die Wellingtons der No. 9 Squadron. Der 18. Dezember 1939 war ein schwarzer Tag für das Bomber Command. Sergeant Ramshaw schaffte es, die schwer beschädigte G-George bis zur britischen Küste zu manövrieren.

Unten: In den ersten Monaten des Krieges spielten die Blenheims eine wichtige Rolle, obwohl sie langsam, schwerfällig und schwach bewaffnet waren.

sten konnte. Die Motoren sahen aus, als ob sie mit einem Vorschlaghammer und einem Riesenkeil bearbeitet worden seien."

Aber es stand noch Schlimmeres bevor. Ein Blick auf die Kraftstoffanzeige zeigte Ramshaw, daß die Tanks fast leer waren. Der Feuerhagel mußte sie durchlöchert haben. Driver – wieder zurück im Cockpit – erhielt den Auftrag, Treibstoff aus dem Reservetank mit der Handpumpe in die Förderbehälter umzupumpen und den nötigen Druck zu halten. Dreißig Minuten lang pumpte er mit

aller Kraft – dann sog die Pumpe nur noch Luft. Erst starb der eine Motor, dann der andere. Die Luftschrauben drehten sich kraftlos im Fahrtwind.

Ramshaw hatte noch 3.000 m Höhe einzusetzen, doch jeder Kilometer vorwärts fraß ein kleines Stück von diesem Spielraum. Alle wußten, daß sie es nicht bis an Land schafften. Eine Notwasserung bei Dezemberkälte in der Nordsee bedeutete wahrscheinlich den Tod, zumal das Funkgerät gleich nach dem Start ausgefallen war und niemand sie finden konnte.

Ramshaw machte am Horizont die verschwommenen Umrisse eines Kutters aus – ein Grimsby Trawler. „Ich hab' ein Schiff entdeckt", jubelte er über die Sprechanlage. „Ich will versuchen, die Maschine in seiner Nähe hinzusetzen." Der Rest der Besatzung bereitete sich vor, so gut es ging. Eine weiche Notwasserung eines schweren Bombers – so etwas gibt es nicht.

Wassergrab

Ungefähr 500 m vom Fischerboot entfernt schlug die Wellington hart auf. Ramshaw knallte mit dem Kopf gegen die Windschutzscheibe. Er war halb bewußtlos und konnte sich kaum vom Sitzgurt befreien. Der junge Charlie Driver zerrte eigenhändig das Rettungsschlauchboot aus dem hinteren Motorraum backbord. Er und Bordfunker Conolly kletterten auf die Tragfläche.

Ramshaw hatte sich durch das Kanzeldach gezwängt, fand

aber keinen Halt und glitt ins Meer. Driver und Conolly packten ihn, wo sie ihn gerade zu fassen bekamen, und hievten ihn ins Schlauchboot. Dann ließen sie und Hewett sich ebenfalls ins Boot fallen. G-George senkte die Nase und nahm Lilley mit ins Wassergrab.

Die Viertelstunde, die der Kutter brauchte, bis er bei ihnen war, kam ihnen wie eine Ewigkeit vor. Aber das war nichts im Verleich zu den 16 Stunden bis zum Hafen von Grimsby. Driver litt während der gesamten Fahrt an Seekrankheit.

Nur zwei von 12 kampfbeschädigten Wellingtons war eine Notwasserung in britischen Gewässern geglückt. Erst dieser ungeheure Verlust brachte das Bomber Command zur Besinnung.

Kein Erfolg

Während dieser ganzen Periode befahl das Bomberkommando 1.527 Einsätze und verlor dabei 62 Flugzeuge. In sieben Monaten hatte die Royal Air Force nur 71 Tonnen Bomben geworfen, keinerlei ernsthafte Schäden angerichtet und die deutsche Bevölkerung kaum in Schrecken versetzt. Selbst den größten Optimisten des Bomberkommandos war inzwischen klar geworden, daß etwas geschehen mußte, sowohl hinsichtlich der Ausrüstung wie auch der Taktik. Wer sonst sollte nach dem drohenden Rückzug aus Dünkirchen den Krieg ins Land des Feindes tragen, wenn nicht ihr Kommando?

Das Bild zeigt Wellington-Bomber der No. 75 (New Zealand) Squadron auf einem Feindflug. No. 75 war die erste einer Reihe von Einsatzstaffeln, die das RAF Bomber Command aus den Commonwealth-Ländern rekrutierte. Die Wellington-Bomber wichen schließlich den neueren Mustern Stirling und Lancaster.

Avro Lancaster

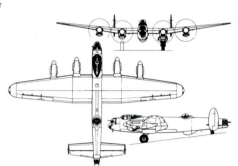

Die Lancaster, der berühmteste schwere Bomber Großbritanniens im Zweiten Weltkrieg, lief zunächst unter der Bezeichnung Manchester Mk III, einer viermotorigen Weiterentwicklung dieses wenig erfolgreichen Typs. Mit dem Dreifachleitwerk der Manchester startete die Lancaster erstmals im Januar 1941; ab Anfang 1942 ging sie in Dienst. Insgesamt wurden 3.444 Lancaster Mk I hergestellt. 33 davon rüstete man um zur Lancaster B.Mk I (Special) mit vergrößertem Bombenschacht für die 9.979-kg-Bombe „Grand Slam". Die Lancaster B.Mk III ähnelte der Mk I, hatte aber Merlin-Motoren aus den USA. Man baute davon 3.020 Exemplare. 430 ähnliche Lancaster B.Mk X wurden in Kanada hergestellt. Außerdem gab es 300 Lancaster Mk II mit Sternmotoren vom Typ Bristol Hercules VI oder XVI sowie 180 Lancaster B.Mk VII mit einem Martin-Waffenstand für zwei 12,7-mm-Geschütze auf der Rumpfoberseite.

Technische Daten: Avro Lancaster Mk siebensitziger, schwerer Nachtbomber
Spannweite: 31,09 m
Länge: 21,18 m
Triebwerk: vier Rolls-Royce Merlin 24 mit je 1.223 kW (1.663 PS)
Bewaffnung: acht oder zehn 7,7-mm-MGs in Waffenständen für zwei Kanonen am Bug, auf der Rumpfober- und zunächst auch auf der -unterseite sowie im Heckwaffenstand für vier Kanonen; Waffenzuladungskapazität für bis zu 8.185 kg Bomben intern
Max. Startgewicht: 31.752 kg
Höchstgeschwindigkeit: 461 km/h in 11.500 Fuß (3.500 m) Höhe
Einsatzreichweite: 2.670 km mit 6.350 kg Bombenlast

Boeing Fortress

Die B-17 Flying Fortress, der berühmteste US-Bomber des Zweiten Weltkriegs, absolvierte im April 1935 ihren Jungfernflug. In begrenzter Stückzahl kam sie auch bei der RAF zum Einsatz. Den 20 im Frühjahr 1941 gelieferten B-17Cs gab man die Bezeichnung Fortress Mk I. Für den Einsatz in Nordeuropa erwiesen sie sich als untauglich und wurden deswegen nach kurzer Verwendung im Nahen Osten zur Seeüberwachung genutzt. Dann folgten 19 Fortress Mk II und 45 Fortress Mk IIAs, die der B-17F bzw. B-17E entsprachen und ausschließlich beim Coastal Command eingesetzt wurden. Schließlich gab es noch 85 Fortress Mk III (das Äquivalent zur B-17G). Sie dienten zwar beim Bomber Command im 100. Geschwader, jedoch als ECM-Flugzeuge, nicht als Bomber.

Technische Daten: Boeing Fortress Mk I zehnsitziger, schwerer Tagbomber
Spannweite: 31,64 m
Länge: 20,69 m
Triebwerk: vier Wright R-1820-G205As mit je 895 kW (1.217 PS)
Bewaffnung: ein 7,62-mm-MG im Bug und sechs 12,7-mm-MGs in Stationen auf der Rumpfober- und -unterseite für zwei Kanonen sowie Waffenzuladungskapazität für bis zu 4.761 kg Bomben intern
Max. Startgewicht: 20.625 kg
Höchstgeschwindigkeit: 514 km/h in 20.000 Fuß (6.096 m) Höhe
Einsatzreichweite: 3.861 km mit 1.814 kg Bombenlast

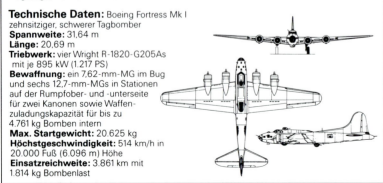

Bristol Blenheim

Nach dem Jungfernflug der aus dem Hochgeschwindigkeits-Transportflugzeug Typ 142 entwickelten Blenheim im Juni 1936 bestellte die RAF eine große Anzahl von Serienmaschinen. Man baute ca. 1.365 Blenheim Mk I mit kurzem Bug und Mercury-VIII-Motoren mit 626 kW (851 PS). Bis 1939 wurden fast alle in Großbritannien stationierten Mk I durch die verbesserte Blenheim Mk IV ersetzt. Die Mk IV hatte eine längere Nase, bot mehr Leistung und erhielt im Laufe des Krieges eine Waffenstation unter dem Bug (3.961 Maschinen, davon 676 in Kanada unter der Bezeichnung Bolingbroke hergestellt). Die letzte Version war der Bomber Blenheim Mk V für große Höhen mit Mercury-XXX-Triebwerken mit 708 kW (962 PS). Insgesamt baute man 942 Exemplare in folgenden Varianten: den Bomber Mk VA, das Bodenangriffsflugzeug Mk VB (ursprünglich Bisley), den Trainer Mk VC und die tropentaugliche Mk VD.

Technische Daten: Bristol Blenheim Mk IV dreisitziger, leichter Bomber
Spannweite: 17,17 m
Länge: 12,98 m
Triebwerk: zwei Bristol Mercury XV mit je 686 kW (932 PS)
Bewaffnung: fünf 7,7-mm-MGs in der Bugstation für eine Kanone (fest) und in den Waffenständen für zwei Kanonen unter dem Bug und auf der Rumpfoberseite sowie Waffenzuladungskapazität für bis zu 454 kg Bomben intern und 145 kg Bomben außen
Normales Startgewicht: 6.532 kg
Höchstgeschwindigkeit: 427 km/h in 11.800 Fuß (3.596 m) Höhe
Einsatzreichweite: 2.349 km

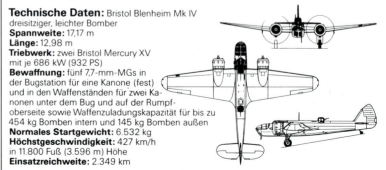

Bomberkommando der RAF

Im Schutze der Nacht

Oben: Nach der allgemeinen Einsatzbesprechung studiert die Besatzung dieser Vickers Wellington B.Mk III noch einmal die Route für das anstehende Nachtziel.

Links: Drei Short Stirling B.Mk 1 fliegen zu einem Bombeneinsatz bei Tageslicht. Die Stirling war der erste schwere viermotorige Bombertyp der RAF.

Das RAF Bomber Command hatte weiterhin mit der unzulänglichen Ausrüstung und der Unerfahrenheit der Besatzungen zu kämpfen. Allmählich jedoch sollte sich das Blatt wenden.

„Noch vor sechs Wochen erschien mir der Krieg so weit entfernt; doch dann kam ich nach Norden zur Einsatzstaffel", schrieb Leonard Cheshire im Juni 1940. Er sollte einer der herausragenden Kämpfer des britischen Bomberkommandos werden.

„Jetzt steckte ich mittendrin. Wir näherten uns Aachen auf dem Wege nach Mannheim. Steuerbord tasteten mehrere Suchscheinwerfer den Himmel ab. Plötzlich schwenkten sie auf einen Punkt und ließen ein metallisches Objekt aufblitzen. Eine von unseren Whitleys.

Minutenlang schien alles ruhig, dann schossen aus allen Richtungen orangefarbene Leuchtspuren vom Boden hoch. Unaufhörlich zielten sie genau in den Schnittpunkt des Lichtbündels. Der kleine, weiß schimmernde Punkt flammte plötzlich grell auf. Die Leuchtspurge-

115

Im Schutze der Nacht

schosse faßten nach, immer mehr Stichflammen blitzten auf und vereinten sich bald zu einem einzigen Feuerball. Zunächst langsam, dann immer schneller fiel er nach unten. Die Leuchtspuren verfolgten ihn, damit niemand eine Chance hatte abzuspringen."

Im Sommer 1940 zählte die von den Briten als „Phoney War" (Scheinkrieg) empfundene Anfangsphase längst zur Vergangenheit. Wohin man schaute, zeichnete sich statt dessen eine Niederlage ab. In der ersten Februarwoche hatte Rußland einen Nichtangriffspakt mit Hitler geschlossen, um ungehindert in Finnland einmarschieren zu können. Im April wurden Dänemark und Norwegen besiegt. Im Mai folgte die Invasion der Niederlande und Frankreichs.

Vor dem Zusammenstoß mit den deutschen Truppen konnte man zwar noch rund 350.000 Mann der britischen Expeditionsstreitkräfte (BEF – British Expeditionary Force) aus Dünkirchen evakuieren, doch ließ sich diese Rettungsaktion kaum als Sieg auslegen. Die leichten Bomberstaffeln mit Bristol Blenheims und einmotorigen Fairey Battles wurden ins Gefecht geworfen, um zumindest Teile der BEF als Auffangriegel im dünnbesiedelten Flachland zu erhalten. Sie mußten schwere Verluste einstecken. Gerade die Battles fielen wie die Fliegen vom Himmel. Bei einigen Operationen lag die Verlustrate sogar bei 100%.

Letzter Tageinsatz

An der Spitze des Bomber Command im neuen Hauptquartier High Wycombe stand seit April ein jüngerer und noch optimistischer Mann: Sir Charles Portal. Nachdem man zehn Staffeln für die Advanced Air Striking Force in Frankreich abgezweigt hatte, verfügte er noch über 24 Bomberstaffeln; davon waren neun zur Unterstützung der BEF vorgesehen. Damit standen ihm noch rund 240 Hampdens, Whitleys und Wellingtons für Bomberoffensiven gegen Deutschland zur Verfügung. Elf Maschinen dieser Flotte gingen in der folgenden Woche verloren, allein neun bei einem einzigen Einsatz, der 83 Bomber gegen deutsche Kriegs-

schiffe und Hafenanlagen im Raum Stavanger führte. Diese Schlappe bedeutete für die Hampden- und Wellington-Bomber endlich das Ende ihrer Einsätze bei Tageslicht.

Für die Besatzungen der ehrwürdigen – aber auch verwundbaren – zweimotorigen Bomber stellte sich nun die schwierige Aufgabe, in der Nacht verdunkelte Ziele auszumachen. Außer Stoppuhr, Kompaß und Sextant standen ihnen keinerlei navigatorische Hilfsmittel zur Verfügung. Und nur wenige Navigatoren konnten ihre Piloten dazu überreden, die Maschine lange genug horizontal auf gleichbleibendem Kurs zu halten, um einen Stern mit dem Sextanten für eine genaue Standortbestimmung anpeilen zu können.

Den Besatzungen blieb im Grunde nur die Möglichkeit, die Maschine auf den Zielkurs zu setzen, die Abweichung durch den Wind zu berücksichtigen und die Bomben nach der geschätzten Ankunftszeit über dem Ziel auszuklinken. Unter diesen Umständen war Freund wie Feind gleichermaßen gefährdet. Um das Risiko eines Zusammenstoßes der Bomber möglichst gering zu halten, galt: „Jeder kämpft für sich allein." Guy Gibson schilderte später: „Wir konnten unsere Route selbst bestimmen.

Whitley Mk V der „Shiny Ten" bombardieren Ende 1940 in Antwerpen Behelfstransportschiffe für deutsche Invasionstruppen. Das typische kopflastige Aussehen wurde durch den konstruktiven Einstellwinkel des Tragwerks von 8° hervorgerufen, der die Startleistung verbessern sollte.

Manchmal war uns sogar die Bombenladung freigestellt. Auch die Startzeit lag im Ermessen des jeweiligen Kommandanten. Wir waren Individualisten, aber, ehrlich gesagt, nicht sonderlich effektiv. Nicht einmal 10% der abgeworfenen Bomben dürften ins Ziel gefallen sein."

Diese Einzelkämpfermethode garantierte natürlich nicht, daß die Crew ihr Ziel auch ausfindig machte. Gibsons Kriegstagebuch

Das Beladekommando schickt sich an, die Bomben von den Karren in eine Whitley Mk V der No. 78 Squadron umzuladen. Sie sind für einen Nachteinsatz über Deutschland bestimmt.

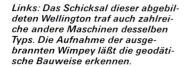

Links: Das Schicksal dieser abgebildeten Wellington traf auch zahlreiche andere Maschinen desselben Typs. Die Aufnahme der ausgebrannten Wimpey läßt die geodätische Bauweise erkennen.

Oben: Diese drei Wellington Mk ICs der (tschechoslowakischen) No. 311 Squadron bieten dem Fotografen eine sauber geflogene Formation. Die Einheit hatte bis 1942 1021 Kampfeinsätze geflogen.

Die Silhouette der Whitley zeigt deutlich, wie kompromißlos der Entwurf gestaltet ist. Aerodynamische Feinheiten waren nicht gefragt; es zählte eine starke Zelle, mittragende Beplankung und ein mächtiger Kastenholm für die Tragflächen.

enthält für den 13. Juni 1940 den nicht ganz ernst gemeinten Eintrag: „Bombenteppich auf Gent und England (beinahe)." Nicht alle Besatzungen konnten sich mit einem „beinahe" herausreden. So hatte die Crew einer Whitley nach dem Bombenabwurf über einem Flugplatz aus Treibstoffmangel auf einem Kohlfeld notlanden müssen. Weisungsgemäß setzte der Pilot die Maschine in Brand und verbarg sich und seine Mannschaft in einem nahegelegenen Schuppen, um sich bei Nacht weiter durchzuschlagen. Dem kam jedoch ein Stabsfahrzeug mit einem Obristen zuvor, der sie

derart zusammenstauchte, daß „ihre Ohren heißer brannten als die Whitley".

Ins sichere Verderben

Dem Bomberkommando fehlte eine wirklich gute Ausrüstung. Es benötigte Maschinen, die 10 Tonnen Bomben in das Herz des Dritten Reiches und weiter tragen konnten und sie selbst bei geschlossener Wolkendecke genau auf die vorgesehenen Ziele absetzten. Außerdem brauchte es Personal, das solche Bomber effektiv einzusetzen verstand. Was man hatte, waren Wellington- und Whitley-Bomber und den leidigen Grundsatz,

das Beste aus dem Vorhandenen herauszuholen, auch wenn es ins sichere Verderben führte.

Selbst ein Jahr nach Beginn des Krieges stellten Kriegsschiffe, Häfen und Marinestützpunkte für das Bomberkommando immer noch die wichtigsten Ziele dar. Nicht nur einer der Bomberpiloten, die den ganzen Krieg mitgemacht haben, begründete dies damit, daß in der Nähe von Wasser gelegene Ziele bei klarer Nacht selbst ohne Mondlicht relativ leicht auffindbar seien. Vielleicht ist diese Sicht aber doch allzu zynisch.

Man startete auch einen Feldzug, um die deutsche Ernte zu vernichten und Wälder in Brand zu stecken. Aber diese Aktionen zeigten so gut wie keine Wirkung. Schläge gegen die Industrie beschränkten sich weitgehend auf Raffinerieanlagen; außerdem versuchte man, die Verkehrsinfrastruktur zu lähmen. Hauptstrecken und Knotenpunkte der Eisenbahn, Kanäle und Binnenhäfen waren bevorzugte Ziele.

Im Verlauf des langen, heißen Sommers von 1940, in dem das Gespenst einer Invasion drohte,

beschäftigten sich sowohl die Flugzeughersteller wie das britische Beschaffungsministerium in erster Linie mit Jagdflugzeugen. Eine deutsche Invasion konnte nur auf vorhergehender Luftüberlegenheit basieren; sie galt es zu verhindern. Die andere Voraussetzung bestand darin, eine Flotte zur Anlandung der Invasionstruppen aufzustellen. Dieser drohenden Gefahr zu begegnen, war Aufgabe des Bomber Command.

Aus allen Ecken Europas hatten die Deutschen Transportschiffe herbeigeschafft und in Häfen, Buchten und Mündungen zwischen Cherbourg und der dänischen Grenze zusammengezogen. Selbst als die Luftschlacht an sich beendet und die Invasionsgefahr gebannt war, setzte die RAF die Bekämpfung dieser Flotte fort. Am 12. September wurde Tom Sawyer nach Leeming in North Yorkshire versetzt als Schwarmführer der No. 10 Squadron, die die Whitley Mk V flog. Bereits zwei Tage später befand er sich im Einsatz über Antwerpen und suchte nach Fischkuttern, die es zu zerstören galt.

Eine Handley Page Hampden der No. 455 (RAAF) Squadron. Die Bemühungen der Konstrukteure um mehr aerodynamische Effektivität ließen diesen mittelschweren Bomber schneller als die Wellington und die Whitley fliegen. Die Abwehrbewaffnung war allerdings unzureichend.

Rechts: Die Hampden-Besatzungen bewiesen ein hohes Maß an Tapferkeit angesichts der Verluste, die sie erlitten. Sergeant Hannah wurde als zweites Besatzungsmitglied einer Hampden mit dem Victoria Cross ausgezeichnet. Wenige Wochen zuvor hatte man Flt Lt Learoyd als erstem Piloten des Bomber Command das VC verliehen.

AWARDED VICTORIA CROSS FOR MID-AIR HEROISM

WAR'S YOUNGEST V.C. WITH HIS D.F.C. PILOT Sgt. John Hannah, aged 18, who was awarded the V.C. for extinguishing a serious fire in his bombing plane while over Antwerp. He fought the flames while bullets were exploding all around him. With Sgt. Hannah is Pilot Officer C. A. H. Connor, awarded the D.F.C. for bringing the machine safely home.

THE PILOT DESCRIBES THE FIRE Sgt. Hannah attacked the fire with extinguishers for ten minutes, and when these were empty beat out the remaining flames with his log book. Here, Pilot Officer Connor is showing the burnt-out cabin to another officer.

Bunte Fäden

„Ich wollte nicht nur passiver Zuschauer sein und stellte mich als Bombenschütze zur Verfügung. Bereits aus großer Entfernung konnten wir die Aktivität über dem Zielgebiet erkennen. Auf dem Bauch im Bug liegend, beobachtete ich unseren Zielanflug. Je vier Bomben sollten wir in zwei Anflügen werfen.

Suchscheinwerfer fingerten von allen Seiten, und beim Zieleinlauf verdichteten sich die Leuchtspuren der leichten Flak. Bunte Fäden – rot, orange und sogar grün – zogen sich durch den Himmel; manchmal bildeten sie ein S, wenn die Flakkanoniere die Rohre vertikal schwenkten. Weiße und gelbe Puffbällchen krochen zunächst langsam, dann immer schneller auf die Maschine zu, bis sie mit geradezu erschreckender Geschwindigkeit an den Tragflächen entlangzischten. Das Ganze vermischte sich in meinem Bombenvisier zu einem wilden, aber irgendwie sogar schönen Panorama. ,Links…Links…Gut so…Etwas nach rechts…So halten…Bomben ab!'

Beim ersten Zielüberflug hatte ich die Einschläge unserer Bomben verpaßt, aber beim zweiten Mal konnte ich die Bodenluke schnell genug öffnen. Ich sah unten hinter uns vier Detonationen in einer Kette quer zu den Docks aufblitzen, alles Volltreffer. Drei Explosionen im Becken, wo die Kutter lagen, und eine direkt auf dem Dock."

Es mag zwar wie ein prächtiges Feuerwerk ausgesehen haben, aber in einer Whitley mit 250 km/h in 2.500 m Höhe über ein so stark verteidigtes Zielgebiet wie Antwerpen zu fliegen, ohne Kurs und Höhe verändern zu können, war mit Sicherheit kein reines Vergnügen. Im Laufe der Zeit hob man die Einsatzhöhe zwar an, doch selbst oberhalb von 4.250 m waren die Bomber nur vor der leichten Fliegerabwehr sicher, befanden sich aber immer noch in Reichweite der schweren Flakgeschütze. Mit zunehmender Höhe wurde andererseits die Kälte zum Problem. Die Bomber hatten keine Heizung; die einzige Notlösung bestand darin, mehrere Kleidungsschichten übereinanderzuziehen.

Zielbeschränkungen

Während dieser Periode gab es nach wie vor Zielbeschränkungen für den Bombeneinsatz; wahllose Abwürfe wurden disziplinarisch geahndet. Sawyer fährt in seinem Bericht fort: „Unsere Bomber kreuzten sozusagen jede Nacht in kleineren Formationen über Deutschland. Konnten sie ihr Hauptziel innerhalb der 30 oder 60 Minuten Einsatzdauer nicht finden, durften sie eindeutig als militärische Objekte erkannte oder zuvor bekämpfte Gelegenheitsziele (,SEMO' – Self-Evident Military Objective oder ,MOPA' – Military Objective Previously Attacked) angreifen. Häufig handelte es sich dabei um überraschte Scheinwerfer- und Flakbatterien. Ende 1940 brachte niemand mehr Bomben nach England zurück. Die Luftangriffe gegen London, Coventry, Southampton und Liverpool saßen uns zu sehr in den Gliedern."

In der Nacht des 16. Dezember 1940 wandte die RAF erstmals die Taktik der Deutschen an und erklärte das Zentrum einer Großstadt zum Zielgebiet. 134 Flugzeuge – die größte bislang auf ein Ziel angesetzte Kampfgruppe – machten sich auf den Weg nach Mannheim.

Acht Wellington-Bomber mit den erfahrensten Besatzungen sollten mit Brandbomben das Ziel für die nachfolgenden Bombergruppen markieren. Obwohl es wolkenfrei im hellen Mondlicht lag und nur leicht verteidigt wurde, mißriet der Luftangriff. Die Wellington-Führungsmaschinen bombten wild drauf los, so daß die Bomben der Folgewellen weitflächig gestreut fielen. Zweihundertvierzig Gebäude wurden durch Explosion oder Brand zerstört. Doch „nur" 34 Menschen wurden getötet und 81 verletzt. Als Betroffene deutscher Bomberangriffe hatten die Briten die Erfahrung gemacht, daß Bombardierungen keineswegs die durchschlagende Wirkung zeigten, die die Strategen garantierten. Jetzt machten die Deutschen diese Erfahrung. Erst im letzten Kriegsjahr brachten Flächenbombardierungen zerstörerische Wirkung auf die Bevölkerung.

Zweiter Winter

Selbst nach fünfzig Jahren ist die Diskussion über die ethischen Aspekte dessen, was die Deutschen treffend als „Bombenterror" bezeichneten, noch nicht verstummt. Aber im zweiten Kriegswinter drängte die existentielle Notwendigkeit, Hitler Einhalt zu gebieten, die Frage nach der Moral weitgehend in den Hintergrund. Für das Bomberkommando gab es nur ein strategisches Ziel: Die deutsche Industrie, Waffen- und Munitionsschmieden mußten zerstört, die Lebensgrundlage der deutschen Nation vernichtet, und das Leben für die Bevölkerung sollte absolut unerträglich gemacht werden.

Oben: Die hohen Erwartungen, die man in die Manchester gesetzt hatte, wurden durch ihre Vulture-Triebwerke zunichte gemacht. Sie waren äußerst unzuverlässig und schafften ihre Solleistung nicht.

Links: Die ersten Manchesters hatten ein dreiteiliges Seitenleitwerk. Später ließ man die mittlere Flosse weg, erhöhte die Spannweite des Höhenleitwerks und vergrößerte die Endplatten und die Ruder.

Unten: So könnte der erste Kriegseinsatz der Manchester ausgesehen haben, als im Februar 1941 die No. 207 Squadron einen Angriff auf Brest flog. Im Juni 1942 wurde dieses Muster von den Einsatzverbänden abgezogen.

Die Whitleys, Wellingtons und sogar die Hampdens leisteten mehr, als man von diesen Bombern erwarten konnte (bis 1941 galt die Wellington als Rückgrat des Bomberkommandos). Dennoch reichte ihre Schlagkraft nicht aus. Das erforderliche schwere Kaliber besaßen als erste die Avro Manchester und die Short Sterling.

Die Stirling war ein enorm großer Bomber, 27 m lang und 34 Tonnen schwer. Im Endeffekt sollte sich aber gerade dies als Schwachpunkt erweisen. Die Maschine konnte eine beachtliche Waffenlast von 6.350 kg mitführen, allerdings nur innerhalb eines Radius' von 480 km. Außerdem hatte sie Mühe, eine Einsatzhöhe von 5.200 m zu halten.

Die Manchester erschien auf den ersten Blick weniger eindrucksvoll. Im Profil konnte man sie von der Lancaster kaum unterscheiden, in der Draufsicht stachen allerdings die beiden zusätzlichen Motoren der Lanc deutlich ab. Sie hatte genügend Treibstoff, um eine Bombenlast von 4.535 kg über 1.920 km zu befördern, erreichte aber kaum größere Höhen als die Stirling und flog mit einer Marschgeschwindigkeit von nur 300 km/h. Die meisten Flugzeugführer beanstandeten dieses Muster auch einstimmig als zu antriebsschwach. Die Feuertaufe der Manchester fand am 24. Februar statt. Sechs Maschinen starteten gegen Kriegsschiffe in Brest, ein Einsatz, der nicht minder die moralische Stärkung der Besatzungen zum Ziel hatte.

Erster Stirling-Angriff

Die Stirling kam zwei Wochen vor der Manchester zum Kampfeinsatz. Zusammen mit 40 anderen Maschinen unterschiedlicher Typen bombardierten drei Stirlings Treibstofflager in der Nähe von Rotterdam. In derselben Nacht warfen 222 Flugzeuge Bomben über Hannover ab, davon 112 Wellingtons der No. 3 Group. Inzwischen verstand sich das Bomber Command darauf, das Eintreffen Hunderter von Bombern über einem Einzelziel innerhalb eines relativ kurzen Zeitabschnitts zu koordinieren. Auch die genaue Zielmarkierung bereitete keine so großen Schwierigkeiten mehr.

Vor dem Start zum Bombenangriff gegen Deutschland erhält diese Stirling-Besatzung noch die neuesten Feindnachrichten. Das Muster war sehr beliebt. Seine Größe, die Qualität der Konstruktion, die vier Motoren und die erheblich stärkere Abwehrbewaffnung flößten den Besatzungen Vertrauen ein.

Defensive Bewaffnung

Im Bug waren zwei 7,7-mm-Maschinengewehre eingebaut, im Heckturm vier. Frühe Maschinen verfügten zusätzlich über eine Zwillingskanone in der Bodenwanne. Man gab sie später wieder auf, da sie sich als störanfällig erwies. Paarweise auf einer Drehlafette montierte Waffen, die trichterförmig nach oben wirken konnten, wurden durch einen Waffenturm auf dem mittleren Rumpfrücken ersetzt. Bei einigen späteren Maschinen baute man zusätzlich ein 12,7-mm-Maschinengewehr im Bereich der Heckklappe ein.

Unten: Hier posiert eine Short Stirling der Erstserie mit einer typischen Bombenzuladung und die 56-köpfige Mannschaft, die für die Wartung, Führung und Einsatzdurchführung dieses Bombers erforderlich war.

Bombenlast

Die Stirling konnte eine brauchbare Bombenlast aufnehmen. Die Längsversteifungen des Bombenschachts setzten dem Durchmesser der Bomben jedoch Grenzen.

Die Suche nach einem Navigationssystem, das die Zielbestimmung bei jedem Wetter ermöglichte, und dem perfekten Zielmarkierungsmittel sollte aber noch jahrelang weitergehen. Die ersten Experimente mit Funkstrahlen, die sich über einer bekannten Position schnitten,

waren nur gelegentlich erfolgreich. Das entsprechende deutsche System „Knickebein" hat allerdings beim Luftangriff gegen Coventry voll ausgereicht, um das Ziel genau zu treffen. Es hieß, der Zweite Weltkrieg habe die technologische Entwicklung von 50 Jahren auf fünf Jahre zu-

sammengedrängt. Für das Gebiet der Elektronik und der ihr verwandten Techniken mag dies sicher zutreffen; die kriegsgeplagten Menschen im düsteren Europa von 1941 aber hatten einen weiten Weg vor sich, auf dem noch viele Millionen ihr Leben lassen mußten.

No. 7 Squadron und die Stirling
No. 7 Squadron übernahm ihre erste Stirling Mk I im August 1940 und verfügte damit als erste Staffel des Bomber Command über einen viermotorigen Bombertyp. In der Folgezeit bombardierten die Maschinen dieser Staffel bei Tag und bei Nacht zahlreiche Ziele und nahmen an den sogenannten „Tausend-Bomber-Einsätzen" teil. No. 7 Squadron gehörte 1942 zu den ersten Pfadfindereinheiten. Im Mai 1943 gab sie die Stirling zugunsten der Lancaster ab.

Triebwerke
Dieses spezielle Muster war mit schiebergesteuerten Hercules-Mk-X-Sternmotoren ausgerüstet. Spätere Versionen erhielten den Hercules Mk XI, der mehr Antriebsleistung bot. Sie wurde aber praktisch wieder aufgehoben durch den höheren Widerstand, der sich aus einem neuen oberen Waffenturm und dem Flammendämpfer ergab. Die Stirling Mk 3 hatte Hercules-Mk-VI-Motoren, die die Leistung geringfügig verbesserten.

Fahrwerk
Man hatte von Anfang an ein hochbeiniges Fahrwerk gewählt, um genügend Bodenfreiheit für das Beladen der Bomben von unten zu gewährleisten und einen unteren Waffenturm einsetzen zu können. Eine weitere Streckung des Fahrgestells sollte die Leistung bei Start und Landung verbessern. Da die Stirling auf der Start- und Landebahn eine starke Schwingneigung zeigte, kam es zum Abscheren des Fahrwerks.

Besatzung
Die Stärke der Besatzung variierte zwischen sechs und acht Mann, je nach der Anzahl der Waffentürme. Ursprünglich war ein Copilot vorgesehen, der zugleich als Navigator fungieren sollte. In der Praxis aber erfüllte der Bordingenieur oder der Bombenschütze die Aufgaben des Copiloten.

Tragflächen
Der vorgeschlagene Entwurf beinhaltete ein Tragwerk mit einer Spannweite von 34,14 m, ähnlich dem der Sunderland. Das Luftfahrtministerium bestand jedoch auf einer Spannweite unter 30,50 m, da die vorhandenen Hallen Beschränkungen erforderten. Das Ergebnis war ein Tragwerk mit niedrigem Streckungsverhältnis bei einer Spannweite von 30,17 m. Die damit erreichte hohe Wendigkeit ging voll zu Lasten der Höhenleistung.

Farbschema
Die Stirling erhielt die Standardtarnfarben für Bomber. Die Unterseiten der Maschine waren mattschwarz gestrichen.

Short Stirling B.Mk I

Diese Stirling B.Mk I aus der ersten Baureihe trägt die Kennzeichen der No. 7 Squadron, die als erster Verband der RAF einen viermotorigen Bombertyp erhielt. Die Umrüstung verzögerte sich durch unzählige Anfangsschwierigkeiten, Unfälle, Abweichungen von der Solleistung sowie einen Angriff der Luftwaffe auf die Short-Werft in Rochester, bei dem sechs Serienflugzeuge zerstört wurden.

Der erste Bombeneinsatz fand im Februar 1941 über Rotterdam statt. In der Folgezeit operierte die Stirling als Bomber, Minenleger und Träger für Sondervorhaben. Die Stirling war überraschend beweglich bei ihrer Größe, relativ gut bewaffnet und glücklicherweise enorm robust; ihre bescheidene Einsatzhöhe machte sie nämlich äußerst verwundbar. Leider erwies sich auch der Bombenschacht als unzulänglich, da er keine Bombe über 900 kg aufnehmen konnte. Sobald die Lancaster in ausreichender Zahl zur Verfügung stand, verdrängte sie die Stirling aus den Kampfverbänden. Die Stirlings leisteten aber weiterhin großartige Unterstützungsdienste: Sie transportierten Versorgungsgüter, schleppten Gleiter, setzten Fallschirmjäger und Fallschirmlasten ab und beförderten Kampftruppen.

Links: Das Flugdeck der Stirling trägt die Handschrift des Flugbootbauers Short. Die hydraulische Motorregelung Exactor trug zu den vielen Anfangsschwierigkeiten dieses Musters bei.

Diese L9530 aus dem ersten, im Winter 1940/41 an die RAF ausgelieferten Halifax-Serien- los trägt die Kennzeichen der No. 76 RAF-Squadron des 4. Geschwaders des Bomber Com- mand in Middleton St. George. Das Wappen stammt vom Pilo- ten Christopher Cheshire, dem Bruder des berühmteren Leo- nard Cheshire. Die Bomben- klappen sind hier alle offen. Bei den Fortsätzen in der Mitte der Flügelhinterkante handelt es sich um Notablaßstutzen für den Treibstoff.

Consolidated Liberator

Die Liberator war im RAF-Dienst erfolgreicher als die Fortress, kam jedoch ebenfalls haupt- sächlich als Seeüberwachungsflugzeug zum Einsatz. Das Anfangsmodell Liberator Mk I wurde für Seeüberwachung und Transport genutzt. Nach dem der B-24C entsprechenden Bomber Liberator Mk II (126 Stück, darunter LB-30-Transportmaschinen) kam das Äquivalent zur B-24D, die Liberator Mk III (156 Stück, darunter einige vom Typ Mk III A mit Schiffsabwehrra- dar statt des Waffenstands an der Rumpfunterseite). Die Auslieferung der B-24E als Liberator Mk IV war geplant. Das nächste Modell war daher die Liberator Mk V (112), eine in erster Linie zur Seeüberwachung verwendete B-24D mit höherer Treibstoffkapazität. Von der B-24H und B-24J wurden insgesamt 1.668 Stück unter den Bezeichnungen Liberator Mk VI bzw. Mk VIII als Bomber und Seeüberwachungsflugzeuge ausgeliefert.

Technische Daten: Consolidated Libe-
rator B.Mk VI, achtsitziger, schwerer Tagbomber
Spannweite: 33,53 m
Länge: 20,45 m
Triebwerk: vier Pratt & Whitney R-1830-43/65
mit je 895 kW (1.217 PS)
Bewaffnung: zehn 12,7-mm-MGs in
Waffenständen für zwei Kanonen im
Bug, auf Rumpfober- und -unterseite
und dem Heck sowie Stationen für eine
Kanone im Mittelrumpf; Waffenzuladungs-
kapazität für bis zu 5.806 kg Bomben intern
Max. Startgewicht: 28.123 kg
Höchstgeschwindigkeit: 434 km/h in
20.000 Fuß (6.096 m) Höhe
Einsatzreichweite: 3.684 km

de Havilland Mosquito

Die Mosquito war neben der Ju 88 das vielseitigste Flugzeug des Zweiten Weltkriegs. Sie bestand aus einem Schichtmaterial aus Sperr- und Balsaholz und war als Hochgeschwindig- keitsbomber ohne Verteidigungsbewaffnung gedacht. Nach dem Jungfernflug im Dezember 1940 ging sie ab Mai 1942 in Dienst. Es wurden immer bessere Varianten entwickelt. Der erste Bomber war die Mosquito B.Mk IV, von der man 273 mit Merlin-21-Triebwerken und vier 227-kg-Bomben oder einer 1.814-kg-Bombe baute. 25 Mosquito B.Mk VII mit von Packard gebautem Merlin-31-Motor wurden in Kanada hergestellt. Dann folgten 54 Mosquito B.Mk VII mit Merlin-72-Motoren und zusätzlichen 454 kg Bombenlast sowie 1.200 Mosquito B.Mk XVI, eine Variante der Mk IX mit Druckkabine. Die Ausrüstung der 45 in Kanada gebauten Mos- quito Mk XX stammte aus den USA. Schließlich gab es noch 225 Mosquito B.Mk 25 mit Mer- lin-225-Motoren.

Technische Daten: de Havilland Mosquito
B.Mk XVI, zweisitziger, leichter Bomber für große Höhen
Spannweite: 16,51 m
Länge: 13,56 m
Triebwerk: zwei Rolls-Royce Mer-
lin 72 mit je 1.253 kW (1.704 PS)
Bewaffnung: Waffenzuladungskapa-
zität für bis zu vier 227-kg-Bomben
intern und zwei 227-kg-Bomben au-
ßen oder eine 1.814-kg-Bombe intern
Max. Startgewicht: 10.433 kg
Höchstgeschwindigkeit: 656 km/h
in 26.000 Fuß (7.925 m) Höhe
Einsatzreichweite: 2.389 km

Bomberkommando der RAF

Die ersten schweren Bomber

Oben: Ein schwerer Bomber vom Typ Short Stirling Mk III im Tiefflug. Dieser erste viermotorige Bombertyp, den die RAF in Dienst stellte, bot schon durch seine Größe einen imponierenden Anblick.

Rechts: Eine Fortress I der No. 90 Squadron. Eine Fülle von Problemen führte zur vorzeitigen Aussonderung dieses Musters. Spätere Varianten dienten als Plattform für Funkgegenmaßnahmen.

Die Einführung schwerer viermotoriger Bomber verbesserte die offensive Schlagkraft der RAF erheblich. Nunmehr besaß das Bomber Command die Möglichkeit, schwerere Bombenlasten gegen Fernziele einzusetzen. Deutschland bekam den Druck der Nachtoffensiven zu spüren.

„Mitten über der Zuidersee entdeckte ich plötzlich einen feindlichen Jäger, der sich mit hoher Geschwindigkeit von backbord näherte", berichtete ein junger neuseeländischer Feldwebelpilot, der in einer Sendung der BBC den Nachteinsatz vom 7. Juli 1941 schilderte. Es handelte sich um James Ward aus Wanganui. Er war 22 Jahre alt. „Es knallte seitlich, dann flogen uns rot glühende Granatsplitter um die Ohren. Unser Major (R.P. Widdowson) drückte die Nase herunter, um schnell wegzutauchen.

Es hatte uns böse erwischt. Der rechte Motor war getroffen und die Hydraulik ausgefallen. Das Fahrwerk hing halb draußen und die Bombenschachtklappen standen offen. Das Funkgerät funktionierte nicht mehr, und dem vorderen Bordschützen steckte ein Geschoß im Fuß. Am schlimmsten aber waren die Flammen, die sich durch die Bespannung der rechten Fläche fraßen. Eine Treibstoffleitung mußte zerschlagen

sein. Wir schnitten ein Loch in die Rumpfseite (wenigstens einmal diente die Stoffbespannung der Wellington zum Nutzen ihrer Besatzung) und setzten die Feuerlöscher ein. Aber wir erreichten den Brandherd nicht. Dann versuchten wir, Kaffee aus unseren Thermosflaschen daraufzuspritzen; auch das funktionierte nicht.

Ich sah mir die Stelle noch einmal genau an. Vielleicht käme man über die Astrokuppel heran und könnte über den Rumpf seitlich auf die Fläche

rutschen. Am Rettungsschlauchboot im Heck des rechten Motorraums befand sich ein kurzes Seil. Wir banden es mir um die Brust, und ich zwängte mich hinaus. Mein Fallschirm störte. Ich wollte ihn ablegen, aber sie ließen mich nicht.

Mit Händen und Füßen bohrte ich Löcher in die Stoffbespannung, um mich an die Struktur klammern zu können.

Ich schob mich etwa einen Meter auf der Tragfläche nach außen vor. Die Flammen schlugen wie bei einem riesigen Gas-

Oben: Diese Bostons ziehen sich nach einem Angriff gegen die Phillips-Werke in Eindhoven zügig aus dem Zielgebiet zurück. Drei Boston-Staffeln, unterstützt durch Ventura- und Mosquito-Einheiten, nahmen an der höchst erfolgreichen Operation teil.

herd durch die Flügeloberseite und mir bereits über die Schulter. Mit einer Hand umklammerte ich die Abdeckplane für das Cockpit. Ich hatte nie gewußt, wie schwer und sperrig sie war. Der Wind blies sie hoch und riß mich mit hinweg. Ich klemmte sie unter den Arm, doch sie blähte sich wieder auf.

Ich lag zwar bäuchlings auf der Fläche, konnte mich aber wegen des Brustfallschirms nicht eng anpressen. So hob die Strömung mich immer wieder an und schleuderte mich einmal sogar gegen den Rumpf zurück. Aber immerhin blieb ich oben. Durch ein Loch in der Oberseite drückte ich die Plane gegen den Brandherd. Das Feuer erstickte. Doch sobald ich losließ, zog die Strömung die Plane aus dem Loch und blies sie davon. Ich konnte sie nicht mehr halten.

Mir blieb nur noch der Rückzug. Ich schob mich über die Fläche zurück und hangelte mich am Rumpf hoch, während Joe das Seil strammzog. Ich schaffte es bis in die Astrokuppel, dann verließen mich die Kräfte. Joe zog mich rein und ich blieb dort liegen, genau wo ich hineinfiel.

Kurz vor der britischen Küste brach das Feuer erneut aus. Vermutlich hatte sich ausgelaufener Kraftstoff gesammelt und entzündet. Ich weiß noch, daß ich dachte: ‚Wie ungerecht, wo wir es doch so weit geschafft haben.' Doch nach einem kurzen Aufflackern erlosch das Feuer zu unserer Erleichterung von selbst.

Unser nächstes Problem war das Fahrgestell. Mit der Nothandpumpe konnten wir es schließlich ausfahren. Der Pilot entschied sich zur Landung auf einem fremden Flugplatz, der wesentlich größer als der unsrige war. Er setzte die Maschine wunderbar auf. Obwohl wir schließlich in einem Stacheldrahtverhau landeten, blieben alle unverletzt."

Für seinen wagemutigen Einsatz wurde Sergeant Ward mit dem Victoria Cross ausgezeichnet. Diese Tapferkeitsmedaille konnte leider auch nicht verhindern, daß er eines Nachts von einem Feindflug über Deutschland nicht mehr zurückkehrte.

Das Jahr 1941 war durch menschliche Stärke, materielle Schwäche und solchen Heldenmut gekennzeichnet, wie ihn Sergeant Ward in jener Julinacht

bewies. Leider reichte das alles nicht aus – schon gar nicht für das Bomberkommando. Großbritannien, das bis auf weitentfernte Reste seines Empires völlig auf sich gestellt war, kämpfte ebensosehr an der Produktionswie an der Kriegsfront. Wenn ein Krieg von der Technologie abhängt, wird ihn der gewinnen, der am meisten produzieren kann. In Großbritannien hielt das Bomberkommando die technologische Spitze.

Neue Flugzeuge

Allmählich strömten neue Flugzeuge und ausgebildete Besatzungen in die Verbände des Bomberkommandos. Dennoch waren es nach wie vor die ehernen Wellington-Bomber, die Großbritannien vor der Gefahr bewahrten, von den Faschisten besiegt zu werden. Insgesamt rollten 11.500 Wellingtons in nicht weniger als 15 Versionen von den Bändern – fast soviel,

Links: Eine Douglas Boston Mk III der No. 88 Squadron (Hongkong).

Die Tagoffensive der RAF

Die Rolle, die die taktischen Luftstreitkräfte der RAF – leichte Bomber und Jagdbomber – in Westeuropa spielten, ist weniger bekannt als die Nachtoffensiven des Bomberkommandos bzw. die bei Tageslicht von der USAAF durchgeführten Bombenangriffe gegen strategische Ziele im Herzen Deutschlands. Dabei kam diesen Einsätzen nicht minder große Bedeutung zu. Der heroische Kampf der veralteten und völlig unterbewaffneten Battles bewirkte wenig, und so lange die RAF keine Landziele in Deutschland angreifen durfte, konnten auch modernere leichte Bomber und Jagdbomber nicht viel ausrichten. Die Wirkung der Angriffe durch Jagdbomber wie Whirlwind, Mustang, Spitfire und Typhoon, die Zielen im besetzten Teil Frankreichs galten, sollte man keinesfalls unterschätzen; das gleiche gilt für die Beaufighter des Küstenkommandos nach der Luftschlacht um England.

Nachdem die politischen Restriktionen aufgehoben waren, konnten sich die taktischen Luftstreitkräfte wirkungsvoller entfalten. Bei zahlreichen Fernbombereinsätzen eskortierten Whirlwind-Jagdbomber die Blenheim, unter anderem bei dem historischen Luftangriff gegen Köln im August 1941. Die veralteten Blenheim wichen bald effektiveren Jagdbombern wie der Douglas Boston und der Lockheed Ventura. Letztere zeigte sich allerdings weniger erfolgreich und wechselte daher bald zum Küstenkommando. Die Boston wurde im Oktober 1941 in Dienst gestellt; im Februar 1942 bestand sie ihre Feuertaufe. Die Bostons nahmen an einer ganzen Reihe von Angriffen teil, so etwa auf das Kraftwerk in Caen und den Schiffsbestand in Le Havre. Sie flogen Einsätze gegen die Scharnhorst und Gneisenau und unterstützten das Kommandounternehmen in Dieppe, indem sie Nebelwände legten und die Abwehrstellungen bekämpften. Die vielleicht gelungenste Operation in der Geschichte der Boston fand am 6. Dezember 1942 statt. Drei Boston-Staffeln, unterstützt durch Mosquito- und Ventura-Einheiten, sollten das Phil-

Links: In Wellenhöhe schleichen sich die Bostons der No. 88 Squadron zur gegnerischen Küste vor, um bis zum letzten Moment der Radarerfassung zu entgehen. Diese Staffel rüstete als erste Einheit auf die Boston um und war an namhaften Operationen beteiligt.

Rechts: „Bomben ab!" Eine Boston III über dem Ziel bei Charleroi in Frankreich.

lips-Werk in Eindhoven ausschalten. „Wir passierten die Küste zwischen Dünkirchen und Ostende, schlugen in Eindhoven zu und verließen das Festland im Raum Den Haag. Die Gruppe war in Wellen von je acht Flugzeugen aufgeteilt, die in lockerer Formation mit großem Abstand flogen, damit jede Maschine genügend Raum für eigene Ausweichmanöver hatte. Wirklich aufpassen mußte man nur auf die leichte Flak. Dagegen half, ein Hindernis zwischen die eigene Maschine und den Kanonier zu schieben, wie eine Heumiete oder ein paar Bäume. Der Schütze verlor die Maschine für kurze Zeit aus der Sicht, und bis er sie erneut im Visier hatte, war man schon meilenweit entfernt. Auf Eindhoven bewegten wir uns im Verband von 70 Kampfflugzeugen unter Baumwipfelhöhe zu. Unter diesen Umständen fiel die Navigation und die Aufgabe, eine kleine Fabrik zu finden, nicht gerade leicht. Wir mußten uns von einer Bahnlinie oder Kraftfahrstraße zum Ziel führen lassen. Mit 70 Flugzeugen konnte man nicht kreisen. Wenn man das Ziel beim ersten Anflug verpaßte,

war die Mission damit beendet. Wir jedenfalls fanden Eindhoven. Die erste Welle von acht Maschinen warf ihre Bomben im Tiefstflug, ohne den Tiefstflug zu verlassen. Die Folgewelle zog kurz auf 450 m hoch, setzte die Bomben und tauchte sofort in den Schutz der Bodendeckung. Nach dem Abflug aus dem Zielgebiet unterlief dem Leitnavigator ein Fehler, er führte den Verband über Hoek van Holland. In Hoek hatten die Deutschen einen dichten Sperrgürtel aufgebaut. Beim Überflug beobachteten wir, wie Hunderte von Flaksoldaten in die Geschützstellungen stürmten. Wir hielten zwar mit den Bordkanonen dagegen, doch als wir über See waren, nahmen sie uns mit ihren schwerkalibrigen Küstengeschützen unter Feuer. Sie richteten zwar kaum Schaden an, aber eine Zeitlang fühlte man sich doch verdammt mulmig."

Die de Havilland Mosquito flog ihren ersten Kampfeinsatz im Mai 1942. Die große Reichweite der Mossie führte bald dazu, daß sie vorwiegend gegen strategische Ziele eingesetzt wurde. Dennoch nahmen die Mosquitos auch an einer Reihe von taktischen Angriffsoperationen teil. Gemeinsam mit den leichten Bombern Boston und Ventura flogen sie den Angriff auf die Phillips-Fabrik in Eindhoven. Im Oktober 1942 legten die Mustangs der RAF als erste einmotorige Jagdflugzeuge der Alliierten über deutschem Boden den Schiffsverkehr auf dem Dortmund-Ems-Kanal lahm. Ab Januar 1943 stieg der Stallgefährte der Mustang, die North American Mitchell, in den Kampf gegen Ziele jenseits des Kanals ein. Ihr erster Einsatz richtete sich gegen eine Ölraffinerie in Belgien.

In der Phase unmittelbar vor dem Tag „D" konnten sich die taktischen Luftstreitkräfte voll entfalten, indem sie vor der Invasion die Abwehr schwächten und die alliierten Heeresverbände beim Vorstoß durch Frankreich, Holland und Deutschland nachhaltig unterstützten.

Unten: Lady McRobert nahm die Namensverleihung der N6068 der No. 15 Squadron vor, zum Gedenken an ihre drei Söhne, die in ihren Maschinen abgeschossen wurden.

Der Bombenzug ist eingetroffen und die Waffenwarte beeilen sich, eine Stirling Mk I für einen Bombeneinsatz zu beladen.

wie die Lancaster und Halifax zusammen. Es sollten noch 2.400 bzw. 1.800 Stirling- und Whitley-Bomber hinzukommen, die aber zu Kriegsbeginn eigentlich schon veraltet waren.

Dieser Ausrüstungsstand hatte zur Folge, daß die RAF nur die Ziele effektiv bekämpfen konnte, die nicht weiter als 800 km von ihren Bomberbasen entfernt lagen. Abgesehen von den Angriffen auf Berlin (das zum ersten Mal acht Monate zuvor, am 26. August 1940, bombardiert worden war) und auf die Industriestädte im Ruhrgebiet, zeichnete sich daher eine Wiederholung des Jahres 1940 ab. Die Häfen, vor allem die Atlantikhäfen Brest, La Rochelle, Lorient und St. Nazaire, die man teilweise zu seeseitig uneinnehmbaren U-Bootstützpunkten

ausgebaut hatte, sowie die Werften in Hamburg und Kiel, in denen die U-Boote entstanden, wurden regelmäßig abgedeckt – im April 1941 geschah das zum Beispiel täglich.

In Brest lagen inzwischen die Schlachtkreuzer Scharnhorst und Gneisenau sowie andere wichtige Kriegsschiffe. Großbritannien aber war auf Atlantik-Konvois angewiesen, die wichtige Rohstoffe für die Rüstungsindustrie anlieferten. Daher setzte das Bomber Command einen Teil seiner Kräfte dazu ein, diese beiden für die Handelsschiffahrt gefährlichen Schiffe im Hafen zu halten. Niemand glaubte im Ernst daran, eines der beiden Schiffe versenken zu können. Man hoffte nur, sie so schwer zu beschädigen, daß sie nicht auslaufen konnten.

Die Strategie ging auf. Am 30. März griff eine Luftflotte von 109 Bombern – Wellingtons, Whitleys, Blenheims und Hampdens – die beiden Schiffe an. Man erzielte keinen einzigen Treffer, erlitt aber auch keinerlei Verluste.

Fünf Tage später wiederholte eine Kampfgruppe aus 54 Bom-

Die ersten schweren Bomber

bern die Operation und warf eine 224-kg-Bombe in das Trokkendock, in dem die Gneisenau lag. Die Bombe detonierte zwar nicht, veranlaßte aber den Kapitän, sein Schiff außerhalb der Hafenanlagen in vermeintliche Sicherheit zu bringen. Ein Beaufort-Torpedobomber des Küstenkommandos nahm sie sich am nächsten Tag aus niedriger Höhe vor und beschädigte das große Kriegsschiff so schwer, daß es für sechs Monate in die Werft mußte. Die Beaufort wurde abgeschossen, alle Besatzungsmitglieder kamen um. Der Pilot, K. Campbell, erhielt posthum das Victoria Cross.

Die Konzentration auf Ziele in Frankreich hatte einen Nebenaspekt für die Besatzungen. Das britische Bomberkommando versetzte sie nach 30 Kampfeinsätzen als Lehrpersonal zu Flugschulen und Umschulungseinrichtungen. Anschließend konnte man sich freiwillig für weitere 20 Kriegseinsätze melden, was auch viele taten. Bis Mitte 1944 bewertete man Einsätze gegen französische Kriegshäfen aber nur zu einem Drittel.

Das Gesamtbild des Krieges sah nach wie vor düster aus. In Nordafrika waren alle Wüstengebiete von den Deutschen zurückerobert worden, die die Italiener aufgegeben hatten. Deutsche Kampfverbände standen in Jugoslawien und Griechenland. Hitler brach den Nichtangriffspakt mit Stalin und kämpfte gegen Rußland. Keines dieser Ereignisse aber brachte dem Bomber Command irgendeine Erleichterung. Das konnte nur modernes Gerät leisten.

Zeichen von Schwäche

Die kleineren zweimotorigen Bomber waren inzwischen so hoffnungslos unterlegen, daß allein ihr Einsatz bereits ein Zeichen von Schwäche bedeutete. Die Hampden keuchte bereits unter einer Bombenlast von 1.800 kg, verfügte über eine jämmerliche Abwehrbewaffnung, bot ihrer Besatzung keinerlei Panzerschutz und schaffte nur 250 km/h – rund 300 km/h weniger als die feindlichen Jäger. Um die Blenheim stand es noch schlechter. Doch es gab noch einen weiteren düsteren Aspekt. In der Nacht des 31. März hatte man zum ersten Mal 1.800-kg-Bomben gegen Emden eingesetzt. Sie sollten künftig als Hauptwaffe dienen. Die Hampden war aber mit einer einzigen Bombe bereits voll beladen, und die Blenheim konnte nicht einmal eine tragen. Dringender denn je benötigte das Bomber Command schwere viermotorige Bomber, und jetzt endlich sollte der erste eintreffen.

Die Handley Page Halifax bestand ihre Feuertaufe am 10. März 1941, als sechs Maschinen der No. 35 Squadron die Hafenanlagen von Le Havre bombardierten. F-Fox stand das Glück in dieser Nacht nicht zur Seite. Ein britischer Nachtjäger schoß sie versehentlich auf dem Rückflug über Surrey ab.

Die Halifax war aus einer Ausschreibung für ein zweimotoriges Flugzeug hervorgegangen. Auf dieser Anforderung basierte auch die Manchester und seltsamerweise die Mosquito, die mit den übrigen Mustern des Bomberkommandos absolut nichts gemein hatte. Die Abmessungen der Halifax waren auf zwei zusätzliche Triebwerke angepaßt. Diesem Beispiel folgte A.V. Roe nun mit der Manchester und schaffte gleichzeitig die schrecklichen Vulture-Motoren ab. So entstand der größte Bomber dieses Krieges. Im Januar 1941 flog der Lancaster-Prototyp, noch mit drei Seitenflossen statt des später üblichen Doppelseitenleitwerks, zum ersten Mal. Am 3. März des Jahres 1942 flog die Lancaster dann ihren ersten Kampfeinsatz.

Im Verlauf des Jahres 1941 drangen die britischen Bomber immer häufiger ins Deutsche Reich vor. Die riesigen Krupp-Werke in Essen galten seit langem als wichtiges strategisches Ziel. In der Nacht des 3. Juli schickte das Bomberkommando 61 Wellingtons und 29 Whitleys gegen dieses Werk. Man verlor zwei Maschinen und richtete kaum Schäden an. Am 7. August schlugen 106 britische Bomber erneut zu, man verlor drei Maschinen.

Halifax B.Mk II über gegnerischem Territorium. Bei den ausgedehnten Nachtoffensiven des Bomberkommandos gegen Deutschland spielte die Halifax eine wichtige Rolle. 1944 verfügte das Kommando über 126 Halifax-Staffeln; sie warfen 227.610 Tonnen Bomben ab.

Von da an las sich die Zielliste wie ein Baedeker durch Deutschland. In den ersten Augustwochen bekamen die Verbände des Bomber Command nicht weniger als 18 deutsche Großstädte zu Gesicht.

Unterdessen beschäftigten die Scharnhorst und die Gneisenau, zu denen sich noch die Prinz Eugen gesellte, weiterhin die Gemüter des Bomberkomman-

Unten: Eine im Jahre 1941 abgeschossene Wellington Mk III (BJ 661) wird hier nach dem Krieg anläßlich einer Räumaktion der holländischen Polder geborgen.

Halifax B.Mk II der No. 35 Squadron, der ersten mit diesem Typ ausgerüsteten Bomberstaffel. Die sechs an der Hinterkante der Tragflächen vorstehenden Kraftstoffablaßrohre verursachten einen hohen Luftwiderstand. Sie entfielen bei den späteren Baureihen.

Links: Schwere deutsche Flak-Geschütze. Alle wichtigen Ziele waren mit dichten Flak-Gürteln abgesichert, die Tausende von Truppen außer Gefecht setzten.

Links: Eine Wellington Mk III der No. 425 (Alouette) Squadron RCAF, der ersten französisch-kanadischen Staffel, die in Großbritannien aufgestellt wurde. Die Wellington bildete die Hauptstütze des Bomberkommandos bei den Nachtangriffen gegen Deutschland.

dos. Die Scharnhorst hatte in letzter Zeit keinen Treffer einstecken müssen. Am 23. Juli entdeckte ein Aufklärungsflugzeug, daß sie rund 300 km weiter nach Süden vor La Palice lag. Seit einiger Zeit war ein Tagangriff mit 150 Bombern gegen Brest (in Verbindung mit einem Scheinangriff gegen Cherbourg) geplant; nun bezog man La Palice mit ein. Einer der Planungsfaktoren bestand darin, drei B-17 Flying Fortresses einzusetzen, die ihre Bomben als erste Gruppe aus 9.150 m Höhe werfen und die Jäger auf sich ziehen sollten. Achtzehn Hampden sollten das Vorauskommando unterstützen.

Die Deutschen ließen sich von diesem Ablenkungsmanöver nicht irritieren; die Verluste der Wellington-Hauptangriffskräfte waren entsprechend hoch. Sechs Besatzungen meldeten zwar, die Gneisenau getroffen zu haben, aber zehn Maschinen waren deutschen Jägern zum Opfer gefallen. Das bedeutete, daß jede achte Maschine nicht zurückkehrte.

Noch höhere Verluste – fünf von 15 – erlitten die gegen La Palice eingesetzten Halifax-Bomber, aber sie trafen die Scharnhorst fünfmal. Das Schlachtschiff wurde noch in der Nacht nach Brest zurückbeordert, da dort die Flugabwehr wie

auch die Reparaturmöglichkeiten besser waren. Es müssen an die 7.000 Tonnen Wasser durch die Löcher eingedrungen sein, die drei panzerbrechende Bomben in den Schiffsrumpf gerissen hatten. Die Reparatur dauerte vier Monate.

Angriffe wie diese stellten jedoch Ausnahmen dar. Das Normalbild bot eher die letzte Julinacht, in der 116 Flugzeuge Köln bombardieren sollten. Gewitter und schwere Vereisung erschwerten die Zielbestimmung, so daß die meisten Besatzungen nach der Rückkehr nur berichten konnten, sie glaubten, die Stadt getroffen zu haben. Nach den Schadensmeldungen waren

allenfalls drei Bomber mit drei Sprengbomben und 300 Brandbomben erfolgreich. Sechs Gebäude wurden zerstört, aber niemand getötet. Das Bomberkommando aber verlor über Deutschland drei und bei der Landung in England sechs weitere Maschinen.

Die Deutschen hatten sich zu wahren Meistern der Täuschkunst entwickelt. Falsche Funkbaken und geschickt gelegte Großbrände führten dazu, daß rund 80% der kostbaren Munitionsbestände des Bomberkommandos auf Felder und Wälder niedergingen. Die deutsche Flak, Suchscheinwerfer und Jäger verführten die Besatzungen dazu, ihre Bomben einfach dort fallen zu lassen, wo es bereits brannte; der Pilot hatte keine Möglichkeit, seine Position auch nur halbwegs genau zu bestimmen.

Zielortung

Zwei Wochen später probierte man das vielversprechendste der neuen Zielortungssysteme erstmals im Kriegseinsatz aus. Beim Angriff gegen Mönchengladbach führten zwei von 29 Wellington-Bombern die Bordausrüstung für das auf Funkstrahlen basierende Gee-Leitverfahren mit; die Bombardierung fiel erheblich genauer aus. In der folgenden

Rein statistisch gesehen verlor das Bomberkommando seinen gesamten Verfügungsbestand an Einsatzmaschinen in weniger als vier Monaten: 414 Nacht- und 112 Tagbomber im Zeitraum zwischen Anfang Juli und Anfang November.

Der Führungsstab des Bomberkommandos war verzweifelt auf einen Erfolg angewiesen; ihn hoffte man mit einer starken Kampfgruppe gegen Berlin zu sichern. In der vorgesehenen Nacht tobte ein gewaltiger Sturm über Europa, der Angriffsplan aber blieb unverändert. Einhundertundsechzig Bomber wurden gegen die Reichshauptstadt ausgesandt; 21 kehrten nicht zurück. In Berlin gab es 11 Tote und 44 Verletzte. 43 Besatzungen behaupteten in derselben Nacht, Mannheim

BUG
Ein längerer Bug mit einer größeren Plexiglaskuppel ersetzte den selten gebrauchten Waffenturm der Halifax Serie 1A. Diese Änderung, die in der Folge zum Standard gehörte, ergab einen beträchtlich niedrigeren Luftwiderstand und minderte zugleich die Betriebsmasse.

SPITZNAMEN DER BESATZUNGSMIT-GLIEDER
Die Spitznamen der Besatzungsmitglieder wurden sogar in der Nähe ihrer betreffenden Station aufgemalt. Der Bombenschütze hieß „Scratch", der Navigator „Sam", der Funker „Blood and Guts", der Pilot „The Dirty Old Man", der Technische Offizier „Gassless", der Rückenturmschütze „Hairless Joe" und der Heckschütze „Rabbit".

BUGBEMALUNG
Die Bombensymbole zeigen an, daß diese Maschine (PN 230) im Laufe des Krieges 17 operationelle Einsätze absolviert hat. Bei den Maschinen des Bomber Command war solch eine Bugbemalung (Vicky, die verdorbene Jungfrau) nicht üblich. Den Kanadiern ließ man allerdings freie Hand.

Nacht wurde eine Wellington mit dieser Ausrüstung bei Hannover abgeschossen, aber beim Aufprall so zerstört, daß das System geheim blieb. Daraufhin setzte man die Erprobung aus, um die Geräte in Serie gehen zu lassen.

In derselben Woche erschien der sogenannte „Butt-Report", der die mangelhafte Zielbestimmung britischer Bomberbesatzungen aufdeckte. D.M. Butt, ein Beamter des Kriegskabinetts, wertete 4.065 Zielfotos aus, die man bei 100 Bombenangriffen im Juni und Juli aufgenommen hatte. Er kam zu dem Ergebnis, daß sich von vier Besatzungen, die Treffer für sich in Anspruch nahmen, nur eine wirklich auf etwa 8 km an das Ziel herangekommen sei – und nur die „besten" Crews waren überhaupt mit Kameras ausgestattet. Überdies kam noch hinzu, daß mindestens ein Drittel gar nicht erst behauptete, die Ziele gefunden

zu haben. Die Auswertung fiel niederschmetternd aus. Mit dem gegenwärtigen Ausrüstungs- und Ausbildungsstand sei das Bomberkommando außerstande, seine Ziele genau zu treffen – nicht einmal in mondhellen Sommernächten.

Ende August befanden sich fast jede Nacht viermotorige Bomber im Einsatz, allerdings selten in zweistelliger Größenordnung. Den Hauptanteil bestritten nach wie vor Bomber vom Typ Whitley und Hampden. Bei den hohen Verlustzahlen mußte man sich wundern, daß es überhaupt noch welche gab. Für das Jahr 1941 galt die traurige Bilanz, daß in etwa jede effektive Tonne Bomben mit einem Flugzeug bezahlt wurde.

Handley Page Halifax B.Mk VII

Die Mk VII war eine der späteren Baureihen der Halifax. Sie vereinigte alle Verbesserungen, die im Laufe der Zeit entwickelt hatte, um den Schwächen der Vorgängervarianten abzuhelfen. Die abgebildete Maschine trägt die Markierungen der No. 408 (Goose) Squadron der RCAF. Die ersten Halifax-Versionen waren in hohem Maße untermotorisiert, bedingt durch den Gewichtsanstieg und die extrem hohen Widerstandswerte der Zelle. Im September 1943 steigerten sich die Verluste so drastisch, daß die Mk II an gewagteren Einsätzen nicht mehr teilnehmen durfte. Diese Einschränkung wurde erst nach der Indienststellung der erheblich verbesserten Mk III wieder aufgehoben.

bombardiert zu haben; die Stadt selbst aber meldete, daß keine einzige Bombe gefallen sei. Bislang hat niemand den Verbleib der fehlenden 100 Tonnen Bomben klären können.

So ging es nicht weiter. Am 13. November wies Churchill das Bomber Command an, die Einsätze so lange auf ein Minimum zu begrenzen, bis das Problem analysiert und behoben sei.

Am 7. Dezember detonierte eine Bombe ganz anderer Art: Die Japaner griffen Pearl Harbor und andere Ziele im pazifischen Raum an. Plötzlich befanden sich die Vereinigten Staaten von Amerika im Krieg, ob sie wollten oder nicht.

Drei Tage später besiegelte Hitler praktisch seine Niederlage, indem auch er den USA den Krieg erklärte. 1940 war es ihm nicht gelungen, das auf sich allein gestellte Großbritannien in die Knie zu zwingen; seit Sommer 1941 kämpfte er an einer zweiten Front gegen das größte Land der Welt, um es nun gleichzeitig auch noch mit der unbestritten mächtigsten Industrienation der Welt aufzunehmen. Es blieb nur noch abzuwarten, wie die Alliierten ihre Vorteile zu nutzen verstanden.

ABWEHRBEWAFFNUNG
Im Schützenstand auf dem Rumpfrücken und im Heck waren je vier 7,7-mm-Browning-Maschinengewehre eingerichtet. Ein handbedientes 7,7-mm-Browning-MG konnte vom verglasten Bug aus eingesetzt werden.

SPORNRAD
Spätere Halifax-Versionen erhielten ein volleinziehbares Heckrad, das den Luftwiderstand reduzieren sollte.

SEITENLEITWERK UND RUDER
Die Halifax III erhielt erstmals die großen rechteckigen Seitenflossen und Ruder, die alle nachfolgenden Serien zeigten. Sie sollten das Seitenruderschütteln ausschalten, das die früheren Maschinen bis zum Strömungsabriß gefährdet hatte.

UNTERE RUMPFSTATION
Die meisten neueren Halifax-Bomber wiesen in einer Kuppel unter dem Rumpf ein H2S-Radargerät auf. Es gab aber auch einige Maschinen, bei denen hier statt dessen eine Maschinenkanone installiert war.

NO. 408 SQUADRON
No. 408 (Goose) Squadron, RCAF, wurde am 24. Juni 1941 als zweite Bomberstaffel der Royal Canadian Air Force (RCAF) in Lindholme, Yorkshire, aufgestellt. Die Staffel flog zunächst die Handley Page Hampden, übernahm aber Ende 1942 Halifax-Bomber (B.V und B.II). Im August 1943 mußte dieses Muster der Lancaster mit Sternmotoren weichen. Im Juli 1944 erhielt die Staffel Halifax B.III und V.VII, die sie bis zum Ende des Krieges einsetzte. Nach ihrer Rückverlegung in die Heimat wurde die Staffel als Maritime Reconnaissance Squadron mit der Aufklärung über See beauftragt.

TRIEBWERKE
Die Halifax B.Mk VII wurde von vier Hercules-XVI-Sternmotoren mit Schiebersteuerung angetrieben. Jeder Motor entwickelte 1.615 PS – eine höchst willkommene Leistungssteigerung von 16% im Vergleich zum Rolls-Royce-Merlin XX der Halifax Mk II.

TRAGFLÄCHEN
Erst bei den späteren Mk III führte man die verlängerten Flächenenden ein, die die Spannweite von 30,12 m auf 31,75 m erhöhten.

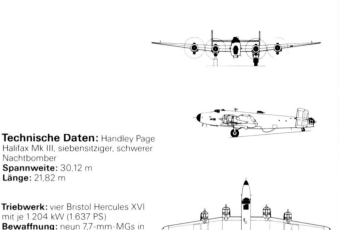

Technische Daten: Handley Page
Halifax Mk III, siebensitziger, schwerer
Nachtbomber
Spannweite: 30,12 m
Länge: 21,82 m

Triebwerk: vier Bristol Hercules XVI
mit je 1.204 kW (1.637 PS)
Bewaffnung: neun 7,7-mm-MGs in
einer Bugstation für eine Kanone und
Waffenständen für vier Kanonen an Rumpfoberseite und Heck, ein 12,7-mm-MG
unter dem Rumpf (optional) sowie Waffenzuladungskapazität für bis zu
5.897 kg Bomben intern.
Max. Startgewicht: 29.484 kg
Höchstgeschwindigkeit: 453 km/h
in 13.500 Fuß (4.114 m) Höhe
Einsatzreichweite: 3.191 km

Die Halifax war zwar nicht so berühmt wie die Lancaster, aber dennoch ein bedeutender
Nachtbomber. Sie entstand im Rahmen der Ausschreibung von 1936, die zur Manchester
führte. Nach der Umrüstung auf vier Merlin-Motoren ging der Prototyp erstmals im Oktober
1939 an den Start. Die Indienststellung erfolgte im November 1940. Das erste Modell war die
Halifax Mk I, von der man 84 Stück in den Untervarianten Serie I (mit Merlin-X- Motoren), II
(höheres Gewicht) und III (größere Treibstoffkapazität) baute. Dann folgten 1.977 auf der Mk-I-
Serie-III basierende Halifax Mk II mit Triebwerken vom Typ Merlin XX oder XXII; einige davon
hatten einen Waffenstand für vier Kanonen auf der Rumpfoberseite. Wegen des Lend-Lease-Abkommens ähnelten die wei-
nelten stark der Mk II. Bei den 2.091 Halifax Mk III ging man zu Sternmotoren über, die man
auch bei den letzten beiden Versionen dieses Bombers (467 Halifax Mk BI mit Hercules-100-
Motoren und höherer Treibstoffkapazität sowie 35 Halifax Mk VII mit Hercules XVI) beibehielt.

Douglas Boston

Die Briten gaben dem leichten Bomber DB-7, der bei der US Army A-20 hieß, den Namen
Boston. Die RAF übernahm 20 Boston Mk I und 146 Mk II (DB-7 bzw. DB-7Bs) von Frankreich
und setzte sie als Trainer bzw. nach entsprechender Umrüstung als Nachtjäger vom Typ Havoc
Mk I ein. Die erste Bomberversion war somit die Boston Mk III, von der die RAF im Sommer
1941 781 Stück erhielt, die zuvor als DB-7Bs in Frankreich und als A-20Cs in den USA gedient
hatten. Statt der bei früheren Versionen verwendeten Pratt-&-Whitney-R-1830-Sternmotoren
hatten eine Wright-R-2600-Triebwerke. Wegen des Lend-Lease-Abkommens ähnelten die weiteren Bostons den US-Äquivalenten. Die 200 Boston Mk IIIAs waren eigentlich A-20Cs nach
USAAF- und RAF-Normen; die 169 Boston Mk IV A-20Gs mit Waffenstand auf der Rumpfoberseite und die 90 Boston Mk V A-20K mit einem durchsichtigen „Bombenschützenbug".

Technische Daten: Douglas Boston Mk III
viersitziger, leichter Angriffsbomber
Spannweite: 18,69 m
Länge: 14,40 m
Triebwerk: zwei Wright R-2600 A5B
mit je 1.193 kW (1.622 PS)
Bewaffnung: acht 7,7-mm-MGs in Bug-
stationen für vier Kanonen (fest) und
Stationen für zwei Kanonen auf
Rumpfober- und -unterseite sowie
Waffenzuladungskapazität für
bis zu 907 kg Bomben intern.
Max. Startgewicht: 11.340 kg
Höchstgeschwindigkeit: 489 km/h
in 13.000 Fuß (3.962 m) Höhe
Einsatzreichweite: 1.641 km mit max. Bombenlast

Handley Page Hampden

Als letzter und schnellster vor dem Krieg entwickelter Bomber enttäuschte die Hampden (Erstflug Juni 1936) im Einsatz. Taktisch war sie wegen ihres extrem schlanken Rumpfes mit Gondel und Leitwerksträger im Nachteil, da die Besatzungsmitglieder während des Flugs nicht die
Plätze tauschen konnten. Ab Ende 1938 ging die Maschine in Dienst (1.430 Maschinen wurden hergestellt, 160 davon in Kanada). Wegen der hohen Verluste bei Tag verwendete man
diese Maschinen dann als Nachtbomber – mit kaum mehr Erfolg. Daher rüstete man 141
Exemplare für das Coastal Command zum Torpedobomber Hampden TB.Mk I mit einem 457-
mm-Torpedo und zwei 227-kg-Bomben um. Die 100 Exemplare des Modells Hereford mit
Napier-Dagger-VIII-Reihenmotoren vom Typ H (746 kW/1.014 PS) kamen nicht zum Einsatz.

Technische Daten: Handley Page Hampden
Mk I, viersitziger, mittlerer Bomber
Spannweite: 21,08 m
Länge: 16,33 m
Triebwerk: zwei Bristol Pegasus XVIII
mit je 731 kW (994 PS)
Bewaffnung: sechs 7,7-mm-MGs in
Bugstationen für eine Kanone (fest
und beweglich) und Stationen für zwei
Kanonen auf dem Rücken und der Rumpf-
unterseite sowie Waffenzuladungskapazität
für bis zu 1.814 kg Bomben intern.
Max. Startgewicht: 9.526 kg
Höchstgeschwindigkeit: 426 km/h in
15.500 Fuß (4.724 m) Höhe
Einsatzreichweite: 3.032 km mit
907 kg Bombenlast

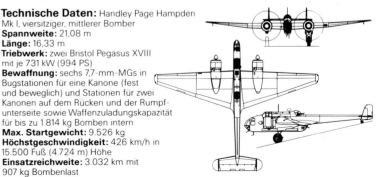

Bomberkommando der RAF

Das Reich wird zerschlagen

Ein höchst erfolgreicher Luftangriff bei Tageslicht gegen ein Mineralöldepot bei Bec d'Ambes im Jahre 1944. In der großen Aufnahme sind zwei schwere Bomber vom Typ Avro Lancaster zu erkennen. Der eingeblendete Ausschnitt zeigt die Treffsicherheit der Lancaster-Bomber.

Lancaster-Bomber setzen zum Start an. Dieses Bild vermittelt einen Eindruck davon, wie stark eine einzige Staffel bei Luftoperationen mit massiven Kräften war.

Die Indienststellung der Avro Lancaster steigerte die Schlagkraft des Bomberkommandos erheblich. Dieses neue Potential sollte eine verheerende Wirkung auf Deutschland haben.

❝Hamburg hatte mich auf das höchste alarmiert", schreibt Albert Speer, der damalige Rüstungsminister, in seinen Erinnerungen.

In der Zentralen Planung, die am Nachmittag des 29. Juli (1943) tagte, führte ich aus: „Wenn die Fliegerangriffe im jetzigen Ausmaß weitergehen, sind wir nach 12 Wochen einer Menge von Fragen enthoben, über die wir uns zur Zeit noch unterhalten. Dann geht es in einer verhältnismäßig schnellen Talfahrt den Berg hinunter!…"

Der erste wichtige Schritt in diese Richtung fand weder auf einem Flugplatz im Osten Englands noch über Deutschland statt, sondern in Washington DC.

In den letzten Tagen des Jahres 1941 bat Sir Charles Portal den ehemaligen RAF-Offizier und Kommandeur der No. 5 Group, Arthur Travers Harris, Sir Richard Pierse an der Spitze des Bomber Commands abzulösen.

Bombenhagel

Am 14. Februar, eine Woche bevor Harris das Kommando übernahm, folgte der nächste Schritt, eine Direktive, deren Formulierung eindeutig war: „Sie sind… ermächtigt, Ihre Kräfte uneingeschränkt…gegen Ziele wie Essen, Düsseldorf und Köln…einzusetzen." Es folgte eine Liste deutscher Großstädte und Industriezentren.

Um ganz sicher zu gehen, fügte Portal am nächsten Tag noch hinzu: „Betrifft die neue Bombendirektive: Jedem ist hoffentlich klar, daß das Hauptziel Wohngebiete sind, nicht Docks oder Flugzeugfabriken… Dies ist unverzüglich klarzustellen, falls es noch Mißverständnisse geben sollte." Das Bomberkommando wollte es der Luftwaffe mit gleicher Münze zurückzahlen, indem es nun gezielt Bevölkerungszentren bombardierte. Zyniker meinten, jetzt hätte vielleicht sogar das Bomberkommando eine Trefferchance…

Der Verfügungsbestand, den Harris übernahm, bestand aus nur rund 400 Bombern in den Einsatzverbänden; das bedeutete im Durchschnitt 300 einsatzklare Maschinen, davon höchstens 50 schwere Bomber. Bei der Verlustquote von 1941 waren diese Kräfte spätestens nach drei Monaten aufgerieben.

Dennoch gab es ein paar Silberstreifen am Horizont. Die Ausbildung zum Flugzeugführer, Navigator oder Bombenschützen dauerte zwei Jahre, die zum Abwehrschützen oder Funker 18 Monate. Alle, die man 1940 zu Beginn des Krieges in die RAF einberufen hatte, strömten von den Schulen in die Verbände.

Jüngere Offiziere

Tom Sawyer, heute Wing Commander (Operations) bei der No. 4 Group, beleuchtet einen Nebeneffekt dieses Ausbildungsprogrammes: „Das Alter der Staffelkapitäne und Kommandeure in den Verbänden des Bomberkommandos sank deutlich (die älteren und erfahreneren Besatzungsmitglieder waren gefallen oder nach 50 Kampfeinsätzen versetzt worden). Fliegerisches Können und allgemeinmilitärische Fähigkeiten ließen eine große Zahl junger Offiziere bald zum Oberst aufsteigen und die Führung einer Einsatzgruppe übernehmen.

Im März verfügte das Bomberkommando über elf schwere Einsatzstaffeln mit viermotorigen Bombern. Ende April wurde die Whitley abgezogen, die Blenheim folgte im August, und die Hampden flog ihren lezten Kampfeinsatz am 14. September.

In dieser Phase sah das Einsatzbild im Vergleich zum Vorjahr grundlegend anders aus. Drei Nächte zuvor hatte eine Flotte von nicht weniger als 479 Flugzeugen Düsseldorf bombardiert; 33 Maschinen gingen verloren. Und noch war es nicht das, was „Bomber-Harris" unter

Oben: Lancaster-Bomber auf dem Weg zum Zielgebiet. Als die Alliierten im Sommer 1944 praktisch die Luftüberlegenheit über Gesamteuropa errungen hatten, startete das Bomberkommando erfolgreiche Tagoffensiven.

einem Angriff mit massierten Kräften verstand.

Er hatte keine Zeit vergeudet, um das Bomberkommando aus dem desolaten Tief zu reißen, in dem es sich um die Jahreswende 1941/42 befand. In der Nacht des 3. März flog die Lancaster ihren ersten Kriegseinsatz. Zweihundertfünfunddreißig Flugzeuge griffen Billancourt im Westen von Paris an; hier rollten jährlich 18.000 deutsche Panzer aus dem Renault-Werk. Der Angriff erfolgte aus niedriger Höhe, um die umliegenden Wohnhäuser möglichst wenig zu beschädigen. Nach einer Stunde und 50 Minuten waren 40 % der Werksanlage zerstört. Zwei Wellingtons gingen verloren.

Die nächste Offensive richtete sich gegen Essen. In drei aufeinanderfolgenden Nächten versuchten zwischen 120 und 210 Flugzeuge den Standort des

Krupp-Konzerns zu zerschlagen – ohne großen Erfolg. Die Stadt lag unter einer Schicht aus Wolken und Industrieabgasen, sodaß die Streuung recht groß war. Da die Führungsmaschinen diesmal über Gee verfügten, konnten sie zumindest sicher sein, das richtige Ziel gefunden zu haben. Das Gee-Verfahren funktionierte, wenn auch nicht mit Punktgenauigkeit, so doch bis zum Umkreis von einigen Kilometern bei Entfernungen von etwa 500 km.

Drei Tage später erwies sich bei einem Luftangriff gegen Köln das Gee-System erstmals als voller Erfolg. In stockfinsterer Nacht erhellten Leucht- und Brandbomben die Stadt, während 135 Flugzeuge ihre Bomben abwarfen. In einer Stunde richteten sie größere Schäden an als bei den fünf vorausgegangenen Luftangriffen der RAF.

Unten: Diese Werbeaufnahme zeigt eine Lancaster B. Mk II der No. 426 Squadron der Royal Canadian Air Force. Das Muster war mit Sternmotoren Typ Bristol Hercules Mk VI ausgerüstet.

Links: No. 105 Squadron setzte als erste Einheit den leichten Bomber de Havilland Mosquito ein. Sie zeigte, welch brillantes Leistungsvermögen in diesem Muster steckte, anfangs bei Tageinsätzen gegen Punktziele, später bei Pfadfinderflügen mit dem System „Oboe". Hier wird einer ihrer B.Mk IV gerade mit Bomben beladen.

Absolut verläßlich war das Gee jedoch nicht. Versuchsweise setzte man 64 Wellington- und fünf Sterling-Bomber, alle mit entsprechendem Peilgerät ausgerüstet, in der Nacht des 22. April gegen Köln zum Blindabwurf ein. Etwa 12 bis 15 Bomber trafen das Ziel genau, die anderen Maschinen wichen bis 15 km ab.

Dieses Experiment sollte auch erweisen, ob man die Täuschfeuer der Deutschen erkennen und wirkungslos machen konnte. Einer der effektivsten Täuschpläne war der von Stuttgart.

Scheinanlagen

Etwa 25 km im Norden dieser süddeutschen Großstadt, in der Bosch und Mercedes-Benz zu Hause sind, liegt die Kleinstadt Lauffen. Sie hatte man als Standort für eine geschickt angelegte Scheinanlage ausgesucht. Bis zu 35 Scheinwerfer-

gruppen und etwa 50 Flakgeschütze unterschiedlichen Kalibers verteidigten die Stadt. Die Folge war, daß dieser Ort im Laufe des Krieges nicht weniger als 37 Mal bombardiert wurde.

Das ganze Frühjahr hindurch setzte Harris alles daran, den Ruf des Bomberkommandos zu verbessern – teilweise mit Erfolg. Ende Mai hatte er Churchill einen ehrgeizigen Plan für strategische Luftoperationen mit tausend Bombern gegen einzelne Großstädte vorgelegt und seine Zustimmung erhalten. Da Harris keineswegs über eine derartige Zahl an Einsatzbombern verfügte, füllte er das Defizit aus den Ausbildungseinrichtungen und dem Küstenkommando auf.

Bevorzugtes Ziel war Hamburg. Da aber das Wetter nicht mitspielte, wich man auf Köln aus. In der letzten Mainacht starteten 1.047 Flugzeuge zum

Das Reich wird zerschlagen

Angriff auf Köln. Achthundertsechsundachtzig Flugzeuge warfen 1.455 Tonnen Bomben ab, davon zwei Drittel Brandbomben.

Das Ergebnis war verheerend. Mehr als 100 öffentliche Gebäude wurden völlig zerstört, 2.500 Fabriken und Arbeitsstätten, 17 Wasserwerke, zwei Gaswerke, 32 Elektrizitätswerke und 12 Fernmeldezentralen schwer beschädigt. Bei 36 Anlagen der Großindustrie fiel die gesamte Produktion aus, 300 weitere Firmen büßten 50% ihrer Kapazität ein. Auch Menschen kamen zu Tode, die Zahlen schwankten zwischen 469 und 486. Über 13.000 Wohnungen waren zerstört, weitere 28.000 beschädigt. Schätzungsweise 150.000 der 700.000 Einwohner Kölns flüchteten auf diesen Angriff hin aus der Stadt.

Schwere Verluste

Aber auch die RAF erlitt dabei schwerere Verluste als je zuvor. Von 602 Wellingtons, 131 Halifaxes, 88 Stirlings, 79 Hampdens, 73 Lancasters, 46 Manchesters und 28 Whitleys kehrten 41 Flugzeuge nicht zurück. Die Verlustrate der Wellington-Bomber lag – entsprechend ihrer Einsatzzahl – mit 29 Maschinen am höchsten.

Am nächsten Morgen starteten fünf Maschinen der No. 105 Squadron, um Luftaufnahmen für eine Wirkungsanalyse zu machen und die Räum- und Bergungsarbeiten in der zertrümmerten Stadt mit ein paar Bomben zu stören. Es handelte sich um brandneue Kampfflugzeuge, völlig anders als die neue Bombergeneration des Kommandos. Sie sollten die Vorläufer des künftigen Bomberflugzeugs werden: de Havilland Mosquitos.

Während die Stirling, Halifax und Lancaster (oder die Lincoln am Ende des Krieges) mit sieben Mann besetzt und mit zehn oder noch mehr Maschinengewehren bestückt waren, flog die Mosquito nur mit einer zweiköpfigen Besatzung. Der Pilot und der Navigator saßen nebeneinander in einem kleinen Cockpit, und die Maschine führte meistens keinerlei Abwehrwaffen mit. (Es gab aber auch schwer bewaffnete Versionen mit vier 7,7-mm-MG oder vier Hispano-Suiza-Kanonen, Kaliber 20 mm, deren Wirkung einem Dreitonner gleichkam, der mit 80 km/h gegen eine Mauer donnert). Die Mosquitos verließen sich in erster Linie auf ihre Geschwindigkeit, die ihnen ihre zwei Merlin-Triebwerke verliehen.

Mosquito

Die Mosquito sollte vor allem als Vorauskommando für die ei-

Oben: Die Lancaster unterstützte mit massiven Tageseinsätzen den Vormarsch der Alliierten. Bilder dieser Art stärkten die Moral.

Unten: Eine Handley Page B.Mk VI bei einem Tageseinsatz über dem Ruhrgebiet.

Den Bombenschacht der Mosquito konnte man einer 1.800 kg schweren „Cookie", wie sie hier gerade geladen wird, anpassen. Mit dieser Waffe stellten die leichten Nachtangriffskräfte (Light Night Striking Forces) weit mehr als bloße Störangreifer dar. Während einer Phase im Jahre 1945 bombardierten sie Berlin in 36 aufeinanderfolgenden Nächten.

gentliche Kampfgruppe fungieren und das Zielgebiet markieren. Anschließend galt es, Geschwindigkeit und Agilität auszunutzen, um anfliegende Bomber innerhalb des Zielgebiets zu dirigieren. In dieser Rolle zeichnete sich die Mosquito besonders aus.

Die Taktik, nur die besten Besatzungen für die Zielmarkierung einzusetzen, ging auf einen Australier namens Donald Bennett zurück, der als ehemaliger Linienpilot bei der RAF diente.

Diese Lancaster B.Mk I gehörten zur No. 207 Squadron. Die Lancaster war der erfolgreichste schwere Bomber der RAF. Sie wurde aus dem zweimotorigen Bomber Manchester entwickelt, der an Triebwerkproblemen scheiterte. Dieser Fehlschlag sollte also letztlich das Bomberkommando mit einem enorm kampfstarken Flugzeug versorgen, das eine gewaltige Bombenlast zum Einsatz bringen konnte.

Der Bombenschütze einer Lancaster stellt das Visier ein. Die Station bot ein ausgezeichnetes Blickfeld. Der Bombenschütze bediente zugleich auch die Bugabwehrwaffen.

Bennett hatte sich vor dem Krieg als Navigator einen Namen gemacht; er erprobte zum Beispiel als erster den Einsatz von Flugbooten, vor allem der Mayo-Huckepack-Kombination, zur Überbrückung großer Entfernungen. Als der Butt-Report erschien, bat man Bennett, vor einer Gruppe von Führungsoffizieren einen Vortrag über Navigation zu halten. Er begann mit einer Frage:

„Sie alle sind erfahrene Offiziere und fliegen nun fast Ihr Leben lang. Trauen Sie es sich zu, in pechschwarzer Nacht zu starten, drei bis vier Stunden nach Kompaß und Geschwindigkeit zu fliegen und ein Punktziel in Deutschland zu finden, ohne Täuschmitteln und Köderzielen zu erliegen, ohne sich von feindlichen Jägern, Flak und Suchscheinwerfern irritieren zu lassen und somit für den Erfolg garantieren zu können?" Es entstand betretenes Schweigen…

Im Sommer 1942 übernahm Bennett das Kommando über die No. 10 Squadron in Leeming, die damals gerade von der Whitley auf die Halifax umrüstete. Gleich nach seiner Ankunft erhielt No. 10 Squadron die Order, das Schlachtschiff Tirpitz in Trondheim, Norwegen, anzugreifen. Nach einem Flaktreffer schaffte es Bennett, über Schweden auszusteigen, und kehrte fünf Wochen später zur Staffel – und in den Einsatz – zurück.

Etwa einen Monat danach ernannte Harris ihn zum Führer der Pfadfinderkräfte, die als No. 8 Group innerhalb der nächsten drei Jahre mehr als 51.000 Einsätze über Deutschland durchführen sollten.

Pfadfinder

Die Zielmarkierung, so überlegte Bennett, stellte zwei technisch durchaus lösbare Teilaufgaben. Zunächst brauchte man eine bessere Funkpeilanlage als das Gee-System, das ohnehin bald von den Deutschen gestört würde, etwa ein neues Radargerät. Zweitens benötigte man effektive Markierungsmittel, die den Bombern die Zielfindung erleichterten.

Das Navigationssystem der nächsten Generation nannte man aus unerfindlichen Gründen H2S. Es handelte sich um das erste einsatztaugliche Bordradar. Das im staatlichen Telecommunications Research Establishment innerhalb von nur vier Wochen entwickelte Gerät hob Küstenlinien und bebaute Flächen mit großer Klarheit von der See ab.

Das H2S basierte auf einem Bauteil, das Magnetron genannt wurde und als streng geheim galt. Und nun schlug Bennett vor, es in Bomber zu installieren und nach Deutschland zu schicken, wo es unweigerlich dem Feind in die Hände fallen mußte! Erst nach erbitterten Diskussionen stimmte das Kriegskabinett dem Plan zu. Der einzige Nachteil des H2S war seine Größe: Es belegte acht Boxen. Das nächste System mit dem Decknamen Oboe konnte dieses Problem jedoch lösen und damit auch den Ruf des Bomberkommandos aufbessern.

Als nächstes brauchte Bennett ein eindeutiges Markierungsmittel, dessen Leuchtstärke und Brenndauer etwa für die ersten zwölf Bomber ausreichte. Zunächst erprobte man eine 113-kg-Brandbombe, Pink Pansy genannt, die ungefähr eine Viertelstunde mit einer intensiv rot leuchtenden Flamme brannte.

Die Pyrotechniker blieben nicht untätig. Ihre nächste Erfindung beschrieb Bennett als „Hochleistungskerzen, die wir Zielanzeiger (Target Indicator) nannten. Sie waren genau das, was ich haben wollte, und wir setzten sie bis zum Ende des Krieges in großem Umfang ein. Sie wurden in allen Farben und zahlreichen Variationen hergestellt: Rot, grün, gelb oder weiß diente als Grundfarbe, aus der Sterne in derselben oder in anderen Farben aufstiegen. So standen uns Kombinationen zur

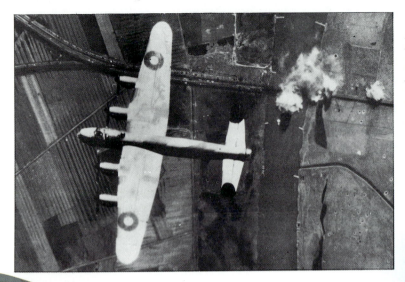

TRIEBWERKE

Der Mosquito B.Mk XXV dienten zwei von Packard gebaute Merlin 225 mit Dreiblatt-Luftschrauben von de Havilland als Antrieb. Um die Motorzelle möglichst schlank zu halten, montierte man die Kühler so in die Nasenkante der Innenflügel, daß sie gleichzeitig den Vortrieb erhöhten. Bei der leichten Zelle und ohne das Gewicht und den Widerstand von Abwehrwaffen ermöglichte dieser Antrieb der Mosquito eine Spitzengeschwindigkeit von 646 km/h. Damit war sie schneller als die meisten Jagdflugzeuge der Zeit. Ihre hohe Marschgeschwindigkeit führte die gegnerischen Abfangjäger an ihre Leistungsgrenzen.

BUG

Im Bug befand sich die Station des Bombenschützen. Die Plexiglas-Kuppel enthielt eine planebene Visierscheibe. Seitliche Perspex-Fenster erweiterten das Blickfeld. In der „Oboe"-Version nahm der Bug die komplexe Ausrüstung auf, und der Navigator setzte die Bomben oder Zielmarkierungsmittel vom Cockpit aus ein.

de Havilland Mosquito B.Mk XXV

Das Flugzeug trägt die Kennung der No. 627 Squadron, die im November 1943 als leichte Mosquito-Bomberstaffel aufgestellt wurde. Bis zum Ende des Krieges in Europa nahm dieser Verband an zahlreichen Luftoffensiven teil. Im April 1944 verlegte man diese Einheit aus der Pfadfindergruppe No. 8 Group in die No. 5 Group mit neuem Standort in Woodhall Spa. Die No. 627 Squadron stellte häufig Flugzeuge für die Master Bomber; in dieser Rolle ging KB 401 bei einem Angriff auf Bolen in der Nacht vom 19. auf den 20. Februar 1945 verloren. Die Maschine wurde zuletzt im Sturzflug über dem Zielgebiet gesehen. Der Pilot, Wing Commander E.A. Benjamin, und sein Navigator, Flying Officer J.E. Head, kamen beide ums Leben. Auch Wing Commander Guy Gibson, Träger des Viktoriakreuzes und Führer der berühmten „Dambusters", starb in einer Mosquito der No. 627 Squadron, die er als Master Bomber beim Angriff vom 19./20. September auf Rheydt flog. Auf dem Rückflug über Holland stürzte die Maschine ab; der Navigator fand ebenfalls den Tod. Bei den Mosquito B.Mk XX und B.Mk XXV handelte es sich um die in Kanada gebauten Versionen der B.Mk IV. Es wurden über 500 Exemplare gebaut.

COCKPIT

Über eine kleine Luke an der rechten Unterseite stieg man ins Cockpit, das gerade groß genug war, um die zweiköpfige Besatzung aufnehmen zu können. Der Navigator saß auf dem Hauptflügelholm. Wenn die Maschine sich dem Zielgebiet näherte, mußte er nach vorn in den Bug kriechen, um das Bombenvisier zu bedienen.

Verfügung, die der Feind nicht vorhersehen konnte."

Unterdessen hatte Bennett einen praktisch neuen Leistungskatalog für ein Pfadfinderflugzeug erarbeitet; er paßte auf die Mosquitos, als wäre er speziell für sie erstellt worden. Als Bennett dieses Muster für Pfadfindereinsätze anforderte, stieß er allerdings auf Widerstand:

„In unserem Bestand befanden sich einige dieser Bomber-Mosquitos, die im Auftrag des Ministers für Flugzeugproduktion probehalber bestellt worden waren, die aber niemand haben wollte. Sie besaßen keinerlei Abwehrbewaffnung, waren aber

außerordentlich schnell. Ihr Bombenschacht konnte ohne weiteres vier von unseren 227-kg-Zielmarkierungsbomben aufnehmen. Sie schienen mir für unsere Zwecke ideal, falls sie die von uns benötigte Einsatzhöhe erreichten. Ich erprobte die Mosquito sowohl bei Tage wie in der Nacht und baute versuchsweise ein Oboe-Gerät ein. Bei einer vom Luftfahrtministerium anberaumten Besprechung sträubten sich die Beamten wie auch das Bomberkommando heftig gegen die Einführung der Mosquito.

Sie führten an, daß die Holzkonstruktion der Belastung im Einsatz nicht gewachsen sei;

ohne Waffentürme werde sie sofort abgeschossen; außerdem sei sie viel zu klein, um die nötige Ausrüstung und eine Besatzung in angemessener Stärke für Pfadfinderflüge mitführen zu können. Ich konnte jeden einzelnen Punkt widerlegen. Dann spielten sie ihren letzten Trumpf aus. Die Erprobung der zuständigen Dienststellen habe ergeben, daß sich die Mosquito für Nachteinsätze absolut nicht eigne. Ich antwortete, daß ich mit dieser ungeeigneten Maschine während der letzten Woche ohne Probleme jede Nacht geflogen sei. Es folgte tödliches Schweigen. Ich bekam meine Mosquitos."

Umschwung

Im Verlauf des Zweiten Weltkriegs wurde das Bomberkommando zu einem umstrittenen Diskussionspunkt. In den ersten Jahren erwies sich sein Einsatz als Katastrophe, da der geringe Erfolg in keinem Verhältnis zu dem hohen Preis stand. Selbst als im August 1942 die Pfadfindergruppe aufgestellt wurde, hatte das Bomberkommando immer noch eine Verlustquote von 9,1 %, die man einfach nicht hinnehmen konnte. Im September war die Rate bei den schweren Bombern auf 3,1 %, einen Monat später auf 2,6 % gesunken. Von da an bis zum Kriegsende schwankte sie in einem erträglichen Rahmen zwischen 1,5 und 4,5 %.

Es zeichnete sich in der Tat ein Umschwung ab, doch man

hatte drei Jahre auf ihn warten müssen. Es sollten drei weitere Jahre vergehen, bis der schlimmste Krieg in der Geschichte der Menschheit zu einem Ende kam. Das Bomberkommando sah sich nunmehr in der Lage, seine Ziele mit hinreichender Genauigkeit aus Höhen zu treffen, die nicht mehr in der Reichweite der meisten Flakgeschütze und Jagdflugzeuge lagen. Jetzt war der Zeitpunkt gekommen, um den deutschen Wirtschafts- und Industrieapparat zu zerschlagen und die Menschen so zu verängstigen, daß sie einfach ihre Arbeitsplätze aufgaben.

Selbst 50 Jahre danach hält die Diskussion über die Effektivität dieser strategischen Luftoffensiven immer noch an. Bestimmte Tatsachen stehen jedoch unverrückbar fest: 55.573 Flieger des Bomberkommandos sind gefallen und 9.784 Besatzungsmitglieder in Gefangenschaft geraten – ein Siebtel aller Toten, die die britischen Streitkräfte zu Land, zu Wasser und in der Luft zu beklagen hatten, gingen also zu Lasten des Bomberkommandos. Nur der Einsatz auf deutschen U-Booten wies einen noch höheren Grad an Gefährlichkeit auf. Ein Pilot mußte schon geradezu todesmutig sein, um Nacht für Nacht in eine Lancaster oder Halifax einzusteigen und zu wissen, daß innerhalb der nächsten drei oder vier Stunden Tausende auf der Lauer lagen, um ihn zu töten, während er ihre Stadt überflog, um sie zu töten.

FLUGWERK
Die Zelle bestand nahezu ausschließlich aus Holz. Die Rumpfschale wurde in zwei Hälften gebaut, die in Sandwichbauweise aus Balsaholz und Birkensperrholz als Deckschichten gefertigt und mit Zementformen in die gewünschte Form gebracht waren. Der Bombenschacht konnte vier 227-kg-Bomben aufnehmen, ließ sich aber für eine 1.800 kg schwere Bombe, die sogenannte „Blockbuster", modifizieren.

TREIBSTOFFTANKS
Zwei Zusatztanks mit je 227 l konnten unter die Außenflächen montiert werden und gaben der Mosquito eine sinnvolle Reichweite.

Oben: Der Veteranenbomber Lancaster R5868 „S" der No. 467 Squadron startet in der Nacht vom 11. auf den 12. Mai 1944 vom Fliegerhorst Waddington zu seinem 97ten Bombeneinsatz. Bis zu seiner Ausmusterung flog dieser Bomber 137 (einige sagen 121) Kampfeinsätze. Er steht heute im RAF-Museum in Hendon.

Martin Baltimore

Die aus der Maryland nach speziellen britischen Anforderungen entstandene Baltimore wies bei ihrem Jungfernflug im Juni 1941 mehr Leistung und einen größeren Rumpf auf, in dem die Besatzungsmitglieder während des Fluges die Plätze tauschen konnten. Die Baltimore, deren Indienststellung im Januar 1942 begann, kam nur im Mittelmeerraum zum Einsatz. Von der Baltimore Mk I und Mk II wurden 50 bzw. 100 Exemplare hergestellt. Diese Versionen hatten einfache oder doppelte Vickers-„K"-Kanonen auf der Rumpfoberseite. Die 250 Baltimore Mk III verfügten über einen Waffenstand für zwei oder vier Kanonen. Großbritannien erhielt weitere Maschinen im Rahmen des Lend-Lease-Abkommens, darunter 281 Baltimore Mk IIIAs mit zwei 12,7-mm-Geschützen im Waffenstand auf der Rumpfoberseite, 294 Baltimore Mk IV ohne große Änderungen und 600 Baltimore Mk V mit höherer Leistung und 12,7-mm-Flügelkanonen statt der 7,7-mm-Waffen der früheren Modelle.

Technische Daten: Martin Baltimore Mk III
viersitziger, leichter Bomber
Spannweite: 18,69 m
Länge: 14,77 m
Triebwerk: zwei Wright R-2600-19
mit je 1.238 kW (1.683 PS)
Bewaffnung: acht oder zehn
7,7-mm-MGs in fester Flügelstation für
vier Kanonen, ein Waffenstand für zwei oder
vier Kanonen auf der Rumpfober- + Station für zwei Kanonen an der -unterseite sowie bis 907 kg Bomben int.
Max. Startgewicht: 10.433 kg
Höchstgeschwindigkeit: 485 km/h in
11.000 Fuß (3.353 m) Höhe
Einsatzreichweite: 1.528 km

Martin Marauder

Der bei der USAAF häufig verwendete mittlere Bomber B-26 Marauder kam bei der RAF nur in geringem Umfang zum Einsatz. Ab August 1942 erhielten fünf Mittelmeerstaffeln diesen Typ. Die RAF bekam zunächst im Rahmen des Lend-Lease-Abkommens 77 B-26As als Marauder Mk I mit der ursprünglichen Spannweite von 19,81 m. Dann folgten 19 Marauder Mk IAs (das Äquivalent zur B-26B der USAAF mit mehr Leistung). Sie wurden von einer auf den Bahamas stationierten Umschulungseinheit geflogen. Weiter lieferte man 100 Marauder Mk II (B-26Cs mit mehr Flügelspannweite) und 350 Marauder Mk III (200 B-26Fs mit einem höheren Flügeleinstellwinkel und 150 B-26Gs mit anderen Anlagen). Viele der britischen Flugzeuge gingen später an die South African Air Force, die im Mittelmeerraum und in Italien fünf Staffeln mit diesem Typ ausrüstete.

Technische Daten: Martin Marauder Mk III
fünfsitziger, mittlerer Bomber
Spannweite: 21,64 m
Länge: 17,53 m
Triebwerke: zwei Pratt & Whitney R-2800-43
mit je 1.491 kW (2.027 PS)
Bewaffnung: elf 12,7-mm-MGs in einer
Bugstation (vier fest, eines beweglich), Waffenstände für zwei Kanonen an Rumpfoberseite und Heck sowie Waffenzuladungskapazität für bis zu 1.814 kg Bomben intern
Max. Startgewicht: 17.328 kg
Höchstgeschwindigkeit: 490 km/h in
15.000 Fuß (4.572 m) Höhe
Einsatzreichweite: 1.930 km

Short Stirling

Die nach einer Forderung von 1936 entwickelte Stirling war der erste viermotorige schwere RAF-Bomber des Zweiten Weltkriegs. Ihre kleine Tragfläche wirkte sich im Einsatz negativ auf Geschwindigkeit, Dienstgipfelhöhe und Nutzlast aus – die maximale Öffnungsbreite der RAF-Hangars zur Zeit der Planung hatte die Spannweite bestimmt. Die erste Stirling flog im Mai 1939; die Indienststellung begann im August 1940. Die 756 Stirling Mk I hatten Hercules-XI-Sternmotoren mit 1.189 kW (1.617 PS), die beiden Prototypen Stirling Mk II Wright-R-2600-Cyclone-Motoren mit 1.193 kW (1.622 PS). Die 875 Stirling Mk III boten mehr Leistung und einen überarbeiteten Waffenstand auf der Rumpfoberseite. Die Stirling diente zwischen Februar 1942 und September 1944 als Bomber, ab Ende 1943 dann aber als Schleppflugzeug und Transporter für Fallschirmspringer.

Technische Daten: Short Stirling Mk III
sieben-/achtsitziger, schwerer Nachtbomber
Spannweite: 30,20 m
Länge: 26,50 m
Triebwerk: vier Bristol Hercules XVI
mit je 1.230 kW (1.672 PS)
Bewaffnung: acht 7,7-mm-MGs in
Waffenständen für zwei Kanonen am
Bug und auf der Rumpfoberseite und im
Waffenstand für vier Kanonen am Heck sowie bis
6.350 kg Bomben intern
Max. Startgewicht: 31.790 kg
Höchstgeschwindigkeit: 434 km/h
in 14.500 Fuß (4.420 m) Höhe
Einsatzreichweite: 3.234 km
mit 1.588 kg Bombenlast

Vickers Wellington

Die Wellington war der erfolgreichste zweimotorige RAF-Bomber des Zweiten Weltkriegs. Bis zur Einführung der viermotorigen Bomber trug sie die Hauptlast der nächtlichen Angriffe. Nach dem Jungfernflug im Juni 1936 ging sie 1938 in Dienst. Auf 181 Wellington Mk I folgten 187 Wellington Mk IAs mit verbessertem Bug- und Heckwaffenstand sowie 2.685 Wellington Mk ICs mit Kanonen seitlich am Rumpf statt des Waffenstands an der Rumpfunterseite. Die 401 Wellington Mk II hatten Merlin-X-Reihenmotoren mit 854 kW (1.161 PS). Dann kamen 1.519 Wellington Mk III mit Heckwaffenstand für vier Kanonen und Sternmotoren vom Typ Bristol Hercules III oder XI. Die 220 Wellington Mk IV hatten Pratt-&-Whitney-Wasp-Sternmotoren mit 793 kW (1.078 PS); die 64 Wellington Mk VI für große Höhen dagegen Merlin 60 oder 62 mit 1.193 kW (1.622 PS).

Technische Daten: Vickers Wellington Mk IC
fünf-/sechssitziger, mittlerer Bomber
Spannweite: 26,26 m
Länge: 19,68 m
Triebwerk: zwei Bristol Pegasus XVIII
mit je 746 kW (1.014 PS)
Bewaffnung: sechs 7,7-mm-MGs in Bug-
und Heckwaffenständen für zwei Kanonen und Richtstrahlstationen für
eine Kanone sowie Waffenzuladungskapazität für bis zu 2.041 kg Bomben intern
Max. Startgewicht: 12.928 kg
Höchstgeschwindigkeit: 378 km/h
in 15.500 Fuß (4.724 m) Höhe
Einsatzreichweite: 4.102 km
mit 454 kg Bombenlast

Nachtkampf über dem

REICH

„Plötzlich erschien eine schwarze Silhouette am Horizont, die sich gegen das Nordlicht abzeichnete. Je näher ich kam, desto deutlicher nahm sie die Form eines Flugzeugs an… der dicke Rumpf und das hoch angesetzte Seitenleitwerk – ein Wellington-Bomber! Das Herz schlug mir bis zum Hals und ich hoffte inständig, daß er mich in der Dunkelheit noch nicht gesehen hatte. Ich ging bis knapp 100 Meter auf Schußposition an ihn ’ran. Ich konnte jetzt seine glühenden Auspuffrohre klar erkennen.

Brennende Trümmer

Gerade als ich seinen linken Flügel ins Visier bekommen hatte, brach er weg. Er mußte mich gesehen haben. Aber jetzt bot er mir den Rumpf als Ziel, und die Salven aus meinen MGs durchbohrten seine Zelle. Die Maschine explodierte in der Luft und ein Haufen brennender Trümmer fiel als Feuerregen ins Meer. Der Gedanke an das Los der Besatzung jagte mir einen Schauder über den Rücken. Ich kreiste über der Absturzstelle und rief meine Bodenstation, sie solle den

Wilhelm Johnen, Nachtjägerpilot auf der Bf 110 im Zweiten Weltkrieg, beschreibt den Kampf seiner Staffel gegen die Nachtbomberoffensive der Royal Air Force.

Luft-/See-Rettungsdienst benachrichtigen. Ich war zwar ziemlich sicher, daß es für die Besatzung der Wellington keine Rettung mehr gab, doch soll man nichts unversucht lassen."

Oberleutnant Hans Fenzke flog einen Messerschmitt Bf-110-Nachtjäger, als er in den frühen Morgenstunden des 26. Juni 1941 auf seinem Stützpunkt in Schleswig landete und über den Abschuß eines RAF-Bombers Bericht erstattete. Zu jener Zeit gab es noch kein Bordradar, und so war die Wahrscheinlichkeit, daß ein Abfangjäger in der Nacht ein feindliches Flugzeug sichten konnte, sehr gering. Man konnte nur auf sein Glück vertrauen und darauf spekulieren, daß man sich, wie Oberleutnant Fenzke, direkt unter dem Bomber befand und ihn als Silhouette gegen das Nordlicht erkennen konnte. Bei dieser Gelegenheit schoß die Luftwaffe aus einer Formation von 20 Flugzeugen zwei ab, verlor dabei jedoch ein eigenes Flugzeug. Eine solche Trefferquote war jedoch eine echte Seltenheit. Manchmal flogen gar Maschinen der Royal Air Force und der Luftwaffe in einer Entfernung von knapp einer Meile aneinander vorbei, ohne es zu bemerken.

Da die Nachtabfangjäger bei der Zielausmachung fast ohne technische

Eine mit einem Haifischmaul bemalte Messerschmitt Bf 110G feuert eine Salve aus ihrer Bugkanone.

„Plötzlich erschien eine schwarze Silhouette am Horizont…"

Nachtkampf über dem Reich

Hilfsmittel auskommen mußten, waren sie wohl noch weniger effektiv als die Fliegerabwehrkanonen. Die Flak war um ein angriffsgefährdetes Gebiet herum oder entlang den Luftkorridoren der RAF aufgestellt und konnte so die feindlichen Bomber im Anflug bekämpfen. Der Pilot eines Abfangjägers wußte in der Nacht nicht einmal genau seine Position. Es war kaum ein Jahr seit dem ersten nächtlichen Abschuß durch einen Abfangjäger vergangen, als am 20. Juli 1940 Oberleutnant Streib (der später der Vater des deutschen Nachtflugs genannt wurde) seine Bf 110 bestieg und in Richtung holländische Küste flog, wo er den Luftkorridor der RAF zum Ruhrgebiet überwachen sollte. Im Scheinwerferlicht sah er einen Whitley-Bomber.

Erster Angriff

„Ich flog mit Vollgas auf ihn zu", erzählte er später, „und vor lauter Aufregung waren die ersten Salven recht weit gestreut. Ich zog scharf weg, kurvte hinter ihm ein und wartete, bis ich ihn genau im Visier hatte, dann feuerte ich los. Eine lange Salve traf seinen Benzintank, und die Maschine explodierte."

Bis zum Sommer 1941 hatte die Luftwaffe ihre Taktik aufgrund neuer Entwicklungen etwas verändert. Die großen Würzburg-Radaranlagen hatten bewiesen, daß sie ein Flugzeug vom Boden aus orten konnten, und so hatte sich Oberst Josef Kammhuber, der für die nächtlichen Einsätze verantwortlich war, ein neues System ausgedacht: „Himmelbett". Es bestand aus einer Kette von Würzburg-Radarstationen, die sich von der dänischen bis zur Schweizer Grenze erstreckten. Jede Station hatte zwei Radaranlagen: eine diente zur Ortung des Abfangjägers, die andere zur Verfolgung des feindlichen Flugzeugs. Eine gute Funkverbindung vorausgesetzt, konnte nun ein deutscher Abfangjäger von seiner Bodenstation genau zu einem feindlichen Flugzeug dirigiert werden. Leutnant Wilhelm Johnen flog seinen ersten Einsatz als Nachtabfangjäger am 11. Juli.

„Ich war wie der Blitz auf den Beinen, als der Alarm losging, und schon auf dem Weg zum Flugzeug, noch bevor ich wußte, was eigentlich los war. Die

Auch wenn die Bf 110 mit ihrer schweren Bewaffnung, den zusätzlichen Treibstofftanks und den Radarantennen an Leistung einbüßte, war sie doch eine tödliche Waffe für die schwerfälligen viermotorigen Bomber der Alliierten.

Bodenstation sagte uns, daß wir den Sektor Westerland übernehmen sollten. Als ich nach dem Start durch die Wolken hochstieg, zeigte das Variometer eine stete Steiggeschwindigkeit von neun Fuß pro Sekunde; der Fahrtmesser stand auf etwa 340 km/h. Der Regen prasselte gegen den Rumpf, und das Wasser lief in Strömen über das Cockpitdach.

„Direkt über ihnen"

Die Bodenstation war nur noch schwach zu hören, und der Gegenwind hatte unsere Flugzeit zum Abfangpunkt fast verdoppelt. Dazu kam, daß die Engländer den Wind im Rücken hatten und sehr schnell vorwärtskamen. Die Lage sah ziemlich hoffnungslos aus. Die Bodenstation hatte uns einen Kurs von 130 Grad zugewiesen, und ich hatte auf einmal das Gefühl, daß wir direkt über ihnen waren.

Plötzlich wurde das Flugzeug heftig zur Seite gerissen. Wir waren, ohne es zu bemerken, direkt hinter den Engländern in ihre Wirbelschleppen geraten.

,Da ist einer!' rief Risop, mein Funker, ,direkt vor uns, auf gleicher Höhe.' Ich entsicherte die sechs Bordkanonen, aber in diesem Moment brach der Bomber nach rechts aus.

Selbst mit gut funktionierenden Radaranlagen am Boden war das Abfangen von feindlichen Bombern immer noch ein Glücksspiel. Bis zum 26. März 1942 hatten sich die Abfangjäger der Luftwaffe nicht in das Ruhrgebiet gewagt, aus Angst, sie würden von der eigenen Luftabwehr abgeschossen. Doch nun sollte sich die Taktik ändern. Leutnant Johnen griff als einer der ersten die Bomber über ihrem Zielgebiet an, also in dem Moment, in dem sie (im geraden Zielanflug) am verwundbarsten sind.

„Je näher ich an das Ziel herankam, desto heller wurde es um mich herum. Das Feuer der Flak hüllte mich ein, und es kam mir vor, als würde ich durch die Hölle fliegen. Ein Geschoß explodierte keine 50 Meter vor mir, und im nächsten Moment wurde meine Bf 110 von der

Eine Bf 110 G-4 des NJG-1 läßt vor dem Start ihre Triebwerke warmlaufen. Die Bf 110, die ursprünglich als schwer bewaffneter Tagjäger gedacht war, erwies sich einsitzigen Kampfflugzeugen gegenüber als unterlegen und wurde daher für den Nachteinsatz verwendet – mit größerem Erfolg.

Bis auf die ersten Modelle wurden alle Bf-110-Nachtjäger mit einer dreiköpfigen Besatzung geflogen, die aus Pilot, Funker und Bordschützen bestand.

Faust eines unsichtbaren Riesen geschüttelt. Risop schoß, so schnell er konnte, Identifikationsleuchtkugeln ab. ‚Diese verdammten Idioten wollen uns wohl abschießen!' rief er außer sich und lud erneut die Leuchtkugelpistole. Ich ging in eine steile Linkskurve, und plötzlich war im Scheinwerferlicht ein britischer Bomber schräg unter mir sichtbar. Ich ging im Sturzflug auf ihn los, und das Flugzeug rüttelte schwer, während der Fahrtmesser auf 530 km/h kletterte. Ich feuerte einige Salven auf den Rumpf ab und sah, wie sie Fetzen aus der Verkleidung rissen, bis die Maschine schließ-

lich explodierte. Drei, vier, fünf weitere Flugzeuge waren ebenfalls getroffen und stürzten als Feuerbälle zu Boden.

Plötzlich rief Risop: ‚Da ist einer über uns! Das ist eine viermotorige Maschine. Den Typ haben wir ja noch nie gesehen!'

Der Abschuß

Es handelte sich in der Tat um eine neue Short Stirlings, der größte und langsamste Typ der neuen britischen Generation schwerer Bomber. Trotz ihrer Schwerfälligkeit hatte die Stirling einen großen Vorteil, der Johnen zum Verhängnis werden sollte: ein Maschinengewehr im

Rumpf.

„Ich war jetzt nah' an ihm dran und holte noch einmal tief Luft. Ich wähnte uns im toten Winkel des Bombers in Sicherheit, aber das war ein schwerer Irrtum. Ich reduzierte die Triebwerksleistung, damit der Abstand etwas größer wurde. ‚Du mußt jetzt schießen', sagte Risop, ‚sonst sieht uns sein Schütze hinten. Mach' drei Kreuze und greif' an!'

Das waren Risops letzte Worte.

Als ich das Feuer eröffnete, schoß der andere ebenfalls. Er erwischte mein Cockpit und den Rumpf, und im Bruchteil einer

Sekunde hatte sich mein Flugzeug in eine brennende Fackel verwandelt. Risop brach tödlich getroffen über seinem Funkgerät zusammen. Um mich war ein einziges Flammenmeer. Ich versuchte, mit einem Bein über die Cockpitseite zu kommen, doch die Fliehkraft hielt mich fest. Ich gab jede Hoffnung auf, lebend aus dem Flugzeug zu kommen und verbarg mein Gesicht in den Händen. Wir waren etwa 9.000 Fuß gefallen, als das Flugzeug explodierte und ich herausgeschleudert wurde. Ich hatte bereits selber Feuer gefangen und bangte um meinen Fallschirm, doch die stabile Segel-

Das deutsche Nachtabwehrsystem

Das deutsche Flugabwehrsystem gegen Nachtangriffe entwickelte sich schnell aus einem einfachen, auf Scheinwerfern und visueller Sichtung beruhenden System zu einem wirkungsvollen Verteidigungsnetz, das aus einem Radargürtel an der Küste, einer Scheinwerferzone entlang der deutschen Grenze und integrierten Verteidigungszonen um die meistgefährdeten Ziele herum bestand.

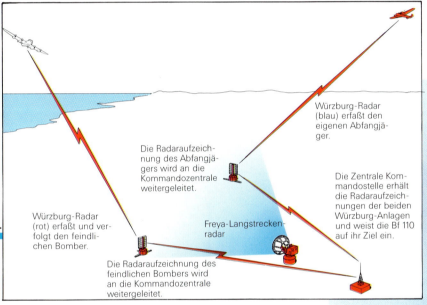

Würzburg-Radar (blau) erfaßt den eigenen Abfangjäger.

Die Radaraufzeichnung des Abfangjägers wird an die Kommandozentrale weitergeleitet.

Die Zentrale Kommandostelle erhält die Radaraufzeichnungen der beiden Würzburg-Anlagen und weist die Bf 110 auf ihr Ziel ein.

Würzburg-Radar (rot) erfaßt und verfolgt den feindlichen Bomber.

Freya-Langstreckenradar

Die Radaraufzeichnung des feindlichen Bombers wird an die Kommandozentrale weitergeleitet.

Für das Himmelbett-System wurden zwei Würzburg-Radaranlagen verwendet, wobei die eine für den Abfangjäger, die andere für die feindlichen Bomber zuständig war. Eine Kommandozentrale dirigierte den Abfangjäger zu seinem Ziel.

Ab 1941 mußten feindliche Bomber, die zu den deutschen Industriezentren vordringen wollten, die Himmelbett-Zone an der holländischen Küste, die beleuchtete Abfangjägerzone weiter im Landesinneren und die kombinierten Abfangjägerzonen direkt über den Zielen überwinden. Jede Himmelbett-Station konnte allerdings nur jeweils ein feindliches Flugzeug verarbeiten. Wenn das Radar mit einer Lancaster beschäftigt war, konnten die anderen meist durchschlüpfen. Die britischen Gegenmaßnahmen, vor allem die Düppel, machten das System schließlich fast unbrauchbar.

WOLF

Leeuwarden (II/NJG 2, V7NJG 29)

LANGUSTE

TIGER

HERING

LÖWE

HAMSTER

Zeist

Gilze Rijen (NJG 2)

Venlo (I/NJG 1)

St. Trond (I/NJG 1)

Schleswig (V/NJG 3)

KIEL

KIEBITZ

Stade (II/NJG 1)

HUMMEL

HAMBURG

Wittmundhaven (V/NJG 2)

Öldenburg (nicht stat. Einheiten)

Lüneburg (VII/NJG 3)

BREMEN

Werneuchen (III/NJG 3)

ROLAND

Vechta (I/NJG 3, III/NJG 3)

BÄR

Twente (III/NJG 1)

Deelen (Stab. NJG 1)

BERLIN

DORTMUND

DÜSSELDORF

KÖLN

WIESBADEN

Mainz Finthen (II/NJG 3)

DACHS

KRANICH

MANNHEIM

(Schema:) Himmelbett-Zonen

Beleuchtete Nacht-Abfangjäger-Zone

Kombinierte Nacht-Abfangjäger-Zone

Flugplatz für Nacht-Abfangjäger

Vorrangiges Ziel

Echterdingen (E/NJG 1)

Nellingen (III/NJG 5)

Ingolstadt (VII/NJG 3)

Laupheim (IV/NJG 4)

Ausweichmanöver

5 Nachdem der Bomber die feindlichen Abfangjäger abgeschüttelt hat, nimmt er seinen ursprünglichen Kurs wieder auf.

Das Manöver sollte es dem angreifenden Flugzeug erschweren, sich auf das Ziel einzuschießen, und diente gleichzeitig der Flucht vor den Augen und dem Radar des Gegners.

4 Der Pilot taucht nochmal ab, wobei er wieder die Richtung wechselt.

3 Der Pilot zieht wieder hoch und fliegt in die entgegengesetzte Richtung.

2 Der Pilot geht wie angesagt in die Kurve und taucht nach unten weg.

Selbst einem einfachen Flugmanöver war in der Nacht schwer zu folgen, so daß eine gut geflogene Lancaster dem engen Suchkegel der frühen Bordradars leicht entgehen konnte.

1 Jedes Besatzungsmitglied konnte das Ausweichmanöver einleiten, indem es über die Bordsprechanlage „Korkenzieher links (oder rechts). Los!" rief.

leinwand hatte ihn vor den Flammen geschützt. So landete ich in einer überschwemmten Wiese, bis zum Hals im Schlamm. Gerettet! Dann verlor ich das Bewußtsein."

Ziel im Visier

Nachdem sich Johnen von seinen Verletzungen erholt und einen neuen Funker zugeteilt bekommen hatte, stieß er gerade rechtzeitig zu seiner alten Staffel, um eine neue Erfindung auszuprobieren: das Bordradar. Der Lichtenstein-Apparat, wie er genannt wurde, war für damalige Verhältnisse ein sehr komplexes Gerät, in seiner Anwendung jedoch recht einfach. Der Navigator beobachtete auf dem Radarschirm ein Feld von je 30 Grad ober- und unterhalb sowie 60 Grad links und rechts zur Flugzeuglängsachse. Ein sich in diesem Bereich befindliches Flugzeug war als Punkt auf dem Schirm erkennbar. Durch Kursänderung mußte dieser Punkt in die Mitte des Radarschirms manövriert werden. Man hatte das Ziel dann direkt vor sich.

Johnen feuert eine Salve aus seinen Bordkanonen zwischen die Triebwerke an der rechten Tragfläche einer britischen Lancaster und trifft den empfindlichen Treibstofftank. Doch wenig später, bei der Verfolgung einer zweiten Lancaster, gerät Johnen in den Schweizer Luftraum und wird zur Landung gezwungen.

Oberleutnant Reinhold Knacke, ein Kollege Johnens, gehörte zu den ersten, die mit dem Lichtenstein-Radar einen Abschuß erzielten. Zehn Minuten nach Mitternacht, am 18. November 1942, schaltete Knakkes Funker, Unteroffizier Heu, das Radar ein. Knacke setzte seinen Kurs auf 180 Grad und ging auf 16.500 Fuß herunter. In den nächsten fünf Minuten sollte er auf die ersten feindlichen Bomber treffen.

Doch aus den fünf Minuten wurden sechs, und Knacke, schon nervös, suchte den Himmel nach feindlichen Flugzeugen ab. Auf einmal meldete sich Unteroffizier Heu. Auf dem Radarschirm war deutlich eine gezackte Linie sichtbar, die von rechts nach links verlief. Er gab die nötigen Kursänderungen für den Piloten durch: 4.000 Meter entfernt auf 16.350 Fuß Höhe. Knacke gab Vollgas und näherte sich dem Bomber.

Heu entfuhr ein Schrei der Überraschung. In etwa 2.000 Meter Entfernung war eine weitere Spur sichtbar. Ein zweites

Flugzeug hatte ihren Kurs von Nord nach Süd gekreuzt. Knacke konzentrierte sich auf dieses zweite, nähere Zielobjekt.

Lodernde Flammen

Sie näherten sich dem Flugzeug, bis es etwa 200 Meter vor ihnen und 50 Meter über ihnen war. Knacke konnte immer noch nichts erkennen, bis sich plötzlich die Umrisse eines viermotorigen Bombers mit hohem Seitenleitwerk schwach abzeichneten – eine Stirling. Lodernde Flammen schlugen aus den Triebwerken und aus den Treibstofftanks, als Knacke Salve um Salve auf die Tragflächen abfeuerte. Schließlich explodierte das Flugzeug – ein leuchtend roter Feuerball über dem Rotterdamer Hafen.

Es war, als ob dieser Abschuß ein Signal gewesen wäre. In der nächsten halben Stunde wurde ein Flugzeug nach dem anderen abgeschossen, bis der Weg von Rotterdam zum Ruhrgebiet mit brennenden Flugzeugtrümmern übersät war. Auf das Konto von Knacke gingen allein vier

"Mit dem Mond im Rücken verfolgten wir vorsichtig den Bomber. Bei 200 Metern mußte uns der britische Pilot entdeckt haben, denn plötzlich drehte er in Schußposition für den hinteren Schützen. Ich blieb ihm hart auf den Fersen. Die Perspex auf dem Waffenturm des Schützen glitzerte im Mondlicht. Als ich ihn gerade im Visier hatte, eröffnete er das Feuer aus allen Rohren. Die Schüsse pfiffen mir um die Ohren, aber ich trat leicht ins Ruder und entschlüpfte der Gefahrenzone. Jetzt flog ich unter ihm; der hintere Schütze stellte nun keine Gefahr mehr für mich dar, aber ich war noch in der Reichweite des mittleren Geschützes. Doch diesmal wollte ich zuerst schießen. Langsam wurden die schmalen Tragflächen größer. Als ich die glühenden Auspuffrohre erkennen konnte, feuerte ich zwischen die beiden Triebwerke.

Er mußte ebenfalls das Feuer eröffnet haben, denn ich sah, wie seine Geschosse meine Tragflächen trafen, und versuchte auszuweichen. Die Lancaster hatte bereits Feuer gefangen. Flammen züngelten um die Flügelhinterkante, gierige Flammen, die in der Dunkelheit unheimlich glühten. Die Besatzungsmitglieder sprangen einer nach dem anderen ab. Es war höchste Zeit, denn nur wenig später explodierte der linke Treibstofftank, und das Flugzeug trudelte, einen langen Feuerschweif hinter sich, zu

Boden. Ich kurvte mit etwas Querruder und beobachtete die abstürzende Lancaster. Ein paar Sekunden später erhellte eine Feuersäule die Nacht."

Johnen, zu dieser Zeit bereits ein erfahrener Pilot, war in Hagenau, nördlich von Straßburg und nahe der jetzigen deutsch-französischen Grenze, gestartet. Im April 1944 bombardierten die RAF und die USAF regelmäßig die süddeutschen Industriezentren Stuttgart und Friedrichshafen. Johnen und seine Staffel hatten die Aufgabe, diese und andere Städte zu schützen.

Eine weitere Gefahr war die Nähe der Schweizer Grenze. Als Johnen nur eine halbe Stunde später wieder eine Lancaster verfolgte, verletzte er den Schweizer Luftraum. Er beschoß einen britischen Bomber, mußte dafür aber auch einen Treffer in seinem linken Triebwerk einstecken.

Im nächsten Moment wurde er von Scheinwerfern der Schweizer Luftabwehr erfaßt und gezwungen, sein lädiertes Flugzeug in Zürich-Dubendorf notzulanden. Drei Tage später explodierte es ,unter geheimnisvollen Umständen' (wie wir heute wissen, ein Werk der Gestapo, die verhindern wollte, daß einer der modernsten Nachtjäger in die Hände einer anderen Regierung fiel, auch wenn diese neutral war). Johnen und seine Besatzung wurden Ende Mai repatriiert und waren nach einem kurzen Urlaub bald wieder im Einsatz.

Abschüsse.

Heu meldete einen weiteren Kontakt in 2.000 Meter Entfernung, und Knacke heftete sich an seine Fersen. In der Dunkelheit konnte er aus der Nähe den hinteren Perspex-Waffenturm eines britischen Bombers erkennen. Knacke zielte auf die Treibstofftanks, die sofort lichterloh brannten. Der rückwärtige Schütze geriet in Panik, drehte seinen Waffenturm und sprang ab – direkt auf die angreifende Messerschmitt. Knacke spürte

mit Entsetzen den Stoß, als der Körper des Schützen auf den rechten Propeller prallte. Mit einem Motor kehrte er zum Stützpunkt Venlo zurück.

Das Bordradar war das letzte Stück im Puzzlespiel. Es ließ die Nacht zum Tage werden, zuerst nur für die Abfangjäger, dann aber auch für ihre Ziele. Johnen war einer der ersten, die die Antwort der Wissenschaftler auf das Bordradar erlebten. In der Nacht vom 28. Juli 1943 befanden sie sich über Amsterdam, als sein

Navigator mehrmals Kontakte auf dem Radarschirm meldete, die aber sogleich wieder verschwanden. „Langsam spinnst du aber, Fazius", sagte Johnen scherzend nach dem zweiten Mal. „Nachdem das aber noch etliche Male so weiter ging", fuhr Johnen fort, „riß mir irgendwann der Geduldsfaden und ich verpaßte Fazius einen solchen Anpfiff, daß er schwer beleidigt war."

Ausgetrickst

Johnen konnte nicht wissen, daß sie auf eine geradezu lächerlich einfache Erfindung hereingefallen waren: Stanniolstreifen, die auf die Länge der UHF-Funkwellen des Lichtenstein-Radars zugeschnitten waren. Für den Funker sahen die Reflektionen dieser Streifen (damals ‚Fenster' und heute ‚Düppel' genannt) genau wie die eines Flugzeuges aus. Die Technologie hatte ein für alle Mal ihren Platz in der Kriegführung gefunden; der Kampf wurde von Wissenschaftlern ebenso wie von Soldaten ausgefochten.

Messerschmitt Bf 110G-4/R8 des 5/NJG-5,

Das Flugzeug des damaligen Staffelkapitäns, Oblt. Wilhelm Johnen, mit 17 Abschußstreifen auf der Seitenleitwerksflosse. Diese Maschine flog er, als er in Dubendorf in der Schweiz zur Landung gezwungen wurde.

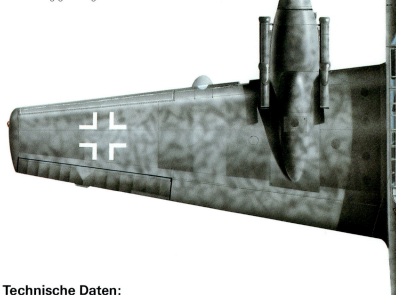

Technische Daten:

Triebwerk: zwei Daimler-Benz-DB-605-V-12-Triebwerke
Höchstgeschwindigkeit: 550 km/h in 23.000 Fuß
Reichweite: 2.100 km mit zwei 750-I-Tanks
Dienstgipfelhöhe: 26.000 Fuß
Abmessungen: Spannweite 16,20 m, Länge 12,59 m
Bewaffnung: zwei 30mm-Mk-108-Kanonen mit je 135 Schuß Munition in der Bugspitze, zwei 20mm-MG-151-Kanonen mit 300 bzw. 350 Schuß Munition im unteren Bugbereich; zwei 20mm-MG-151-Kanonen unter dem Rumpf; zwei nach oben gerichtete 20mm-MG-151-Kanonen im hinteren Cockpit

Die Entwicklung des BF-110-Nachtjägers

1940

Als die Royal Air Force im Mai 1940 mit der Bombardierung deutscher Städte begann, verfügte die Luftwaffe nur über Scheinwerfer und Flak. Da sich diese Schutzmaßnahmen als ungenügend herausstellten, wurde im Juli 1940 eine Nachtjägereinheit gebildet. Die erste Ausrüstung bestand aus den normalen Bf-110C-Tagjägern, die jedoch bald gegen Bf 110D-1 mit Spanner-Infrarotsensoren und ähnlich ausgestattete Bf 110E-1 mit Außentank-Aufhängevorrichtungen ausgetauscht wurden.

Bf 110C DB-601A-Triebwerke. Standard-Tagjäger, der zum Nachteinsatz verwendet wurde.

Bf 110 D-1 Ausgerüstet mit Spanner-Infrarotsensoren

1941

Gegen Mitte 1941 hatte Deutschland einen Radarschutzgürtel, der als ‚Himmelbett' oder ‚Kammhuber-Linie' bekannt wurde, errichtet. Zudem wurde die erste echte Nachtjägervariante der Bf 110, die F-4 fertiggestellt. Dieses neue Modell verfügte über zwei DB-601F-Triebwerke, die je 200 PS mehr lieferten als ihre Vorgänger. Bei einigen wurden in Rumpfbehältern zwei 30mm-Mk-108-Kanonen installiert.

Bf 110 E-1/U1 Mit Unterflügel-Treibstofftanks

Bf 110 F-4 DB-601F-Triebwerke (1.100 PS). Erster echter Nachtjäger. Nachrüstbar mit zwei 30mm-MK-108-Kanonen unter dem Rumpf. Vergröß. Seitenleitwerke.

Januar – Mai 1942

Nach abgeschlossener Entwicklung wurde im Februar 1942 das erste deutsche Bordradar, der Lichtenstein C-1, in Dienst gestellt. Es besaß eine Reichweite von zwei Meilen und einen Suchkegel von 70 Grad. Der Einsatz von Radargeräten wurde ab Mai immer dringlicher, nachdem es der RAF gelungen war, mit enger geflogenen Bomber-Formationen das Himmelbett-System zu durchbrechen.

Bf 110 G-4/U1 DB-605-Triebwerke. Zwei nach oben schießende 20mm-Kanonen.

Juni – Dezember 1942

Im Juni 1942 wurde die Bf 110G-4 mit DB-605-Triebwerken mit 1.475 PS eingeführt. Ab dem Modell G-4/U-5 wurde ein FuG-202-Lichtenstein-BC-Luft-Luft-Radar eingebaut. Bei der G-4/U-6 wurde die Antennenanordnung an der Bugspitze mit der Installation eines FuG-221a-Rosendaal-Halbe vergrößert, das vor allem gegen die Radarwarnempfänger der britischen Bomber gerichtet war. Als die Briten im Juli begannen, mit Aluminiumstreifen (‚Düppel') die deutschen Radaranlagen zu täuschen, wurden all diese Vorrichtungen wertlos.

Januar – Juni 1943

Im ersten Halbjahr mußten die Deutschen auf die ‚Wilde-Sau-' und ‚Zahme-Sau'-Taktik zurückgreifen, da sowohl die bodengestützten Radaranlagen des Himmelbett-Systems wie auch das Lichtenstein-Bordradar durch die Düppel unbrauchbar gemacht wurden.

Juli – Dezember 1943

Im Herbst 1943 wurde eine verbesserte und vereinfachte Version des Lichtenstein-Radarsystems, das FuG 212 C-1 eingeführt. Die damit ausgerüstete Messerschmitt erhielt die Bezeichnung Bf 110G-4a. Das neue Radar hatte anfangs eine vierpolige Antenne an der Bugspitze. Ab November wurde die Bf 110 aufgrund der Bedrohung durch die Mosquito mit einem rückwärtigen Schützen besetzt. Ende 1943 wurde auf der G-4b das aluminiumstreifenresistente FuG-220-Lichtenstein-Sn-2 eingeführt, das Lichtenstein C-1 mit einer kleinen einpoligen Antenne an der Bugspitze wurde für kurze Entfernungen beibehalten.

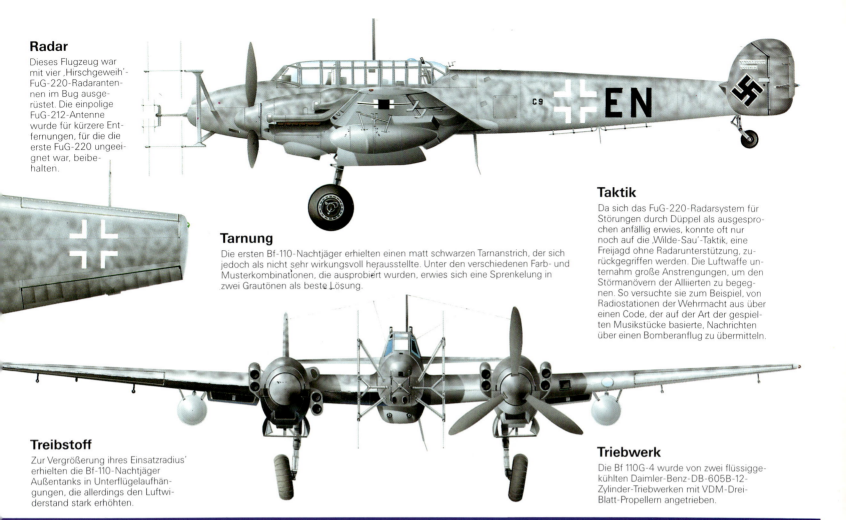

Radar

Dieses Flugzeug war mit vier ‚Hirschgeweih'-FuG-220-Radaranten-nen im Bug ausge-rüstet. Die einpolige FuG-212-Antenne wurde für kürzere Ent-fernungen, für die die erste FuG-220 ungeei-gnet war, beibe-halten.

Tarnung

Die ersten Bf-110-Nachtjäger erhielten einen matt schwarzen Tarnanstrich, der sich jedoch als nicht sehr wirkungsvoll herausstellte. Unter den verschiedenen Farb- und Musterkombinationen, die ausprobiert wurden, erwies sich eine Sprenkelung in zwei Grautönen als beste Lösung.

Taktik

Da sich das FuG-220-Radarsystem für Störungen durch Düppel als ausgespro-chen anfällig erwies, konnte oft nur noch auf die ‚Wilde-Sau'-Taktik, eine Freijagd ohne Radarunterstützung, zu-rückgegriffen werden. Die Luftwaffe un-ternahm große Anstrengungen, um den Störmanövern der Alliierten zu begeg-nen. So versuchte sie zum Beispiel, von Radiostationen der Wehrmacht aus über einen Code, der auf der Art der gespiel-ten Musikstücke basierte, Nachrichten über einen Bomberanflug zu übermitteln.

Treibstoff

Zur Vergrößerung ihres Einsatzradius' erhielten die Bf-110-Nachtjäger Außentanks in Unterflügelaufhän-gungen, die allerdings den Luftwi-derstand stark erhöhten.

Triebwerk

Die Bf 110G-4 wurde von zwei flüssigge-kühlten Daimler-Benz-DB-605B-12-Zylinder-Triebwerken mit VDM-Drei-Blatt-Propellern angetrieben.

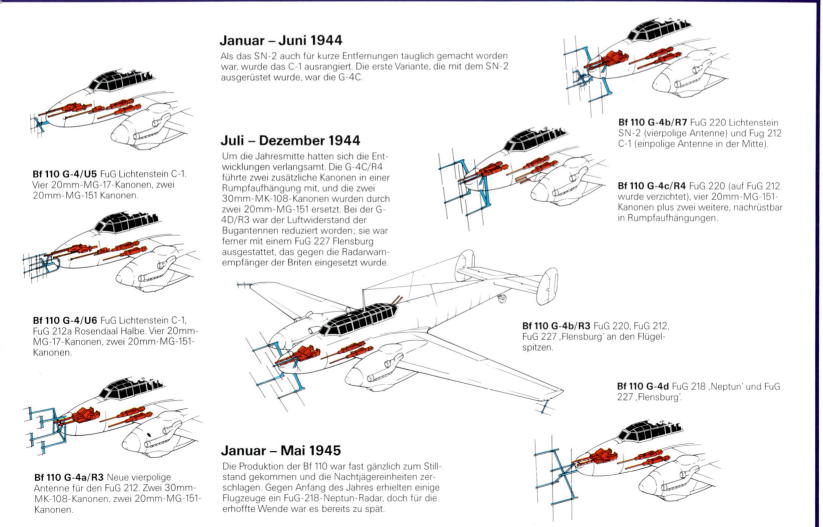

Januar – Juni 1944

Als das SN-2 auch für kurze Entfernungen tauglich gemacht worden war, wurde das C-1 ausrangiert. Die erste Variante, die mit dem SN-2 ausgerüstet wurde, war die G-4C.

Juli – Dezember 1944

Um die Jahresmitte hatten sich die Ent-wicklungen verlangsamt. Die G-4C/R4 führte zwei zusätzliche Kanonen in einer Rumpfaufhängung mit, und die zwei 30mm-MK-108-Kanonen wurden durch zwei 20mm-MG-151 ersetzt. Bei der G-4D/R3 war der Luftwiderstand der Bugantennen reduziert worden; sie war ferner mit einem FuG 227 Flensburg ausgestattet, das gegen die Radarwarn-empfänger der Briten eingesetzt wurde.

Bf 110 G-4/U5 FuG Lichtenstein C-1. Vier 20mm-MG-17-Kanonen, zwei 20mm-MG-151 Kanonen.

Bf 110 G-4/U6 FuG Lichtenstein C-1, FuG 212a Rosendaal Halbe. Vier 20mm-MG-17-Kanonen, zwei 20mm-MG-151-Kanonen.

Bf 110 G-4a/R3 Neue vierpolige Antenne für den FuG 212. Zwei 30mm-MK-108-Kanonen, zwei 20mm-MG-151-Kanonen.

Bf 110 G-4b/R7 FuG 220 Lichtenstein SN-2 (vierpolige Antenne) und Fug 212 C-1 (einpolige Antenne in der Mitte).

Bf 110 G-4c/R4 FuG 220 (auf FuG 212 wurde verzichtet), vier 20mm-MG-151-Kanonen plus zwei weitere, nachrüstbar in Rumpfaufhängungen.

Bf 110 G-4b/R3 FuG 220, FuG 212, FuG 227 ‚Flensburg' an den Flügel-spitzen.

Bf 110 G-4d FuG 218 ‚Neptun' und FuG 227 ‚Flensburg'.

Januar – Mai 1945

Die Produktion der Bf 110 war fast gänzlich zum Still-stand gekommen und die Nachtjägereinheiten zer-schlagen. Gegen Anfang des Jahres erhielten einige Flugzeuge ein FuG-218-Neptun-Radar, doch für die erhoffte Wende war es bereits zu spät.

Amerikanische Bomber des Zweiten Weltkriegs

Boeing B-17 Flying Fortress

Obwohl die B-17 nie so hohe Stückzahlen erreichte wie die B-24, ist sie der bekannteste schwere Bomber der USAAF. Sie wurde vorrangig zu Tagangriffen auf Deutschland eingesetzt. Die Flying Fortress (Fliegende Festung) verdankt diesen Namen ihrer schweren Bewaffnung, mit der sie sich gegen die Jagdflugzeuge der Luftwaffe behaupten mußte.

Boeing B-29 Superfortress

Die B-29 startete im September 1942 als XB-29 zum Jungfernflug, wurde aber erst gegen Ende 1943 in Dienst gestellt. Als hochleistungsfähiger strategischer Langstreckenbomber mit fernbedienten MG-Ständen und Druckkabinen für die Besatzung stellte die B-29 ein außergewöhnliches und auch komplexes Flugzeug dar. Ihre Entwicklung hatte drei Prototypen und 14 YB-29-Vorserienmodelle erfordert, bis das erste von insgesamt 2458 Exemplaren ausgeliefert werden konnte. Die einzigen beiden anderen Bombervarianten aus dem Zweiten Weltkrieg waren die B-29A mit verbesserter Tragflächenkonstruktion und einem mit vier MG bestückten, nach vorne gerichteten Waffenturm auf dem Rumpfrücken (1.119 Exemplare) und die B-29B mit erhöhter Bombenlast (die defensive Bewaffnung war auf einen Waffenturm im Heck reduziert worden), von der 311 Exemplare vom Band rollten.

Technische Daten: Boeing B-29 Superfortress, elfsitziger, strategischer schwerer Bomber
Spannweite: 43,05 m
Länge: 30,18 m
Triebwerk: vier Wright R-3350-23 mit je 1.491 kW (2.027 PS)
Bewaffnung: zehn 12,7-mm-MGs in Waffentürmen unter dem Rumpf und auf dem Rücken (je einer vorne und hinten) sowie in einem Heckturm plus maximal 9.072 kg Bomben im internen Waffenschacht
Max. Startgewicht: 56.250 kg
Höchstgeschwindigkeit: 576 km/h in 25000 Fuß (7.620 m) Höhe
Einsatzreichweite: 5.230 km

Consolidated B-24 Liberator

Die B-24 sollte eine Geschwindigkeit von über 480 km/h, eine Gipfelhöhe von über 10.000 m und eine Reichweite von über 4.800 km haben. Nachdem man sich zur Reduzierung des Luftwiderstands für Tragflächen mit hoher Flügelstreckung entschieden hatte, konnte der Prototyp XB-24 im Dezember 1939 zu seinem Jungfernflug starten. An 25 Testmaschinen (YB-24, B-24A und B-24C) wurden die Verbesserungen erprobt, bis die Serienproduktion mit der B-24D (insgesamt 2.738 Stück) und ihrer Weiterentwicklung, der B-24E (791 Stück), anlaufen konnte. Bei den 430 B-24Gs kam ein Waffenturm im Bug hinzu; die 3.100 B-24Hs waren ähnlich. Bei der B-24J (6.678 Stück) handelte es sich um eine verbesserte B-24H. Die letzten Versionen, 1.667 B-24Ls und 2.593 B-24Ms, gründeten auf der B-24J. Daneben gab es noch Modelle zu Versuchszwecken und zum Einsatz bei der Marine.

Technische Daten: Consolidated B-24J Liberator, acht/zwölfsitziger strategischer schwerer Bomber
Spannweite: 33,53 m
Länge: 20,47 m
Triebwerk: vier Pratt & Whitney R-1830-65 mit je 895 kW (1.217 PS)
Bewaffnung: zehn 12,7-mm-MGs in Waffentürmen im Bug, im Rumpf, auf dem Rücken und im Heck sowie eine Bombenlast von maximal 3.992 kg im internen Waffenschacht
Max. Startgewicht: 29.484 kg
Höchstgeschwindigkeit: 483 km/h in 30.000 Fuß (9.144 m) Höhe
Einsatzreichweite: 3.380 km

Angriffsziel Deutschland

Waffenwarte verladen einen Zug Bomben in eine B-17 der 8th Air Force. Die Gefahr, daß sie nicht mehr zurückkehrte, war groß.

Rechts: Schweinfurt wurde für die 8th Air Force zu einem schicksalhaften Wort, als sie hier im August 1943 große Verluste erlitt.

„ *Nach über einer Stunde kontinuierlichen Angriffs glaubte keiner in unserem Geschwader mehr an ein Überleben* **„**

„ Man schrieb den 17. August 1943. Es war erst ein Jahr her, daß die 8th US Air Force von ihren Stützpunkten in Großbritannien aus mit der Bombardierung der Festung Europa begonnen hatte.

Der Himmel über den amerikanischen Stützpunkten in Ostengland war bedeckt, und die Besatzungen der Flying Fortresses (= Fliegende Festungen) warteten gespannt, ob sie nun tatsächlich zum Einsatz kämen oder nicht – einige von ihnen bis zu sechs Stunden. Die Spannung wurde noch durch die hohe Bedeutung verstärkt, die jeder, vom General bis zum einfachen Dienstgrad, dieser Operation zumaß: Es war der erste, rein strategische Bombeneinsatz,

der die Lebensadern der deutschen Industrie treffen und somit den grausamen Krieg verkürzen sollte.

„Okay, Leute", hieß es in der Vorbesprechung, „wir werden die Kugellagerfabriken in einer Stadt namens Schweinfurt in Bayern angreifen. Dabei werden wir gezwungen sein, mitten durch Deutschland zu fliegen, sowohl beim Reinkommen als auch beim Rausfliegen. In den Fabriken dort wird die Hälfte der deutschen Kugellager hergestellt, und wenn wir sie vernichten, wird unser Angriff ein Erfolg sein.

Perfektes Timing

Wir werden in einer Höhe von 23.000 Fuß (ca. 7.000 m) fliegen und versuchen, die Kräfte

Zielpunkt Schweinfurt

❝ *Um 10.17 Uhr konnte ich bei Woensdrecht schwach und unklar die erste Flak erkennen. Ein paar Minuten später tauchten zwei Fw 190 in ein Uhr auf und schossen in einem Frontalangriff durch die Formation vor uns hindurch und tauchten dann hinter uns in einer halben Rolle weg. Bei ihrem Manöver hatten sie zwei B-17 an den*

Tragflächen erwischt. Fast gleichzeitig stieg eine Rauchfahne bei den beiden B-17 auf, aber sie blieben in Position. Als die Abfangjäger nahe an uns vorbeikamen, nahmen wir sie unter Beschuß. Der beißende Geruch verbrannten Pulvers füllte das Cockpit, und der Rückstoß der Maschinengewehre im Bug und unten am Rumpf ließ die B-17 erbeben.

Ich sah, wie aus der Tragfläche des einen Jägers Stücke herausbrachen, bevor ich sie aus den Augen verlor.

Drei Minuten später meldeten die Schützen, daß Abfangjäger aus allen Richtungen hochstiegen, einzeln und zu zweit, Fw 190 und Me 109. Jedes Geschütz in jeder B-17 unseres Geschwaders feuerte – der Himmel war von Leuchtspurgeschossen

Atcham **P-38**
Atcham **P-39**

Grafton Underwood **B-17**   Polebrook **B-17**   Ship
Chelveston **B-17**   Alconbury **B-24**
Poddington **A-20**   Thurleigh **B-17**
Membury   Bassingbourn **B-17**   Duxford **Spitfire**
Keevil **C-47**   **Spitfire; L-4**   **P-39**   Wattisha
Ramsbury **C-47**   Bovingdon **B-17**   Debden **Spitfire**
Ibsley **P-38**   Aldermaston **C-47**

Westhampnett **Spitfire**

Watten
St. Omer
Vitry
Bryas
Mazingarbe   Abbevi
Le Havre   Poix   Am
Meaulte
Bérnay   Rouen
Grand Quevilly
Beaumont le Roger   Conches

FRANKREICH

Rennes
Le Mans
Billancourt

Dieser Kartenausschnitt zeigt die Verteilung der Stützpunkte der 8th Air Force in England im Oktober 1942. In den östlichen Midlands und in Ost-Anglien war nur hier und da ein Stützpunkt zu sehen. Später jedoch sollte in Südostengland ein einziges flächendeckendes Basennetz entstehen, von dem aus man Deutschland in die Knie zwingen wollte.

Oben: Nach einem Einsatz werden die Besatzungen von Nachrichtenoffizieren befragt.

Unten rechts: Als die Bombenangriffe zunahmen, mußten die Bodenmannschaften Nachtschichten einlegen.

Rechts: Erschöpft verläßt die Besatzung nach einem Einsatz ihren Bomber. Der Wartungsdienst beginnt sofort mit der Arbeit.

Die Ankunft der 8th Air Force

Nach dem Kriegseintritt der Vereinigten Staaten waren die Luftstrategen in Europa und in den USA zum Schluß gelangt, daß der Krieg nur mit dem massiven Einsatz der Luftstreitkräfte zu gewinnen war. Der Bombenhagel sollte Hitler zur Kapitulation zwingen.
Die gepriesene Lösung waren Luftangriffe rund um die Uhr – großflächige RAF-Bombardierungen nachts und präzise Zielbombardierung durch die USAAF tagsüber. Die RAF hatte bereits selber Bomberangriffe tagsüber durchgeführt, meist in kleinen, einstelligen Verbänden. Sie wurden aufgerieben. Ironischerweise war einer der verwendeten Flugzeugtypen die B-17C, von der fünf Maschinen zu Testzwecken gekauft worden waren. Mit fünf 12,7-mm-Kaliber

und einem 7,7-mm-Maschinengewehr, die per Hand bedient werden mußten, waren sie praktisch schutzlos und wurden bald als untauglich befunden. Boeing, die Herstellerfirma der B-17, entwickelte daraufhin die deutlich verbesserte B-17E.
Die ersten Staffeln der 8th Air Force kamen Anfang Juli 1943 in England an und verteilten sich zur Vorbereitung ihrer Einsätze auf die verschiedenen Stützpunkte. Der erste Einsatz fand am 17. August statt. Zwölf Rangierbahnhöfe und Werkstätten in Rouen, nördlich von Paris, waren das Ziel. Spitfires der RAF bildeten die Eskorte. Einer der Piloten bei diesem Einsatz sollte Geschichte machen: Executive Officer Paul W. Tibbets saß am Steuer der Superfortress Enola Gay, als

sein Schütze Tom Ferebee über Hiroshima die erste Atombombe ausklinkte. Alle zwölf Maschinen kehrten von diesem ersten Einsatz zurück. Zwei Bf 109 wurden als zerstört gemeldet, bei fünf war ein Abschuß wahrscheinlich – bei einem Verlust von zwei Spitfires. Von da an beteiligte sich die 8th Air Force mit eisernem Willen, aber zu einem schrecklichem Preis, an den Bombardierungen. Das Konzept der Tagbombardierung setzte die Selbstverteidigung des Verbandes voraus, was bedeutete, daß zur Unterstützung der Bomber Jäger mitgeschickt werden mußten. Aber erst 1944 ließ sich die Idee mit dem Bau von Einsitzern, die tatsächlich die ganze Strecke zu den Zielen und zurück schafften, technisch vollständig verwirklichen.

DIE STÜTZPUNKTE DER 8TH AIR FORCE UND IHRE ZIELE

St. Faith B-26
B-17

NIEDERLANDE

Helgoland
Flensburg
Kiel
Cuxhaven
Heide
Emden Wilhelmshaven
Hamburg
Rerik
Vegesack
Bremen
IJmuiden
Schipol
Utrecht
Rotterdam
Vlissingen
Gent Woensdrecht
Courtai Antwerpen
Hamm
Bochum
Hannover
Oschersleben
482 km
BELGIEN
Bonn
Kassel
DEUTSCHLAND
643 km
Schweinfurt
Bourget
Clay
Romilly
804 km
Regensburg
965 km

Die ersten Ziele der 8th Air Force lagen an den Küstenregionen, wo die Jäger sie leicht verteidigen konnten. Die wenigen Male, die sie sich in die Mitte Deutschlands wagten, mußten die Bomber schwere Verluste hinnehmen, was besonders deutlich bei dem ersten Bombenangriff auf Schweinfurt zu sehen war.

Mit Zunahme der Bombenangriffe stellten einige Flugzeuge, wie die hier abgebildete „Idiot's Delight" beeindruckende Einsatzrekorde auf. Hier malt der Schütze einer B-17 gerade eine neue Abschlußmarkierung auf.

IDIOTS' DELIGHT

Angriffsziel Deutschland

durchzogen. Beide Seiten erlitten in diesem Gefecht Verluste: Zwei Fortresses unserer unteren Staffel und eine aus dem vor uns fliegenden Geschwader fielen brennend aus der Formation heraus, während die Besatzung absprang. Etliche Abfangjäger stürzten in Flammen ab, und ihre Piloten segelten dahinter mit schmutzig-gelben Fallschirmen langsam zu Boden. Ich

bemerkte außerhalb unserer Reichweite zu unserer Rechten eine Me 110. Sie verfolgte uns den ganzen Weg bis zu unserem Ziel, offenbar, um unsere Position gegnerischen Staffeln, die schon auf uns warteten, zu melden.

Als zwölf Me 109 mit ihren gelben Nasen in einer weiten Kehrtwende zwischen zwölf und zwei Uhr zu zweit und zu viert

des Gegners aufzusplittern. Die Third Division wird zuerst starten, Regensburg angreifen (die zweitgrößte Flugzeugfabrik im Deutschen Reich) und dann nach Nordafrika weiterfliegen. Die beiden anderen Divisionen werden Schweinfurt angreifen und dann nach England zurückkehren. Hoffen wir, daß die Sache klappt, denn wenn wir sie nicht reinlegen können, werden wahrscheinlich so dreihundert oder vierhundert Flugzeuge…"

Prophetische Worte. Der Plan funktionierte nicht, die deutsche Luftabwehr entdeckte sie zu früh, und als Folge davon mußten mehr als fünfhundert junge Amerikaner ihr Leben lassen.

Der gesamte Plan hing von einem perfekten Timing ab. 146 Flying Fortresses, zusammen mit fast 200 Jägern, die ihnen während der ersten Stunde Rückendeckung geben würden, sollten die englische Küste in Lowestoft verlassen, im Zickzackkurs über die Nordsee nach Holland fliegen, südlich nach Belgien abdrehen und Deutschland in südöstlicher Richtung bis Mannheim überfliegen, dann nach Osten schwenken und das Messerschmitt-Werk in Regensburg bombardieren. Das Werk wäre an sich schon ein wertvolles Ziel gewesen, aber es sollte nur als Täuschungsmanöver zur Ablenkung der deutschen Abfangjäger dienen. Zehn Minuten nachdem der Führungsverband unter dem Befehl von Curtis LeMay gestartet war, folgten ihm unter dem Kommando von Brigadegeneral Robert Williams weitere 230 B-17 und eine Anzahl von Jägern auf dem Weg zu den Kugellagerfabriken in Schweinfurt.

Und um die Verwirrung perfekt zu machen, sollte ein gemischter Verband mit mittleren Bombern vom Typ Typhoon und Mitchell die Straße von Dover überqueren und soviel deutsche Abfangjäger wie möglich nach Süden, auf die Bretagne zu, ablenken.

Der Zeitpunkt des Operationsbeginns war auf 8.30 Uhr angesetzt. Zu dieser Zeit lag der Nebel noch wie eine dicke tropfende Decke über Ostengland. LeMays Staffeln auf ihrem Stützpunkt an der Küste bei Norfolk konnten als erste ein Aufklaren erkennen. Kurz nach neun Uhr wurde allmählich das Ende der Startbahn sichtbar, obwohl die Wolkenuntergrenze immer noch bei null Fuß lag. Um 9.30 Uhr waren alle Maschinen in der Luft und bildeten einen weiten Kreis, der von Norwich bis über The Wash reichte. Nun sollten die restlichen Einheiten der 8th Air Force zu ihnen stoßen. Wenn sie mehr als zehn Minuten vor den anderen wegflögen, wäre die gesamte Mission umsonst. Ein größerer Zeitabstand würde die Verwirrungstaktik zu einer Warnung für die gesamten Luftabwehrstationen Deutschlands machen. Mit jeder Minute, die verging – und es sollten noch viele verstreichen –, geriet der Plan mehr und mehr ins Wanken.

Im nachhinein betrachtet, kann man leicht sagen, daß es besser gewesen wäre, die Operation zu diesem Zeitpunkt abzubrechen und auf einen anderen Tag zu verlegen. Doch wer vermag zu sagen, was im Kopf des Brigadegenerals Frederick L. Anderson vorging, als er als Alleinverantwortlicher in seinem Kommandobunker in High Wycombe saß und nicht wußte, was er tun sollte?

Von allen Seiten wurde gedrängt, der deutschen strategischen Industrie den K.-o.-Schlag zu versetzen. Aus der US Air Force kam Druck, zu bewei-

Zielpunkt Schweinfurt

auf uns zukamen, war die Schlacht auch schon im Gange.

Ein silbrig glänzendes Objekt segelte über unsere rechte Tragfläche. Eine Tür vom Hauptausstieg, stellte ich fest. Sekunden später kam ein dunkles Objekt durch die Formation gewirbelt, knapp an den Propellern vorbei. Es war ein Mann mit an den Kopf gezogenen Knien, der wie ein Turmspringer in einem drei-

fachen Salto herumwirbelte, bevor sich sein Fallschirm öffnete.

Eine B-17 zog langsam nach rechts aus der Formation heraus, blieb aber auf gleicher Höhe. Im Bruchteil einer Sekunde verwandelte sie sich in einen leuchtenden Feuerball, von dem nur vier kleinere Feuerkugeln – Treibstofftanks – übrigblieben, die sofort ver-

Verteidigungs-formation

Zu diesem Zeitpunkt des Krieges waren die amerikanischen Bomber den Abfangjägern der Luftwaffe ausgesetzt, so daß sie gezwungen waren, sich Formationen auszudenken, bei denen die schwere Bewaffnung der B-17 zum gegenseitigen Schutz eingesetzt werden konnte. Jede Abweichung aus der Formation ergab eine Schwachstelle, die die deutschen Abfangjäger sofort auszunutzen versuchten.

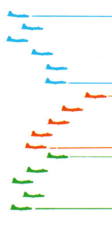

Dritte Kampfgruppe (7.925 m)

Seitenansicht: (links)
Die vertikale Anordnung der neun Staffeln, die in drei Kampfgruppen (combat boxes) unterteilt waren, machte ein Kampfgeschwader (combat wing) aus, das eine maximale Feuerkraft gegen Feindflugzeuge von vorn und hinten bot.

Führungsgruppe (7.620 m)

Frontansicht (rechts):
Jede Kampfgruppe bestand aus drei Staffeln mit je sechs Flugzeugen, die vertikal und horizontal so gestaffelt waren, daß sie sich mit ihren Verteidigungswaffen jeweils gegenseitig möglichst gut decken konnten.

Zweite Kampfgruppe (7.315 m)

Draufsicht: (schräg rechts oben) Dank der horizontalen Staffelung der einzelnen Staffeln in einer Combat Box konnten die Bomben geworfen werden, ohne die für den eigenen Schutz erforderliche Geschlossenheit des Verbandes aufgeben zu müssen.

Nachdem sie die Aufmerksamkeit der deutschen Luftabwehr und der Abfangjägereinheiten auf sich gezogen hatten, erlitten die Bomber der US Air Force über Deutschland schwere Verluste. In den dichtgepackten Formationen konnte man leicht von den Bomben höherfliegender Maschinen getroffen werden. Einigen Flugzeugen gelang es, trotz schwerster Kampfbeschädigungen wieder zu ihrem Stützpunkt zurückzukehren; der Großteil kam dort nicht an.

sen, daß die Strategie des Massenangriffs die richtige war. Dazu kam, daß die Meteorologen für Mitteleuropa klare Sicht vorhergesagt hatten, für die nächsten Tage aber schon wieder mit einer mindestens zwei Wochen anhaltenden Schlechtwetterphase rechneten.

Eine ganze Stunde lang flogen die für Regensburg eingeteilten Bomberkräfte ihre Warteschleife, und jede Bewegung eines jeden Flugzeugs wurde von den deutschen Funkern auf dem Radarschirm genau verfolgt. Von den Flugplätzen in Holland und Norddeutschland stiegen Abfangjäger auf, und brannten, als sie auf den Boden fielen.

Ich sah, wie eine B-17 langsam nach rechts abdrehte – ihr Cockpit war ein einziges Flammenmeer. Der Copilot hangelte sich aus dem Fenster, hielt sich mit einer Hand fest, langte nochmal hinein, um seinen Fallschirm zu holen, schnallte ihn an, ließ sich fallen – und prallte gegen das Höhenleitwerk. Ich

hoffte, daß er den Aufprall überleben würde.

Zehn Minuten, zwanzig Minuten, dreißig Minuten verstrichen, und die Angriffe gingen unvermindert weiter. Die Abfangjäger standen geradezu Schlange, um uns fertigzumachen. Jede Sekunde brachte uns ein Geschoß aus einer Bordkanone.

Das ständige Feuer aus unseren 12,7-mm-MG's beutelte

unsere B-17 heftig, und die Luft im Flugzeug war rauchgeschwängert. Es war kalt im Cockpit, aber als ich zum Piloten blickte, sah ich, wie der Schweiß von seiner Stirn auf

die Sauerstoffmaske tropfte. Er überließ mir für eine Weile das Steuer. Es war eine wirkliche Erleichterung, sich darauf zu konzentrieren, auf Position zu bleiben, anstatt die unaufhörli-

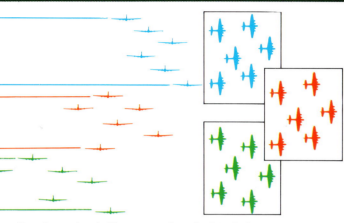

Das obenstehende Diagramm zeigt, wie sich ein Geschwader mit drei Bomberstaffeln zur maximalen gegenseitigen Deckung zusammenschloß. Die erste Staffel wurde von den anderen beiden oben und unten flankiert.

Rundumverteidigung

Jedes Maschinengewehr in der B 17 Flying Fortress wurde zur Rundumdeckung eingesetzt. Für einen maximalen Schutz gegen die Abfangjäger hielten sich zudem die Flugzeuge gegenseitig den Rücken frei.

Während des Bombenabwurfs waren die Flying Fortresses am leichtesten zu treffen. Die Bilder zeigen Formationen während der Bombenangriffe von 1943 über Marienburg (oben) und Bremen (unten).

auch sie begannen einen ziellosen, einsamen Schattentanz, wie ein Boxer in seiner Ecke, bevor der Gong zur nächsten Runde ertönt. Die Typhoons und Mitchells starteten zu ihren zwecklosen Provokationsmanövern über der Straße von Dover. Und General Anderson zögerte immer noch.

Um zehn Uhr wurde ihm die Entscheidung zwangsweise

abgenommen. Wenn der Regensburger Verband die unbekannten Feldflugplätze in Afrika noch bei ausreichendem Tageslicht erreichen sollte, mußte er jetzt losfliegen.

Die Fernschreiber in den Kontrolltürmen in Ostengland begannen zu tickern, und die Third Division der 8th US Air Force startete in Richtung Osten.

Feind in Sicht

Der Nebel begann sich nun auch weiter im Süden und im Binnenland zu lichten, wo die nach Schweinfurt beorderten Staffeln auf den Start warteten. Weitere Verzögerungen entstanden, während sich eine Staffel nach der anderen in die Warteschleife einreihte. Etwa um Viertel nach eins drehte der Flugzeugschwarm nach Süden ab, über die Küste von Suffolk, über die Nordsee und über die Grenzen jeglicher Vernunft hinaus, in eine andere Welt. Der Großteil der zweiten Angriffswelle sah nicht einmal den Zipfel eines schützenden Jägers, nachdem

die holländische Küste überflogen war. Spitfires der Royal Air Force begrüßten sie zwar, aber die Langstrecken-Thunderbolts waren neun Minuten zu spät gestartet und holten sie nicht mehr ein. „Innerhalb weniger Minuten", erzählte ein Schütze, „war es nicht mehr schwer, Freund und Feind zu unterscheiden, denn es waren nur noch feindliche Flugzeuge zu sehen."

Man munkelt, daß General Anderson der Ansicht war, wenn eine zehnminütige Verspätung ausreichte, um in den Reihen der Luftwaffe Verwirrung zu stiften, würde es mit einer Verspätung von drei Stunden

Zielpunkt Schweinfurt

chen Angriffe der deutschen Abfangjäger mitzuverfolgen. Auf diese Weise war man wenigstens abgelenkt. Dann ließ auf einmal der Schütze im Waffenturm auf dem Dach keinen halben Meter über meinem Kopf eine Salve los, daß ich das Gefühl hatte, eine Granate explodierte im Cockpit. Ich muß etwa zwanzig Zentimeter von meinem Sitz hochgehüpft sein!

Eine B-17 der vorderen Gruppe, deren rechte Tokyo-Treibstoffbehälter brannten, fiel etwa 200 m über unserer rechten Tragfläche zurück und blieb in dieser Position, während sieben Besatzungsmitglieder absprangen. Vier ließen sich aus dem Bombenschacht mit verzögertem Absprung fallen, einer stieg vom Bug aus, öffnete aber seinen Fallschirm zu früh

und verfehlte das Leitwerk nur um Haaresbreite. Einer ließ sich aus der linken mittleren MG-Luke fallen und öffnete seinen Fallschirm erst, als er einen sicheren Abstand gewonnen hatte. Der Heckschütze ließ sich aus seiner Luke fallen, zog aber offensichtlich an der Leine, noch bevor er weit genug vom Flugzeug weg war. Sein Fallschirm öffnete sich sofort, kam

TRIEBWERK
Die B-17F, die erste bedeutende Version, die in Dienst gestellt wurde, besaß vier Wright-R-1820-97-Cyclone-Sternmotoren. Jedes dieser Triebwerke hatte eine Startleistung von 895 kW.

VORDERER RUMPF
Vor dem Bombenschacht lag das Cockpit für zwei Piloten; dahinter saß der obere vordere Schütze. Darunter im Bug befanden sich Konsolen für den Navigator und den Bombenschützen.

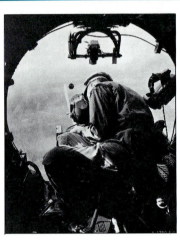

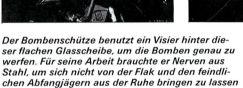

Der Bombenschütze benutzt ein Visier hinter dieser flachen Glasscheibe, um die Bomben genau zu werfen. Für seine Arbeit brauchte er Nerven aus Stahl, um sich nicht von der Flak und den feindlichen Abfangjägern aus der Ruhe bringen zu lassen und sich vollständig zu konzentrieren.

VORDERE VERTEIDIGUNGSWAFFEN
Mit einem 12,7-mm-Maschinengewehr in einer Glasverkleidung am Bug und zwei Maschinengewehren seitlich am Bug war die B-17 Fortress hervorragend bestückt. Über dem Cockpit befand sich in der Mitte ein Waffenturm mit zwei 12,7-mm-Maschinengewehren.

TARNUNG
Während der ersten Monate trugen die meisten B-17 diesen dunkel-olivfarbenen Tarnanstrich. Aufgrund des Gewichts, der Farbe und des geringen Tarnwerts wurde bald davon abgesehen und das Flugzeug in natur-metallic belassen.

WAFFENLAST
Die maximale Bombenlast der ersten B-17 war auf 4.355 kg beschränkt und wurde im zentralen Bombenschacht mitgeführt. Bei den späteren Versionen wurde die Bombenlast auf 7.983 kg erhöht.

Boeing B-17E Flying Fortress

Angriffsziel Deutschland

gerade noch am Leitwerk vorbei und versetzte ihm einen so starken Ruck, daß er beide Schuhe verlor. Er hing bewegungslos im Gurt, während die anderen sich gleich nach dem Öffnen ihrer Fallschirme im Gurt bewegten und somit Lebenszeichen von sich gaben. Die B-17 fiel dann in eine flache Spirale – ich konnte die Piloten nicht herauskommen sehen. Ich

sah nur noch, wie mehrere tausend Fuß unter uns ihre rechte Tragfläche in einem gelben Flammenmeer versank, bevor ich sie aus den Augen verlor.

Nachdem wir eine gute Stunde lang ständig unter Beschuß gewesen waren, schien es ziemlich sicher, daß unser Geschwader keine Überlebenschance hatte. Sieben von uns waren bereits abgeschossen

HINTERER RUMPF
Hinter dem Bombenschacht befanden sich die MG-Schützen und die Konsole des Funkers. Im Waffenturm ganz hinten am Heck saß ein Schütze, der den Spitznamen „Tail-end Charlie" erhielt.

19047

HINTERE VERTEIDIGUNGS- WAFFEN
Zwei 12,7-mm-Maschinengewehre waren im Heckwaffenturm und zwei seitwärts feuernde MGs im Rumpf installiert. Im hinteren oberen Rumpfbereich befand sich ein weiteres 7,6-mm-MG; die verwundbare Rumpfunterseite schützte ein kugelförmiger Waffenturm auf der Mittellinie, der einen halbkugelförmigen Sektor unter dem Flugzeug abdeckte.

Im Laufe der Monate lernte die US Air Force aus früheren Fehlern, und die Bombeneinsätze wurden noch wirkungsvoller. Durch Angriffe mit konzentrierten Kräften erzielten sie spektakuläre Ergebnisse.

Auf jeder Rumpfseite war ein einzelnes, drehbares 12,7-mm-Maschinengewehr installiert. Wegen der Kälte in großer Flughöhe mußten die Schützen dick gefütterte Lederanzüge tragen.

genauso gut funktionieren. Die Fähigkeit des deutschen Radar-Warnsystems derart zu unterschätzen war geradezu verbrecherisch. Während ein Abstand von zehn Minuten zwischen den zwei Angriffsgruppen die deutsche Luftabwehr dazu gezwungen hätte, ihre Einsatzkräfte aufzuteilen, hatte sie nun genügend Zeit, ihre gesamte Abwehr, ausreichend betankt und bewaffnet, zunächst der ersten, anschließend dann der folgenden Gruppe entgegenzuwerfen.

Kritische Höhe

„Als sich der Nebel endlich soweit gelichtet hatte, daß wir starten konnten", erzählt einer der Männer, die nach Schweinfurt fliegen sollten, „mußte die Third Division bereits Regensburg angegriffen haben und auf dem Weg nach Afrika sein. Statt die deutsche Abfangjägerflotte zu täuschen und in der Folge zu zerstreuen, hatte die Division nur das deutsche Jagdkom-

mando alarmiert und in Bereitschaft versetzt.

In etwa 1.000 Fuß (ca. 300 m) Höhe stießen wir durch die Nebeldecke und flogen dann in einer Höhe von 23.000 Fuß (ca. 7.000 m) auf den Kontinent zu. Eine dichte Wolkenschicht, die sich von 17.000 Fuß (5.200 m) bis 27.000 Fuß (8.200 m) erstreckte, blockierte uns den Weg. Wenn wir zusammenbleiben wollten, konnten wir da nicht hineinfliegen. Colonel Gross, der die First Division führte, hatte eine schwere Entscheidung zu treffen: Man konnte über den Wolken fliegen und dabei das Risiko in Kauf nehmen, daß dann auch das Ziel von den Wolken verdeckt sein würde, man konnte einen anderen Kurs nehmen oder die Wolkendecke unterfliegen. Sinn der Flughöhe von 23.000 Fuß war, die deutschen Abfangjäger, die Messerschmitt und die Focke-Wulfs, an einem schwachen Punkt zu treffen. Auf 16.000

153

worden, und noch immer stiegen weitere Abfangjäger auf. Es war erst 11.20 Uhr, und zum Ziel fehlten noch 35 Minuten. Wahrscheinlich glaubte keiner im Geschwader daran, daß wir viel weiter kämen, ohne völlig aufgerieben zu werden. Die Feuerkraft unseres Geschwaders war bereits um ein Drittel reduziert, und die Munition ging langsam zur Neige. Unsere Heckgeschütze mußten mit Munition von anderen Gefechtsständen versorgt werden. Den

Schützen stand die Erschöpfung ins Gesicht geschrieben.

Eine B-17 fiel aus der Formation heraus und fuhr das Fahrgestell aus, während die Besatzung absprang. Drei Me 109 umkreisten sie aus der Nähe, hielten sie aber weiterhin unter Beschuß – offenbar um sicherzustellen, daß niemand die Maschine nach Hause fliegen konnte. Kurz vor dem Ziel, um 11.50 Uhr, eineinhalb Stunden nach dem ersten von mindestens zweihundert Abfangjäger-

angriffen, ließ der Druck etwas nach, obwohl die Feinde immer noch in der Nähe waren. Wir drehten um 11.54 Uhr mit den 14 übriggebliebenen B-17 unseres Verbandes, von denen zwei schwer lädiert waren, auf das Ziel zu. Nachdem die beiden beschädigten Maschinen ihre Bomben geworfen hatten, lösten sie sich aus der Formation und nahmen Kurs auf die Schweiz.

Die Witterungsbedingungen über dem Ziel waren, wie auf dem gesamten Flug, ideal. Es

gab kaum Flakstellungen. Das Geschwader klinkte die Bomben zeitgleich aus. Als wir abdrehten und Kurs auf die Alpen

Die Flugzeuge der 8th Air Force

Die 8th Air Force kam im Juli 1942 in England an und nahm einen Monat später ihre Tätigkeit auf. Ihre Bomber und Jäger besaßen im Gegensatz zu den leuchtenden Farbmustern in den späteren Kriegsjahren diesen dunkelolivfarbenen Tarnanstrich.

Republic P-47 Thunderbolt

Rechts: Die Ausmaße der Republic P-47 erschreckten Piloten und Befehlshaber gleichermaßen. Die Maschine stellte sich jedoch als zähes und leistungsstarkes Kampfflugzeug heraus. Hier ist eine P-47C der 4th Fighter Group in Debden abgebildet.

Fuß (4.800 m) oder 17.000 Fuß (5.200 m) nämlich waren die deutschen Jäger auf der für sie optimalen Flughöhe." Und genau in dieses Höhenband dirigierte Colonel Gross seine Bomber. Das war der Tropfen, der das Faß zum Überlaufen brachte.

Das fürchterliche Gemetzel nahm hier seinen Anfang. Gross' Formation verlor aufgrund der falschen Entscheidung ihres Anführers zehn Flugzeuge in nur fünf Minuten. Die Amerikaner jedoch waren mit elf 12,7-mm-Maschinengewehren pro Flugzeug schwer bewaffnet und flogen in schützenden Box-Formationen. Am Ende des Tages konnte man nach der Zerstörung von 288 feindlichen Flugzeugen wahrhaftig nicht von einem leichten Sieg sprechen, zudem war diese Bilanz wohl etwas übertrieben. Das einzige, was man genau weiß, ist die Zahl der Flying Fortresses, die dabei getroffen wurden – insgesamt 147. Sechzig wurden nie

wieder gesehen. Siebenundzwanzig waren so stark beschädigt, daß sie, obwohl es ihnen gelang, wieder zum Stützpunkt zurückzukehren, abgeschrieben werden mußten. Und 60 erreichten Nordafrika in einem Zustand, der eine Reparatur vor Ort unmöglich machte.

Eine Spur des Schreckens

Die erste Angriffswelle hatte es indes nicht leichter. Ein Pilot, der in der letzten und somit am wenigsten geschützten Formation flog, erzählt: „Wir liefen ständig Gefahr, daß unser Flugzeug von herabfallenden Trümmern getroffen würde. Notausstiegsluken, Türen, zu früh geöffnete Fallschirme, Menschen- und Wrackteile von B-17 oder deutschen Flugzeugen kamen im Nachstrom an uns vorbei.

Wir flogen weiter, folgten dieser grausamen Spur eines verzweifelten Luftkampfes, wo ein Flugzeug nach dem anderen

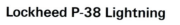

Boeing B-17 Flying Fortress

Oben: Diese Boeing B-17F der 91st Bomb Group zeigt den für das Frühjahr 1943 typischen Tarnanstrich. Dieses Geschwader erlitt im Krieg die schwersten Verluste, konnte andererseits aber auch die meisten Abschüsse verzeichnen.

Lockheed P-38 Lightning

Die Lockheed P-38 Lightning wurde 1943 wegen ihrer großen Reichweite vor allem in Nordafrika und im Fernen Osten eingesetzt. Einige Maschinen dieses Typs dienten aber auch in Europa, wie zum Beispiel diese P-38H der 55th Fighter Group in Nuthampstead.

nahmen, sah ich die rechteckige Rauchfahne, die vom Ziel aufstieg und verspürte eine Art grimmige Befriedigung.

Der Rest des Fluges war im Gegensatz zum Anflug harmlos. Einige wenige Abfangjäger kamen uns auf dem Weg zu

den Alpen in die Quere. Aus einem Ort am Brenner stieg eine einsame nutzlose Salve auf. Wir kreisten solange über dem Gardasee, bis uns die beschädigten Maschinen eingeholt hatten, und machten uns dann auf den Weg zum Mittelmeer. Die Aussicht, vor der nordafrikanischen Küste wegen Treibstoffmangels wassern zu müssen, erschien uns nach dem Alptraum über Süddeutschland geradezu als harmlos.

Um 8.15 Uhr – die roten

Lampen der Treibstoffanzeige leuchteten bereits – kreisten die sieben übriggebliebenen B-17 unserer Formation über einem nordafrikanischen Flughafen und landeten. Unsere Besatzung war unversehrt. Der einzige Schaden am Flugzeug: ein paar Luftlöcher am Heck von der Flak und 20-mm-Geschossen. Wir schliefen unter den Tragflächen auf dem harten Boden, aber die Erde fühlte sich an wie ein Seidenkissen. „

Müde, aber erleichtert, verläßt die Besatzung dieser B-17 ihr Flugzeug, während bereits mit dem Auftanken begonnen wird. Kugel- oder Schrapnelleinschläge werden von Technikern geflickt.

Consolidated B-24 Liberator

Oben: Die B-17 wurde von der Consolidated Liberator unterstützt, obwohl einige Maschinen dieses Typs zeitweilig auch in Nordafrika eingesetzt wurden. Die hier abgebildete B-24D der 93rd Bomb Group startete von Hardwick aus.

North American P-51 Mustang

Unten: Als bestes Kampfflugzeug im Kriegsgeschehen erwies sich die North American P-51 Mustang. Die ersten Lieferungen nach Europa waren allerdings an die „taktische" 9th Air Force gegangen, wie hier an dieser Maschine der 345th Fighter Group zu sehen ist.

Einigen Maschinen gelang trotz schwerer Schäden die Rückkehr zu ihren Stützpunkten in England – nur vom Willen der Besatzung in der Luft gehalten. Viele mußten bei ihrer Rückkehr auf dem Stützpunkt notlanden. Die abgebildete zerschossene Fortress prallte auf ein stehendes Flugzeug und ging sofort in Flammen auf. Wie durch ein Wunder gelang es der gesamten Besatzung heil aus den brennenden Trümmern zu entkommen.

explodierte und selbst sechzig Fallschirme auf einmal in der Luft nichts Ungewöhnliches waren."

Die X Virgin erhielt eine Salve in die Rumpfmitte, die einen der Schützen tötete. Vier Männer sprangen ab, damit die wichtigsten Besatzungsmitglieder noch genügend Sauerstoff hatten, um zu ihrem Ziel fliegen und die Bomben abwerfen zu können. Als der Ausklinkmechanismus der Bomben klemmte, lockerte ein verwundeter Schütze die Bügel mit einem Schraubenzieher und sprang dann auf die Bomben, bis sie herausfielen.

Bis auf die Dächer

Auf der *My Prayer* brach Feuer aus, und die gesamte Besatzung, mit Ausnahme des Piloten, des Copiloten und des oberen Schützen, dessen Fallschirm zu stark verbrannt war, sprang ab. Dem Schützen gelang es, trotz einer Ladung Schrapnell im Bein, das Feuer unter Kontrolle zu bekommen. Anschließend übernahm er den vorderen Waffenturm. Zusammen mit dem Copiloten in der Rumpfmitte wehrte er die feindlichen Flugzeuge ab, bis sie fast auf Haushöhe waren und in dieser Höhe den ganzen Weg zurück zu ihrem Stützpunkt flogen. Der Copilot begann, alles was er finden konnte und was nicht gerade festgeschraubt war, hinauszuwerfen. Als er zu einem Paar Schuhe kam und sie gerade über Bord werfen wollte, sah er auf einem Feld einen Belgier, der begeistert winkte. Er band die Schnürsenkel sorgfältig zusammen und warf ihm die Schuhe zu! Mit dem letzten Tropfen Treibstoff und ohne Navigator gelang es dem Piloten,

die *My Prayer* sicher zu einem RAF-Stützpunkt im Süden Englands zurück zu bringen.

Nach dem Kriegstagebuch des VIII Bomber Command war das erste Jahr der Kampfeinsätze in Europa ein voller Erfolg. Die Ergebnisse sprechen jedoch eine andere Sprache. Ein Navigator, der sich auf dem Hinflug noch an den silbrig glänzenden Flugzeugen erfreut hatte, erzählt: „Ich erinnere mich, wie ich herabblickte und zahlreiche, unregelmäßig auftretende, gelborange Feuer am Boden lodern sah. Zuerst kapierte ich nicht – so blöd war ich. Hier konnten keine Städte brennen, und ein Heuhaufen ergibt kein Feuer, das man aus vier Meilen Entfernung erkennen kann... Plötzlich dämmerte es mir. Es waren lauter abgeschossene B-17, die dort am Boden verbrannten..."

Brennende Flugzeuge

Über ganz Deutschland, Holland und Belgien erstreckte sich dieses schreckliche Bild von brennenden Flugzeugen. Europa schien mir mit unseren Toten gepflastert... Über der Kanalküste erblickten wir dann, wie ein Geschenk des Himmels, die röhrenden Thunderbolts. Meine Uhr zeigte 16.59 Uhr. Die Nachmittagssonne schien warm durch die linke Fensterfront herein, und ich nahm meine schwere Kugelweste ab."

Auf dieser Strecke hatte der Navigator wenig Arbeit. Den ganzen Weg, hin und zurück, brauchte der Pilot nur der Spur brennender Flugzeuge zu folgen. Eine grausame Mission.

Ein harter Einsatz war zu Ende. Hoffentlich hatte er wirklich dazu beigetragen, den Krieg zu verkürzen.

Boeing B-17 Flying Fortress

Die B-17, ein schwerer Bomber zum Einsatz in größeren Höhen, absolvierte ihren Jungfernflug im Juli 1945 als Modell 299 (inoffiziell XB-17). Es folgten 13 Y1B-17-(B-17) und ein Y1B-17A-(B-17A)-Vorserienflugzeug sowie eine geringe Zahl von B-17B, B-17C und B-17D zur Erprobung. Das erste Modell, das tatsächlich zum Einsatz kam, war die B-17E mit endgültiger Leitwerksform und besserer Abwehrbewaffnung (ein 7,62-mm-MG und zwölf 12,7-mm-MGs). Die Produktion belief sich auf 512 Maschinen. Darauf folgten 3.405 B-17Fs, die sich nur durch die ungerahmte Plexiglasnase vom Vorläufermodell unterschieden, und schließlich die reine Bomberversion B-17G, von der 8.680 Stück vom Band liefen. Bei ihr hatte man die Verteidigungskapazität weiter erhöht durch einen neuen Waffenturm unten im Bug, einen verbesserten Turm im Heck, versetzt angeordnete Rumpftürme sowie Vorrichtungen zur Mitführung zusätzlicher Bewaffnung.

Technische Daten: Boeing B-17G Flying Fortress, zehnsitziger, strategischer schwerer Bomber
Spannweite: 31,62 m
Länge: 22,78 m
Triebwerk: vier Wright R-1820-97 mit je 895 kW (1.217 PS)
Einsatzreichweite: 5.470 km
Bewaffnung: 13 12,7-mm-MGs vorne und seitlich am Bug, auf dem Rücken, im mittleren und hinteren Rumpf und im Heck sowie eine Bombenlast von 7.983 kg im internen Waffenschacht
Max. Startgewicht: 32.660 kg
Höchstgeschwindigkeit: 486 km/h in 25.000 Fuß (7.620 m) Höhe

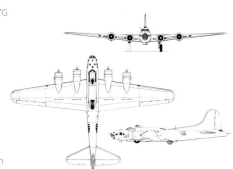

Curtiss A-25 Shrike

Gleichzeitig mit der landgestützten Version des trägergestützten SBD-Sturzkampfbombers orderte die US Army auch eine landgestützte Variante des Curtiss-SB2C-Helldiver-Aufklärungs- und Sturzkampfbombers der Navy. Im April bestellte sie etwa 900 A-25As. Sie unterschieden sich von ihrem trägergestützten Gegenstück, der SB2C-1, nur dadurch, daß sie keine Ausrüstung zur Landung auf einem Flugzeugträger und keine hochklappbaren Tragflächen besaßen, sondern statt dessen eine heereseigentümliche Ausrüstung erhalten hatten. Die Army-Version „Shrike" eignete sich nicht zum Fronteinsatz. Die A-25A setzte man daraufhin für sekundäre Aufgaben ein, wie zum Beispiel Pilotenausbildung. Viele Maschinen wurden auch unter der Bezeichnung SB2C-1A zum US Marine Corps überstellt.

Technische Daten: Curtiss A-25A Shrike, zweisitziger Jagdbomber und Sturzkampfflugzeug
Spannweite: 15,16 m
Länge: 11,18 m
Triebwerk: ein Wright R-2600-8 mit 1.417 kW (1.927 PS)
Bewaffnung: vier 12,7-mm- und zwei 7,62-mm-MGs sowie Außenaufhängungen für eine Bombenlast von 907 kg
Max. Startgewicht: 7.533 kg
Höchstgeschwindigkeit: 439 km/h in 13.400 Fuß (4.085 m) Höhe
Einsatzreichweite: 2.210 km

Douglas A-24 Dauntless

Die US Army suchte 1940 einen der Junkers Ju 87 vergleichbaren Typ. Sie richtete dabei ihr Augenmerk auf die SBD Dauntless, die bereits für die US Navy gefertigt wurde. Die erste A-24, von der man 168 Stück aus der Produktionsreihe für die Navy unter der Bezeichnung SBD-3A an das Heer abstellte, war im Prinzip eine SBD-3 ohne Trägerausrüstung. Nach der Auslieferung im Herbst 1941 erwies sich das Flugzeug bei Einsätzen im Pazifik jedoch als zu langsam und seine Reichweite als zu gering. Die Army hielt dennoch an diesem Typ fest, und zu den späteren Lieferungen gehörten 170 A-24As (eine SBD-4 mit verbesserter Elektrik) und 615 A-24Bs, die sich von der SBD-5 nur durch ihr leistungsfähigeres Triebwerk (ein R-1820-60 mit 1.200 PS) unterschieden. Sie wurden vorwiegend zu sekundären Aufgaben eingesetzt; die letzte Maschine schied 1950 aus dem Dienst.

Technische Daten: Douglas A-24, zweisitziger Sturzflugbomber
Spannweite: 12,65 m
Länge: 9,96 m
Triebwerk: ein R-1820-52 mit 746 kW (1.015 PS)
Bewaffnung: zwei 12,7-mm-MGs im Bug, zwei 7,62-mm-MGs hinter dem Cockpit sowie Außenaufhängungen für maximal 544 kg Bomben
Max. Startgewicht: 4.173 kg
Höchstgeschwindigkeit: 402 km/h in 17.200 Fuß (5.240 m) Höhe
Einsatzreichweite: 2.090 km

Angriffsziel Deutschland

Im Bombenhagel

B-17s in enger Formation zum maximalen gegenseitigen Schutz ziehen lange Kondensstreifen hinter sich her, als sie sich ihrem Ziel in Brunswick nähern. Mit diesen massiven Bombenangriffen wurde während des Krieges ein Großteil der deutschen Industrie zerstört.

Umfassende Besprechungen mit den Bomberbesatzungen wurden zur Routine. Aus den Gesichtern der Männer läßt sich die ernste und gefährliche Aufgabe, die vor ihnen lag, ablesen. Unten sieht man das Ergebnis: eine zerstörte Stadt im Herzen Deutschlands.

❝❝Ein Geschwader flog vor uns, und wir folgten mit dem Großteil des Jägerbegleitschutzes gleich dahinter. Wir konnten sehen, wie direkt vor uns Flugzeuge ins Trudeln gerieten, zu Boden stürzten oder irgendwo über uns explodierten. Unsere Jäger und der Feind lieferten sich bis zum Rückzug einen erbitterten Nahkampf. Dann drehten unsere Jäger ab. Ich sah eine beschädigte B-17 unter uns, die von zwei Bf 109 verfolgt wurde. Die Fortress hatte ihr Fahrgestell ausgefahren – ein Hinweis darauf, daß die Besatzung abspringen wollte. Die deutschen Flieger warteten, bis die Besatzung das Flugzeug verlassen hatte, bevor sie es abschossen.

Jeder Bomber, der aus der Formation herausfiel, war so gut wie verloren. Ich beobachtete eine isolierte B-17 zu unserer Rechten. Eine Me 110 hing sich dran und feuerte Schuß um Schuß. Die B-17 fing Feuer. Die Flammen schlugen schon aus dem Heck, dennoch feuerte der Heckschütze noch weiter auf die Abfangjäger. Schließlich stieg der Bomber kerzengerade nach oben und stürzte dann brennend in einem letzten Trudeln ab. Da

North American P-51B Mustang

Waffenwarte laden 12,7-mm-Patronengurte in die Tragfläche einer Republic P-47. Die amerikanischen Überlegenheitsjäger heimsten schon kurz nach dem Kriegseintritt viele Siege ein. Die hier abgebildete Maschine gehört dem Fliegeras Francis S. Gabreski.

BEWAFFNUNG
Die P-51B erhielt mit vier 12,7-mm-Maschinengewehren in den Tragflächen eine begrenzte, aber zuverlässige Bewaffnung; an Unterflügelaufhängungen konnten Bomben mitgeführt werden. Das vergrößerte Modell P-51D war mit sechs Maschinengewehren ausgestattet.

KENNZEICHEN
Die QP-Staffelbezeichnung und das rote Ruder weisen diese Maschine als Flugzeug der 334th Fighter Squadron der 4th Fighter Group aus. Während des Krieges flog die 4th Fighter Group die Spitfire Mk V, P-47C und D und die P-51B, C, D und K.

ABSCHUSSMARKIERUNGEN
Die 20 eisernen Kreuze auf dieser P-51B-5 sind die Abschußmarkierungen von Duane W. Beeson, genannt „Boise Bee". Auf sein Konto gingen exakt 19 1/3 Luftabschüsse und 4 3/4 Abschüsse aus dem Tiefflug.

KÜHLER
Unter dem Rumpf der Mustang befand sich eine große Lufthutze, die einem großen Kühler direkt hinter der Flügelhinterkante Kühlluft zuführte. Auch der Ölkühler wurde mit Luft gespeist, die über eine Klappe hinten an der Verkleidung wieder austrat.

Mit der Mustang über Berlin

❝ Das erste Anzeichen für einen Angriff auf Berlin kam am Morgen des 4. März 1944. Gegen vier Uhr früh, als wir noch in unseren Schlafsäcken in den Nissen-Baracken lagen, weckte uns das ferne Dröhnen von B-17-Geschwadern, die gerade starteten. Die Zeit war immer knapp, und da es zum Rasieren viel zu kalt war, zogen wir uns schnell an und stolperten zum Frühstück in die Messe. Als wir uns danach zur Einsatzvorbesprechung trafen, fiel uns als erstes die riesige beleuchtete Landkarte Europas auf. Ein zweieinhalb m langes rotes

Don Gentile, einer der bekanntesten Piloten, flog Spitfires und P-47, bevor er die berühmte P-51B „Shangri-La" erhielt. Allein im März 1944 erzielte er 12,5 Abschüsse.

PROPELLER
Um die 1.450 PS des Merlin-Motors auch richtig nutzen zu können, erhielt die Mustang einen Hamilton-Standard-Hydromatic- Propeller. Die vier Blätter waren sehr breit.

TRIEBWERK
Der erste Motor der Mustang war ein Allison V-1710; ab der P-51B wurde der Packard V-1650-3 eingebaut, ein Lizenzprodukt von Rolls-Royce. Mit den entsprechenden Profiländerungen am Bug wandelte sich die Mustang von einem guten Kampfflugzeug für niedrige Höhen zu einem hervorragenden Jäger für alle Höhenbereiche.

ABWURFTANKS
Die hohe Reichweite der Mustang war hauptsächlich dem geringen Treibstoffverbrauch und der aerodynamischen Form zu verdanken. Die Jäger führten auf Begleiteinsätzen Abwurftanks mit, die vor einem Luftkampf ausgeklinkt wurden.

Im Bombenhagel

Der Bombenangriff auf Schweinfurt am 17. August war schon schlimm genug, aber im Laufe der nächsten Monate sollte sich herausstellen, daß so etwas die Regel und nicht etwa die Ausnahme war. Im Spätsommer und im Herbst ging die US 8th Air Force daran, ihre Versprechungen wahrzumachen, aber jeder Bombenangriff führte zu hohen personellen und materiellen Verlusten. Was sie brauchten, war ein Langstreckenjäger, der dieser Aufgabe wirklich gewachsen war – was sie hatten, waren die ersten Modelle der P-47 Thunderbolt und der P-38 Lightning.

Die Thunderbolt, das bei weitem schwerste und stärkste Jagdflugzeug dieser Zeit, hatte auch in großen Höhen keinerlei Leistungsverlust. Das gesamte Flugzeug war im Grunde genommen um einen Turbolader herum gebaut, der hinter dem Cockpit lag und dafür sorgte, daß die 2.000 PS des Sternmotors auch in großer Höhe zur Verfügung standen. Mit diesem Antrieb und mit den acht 12,7-mm-Maschinengewehren war die Thunderbolt ein gefürchteter Gegner. Der einzige Nachteil war ihre kurze Reichweite, und gerade Reichweite benötigten die Bomber am dringendsten.

Nichts Besseres in Sicht

Die ersten „Jugs", wie sie auch genannt wurden, reichten gerade für 885 km, und zum Zeitpunkt des Bombenangriffs auf Schweinfurt stand kein anderes Gerät zur Verfügung. Im Herbst waren zusätzliche Treibstofftanks entwickelt worden, die die Reichweite auf 2.000 km erhöhten; bis zum Kriegsende konnte die Reichweite noch auf 3.780 km gesteigert werden. Ganz anders jedoch verhielt es sich

näherte sich uns eine Bf 109 mit ihrem gelben Bug…"

1943 konnte man viele dieser Geschichten hören. Die Jagdflugzeuge, die damals zur Deckung der B-17 und B-24 zur Verfügung standen, besaßen einfach nicht die Reichweite, um eine Bomberformation weiter als bis zur deutsch-holländischen Grenze zu begleiten. Sobald die Jägereskorte umkehren mußte, waren die Bomber der deutschen Abwehr hilflos ausgeliefert.

Band verlief von unserem Stützpunkt in Leiston bis zum großen B von Berlin.

Laut Plan sollten wir tief im feindlichen Hinterland zu den Bombern stoßen. Die P-47 sollten die Bomber sozusagen bis zum letzten Tropfen Treibstoff begleiten und dann abdrehen. Ein paar Minuten früher sollten wir mit den Bombern zusammentreffen und sie während ihres Einsatzes über Berlin und auf dem Weg zurück begleiten, bis weitere P-47- und P-38-Gruppen uns auf dem Rückweg ablösen würden. Wir erwarteten über dem ganzen Weg heftigen Widerstand von den deutschen Abwehrjägern und der Flak. Der Kampf konnte bereits nördlich von Amsterdam, kurz hinter der feindlichen Küstenlinie, beginnen. Waren wir erst einmal über der Zuidersee angelangt, befanden wir uns im Jagdkorridor der Luftwaffe.

Die Bomberbesatzungen sollten jedoch trotz unserer Anstrengungen nicht ungeschoren davonkommen. Der Kurs des Bombergeschwaders führte in der Regel über Münster, Osnabrück, Hannover, Braunschweig und Magdeburg. Die in Magdeburg stationierten deutschen Fliegereinheiten waren stets auf der Hut – und immer schnell am Himmel. 130 km südlich von unserem Kurs würden dann wahrscheinlich weitere Bf-

109-Geschwader von Kassel, Erfurt, Halle, Leipzig und anderen Orten aufsteigen. Das waren die wichtigsten Punkte in der Vorbesprechung; der Rest drehte sich um die genaue Zeitplanung, um das Wetter, die Flughöhe usw. Weniger spektakulär, aber vielleicht sogar noch wichtiger.

Das Geschwader startete immer zu zweit, ein Rottenfüh-rer und ein Rottenflieger. Dabei rollten zwei der drei Staffeln auf den nicht benutzten Teil der Startbahn bis zum Schnittpunkt mit der aktiven Startbahn heran. Die dritte Staffel rollte auf der Betriebspiste bis zum Schnittpunkt heran, und der Kommodore und sein Rottenflieger rollten zu zweit an den Start. Die Rotten starteten knapp hintereinander. Ein Flag-genoffizier gab dazu jeweils das Kommando.

Nach einem Vollkreis des Verbandsführers über dem Platz war die gesamte Führungsstaffel in der Luft und formierte sich. Drei Platzrunden, und alle drei Staffeln waren in Formation. 16 Flugzeuge und zwei als Ersatz pro Staffel.

In dieser Formation machten wir uns auf den Weg. Nach 200 km waren wir etwa auf 20.000 Fuß (6.000 m) Höhe. Auf unsere Bomber würden wir erst über Hannover oder Braunschweig stoßen. Als wir die Zuidersee überquerten, konnten wir bereits die ersten Anzeichen des Gefechts erkennen. Der Boden war übersät mit den Trümmern brennender Flugzeuge.

Bis jetzt war alles noch relativ ruhig geblieben – die deut-

Für viele war die 8th Air Force gleichbedeutend mit der Boeing B-17. Aber auch die Consolidated B-24 Liberator nahm eine wichtige Stellung ein. Die Abbildung zeigt einen Verband bei einem Einsatz in niedriger Höhe, für die dieser Typ hervorragend geeignet war.

mit der Lightning. Sie hatte sich zwar im Pazifik leidlich bewährt, aber bei Einsätzen in großer Höhe und bei extrem tiefen Temperaturen streikten die Triebwerke. Die Superlader waren ebenso wie das Ölsystem und die Steuerflächen extrem störanfällig. Vermutlich mußten mehr Lightnings wegen Triebwerkschaden als aus irgend einem anderen Grund abgeschrieben werden.

Ein B-17-Pilot erzählt: „Ich sah mich in unserer Formation um. Mehrere Bomber fehlten, und drei Leerstellen hatten eigenartigerweise P-38 eingenommen. Die drei Jäger hatten Motorschäden und suchten nun Schutz in unserer Formation."

Außer Kontrolle

Das soll jedoch nicht heißen, daß die P-38 nicht erfolgreich war. Bis zum Morgen des 8. Februar 1944 konnte Lt. James Morris zusammen mit zwei anderen Piloten nur einen Sieg verzeichnen. An jenem Tag begleitete er Colonel Robert P. Montgomery auf einer Jagdstreife über Belgien und Nordfrankreich:

„Nachdem Col. Montgomery die Maschine in Schußposition gebracht hatte, bemerkte er, daß

er nicht feuern konnte, weil seine Windschutzscheibe vereist war, und zog weg. Ich schlich mich von achtern an das feindliche Flugzeug heran und ließ aus einer Entfernung von etwa 100 m eine zwei Sekunden dauernde Salve los. Ich sah, wie die Geschosse einschlugen und große Stücke vom Flugzeug wegbrachen. Die Maschine bäumte sich kurz auf und fiel anschließend vom Himmel, während der Pilot absprang.

In der Nähe von Sedan sah ich zwei Fw 190 mit Unterrumpftanks. Sie waren gerade vom unten liegenden Flugplatz aus gestartet. Mein Rottenführer rief ‚Los, die schnappen wir uns!', und ich ging mit ausgefahrenen Klappen in eine scharfe Linkskurve. Sie kurvten auf uns ein, und wir flogen direkt auf sie zu. Aus 400 m Entfernung ließ ich eine kurze Salve los. Sobald wir an ihnen vorbei waren, fuhr ich die Klappen wieder aus, machte eine linke Kehrtkurve und setzte mich hinter eine der Fw 190. Aus 150 m Entfernung feuerte ich im Winkel von 30° eine zweite Salve ab, hängte mich an ihre Fersen und gab nochmals mehrere Feuerstöße ab. Die Maschine geriet sofort außer Kontrolle."

Etwa im rechten Winkel zu meiner Flugrichtung sah ich die andere Maschine und hängte mich an sie dran. Ich hatte gerade aus 75 m Entfernung eine kurze Salve losgelassen, als der Deutsche seine Maschine abrupt hochzog und in den Wolken verschwand. Ich folgte ihm

1 Stützpunkte
Die englischen Stützpunkte der 8th Air Force waren so gewählt, daß die Jagdflugzeuge der Südküste am nächsten waren, um eine möglichst große Reichweite zu haben. Hinter ihnen folgten die Stützpunkte der mittleren Bomber, dahinter die der schweren Bomber, deren Reichweite für die Bombenangriffe in Deutschland genügte.

11 Mittlere Bomber
Die Douglas A-20 und Martin B-26 wurden für Ziele in Frankreich und in den Niederlanden eingesetzt. Bei ihren Angriffen aus niedriger und mittlerer Höhe wurden sie teilweise von Jagdgruppen abgeschirmt.

10 Ziele
Während die großen Industriezentren die strategischen Ziele für die schweren Bomber darstellten, konzentrierten sich die mittleren Bomber auf taktische Ziele. Neben der direkten Wirkung auf die deutsche Militärmaschinerie sollten sie vor allem vom Hauptstoß ablenken.

Begleitschutz bis zum Ziel

Die Großeinsätze der Mighty Eighth bedurften der Kombination zahlreicher Jagdflugzeuge, mittlerer und schwerer Bomber. Der Hauptzweck der schweren Bomberströme läßt sich auf eine einfache Formel bringen: zum Ziel fliegen, Bomben werfen und zurückkehren. Eine Verteilung der Angriffe und ein sich überlappender Schutzschild mit Jagdflugzeugen schützte zumindest vor den Abfangjägern, wenn schon gegen die deutsche Flak kaum etwas ausgerichtet werden konnte. Jeder Abfangjäger, der sich durch die Reihen der P-38, P-47 und P-51 mogeln konnte, wurde von den Bombern unter Beschuß genommen. Dennoch gelang es den deutschen Abfangjägern, zahlreiche schwere Bomber abzuschießen.

sche Luftwaffe griff im allgemeinen keine einzelnen Mustang-Gruppen an. So etwas hätte sie sich nicht hätte leisten können. Ihre Aufgabe war es unsere Bombergeschwader anzugreifen; sie waren ja für den Schaden verantwortlich. Eine brennende B-17 galt mehr als eine Handvoll P-51. Wenn aber eine P-51 im Weg war, griff man sie dennoch an.

Wir kamen am Treffpunkt an, und die Jug-Eskorte machte sich auf den Weg zurück nach England. Unser Pulk, die 354th aus Colchester und die P-38 übernahmen den Begleitschutz. Da die Bomber wesentlich langsamer waren, mußten wir in Schlangenlinien über ihnen fliegen. Die P-38 stellten Höhendeckung; wir blieben dicht bei den Bombern, wobei unsere drei

Staffeln so verteilt waren, daß die gesamte Bombergruppe gedeckt werden konnte.

Kurz vor dem Ablaufpunkt – in der Regel eine Wende vom bisherigen Kurs auf die Zielanfluglinie – richtete sich die schwere Flak auf uns. Wenn die schweren Geschosse nahe an einem vorbeizischten, konnte

man einen orangen Blitz inmitten der schwarzen Rauchwolke erkennen.

Im Funk überschlugen sich die Stimmen. Abfangjäger von vorne! Alle Piloten warfen die beiden Zusatztanks ab und drückten auf den Hauptwaffenschalter. Die Luftwaffe hatte alles eingesetzt, was zwei Trag-

in die Wolkendecke und erwischte ihn mit einer kurzen Salve ins Heck, als ich senkrecht an ihm vorbeiging. Nachdem ich aus der Wolke herausgekommen und die Orientierung wiedergewonnen hatte, sah ich 190 in etwa 400 Fuß (120 m) Höhe dem Erdboden entgegentrudeln.

Ich versuchte, den Rest unseres Verbandes zu finden, doch ich konnte niemanden entdek-

ken. Die kleinkalibrigen Flugabwehrwaffen feuerten inzwischen, was das Zeug hielt, und so machte ich mich in sicheren 2.800 Fuß (1.850 m) Höhe über Grund auf den Weg nach Hause.

Ich war vielleicht zehn Minuten geflogen, als vor mir eine Bf 109, etwa in 45°-Winkel zu meiner Flugrichtung, auftauchte. Da ich sie nicht hinter mir haben wollte, drehte ich um 90° und heftete mich an ihre Fersen. Plötzlich zog sie scharf nach oben, und ich schoß aus 200 m Entfernung eine Zwei-Sekunden-Salve auf sie ab. Ich sah die Einschlaglöcher nahe am Cockpit-

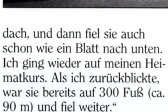

dach, und dann fiel sie auch schon wie ein Blatt nach unten. Ich ging wieder auf meinen Heimatkurs. Als ich zurückblickte, war sie bereits auf 300 Fuß (ca. 90 m) und fiel weiter."

Das Gefechtsstandspersonal der 379th Bomb Group bringt gerade die Einsatztafel der Einheit auf den letzten Stand und teilt Maschinen und Flugzeugführer ein. Eine umfassende Infrastruktur am Boden bildete die Basis für die großen Bombereinsätze.

2 Erster Begleitschutz
Für den Einsatz über Frankreich wurden die Bomber von Jagdflugzeugen begleitet, bis eine andere Jagdgruppe den Schutz übernahm. Die erste Eskorte bildeten wegen ihrer relativ kurzen Reichweite Republic P-47 Thunderbolts.

3 Abschirmung von oben
Zur Deckung der Bomber mußten die Jagdflugzeuge im Zickzackkurs über dem Bomberstrom fliegen. Die einmotorigen Jäger blieben dicht beim Bomberverband, eine Gruppe Lockheed P-38 gab währenddessen Deckung von oben.

4 Bombenangriff
Während die Langstrecken-Begleitjäger die feindlichen Abfangjäger abwehrten, formierten sich die Bomber zum Zielanflug – die für die Besatzungen gefährlichste Phase.

5 Feindliche Abfangjäger
Die Abfangjäger der deutschen Luftwaffe hatten ihre Stützpunkte in der Nähe der wichtigsten Industriestandorte. Ihre Aufgabe bestand darin, die Bomber abzufangen, bevor sie zum Ziel vorstoßen konnten. Die Langstrecken-Begleitjäger mußten sie in Schach halten.

8 Dritte Jägerdeckung
Nach der Bombardierung des Zielgebiets und auf dem Rückmarsch nach England übernahm eine dritte Jagdformation die Abschirmung der Bomber von den P-51.

9 Feindliche Abfangjäger
Luftwaffeneinheiten mit Stützpunkten in Frankreich wehrten die kleineren Angriffe der mittleren Bomber ab, die nur dazu dienten, die Aufmerksamkeit der Luftwaffe vom Hauptbomberverband auf seinem Weg nach Deutschland abzulenken.

7 Zweiter Jägerschutz
Der zweite Jägerbegleitschutz kam direkt von England und stieß zu den Bombern, kurz bevor diese mit dem eigentlichen Angriff begannen. Die erste Jagdgruppe flog indessen wieder nach England zurück. Nach dem Bombenangriff wurde auch die zweite Jagdstaffel von weiteren Flugzeugen aus England abgelöst.

6 Flak
Die Abkürzung für Flugabwehrkanonen wurde bald nicht nur bei den Achsenmächten sondern auch bei den Alliierten zu einem Begriff. Die Bombergeschwader waren der Flak fast völlig hilflos ausgeliefert – ihre einzige Hoffnung bestand darin, ihre Angriffe so schnell und so intensiv wie nur möglich durchzuführen, um größere Verluste zu vermeiden. Die meisten Industrieanlagen waren von schweren Flakbatterien umgeben.

flächen hqtte. Soviel ich von meiner Position als Rottenflieger des Kommodore sehen konnte, gab es keinen Angriffsschwerpunkt. Sie kamen aus allen Richtungen, zu zweit, zu dritt oder zu viert.

Jeder gegen jeden

Mein Rottenführer hängte sich an die Fersen einer zweimotorigen Me 110, die gerade eine B-17 aufs Korn nehmen wollte. Ich deckte ihn und warf auch einen Blick nach hinten. Die 110 kam direkt im vorderen Viertel herein, und wir nahmen sie beide unter Beschuß, aber ohne Erfolg. Ihre Geschwindig-

keit und der Winkel waren noch zu groß. Eine eng gezogene Kerze brachte uns wieder hinter die Me 110, die im steilen Sturzflug zu entkommen versuchte. Wir beschleunigten immer stärker und feuerten Salve um Salve ab, aber sie war immer noch zu weit weg. Vereinzelt trafen wir, und aus ihrem linken Motor stieg etwas Rauch auf. Der Bomberpulk lag nun etliche Meilen hinter uns, und der Kommodore beschloß, die Verfolgung abzubrechen und wieder zum eigentlichen Schlachtfeld zurückzukehren.

Widerwillig ließen wir von der 110 ab und reihten uns in

das allgemeine Durcheinander ein. Unser gesamtes Begleitkommando hatte sich in Rotten aufgeteilt, die kleinste Kampfeinheit, die aus einem Rottenführer und einem Rottenflieger bestand. Einheitliche Staffeln waren nicht mehr zu erkennen. Jetzt hieß es, jeder gegen jeden – aber immer noch mit Methode. Wenn es irgend möglich war, blieben wir zumindest immer noch zu zweit zusammen. Der eine für die Taktik und das Schießen, der andere für die Rückendeckung.

Einen anderen Abfangjäger aufs Korn zu nehmen, war jetzt nicht einfach. Eine dicke

Rauchfahne stieg von Berlin hoch, und die Flak hämmerte aus allen Rohren. Die beim ersten Angriff gegen die Bomber eingesetzten Jagdflugzeuge der Luftwaffe waren zur freien Jagd übergegangen, nachdem sie ihren Erstauftrag erfüllt hatten. Nun waren sie vollauf damit beschäftigt, die Mustang-Begleitjäger abzuwehren, mit denen sie gar nicht gerechnet hatten.

Ein Riesenloch im Rumpf

Es blieb uns beiden nichts anderes übrig, als mit den Resten des 8th und 9th Fighter Command wieder in Begleitpo-

---

Das Abschießen feindlicher Flugzeuge über Nordfrankreich war nicht der wichtigste Punkt – die eigentliche Aufgabe bestand darin, die Bomber bei Angriffen, die weit nach Deutschland hineinführten, zu schützen. Dafür gab es nur eine einzige Lösung: den Bau eines neuen Flugzeugs.

Entstehung der P-51

Die North American P-51 Mustang wurde bereits in den ersten Kriegstagen entwickelt. Unter der Bezeichnung NA-73X war der Prototyp Ende 1940 zu seinem Jungfernflug gestartet. Die RAF testete ihn dann gegen Ende 1941 und befand ihn als tauglich, für Einsätze in großer Höhe jedoch nicht geeignet. Er besaß nämlich das gleiche Allison-Triebwerk, das der P-38 schon einige Schwierigkeiten bereitete.

In dieser Zeit hatte die englische Flugzeugindustrie sehr klare Vorstellungen, was Triebwerke anbelangte – zumindest in bezug auf das Rolls-Royce-Merlin. Da dieser Motor bereits in den Vereinigten Staaten von der Firma Packard in Lizenz gebaut wurde, war es zur Vereinigung von Flugzeug und Triebwerk nur noch ein kurzer Schritt. So enstand das für viele beste Kampfflugzeug des Zweiten Weltkriegs.

Endlich das richtige Flugzeug

Lt. Col. Donald Blakeslee, stellvertretender Kommandeur der 4th Fighter Group, erhielt Ende 1943 den Auftrag, Erfahrungen mit dem neuen Flugzeug zu sammeln. Blakeslee galt als

Gegen Ende des Krieges wurde die B-17 nicht mehr mit dem Tarnanstrich versehen. Die Gewichtsersparnis durch den Wegfall der schweren Farbe ergab ein beachtliches Leistungsplus. Diese B-17Gs gehören zum 381st Bomb Group mit Stützpunkt in Ridgewell.

einer der besten Piloten der gesamten 8th Air Force und war sicher einer der erfahrensten. Zusammen mit James Goodson und anderen hatte er sich freiwillig für die Flying Eagles – 133 Sqdn, RAF – gemeldet, lange bevor die USA in den Krieg eintraten.

Goodson beschreibt Blakeslees Reaktion auf das neue Flugzeug: „P-51 mit Allison-Triebwerken waren bereits seit einiger Zeit bei der RAF in Dienst, aber im Dezember 1943 traf die 354th Group der 9th Air Force mit P-51 Mustangs in England ein. Sie brauchte einen erfahrenen Anführer für ihre ersten Kampfeinsätze, und Kepner (Kommandeur der 4th Group) betraute Blakeslee mit dieser Aufgabe. Er hoffte, daß Blakeslee die Vorzüge und Nachteile von P-47 und P-51 am besten erkennen würde – diese Hoffnung erfüllte sich. Die wenigen

Einsätze, die er mit der 354th Group flog, bestätigten seinen ersten positiven Eindruck: Es war das richtige Flugzeug!"

Zum einen hatte die Mustang einen besseren Einsatzradius als die Thunderbolt, zum anderen lag der Treibstoffverbrauch nur etwa halb so hoch wie bei der Jug.

Der Bombenangriff auf Regensburg war der erste Einsatz im Rahmen der „Weberschiffchentaktik". Aber nachdem nun die Bomber von Jägern geschützt wurden, die die gleiche Reichweite hatten, war der Weg frei für noch ehrgeizigere Pläne.

Nachdem der „D-Day" – die Landung der Alliierten in der Normandie – kurz bevorstand, war es wichtiger denn je, der deutschen Rüstungsindustrie und vor allem den Ölraffinerien einen entscheidenden Schlag zu versetzen.

sition zu gehen und uns auf den Kampf, der uns auf dem Rückweg nach England erwartete, einzustellen. Auf dem Boden waren die brennenden Trümmer der abgeschossenen Maschinen zu erkennen. Die B-17 wurden immer noch mit schwerem Flakfeuer unter Beschuß genommen. Ab und zu fing eine Maschine Feuer und fiel aus der Formation. Gleich darauf öffneten sich gewöhnlich einige Fallschirme – nie jedoch alle. Ein brennender Bomber wurde immer für irgendjemanden zum Sarg.

Die alte B-17 kippte gewöhnlich mit einem oder zwei riesi-gen Löchern in ihrem Rumpf und schwerverletzten Besatzungsmitgliedern an Bord nach vorne über und geriet außer Kontrolle. Bei einer bestimmten Geschwindigkeit bäumte sie sich auf oder ging in eine Kerze, um sich dann, vor dem letzten Fall zu Boden, auf eine Tragfläche zu legen. Das letzte Stück stieß sie stets kerzengerade nach unten. Normalerweise riß dabei eine Tragfläche ab, und der Rest stürzte in einer wirbelnden Spirale 25.000 Fuß (8.000 m) tief auf den Boden.

Ich habe sogar eine B-17 gesehen, die, nachdem sie von der Flak schwer getroffen wurde, einen richtigen Looping gemacht hat. Einige wenige Besatzungsmitglieder konnten noch abspringen, bevor der Bug sich senkte und die Maschine im Sturzflug abtauchte. Dann schoß sie wieder hoch, bis sie auf dem Rücken über den Scheitel zog und auf der anderen Seite wieder herunterfiel. Dabei brachen hier und da einige Stücke heraus, ein Teil vom Leitwerk und auch ein Stück von der Tragfläche, bevor sie auf dem Boden zerschellte.

Alles auf Berlin konzentriert

Unser erster vollständiger Begleiteinsatz nach Berlin fand am 4. März 1944 statt. Mit vollständig meine ich, daß genügend Jagdflugzeuge vorhanden waren, um die Verluste des Bombergeschwaders auf ein Minimum zu begrenzen. Fünf Bombenangriffe auf Berlin sollten Hitlers Kriegsführung ins Wanken bringen. Sie wurden am 3., 4., 6., 8. und 9. März geflogen, wobei jedes nur verfügbare Flugzeug zum Einsatz kam. Bei vier dieser Einsätze war ich dabei.

Am 6. März schoß unser Geschwader 20 Abfangjäger der Luftwaffe ohne einen einzigen Verlust unsererseits ab. Wir machten Fortschritte. 🙶🙷

Oben: Rauchfahnen steigen in den Himmel, als B-24 der 8th Air Force ein Ziel in der Nähe von Tours in Frankreich bombardieren. Trotz des Rufes, den die B-17 und die P-51 genossen, war die B-24 das meist gebaute amerikanische Flugzeug während des Krieges. In fünf Werken wurden mindestens 18.475 Stück gebaut.

Um die riesigen Bomberschwärme vor ihrem Flug über den Ärmelkanal in die richtige Formation zu bringen, wurden derartig leuchtend bunt gestrichene Leitflugzeuge eingesetzt. Sobald jeder Bomber in der richtigen Position war, kehrten sie zu ihrem Stützpunkt zurück, und die Formation machte sich auf den Weg. Diese B-24 gehören zur 458th Bomb Group.

Auch die Liberator-Flotte mußte über Deutschland Verluste in Kauf nehmen. Hier eine brennende B-24J der 493rd BG über Quakenbrück.

Nachdem nun auch Italien den Alliierten offenstand, arbeitete man einen neuen Plan aus: Die Weberschiffchentaktik der Bombenangriffe wurde nun auf drei Stützpunkte ausgeweitet. Von Großbritannien ging es zunächst nach Rußland, von Rußland nach Italien und von dort aus über Deutschland zurück nach Südostengland.

In der Ukraine

Den ersten Einsatz flog die 15th Air Force von Foggia in Süditalien aus. Eine Kampfgruppe von 130 B-17, begleitet von 64 P-51, startete am 2. Juni, bombardierte den Rangierbahnhof von Debrecen in Ungarn und flog dann weiter nach Piryatin, Mirgorod und Poltava in der Ukraine. General Eaker, der die Angriffseinheit befehligte, war erschüttert über den Zustand der russischen Flugplätze.

Vier Tage später flog die 15th Group nach Galatz in Rumänien, bombardierte dort einen Flugplatz und kehrte in die Ukraine zurück. Dabei gingen zwei Mustangs verloren, aber keine einzige Fortress. Neun Tage später kehrte sie nach der Bombardierung eines Flugplatzes in der Nähe von Bukarest nach Italien zurück. Eine B-17 ging über dem Ziel verloren – ein schwerer Verlust, denn in der Maschine befanden sich über 500 Aufnahmen, die während des ersten Einsatzes gemacht worden waren. Anhand dieser Aufnahmen konnte die deutsche Luftwaffe die Stützpunkte erkennen, von denen aus die Bombergruppe operiert hatte.

Martin B-26 Marauder

Wegen ihrer hohen Tragflächenbelastung und des Dreibein-Fahrgestells war die Marauder zunächst nicht sonderlich beliebt. Als mittelschwerer Bomber bewährte sie sich aber in ihren Einsätzen über dem europäischen Festland und dem Mittelmeerraum. Bei der Landung der Alliierten in der Normandie kam ihr die spezielle Aufgabe zu, die deutschen Verteidigungseinrichtungen zu bombardieren, um den Invasionstruppen den Weg zu ebnen.

Douglas B-18 Bolo

Die B-18 entstand 1935 im Rahmen einer Ausschreibung der US Army, die einen Bomber als Ersatz für die Martin B-10 forderte. Der Prototyp DB-1 verband die Triebwerke (zwei 693 kW starke R-1820-45-Sternmotoren), die Tragflächen und das Leitwerk des Verkehrsflugzeugs DC-2 mit einem neuentworfenen breiten und geräumigen Rumpf. Im Bug sowie oben und unten am Rumpf befanden sich Waffentürme mit je einem Maschinengewehr. Der Typ ging unter der Bezeichnung B-18 in Produktion. Bei den 134 Serienmodellen war die Bombenlast von 1.996 kg auf 2.948 kg erhöht worden. Weiteren Bedarf deckten 217 B-18As mit leistungsstärkeren Triebwerken, einer spitzen, großflächig verglasten Nase und einem verbesserten Waffenturm im Dach. Viele dieser Bomber wurden nach Kriegsende zu Transportflugzeugen umfunktioniert.

Technische Daten : Boeing B-18 Bolo
sechssitziger mittlerer Bomber
Spannweite: 27,28 m
Länge: 17,62 m
Triebwerk: zwei Wright R-1820-53 mit je 746 kW (1.015 PS)
Bewaffnung: drei 7,62-mm-MGs in Türmen im Bug und oben und unten am Rumpf sowie Vorrichtungen für eine interne Bombenlast von 2.948 kg
Max. Startgewicht: 12.552 kg
Höchstgeschwindigkeit: 345 km/h in 10.000 Fuß (3.050 m) Höhe
Einsatzreichweite: 1.450 km

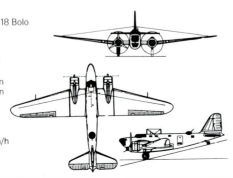

Douglas B-23 Dragon

Die B-23, eine deutlich verbesserte Version der B-18, wurde über den Entwurf der B-22 entwickelt und erhielt einen strömungsgünstigeren Rumpf, ein wesentlich vergrößertes Seitenruder und die Tragflächen der Verkehrsmaschine DC-3 mit stärkeren Triebwerken. Zum ersten Mal bei einem amerikanischen Bomber baute man einen Waffenturm im Heck ein mit einem einzigen 12,7-mm-MG als Ergänzung zu den einzelnen kleineren Waffen im Bug und im oberen und unteren Rumpf. Der Typ wurde direkt vom Reißbrett weg geordert, indem man Ende 1938 einen Vertrag über B-18As abänderte und die letzten Maschinen in der B-23-Konfiguration lieferte. Die ersten B-23 flogen im Juli 1939. Später wurde der Typ kurz als Küstenpatrouillenbomber im Pazifik eingesetzt, bevor er 1942 Schulflugzeug wurde. Zwölf Maschinen baute man im selben Jahr unter der Bezeichnung UC-67 zu Transportzwecken und zum Schleppen von Segelflugzeugen um.

Technische Daten: Douglas B-23 Dragon
vier/fünfsitziger mittlerer Bomber
Spannweite: 28,04 m
Länge: 17,78 m
Triebwerk: zwei Wright R-2600-3 mit je 1.193 kW (1.622 PS)
Bewaffnung: ein 12,7-mm- und drei 7,62-mm-Maschinengewehre sowie eine interne Bombenlast von 1.996 kg
Max. Startgewicht: 13.835 kg
Höchstgeschwindigkeit: 454 km/h in 12.000 Fuß (3.660 m) Höhe
Einsatzreichweite: 2.340 km

Angriffsziel Deutschland

In der Offensive

Oben: Die Jagdflugzeuge wurden verstärkt zur Bekämpfung von Bodenzielen, insbesondere Fahrzeugen und Zügen eingesetzt.

Ganz unten: Diese P-47 Thunderbolt beschießt einen Zug, aus dem bereits von vorherigen Treffern herrührender Rauch aufsteigt.

„Von waghalsigen Nahkampfmanövern würde ich Ihnen bei Ihren ersten Angriffen sehr abraten", sagte ein Staffelkapitän zu einer Gruppe neuer Piloten. „Sie werden vielleicht dazu gezwungen sein, aber wenn Sie die Wahl haben, tun Sie es nicht. Machen Sie sich erst mit der Maschine vertraut. Schauen Sie sich die feindlichen Flugzeuge genau an, und analysieren Sie dann ihre Angriffstaktik. Bleiben Sie möglichst bei ihrem Anführer.

Beim Angriff auf einen Flugplatz nehmen Sie größeren Abstand zueinander ein, bleiben aber auf gleicher Höhe mit Ihrem Rottenführer und behalten ihn ständig im Auge. Ihr Ziel suchen Sie sich selbst aus. In dieser breiten Formation können die Flak und die kleinkalibrigen Waffen ihr Feuer nicht konzentrieren. Wenn Ihr Anführer hochzieht, folgen Sie ihm.

Das Bombardieren von Flugplätzen aus dem Tiefflug heraus ist die gefährlichste Angriffsform. Der Angriff auf Eisen-

Die täglichen Bombenangriffe hinterließen eine Spur der Zerstörung in zahlreichen Städten Deutschlands. Die Abbildung zeigt Soldaten bei Räumarbeiten unmittelbar nach einem Bombenangriff auf Berlin.

bahnzüge auf freier Strecke ist nicht allzu gefährlich, aber wenn sich der Zug in einem Rangierbahnhof befinden, kann auch das eine ziemlich harte Sache werden. Ein Soloangriff auf einen Flugplatz aus dem Tiefflug heraus ist glatter Selbstmord. Jede Mündung dort ist auf Sie gerichtet. Der Schaden, den Sie verursachen können, ist gering, verglichen mit dem hohen Risiko, das Sie eingehen. Sie werden es vielleicht ein- oder zweimal schaffen, aber früher oder später wird man Sie erwischen."

Taktische Bombardierung

Chuck Yeager, der später mit seiner Maschine als erster Mensch die Schallmauer durchbrechen sollte, war zu jener Zeit mit seiner P-51 auf dem Stützpunkt Leiston in Suffolk stationiert. Er schilderte die Situation aus seiner Sicht: „Die Bomberbesatzungen behaupten, daß sie den Krieg gewinnen werden, weil sie die deutsche Industrie in Schutt und Asche legen; wir dagegen meinen, daß unsere Abschußrate von 10:1 im Vergleich zur Luftwaffe wohl auch nicht unerheblich am Erfolg beteiligt ist."

Im Frühjahr 1944 hatte sich die Situation endgültig zugunsten der Alliierten gewendet. Die USAAF und RAF bombardierten weiterhin strategische Ziele in Deutschland und in den von den Deutschen besetzten Gebieten. Aber jetzt trat ein neues Instrument der Kriegsführung auf den Plan: die taktische Bombardierung.

Als der Zeitpunkt der alliierten Invasion näherrückte, wurde es immer wichtiger, Eisenbahnverbindungen, Flugplätze, Straßenkreuzungen, Brücken und andere strategische Punkte in Nordfrankreich zu zerstören,

damit die Deutschen ihre Truppen an den Küstenregionen, an denen die Landung der Alliierten geplant war, nicht aufstokken und verstärken konnten.

Als Ort der Landung hatte man die Seinebucht zwischen Le Havre und der Halbinsel Cotentin an der Kanalküste Frankreichs gewählt. An dieser Stelle ist der Ärmelkanal gute 100 km breit, die Stelle war also nicht gerade der naheliegendste Angriffspunkt. Aber durch Luftüberlegenheit, Geschick und wohl auch gewaltiges Glück wurde die Invasion zum Erfolg.

Thunderbolt

TRIEBWERK
Der riesige Vierblatt-Propeller wurde von einem Pratt & Whitney R-2800-59W-Double-Wasp-Sternmotor angetrieben, der bei voller Leistung 2.535 PS lieferte.

RAKETEN
Die bei den P-47-Piloten für Bodenangriffe sehr beliebten 11,4-mm-M8-Raketen wurden in einem dreirohrigen M110-Startgerät mitgeführt. Die späteren Versionen besaßen Nullstartschienen für fünf 12,7-mm-Raketen.

Die P-47D war das wichtigste Serienmodell. Anfangs hatte ihr Cockpit eine bucklige Form, ab Block 25 jedoch war der hintere Rumpfabschnitt nach unten gezogen und das Cockpit stromlinienförmig gestaltet.

Links: P-47Ds der 82nd Fighter Squadron der 78th Fighter Group in Reih und Glied auf ihrem Stützpunkt in Duxford. Das Kennzeichen dieser Staffel war das rote Seitenleitwerk.

KENNZEICHEN
Diese P-47D-25 mit den Farben und der LM-Kennzeichnung der 62nd FS/ 56th FG wurde von David C. Schilling geflogen, auf dessen Konto 22 1/2 Abschüsse gingen.

Links: Die extrem starke und schnelle Republic P-47 eignete sich für Luft-Luft- und Luft-Boden-Angriffe gleichermaßen. Die hier abgebildeten Maschinen fliegen Jagdschutz für einen Bomberverband.

AUSSENLASTTRÄGER
An den Waffenträgern unter den Tragflächen konnten auch 454-kg-Bomben mitgeführt werden. Die gesamte Außenlast betrug 1.134 kg.

GEWEHRE
Die in den Tragflächen untergebrachten acht 12,7-mm- Maschinengewehre verliehen der P-47 eine hohe Feuerkraft bei außerordentlicher Zuverlässigkeit.

TREIBSTOFF
Der Haupttank im mittleren Rumpf faßte 775 l Treibstoff; Abwurftanks unter der Mittellinie erhöhten die Kapazität noch um 285 l.

Den Großteil der taktischen Bombardierung Nordfrankreichs leiteten die beiden Fighter Commands der alliierten Luftstreitkräfte. Thunderbolts und Hawker Typhoons, die noch immer nicht die nötige Reichweite besaßen, um die Bomber bis tief in deutsches Hoheitsgebiet hinein begleiten zu können, konnten hier, mit Maschinengewehren, Bordkanonen, Raketen und Bomben bewaffnet, nur zwanzig Minuten von ihren heimatlichen Stützpunkten entfernt ihren Fähigkeiten entsprechend eingesetzt werden.

Erdkampfeinsatz

Die Mustangs mit ihrer größeren Reichweite waren hauptsächlich für die Begleitung der Bombergeschwader nach Berlin

und zurück zuständig, fanden aber auch – mit gutem Erfolg – bei Bodenangriffen Verwendung. Am 21. März führten 48 P-51B-Maschinen der 4th Fighter Group unter dem Befehl von Colonel Jim Clark einen weitangelegten Bombenangriff im Tiefflug südöstlich von Bordeaux durch – der bis dahin längste Tiefflugeinsatz zur Bekämpfung von Bodenzielen. Clarks Route führte längs der Atlantikküste Frankreichs bis fast an die Pyrenäen hinunter, dann zurück in nordöstlicher Richtung durch Zentralfrankreich bis Paris und wieder zurück nach Großbritannien.

Bei diesem Einsatz zerstörten Clarks Bomber 12 feindliche Flugzeuge in der Luft, vernichteten eine noch größere Zahl am Boden, beschädigten Dutzende von Maschinen und zerstörten auch Eisenbahnzüge und Flugplätze.

Der Mustang-Verband verlor während dieses Angriffs, haupt-

„Panzerknacker" Thunderbolt

Neben anderen Taktiken mußten die Thunderbolt-Piloten auch Verfahren zur Zerstörung feindlicher Panzer entwickeln. Zu Anfang machten die Deutschen es ihren Gegnern leicht. Die meisten Panzerbesatzungen begingen den Fehler, zusätzli-

che Kraftstofftanks hinten oder seitlich an ihren Fahrzeugen zu befestigen, so daß sie selbst gegenüber den relativ leichten Waffen der Thunderbolt äußerst verwundbar waren. Die Deutschen erkannten jedoch die von den zusätzlichen Treibstofftanks

ausgehende Gefahr und ergriffen entsprechende Maßnahmen. Bald sahen sich die Piloten der P-47 schwer geschützten Panzern wie dem ‚Panther' und dem ‚Tiger' gegenüber, die gegen normales MG-Feuer immun waren.

Einige Piloten der 368th Group, der „Thunderbums", trugen zur Lösung des Problems bei. Captain John W. Baer:

„Ich war Rottenführer in dem Schwarm von Captain J.J. McLachlan. In einer Kurve entdeckten wir auf der Straße zwei ‚Tiger'.

Diese Tiger sind mit Abstand die größten und zähesten Panzer, die man auf der Straße finden kann. Sie wiegen über 60 Tonnen, und ihre Hauptwaffe ist die berüchtigte 88-mm-Kanone.

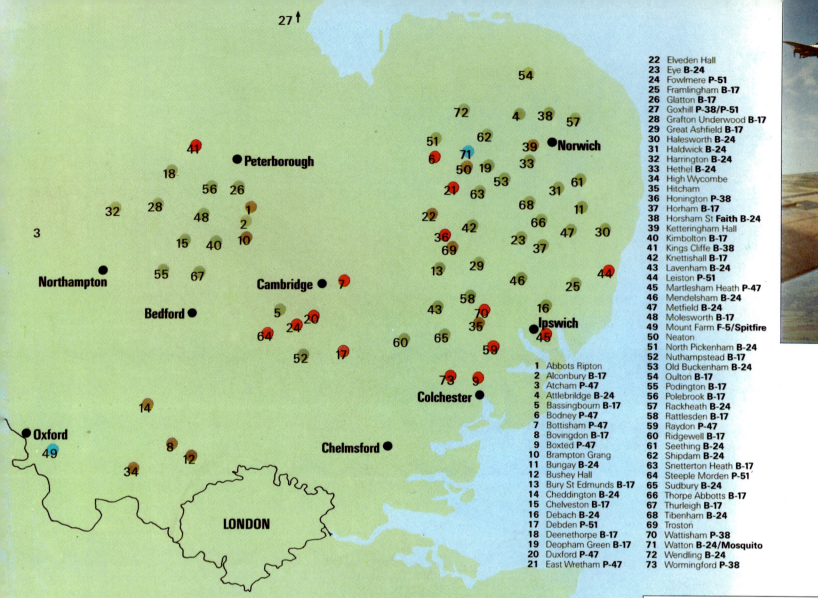

Norwich

Peterborough

Northampton

Cambridge

Bedford

Oxford

Chelmsford

Ipswich

Colchester

LONDON

22	Elveden Hall
23	Eye **B-24**
24	Fowlmere **P-51**
25	Framlingham **B-17**
26	Glatton **B-17**
27	Goxhill **P-38/P-51**
28	Grafton Underwood **B-17**
29	Great Ashfield **B-17**
30	Halesworth **B-24**
31	Haldwick **B-24**
32	Harrington **B-24**
33	Hethel **B-24**
34	High Wycombe
35	Hitcham
36	Honington **P-38**
37	Horham **B-17**
38	Horsham St **Faith B-24**
39	Ketteringham Hall
40	Kimbolton **B-17**
41	Kings Cliffe **B-38**
42	Knettishall **B-17**
43	Lavenham **B-24**
44	Leiston **P-51**
45	Martlesham Heath **P-47**
46	Mendlesham **B-24**
47	Metfield **B-24**
48	Molesworth **B-17**
49	Mount Farm **F-5/Spitfire**
50	Neaton
51	North Pickenham **B-24**
52	Nuthampstead **B-17**
53	Old Buckenham **B-24**
54	Oulton **B-17**
55	Podington **B-17**
56	Polebrook **B-17**
57	Rackheath **B-24**
58	Rattlesden **B-17**
59	Raydon **P-47**
60	Ridgewell **B-17**
61	Seething **B-24**
62	Shipdam **B-24**
63	Snetterton Heath **B-17**
64	Steeple Morden **P-51**
65	Sudbury **B-24**
66	Thorpe Abbotts **B-17**
67	Thurleigh **B-17**
68	Tibenham **B-24**
69	Troston
70	Wattisham **P-38**
71	Watton **B-24/Mosquito**
72	Wendling **B-24**
73	Wormingford **P-38**

1	Abbots Ripton
2	Alconbury **B-17**
3	Atcham **P-47**
4	Attlebrildge **B-24**
5	Bassingbourn **B-17**
6	Bodney **P-47**
7	Bottisham **P-47**
8	Bovingdon **B-17**
9	Boxted **P-47**
10	Brampton Grang
11	Bungay **B-24**
12	Bushey Hall
13	Bury St Edmunds **B-17**
14	Cheddington **B-24**
15	Chelveston **B-17**
16	Debach **B-24**
17	Debden **P-51**
18	Deenethorpe **B-17**
19	Deopham Green **B-17**
20	Duxford **P-47**
21	East Wretham **P-47**

Stützpunkte der Eighth Air Force 1944

Im Juni 1944 hatte die Eighth Air Force ihre festen Stützpunkte in Ost-Anglien und in den östlichen Midlands. Zahlreiche Fliegerhorste waren im Rahmen eines umfassenden Bauprogramms entstanden. Viele davon werden noch heute als Flugplätze genutzt, andere sind nur noch unter einer Grasdecke zu erkennen.

sächlich wegen der Luftabwehr auf den angegriffenen Flugplätzen, sieben Maschinen. Mit Ausnahme einer kleinen Gruppe von B-24 Liberators, die sich als Begleitung einer Jagdstaffel über der Straße von Dover befand, waren Clarks Bomber an jenem Tag die einzigen alliierten Flugzeuge über Europa – eine sehr bezeichnende Tatsache: Die

deutsche Luftwaffe lag – zumindest in Frankreich – bereits in den letzten Zügen, und die Chancen für ein Gelingen der geplanten Invasion waren groß.

Tiefflugangriffe mit Kanonen und Maschinengewehren waren bei empfindlichen Zielen wie abgestellten Flugzeugen, Eisenbahnwaggons und Lastwagen, selbst bei ungeschützten Gebäu-

den recht wirkungsvoll, konnten jedoch zum Beispiel den wesentlichen Funktionselementen eines Flughafens nichts anhaben. Raketen waren leichter zu plazieren und damit effektiver: Man brauchte nur in einen flachen Sinkflug zu gehen und das Ziel mit dem Kanonenvisier anzupeilen. Zur wirklichen Vernichtung eines Ziels waren jedoch Bom-

Als wir sie mit unseren Bomben verfehlt hatten, kamen wir uns ungefähr so gefährlich vor wie ein Schwarm Bienen, der einen Felsblock umkreist. Über uns lag eine geschlossene Wolkendecke in niedriger Höhe, und wir konnten nur einen extrem kurzen Sturzflug machen. Für einen gezielten Wurf reichte es nicht, und Fasttreffer konnten auch nichts aus-

richten. Die Kampfpanzer rangierten jetzt in wildem Zick-Zack-Kurs auf der Straße hin und her. Wir umflogen sie ein paar Mal und beobachteten sie eine Weile. Dann schlug ich über Funk vor, sie im Tiefflug anzugreifen, um so den ‚weichen' Bauch zu treffen."

McLachlan berichtet: „Wir hielten das nicht für sehr sinnvoll, weil die ‚Tiger' und ‚Pan-

ther' so stark gepanzert sind. Das waren immerhin mehr als 5 cm Stahl, an Schwachstellen sogar das doppelte. Aber der Straßenbelag machte einen recht harten Eindruck, und ein Versuch konnte ja nicht schaden, also gab ich mein okay."

„Zu viert stürzten wir uns auf den Führungspanzer", erzählt Bear weiter, „und feuerten auf den Boden kurz vor das Heck.

Die Panzer hatten es nun mit der geballten Feuerkraft von 32 Maschinengewehren und 12,7-mm-Geschossen aus kürzester Entfernung zu tun. Wir hofften, daß die Kugeln von der Straße abprallten und den Pan-

Oben: An einsatz-freien Tagen wurde über Südengland Formations- und Tieffliegen geübt. Diese B-17 gehören zur 447th Bomb Group.

Rechts: Der Job der für den Zustand und die Wartung der Bomber zuständigen Techniker war harte Knochenarbeit. Hier werden gerade Bomben aus dem Munitionslager geholt.

Links: Über England scheren die Jäger aus der Formation heraus und landen, während die B-17 zu ihren Stützpunkten weiterfliegen. Eine Einheit P-51 zeigt hier dieses klassische Manöver.

ben notwendig, die nur mittels eines guten Bombenvisiers präzise plaziert werden konnten.

Angriffsziel Brücken

Zu dieser Zeit wurden die Thunderbolts gerade so umgebaut, daß sie anstelle der Abwurftanks zwei 454-kg-Bomben an den Außenlastträgern unter den Tragflächen mitführen konnten. Da sie jedoch nicht die perforierten Bremsklappen der speziellen Sturzflugbomber besaßen und deswegen nicht steil nach unten tauchen und der Bombe die richtige Flugbahn geben konnten, mußten sich die Piloten der P-47 eine neue Technik zur präzisen Plazierung der Bomben einfallen lassen. Ein flacher Sinkflug und ein Ausklinken der Bomben in einer Höhe von etwa 1500 Fuß (450 m) erwies sich als wirkungsvoll.

Derart ausgerüstet hatten die Thunderbolts keine Schwierigkeiten mehr, Brücken und andere Ziele zu zerstören. Gegen Ende Mai hatten sie einen hohen Prozentsatz der deutschen Verbindungswege zerstört. Ohne wirksame Abfangjäger war die Luftwaffe machtlos.

Neben der Erfüllung ihrer eigentlichen Aufgaben – dem Geleitschutz von Bomberschwärmen oder dem Angriff auf deutsche Einrichtungen in Nordfrankreich – drangen die Jäger gelegentlich auch in deutsches Gebiet ein, um die Luftwaffe in ihrem eigenen Territorium zu bekämpfen. In den ersten Apriltagen des Jahres 1944 zum Beispiel hatten die Jagdflugzeuge der Eighth Air Force 88 deutsche Maschinen am Boden zerstört. Am 8. April schossen sie die gleiche Anzahl an Flugzeugen alleine in der Luft ab und zerstörten darüberhinaus weitere 40 abgestellte Maschinen. An einem einzigen Tag hatten die

P-47 und P-51 bei Einsätzen, die bis München reichten, zahlenmäßig ein ganzes Jagdgeschwader der Luftwaffe zerstört.

Angriffsziel Eisenbahn

Nachdem die Jäger von rein defensiven Aufgaben entbunden worden waren, wies man ihnen auch beim Begleitschutzeinsatz für die Bomber genau bestimmte eigene Ziele zu. Bei einem Einsatz über Braunschweig erzielte die Jagdeskorte mit dem Abschuß von 31 Messerschmitt Bf 109 bei einem Verlust von nur vier Mustangs ein besseres Abschußergebnis als die Bomber selbst.

Auch die P-38 Lightnings traten während dieses Einsatzes ins Rampenlicht. Die 20th Fighter Group unterschied sich damals wohl von allen anderen Streitkräften auf der gesamten Welt: Ihr Kommandeur, Lt. Col. Harold Rau, hatte schon als Gefreiter in diesem Verband gedient. Rau führte sein Geschwader in das Gebiet um Salzwedel, rund 200 km westlich von Berlin. Die 42 Lightnings zerstörten mit insgesamt 21.475 Schuß 12,7-mm-MG-Munition und 3.850 Schuß Kanonenmunition des Kalibers 20 mm 80 Lokomotiven. 50 Eisenbahnwaggons, 16 Flaktürme, zahlreiche andere Gebäude und 16 Bf 109.

Luftsiege

Gegen Ende April stießen die Jagdstreifen über Westeuropa nur noch auf geringen Widerstand. Trotz des starken Drucks durch den Mehrfrontenkrieg produzierte die deutsche Rüstungsindustrie – unter Einsatz sklavenähnlich gehaltener Zwangsarbeiter – immer noch mit einer geradezu unglaublichen Geschwindigkeit Flugzeuge - die jedoch von den alliierten

zer an der Bodenplatte erwischen würden; direkte Treffer könnten über die Lüftungsklappe hinten am Panzer eindringen oder die Reservekanister in Brand setzen mit den leicht vorstellbaren Folgen.

Als wir hochzogen und uns umsahen, konnten wir erkennen, daß der ‚Tiger' Probleme hatte. Kleine rote Feuerkugeln und weiße Funken sprühten aus allen Seiten heraus. Inzwischen versuchte der andere Panzer verzweifelt zu entkommen, aber wir setzten ihm nach und trafen ihn mit einer ähnlichen Salve. Dann folgte eine Explosion."

Wenn die Wolkendecke es erlaubte, zerstörten die P-47-Piloten Panzer, Lastwagen und Brücken in Tiefflugangriffen. Captain Randall W. Hendricks erzählt: „Die Ausgangshöhe für den Bombeneinsatz im Sturz-

flug war gewöhnlich 10.000 bis 12.000 Fuß (3.000 bis 3.500 m). Die Piloten bevorzugten im allgemeinen 226-kg- und 454-kg-Sprengbomben. Beim Abwurf von 454-kg-Bomben fing man die Maschine spätestens in 300 m, bei den 226-kg-Bomben in 225 m über Grund aus dem Sturzflug ab.

Das Abfangen in dieser Höhe war notwendig, um sich nicht

Lockheed P-38 Lightning

Die als Langstreckenbomber-Begleitflugzeug eingesetzte Lightning zeichnete sich nicht nur durch eine außerordentliche Reichweite, sondern auch durch ihre Schnelligkeit und ihre wirksame Bewaffnung aus. Eine brauchbare Bombenlast konnte für Erdkampfeinsätze mitgeführt werden. Die hier abgebildete P-38J gehörte zur 55th FG in Nuthampstead.

Die taktische Luftmacht der US AIR FORCE

Republic P-47 Thunderbolt

Die auch als „Jug" bekannte mächtige P-47 war nicht nur ein guter Luftkämpfer, sondern eignete sich mit ihren Gewehren, Raketen und Bomben auch hervorragend zur Bekämpfung von Bodenzielen. Die hier abgebildete P-47D der 56th Fighter Group in Boxted war das am weitesten verbreitete Modell.

Streitkräften noch schneller wieder vernichtet wurden.

Im Jahr zuvor hatten die Luftsiege im Kampf Jäger gegen Jäger bei weitem nicht das Ausmaß der Luftschlacht um England erreicht. Im Frühjahr 1944 aber wendete sich das Blatt. Dies war weniger den überlegenen Luftkampfeigenschaften der P-47 und P-51 als ihrer größeren Reichweite zu verdanken. Sie erreichten die Fliegerhorste des Gegners, noch bevor dessen Abfangjäger starten konnten. In den ersten fünf Monaten des Jahres 1944 schossen die fünf besten amerikanischen Jagdpiloten alleine 48 deutsche Flugzeuge ab.

Natürlich hatten die Amerikaner trotzdem allenthalben mit Widerstand zu rechnen. Die Jagdpiloten mußten immer noch empfindliche Verluste hinnehmen. Es gab nun zwar weniger Tote und mehr Gefangene als noch vier Jahre zuvor – vielleicht

ein Verdienst des besser funktionierenden Rettungssystems – aber für viele Piloten bedeutete ein Abschuß ihres Flugzeugs immer noch das „Aus". Einige entgingen nur knapp dem Tod.

„Jackpot" und „Chattanooga"

Gegen Mitte April gab es innerhalb des Einsatzradius der Thunderbolt keine gegnerischen Flugzeuge mehr zu bekämpfen. Die Strategen gingen daraufhin zu einem ehrgeizigen, groß angelegten Programm zur Bekämpfung von Bodenzielen durch Kampfflugzeuge über.

Sie wiesen jedem Jagdgeschwader eine Region in Nord- oder Süddeutschland zu. In diesen Räumen, die je nach Zahl der darin befindlichen Flugplätze durchschnittlich einige Hundert Quadratkilometer umfaßten, konnten die Jagdpiloten frei operieren. Diese Taktik erwies sich als äußerst vorteilhaft, da jeder Pilot sein Einsatzgebiet ganz

North American P-51 Mustang

Das herausragende Jagdflugzeug des Zweiten Weltkriegs war die besonders in großen Höhen außergewöhnlich leistungsstarke Mustang. Die hier abgebildete P-51D ist mit einem Malcolm-Cockpit zur Sichtverbesserung ausgestattet. Sie diente bei der 361st FG in Bottisham.

Douglas A-20 Havoc

De Havilland Mosquito

Die USAAF verwendete die Mosquito vorwiegend zu Aufklärungszwecken. Diese PR.Mk XIV diente bei der 653rd Bomb Squadron (Light) in Watton und wurde hauptsächlich zu Wetterbeobachtungs- und Aufklärungsflügen nach Bombenangriffen eingesetzt.

selbst in den Boden zu bohren, und um nicht von den Splittern der eigenen Bomben getroffen zu werden. Bei einem Angriff auf einen Panzer setzte mir die Flak einmal nur wenig Widerstand entgegen, und ich blieb deswegen länger als gewöhnlich im Sturzflug. Beim Hochziehen merkte ich, daß etwas im Flugzeug eingeschlagen hatte, aber da die Bordinstrumente keine

weiteren Besonderheiten zeigten, machte ich mir keine weiteren Gedanken darüber.

Nach der Landung bemerkte ich dann, daß ein Schrapnell sich in den Fahrwerkschacht gebohrt und den Reifen zerrissen hatte.

Bei Angriffen mit steiler Bahnneigung versuchten wir unseren Sturzflug so anzusetzen, daß wir nur möglichst kurz

Eine aus drei P-51D und einer P-51B bestehende Formation in großer Höhe. Die Maschinen gehören zur 375th Fighter Squadron der 361st Fighter Group mit Stützpunkt in Little Walden und Chièvres.

der feindlichen Luftabwehr ausgesetzt waren. Während des Sturzes flogen wir normalerweise ein langes oder kurzes ‚S' in Richtung auf das Ziel. Sinn der Übung war es, die Abwehr-

schützen vom eigentlichen Zielanflug abzulenken.

Erfahrene P-47-Piloten konnten mit ihren Maschinen Brücken effektiver zerstören als mittelschwere Bomben. Die Bom-

170

Dieser große Nachtjäger war nur selten an der westlichen und italienischen Front zu sehen. Neben einem Bugradar führte die Black Widow starke Bewaffnung mit. Die hier abgebildete Maschine diente bei der 422nd Night Fighter Squadron in Scorton.

Northrop P-61 Black Widow

Supermarine Spitfire

Die klassische Spitfire war früher von der Eighth Air Force als Jäger eingesetzt worden, diente dann jedoch vorrangig zur Aufklärung. Die Spitfires flogen mit weiteren Aufklärungsflugzeugen der RAF von Oxfordshire aus. Die hier abgebildete PR.Mk XI gehörte zur 7th Photo Group in Mount Farm.

Die solide A-20 hatte bei den Einsätzen über Deutschland eine Schlüsselfunktion. Als wichtigster taktischer Bomber bis zum Kriegsende wurde sie sowohl für Bombardierungen in mittlerer und niederer Höhe als auch für Tieffluangriffe verwendet. Auch das Legen von Nebelwänden gehörte zu ihren Aufgaben.

In der Offensive

Eighth Air Force wesentlich flexibler geworden und hatten für jedes potentielle Ziel detaillierte Unterlagen vorbereitet, die in allen Führungsgefechtsständen bereit lagen. Am 28. Mai wurden die Pläne mit der Aufschrift „Öl" aus dem Regal gezogen, und eine aus 865 B-17 Flying Fortresses und 417 Liberators bestehende Rekordeinheit machte sich auf den Weg in den Norden von Berlin.

Die richtige Ausrüstung

Die äußerst günstige Verlustrate bei diesem Einsatz – weniger als 30 Bomber bei einer Gesamteinsatzstärke von fast 1.300 Flugzeugen – zeigt die Fortschritte der Amerikaner in den davorliegenden Monaten. Während des zweiten Angriffs auf die Kugellagerfabriken in Schweinfurt im zurückliegenden Oktober hatten sie bei einer Einsatzstärke von nur 290 Maschinen mehr als doppelt soviele Flugzeuge verloren. Der Unterschied war auf die unterdessen gesammelte Erfahrung und eine adäquate Ausrüstung zurückzuführen. Die Taktik, die schon zu Beginn der strategischen Bombenoffensive ausgearbeitet worden war, erwies sich als wirkungsvoll, wenn auch die Ausrüstung geeignet war.

Gemeinsam hatten die USAAF und die RAF das geschafft, was Göring vier Jahre zuvor mißglückt war: die Luftstreitmacht des Gegners anzugreifen und sie auf eigenem Boden zu zerschlagen, um so den Weg für die kriegsentscheidende Invasion zu ebnen.

Neben Eisenbahnwaggons und Straßenfahrzeugen waren feindliche Flugplätze die wichtigsten Ziele der Jagdbomber. Hier beschießt eine P-51 im Tiefflug deutsche Transporter im besetzten Frankreich.

Der entscheidende Faktor war gewöhnlich das Wetter.

Die Einsatzaufträge wurden von Tag zu Tag umfangreicher, und die Ziele immer ehrgeiziger. Am 20. Mai schwärmten über 1.200 amerikanische und britische Jagdbomber über Frankreich und Westdeutschland auf der Suche nach Gelegenheitszielen aus. Sie fanden sie zu Dutzenden.

Die Anstrengungen der Alliierten konzentrierten sich hauptsächlich auf die geplante Invasion. Dennoch gab es immer noch wichtige strategische Ziele, wie zum Beispiel die deutschen Fabriken zur Herstellung von synthetischen Kraftstoffen. Nach fast zweijähriger Kriegserfahrung waren die Strategen der

genau kannte. Im Mai wurde dieses „Jackpot" genannte Verfahren unter dem Decknamen „Chattanooga" auch auf Eisenbahnstrecken ausgedehnt. Das verkürzte die Vorbesprechungen ganz erheblich. Der Kommandierende General brauchte nur noch „Jackpot A" (für Norddeutschland) oder „B" (für Süddeutschland) anzukündigen, und jeder wußte genau, wohin er zu fliegen, und was er zu tun hatte.

anflug und den Sturzwinkel, in dem die Bombe genau in die Trägerstruktur gesetzt wurde und so das Zusammenfallen der Brücke bewirkte. Das war unsere Stärke."

Auf deutscher Seite war diese Art Angriff sehr gefürchtet. Der Alarm „Achtung Jabos!" war häufig über Funk zu hören. Die P-47 Thunderbolt war zu einem gefürchteten Gegner geworden.

ber warfen einfach eine Bombenreihe über dem Ziel ab und verfehlten es dabei häufig. Wir dagegen studierten vorher die Aufklärungsfotos einer Brücke und bestimmten dann den Ziel-

Martin B-26 Marauder

Die B-26 wurde zur selben Zeit entwickelt wie der mittelschwere Hochgeschwindigkeitsbomber B-25 und noch im September 1939, sozusagen vom Reißbrett weg, bestellt. Die Serienfertigung begann mit 206 B-26, von denen die erste im November 1940 flog. Die große Tragflächenbelastung und die hohe Landegeschwindigkeit erschwerten jedoch ihre Indienststellung. Diese Probleme bekam man bei den schwereren Folgemodellen eher mit Erfahrung als mit aerodynamischen Verbesserungen halbwegs in den Griff. Die 139 B-26As konnten ein Torpedo mitführen; die 1.883 B-26Bs und die ähnlichen 1.235 B-26Cs besaßen eine 1,83 m größere Spannweite und vier Maschinengewehre in Kegelbehältern am Bug. Bei den 300 B-26Fs war der Einstellwinkel erhöht worden; die 893 B-26Gs ähnelten bis auf geringfügige Unterschiede in der Ausrüstung den B-26Fs. Diese Zahlenangaben schließen sowohl die Exemplare der US Navy als auch die der RAF ein. Daneben gab es noch einige Versuchsmodelle sowie 558 AT-23 als Zielschleppflugzeuge.

Technische Daten: Martin B-26G
Marauder, siebensitziger mittlerer Bomber
Spannweite: 21,64 m
Länge: 17,09 m
Triebwerk: zwei Pratt & Whitney
R-2800-43 mit je 1.491 kW (2.027 PS)
Bewaffnung: elf 12,7-mm-Maschinengewehre in Waffentürmen oben, unten und seitlich am Rumpf sowie fest im Bug installiert und 1.814 kg Bomben im internen Waffenschacht
Max. Startgewicht: 17.328 kg
Höchstgeschwindigkeit: 455 km/h in 5000 Fuß (1.525 m) Höhe
Einsatzreichweite: 1.770 km

Douglas A-20 Havoc

Die DB-7B, eine Weiterentwicklung des Modells 7A aus dem Jahre 1936, lief bei der USAAF unter der Bezeichnung A-20. Die 63 Maschinen dieses Typs besaßen Triebwerke mit Turbolader. Die erste einsatzfähige Variante war die A-20A ohne Turboaufladung, von der 1941 143 Stück in Dienst gingen. Auf sie folgten 999 A-20Bs mit 12,7-mm-Maschinengewehren; 948 A-20Cs zur Bestückung mit Torpedos; 17 A-20Es, die aus A-20As gefertigt wurden und das Triebwerk der A-20B erhielten; 2.850 A-20G-Bomber mit stärkerem Triebwerk und verbesserter Bugbewaffnung (vier 20-mm-Kanonen und zwei 12,7-mm-Maschinengewehre, bzw. alternativ sechs 12,7-mm-MGs); 412 A-20Hs, leistungsstärkere A-20Gs, sowie 450 A-20Js und 413 A-20Ks, Weiterentwicklungen der A-20G und der A-20H mit einer unverstrebten Bugkuppel aus Plexiglas.

Technische Daten: Douglas A-20G
Havoc, dreisitziger Jagdbomber
Spannweite: 18,69 m
Länge: 14,63 m
Triebwerk: zwei Wright R-2600-23 mit je 1.193 kW (1.622 PS)
Bewaffnung: vier 20-mm-Kanonen und zwei 12,7-mm- bzw. sechs 12,7-mm-MGs im Bug; zwei oder drei 12,7-mm-MGs in Waffentürmen auf dem Rumpfrücken und in der Bodenwanne; max. 1.814 kg Bomben im internen Waffenschacht
Max. Startgewicht: 12.338 kg
Höchstgeschwindigkeit: 545 km/h in 12.400 Fuß (3.780 m) Höhe
Einsatzreichweite: 1.750 km

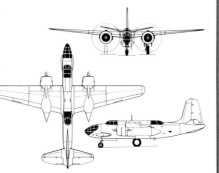

Douglas A-26 Invader

Die A-26 entstand im Rahmen einer Ausschreibung aus dem Jahre 1940, die einen leichten Hochleistungsbomber mit schwerer defensiver Bewaffnung forderte. Er sollte nicht nur aus niedriger Höhe schnell angreifen, sondern auch aus mittlerer Höhe präzise bombardieren können. Der Entwurf ähnelte dem der A-20. Der erste Prototyp XA-26 startete im Juli 1942, kurz darauf gefolgt von Nachtjäger- und schweren Kampfbomber-Prototypen. Bei letzteren ersetzte man bei den Produktionsmodellen die 75-mm-Kanone im Bug durch sechs schwere Maschinengewehre, und stellte sie gegen Ende 1944 als A-26B in Dienst. Von diesem Modell baute man insgesamt 1.355 Exemplare, bei denen seitlich am Bug 10 weitere, fest installierte Maschinengewehre und unter den Tragflächen je vier MGs mitgeführt werden konnten. Die Produktion der Bomberversion A-26C belief sich auf insgesamt 1.091 Maschinen.

Technische Daten: Douglas A-26 Invader
dreisitziger Jagdbomber
Spannweite: 21,35 m
Länge: 15,47 m
Triebwerk: zwei Pratt & Whitney
R-2800-27/79 mit je 1.491 kW (2.027 PS)
Bewaffnung: bis zu 16 fest eingebaute 12,7-mm-MGs und vier 12,7-mm-MGs in Über- und Unterrumpftürmen sowie eine Bombenlast von 1814 kg intern und 907 kg Bomben bzw. acht 127-mm- bzw. 16 76-mm-Raketen unter den Tragflächen
Max. Startgewicht: 15.880 kg
Höchstgeschwindigkeit: 570 km/h in 15.000 Fuß (4.570 m) Höhe
Einsatzreichweite: 2.900 km

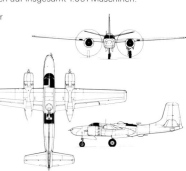

Angriffsziel Deutschland

Generalangriff

„Macht euch wegen der Flugzeuge über euren Köpfen keine Sorgen." So ermutigte General Eisenhower seine Truppen während der Vorbesprechung zur Operation Overlord, der Landung der Alliierten an der Nordküste Frankreichs. „Es werden nämlich unsere eigenen sein." Er sollte recht behalten.

„Die Luftwaffe stieg nur noch vereinzelt auf", sagte einer der Piloten des Fourth Fighter Wing. „Während der drei Einsätze über der Küste, die ich am D-Day

geflogen bin, sah ich überhaupt keine feindlichen Flugzeuge. Natürlich gab es noch einzelne Begegnungen. Ein Schwarm von vier Maschinen aus unserem Geschwader wurde von 15 deutschen Jägern angegriffen, die bald noch Verstärkung erhielten. Nur einer unserer Jungs schaffte es mit eigener Kraft nach Hause.

Fünf Tage lang flogen wir Einsatz um Einsatz im Küstengebiet. Besonders achteten wir dabei auf die Gebüschstreifen an den Straßenrändern, denn dort versteckt warteten die

Deutschen auf den Anbruch der Dunkelheit für ihre Nachtmanöver.

Sobald die Deutschen die Kampfflugzeuge der Alliierten

Während des Vorstoßes der Alliierten in Frankreich wurde das Eisenbahnnetz zu einem der vorrangigen Ziele. Die alten Bombenkrater rechts am Bildrand weisen auf wiederholte Bombardierungen hin.

Angriffsziel Deutschland

kommen sahen, sprangen sie aus ihren Fahrzeugen und suchten Schutz im Gelände. Aus der Deckung heraus beschossen sie dann die niedrig fliegenden Maschinen mit ihren Handfeuerwaffen und leichten Maschinengewehren. Wir flogen oft durch einen dichten Geschoßhagel."

Am frühen Morgen des „D-Day", dem 6. Juni 1944, war auch das Bomber Command der US Eighth Air Force über der Normandie. Etwa 1.000 Flugzeuge – Flying Fortresses und Liberators – warfen 3.000 Tonnen Bomben mit Abstandszündern auf die Strände. Diese Sprengkörper explodierten, ohne sich vorher in den Boden zu graben und Krater herauszusprengen, die dann den Vormarsch unserer Infanterie und Panzer behindert hätten.

Nach der Landung der Truppen schob die Air Force den Feuerriegel weiter ins Landesinnere vor, um die Abwehreinheiten zu überraschen und niederzuhalten.

Zielerfassung mit Radar

Die drei Bomber-Divisionen der Eighth Air Force flogen am Landungstag 2.362 Einsätze, und nur eine Maschine, eine Liberator der 487th Bomb Group, mußte als Verlust eingetragen werden.

Laut Plan sollte die Operation bei Vollmond und Flut stattfinden. Das Wetter spielte bei der Planung zwar eine untergeordnete Rolle, dennoch zwangen die Wetterverhältnisse am 5. Juni, dem ursprünglich festgelegten „D-Day", zu einer Verschiebung der Invasion auf den folgenden Tag.

Für den Befehlshaber der Air Force, Doolittle, setzte sich die geringe Bedeutung, die dem Wetter zugemessen wurde, in einen ganz bestimmten An-

spruch an seine Einheiten um: Sie mußten ihre Ziele auch blind treffen können. Die dazu notwendige Elektronik war noch neu und unerprobt, die Zeit zur Ausbildung der Besatzungen knapp gewesen.

Nun nutzte man jede Gelegenheit, um die Piloten mit der neuen Technik vertraut zu machen. Am 25. Mai erhielten einige überraschte Piloten der 390th und 401st Bomb Group im Rahmen eines Übungsprogramms den Befehl, feindliche Küstenstellungen bei einer ausgesprochenen Schönwetterlage nicht nach Sicht, sondern mit Hilfe der Radar-Visiereinrichtung zu bombardieren.

Diesen Fliegern war eine „Pfadfinder"-Rolle zugedacht; bei schlechtem Wetter sollten sie den Hauptverbänden den Weg weisen, und Doolittle mußte sichergehen, daß sie auch tatsächlich dazu in der Lage sein würden, dies zu tun.

Für die Bomberbesatzungen und Jagdpiloten des US Eighth Air Force war der Tag der Landung kein eigentlicher Höhepunkt mehr. Sie waren bereits über zwei Jahre lang Kampfeinsätze über feindbesetztem Gebiet geflogen.

Phase Eins

Schon drei Monate vor der Landung begannen die Streitkräfte der Alliierten mit dem Angriff auf Nordfrankreich und Belgien mit dem Schwerpunkt Calais. Damit wollte man einerseits – durch die Zerstörung der Seine-Brücken – die Truppen an einer weiteren Bewegung nach Süden hindern, und andererseits Hitler glauben machen, die Landung würde an der Straße von Dover stattfinden.

Phase zwei

Nachdem die Alliierten nach ihrer Landung mit Hilfe der Luftstreitkräfte einen Brückenkopf aufgebaut hatten, versuchten deutsche Truppen, sie einzuschließen. Deutsche Verstärkungskräfte wurden ständig von Jagdbombern angegriffen, Abriegelungsflugzeuge über der Loire unterbanden währenddessen die Zuführung anderer Kampfverbände und aller Nachschubgüter in das Operationsgebiet.

Eine sorgfältig ausgearbeitete Strategie sollte während der alliierten Landungsoperation die feindlichen Truppen in Schach halten. Ein Drei-Phasen-Plan für die Zeit vor, während und nach der Landung sah einen effektiven Einsatz der taktischen Luftstreitkräfte vor.

Phase 1: Abriegelung des Gegners

Flugzeuge der Alliierten riegeln die deutschen Einheiten entlang der Seine ab.

Alliierte Flugzeuge riegeln die deutschen Einheiten ab.

nach Berli

Antwerpen

Arras

Amiens

St. Quentin

Creil

Seine

Caen

Paris

Brest

Le Mans

Rennes

Orleans

Angers

Tours

Nantes

St. Nazaire

Phase Zwei: Sicherung des Brückenkopfes

Alliierte Streitkräfte fassen an der Küste der Normandie Fuß.

Flugzeuge der Alliierten riegeln deutschen Einheiten längs der ab.

Loire

Phase Drei

55 Tage nach der Landung erfolgte der Vorstoß der Alliierten aus der Normandie. Taktische Lufteinheiten vernichteten die umzingelten deutschen Truppen in Falaise und unterstützten den Vorstoß nach Belgien und weiter nach Deutschland.

Gefechtsfeldabriegelung

Havoc unter Beschuß

❝ *Sobald wir in Reichweite ihrer Abwehrwaffen waren, feuerten sie. Genau gezielt und intensiv dosiert schlugen uns die Geschosse der schweren Flak um die Ohren. Das einzig mögliche Ausweichmanöver war ein beständiger*

Zickzackkurs, der die Kanoniere da unten wenigsten mit dem Richten beschäftigt hielt. McEvilly sprach die ganze Zeit und deutete dabei auf die Landmarken. So wußte ich, daß wir auf dem richtigen Kurs waren. Trotz des dauernden Flak-Feuers blieben die beiden Bord-

174

Durch die Zerstörung der Eisenbahnverbindungen sollte der Nachschub an die französische Front unterbunden werden. Hier zieht eine Lockheed P-38 nach einem Angriff auf einen Nachschubzug ab. Obwohl sie mit Luftabwehrwaffen verteidigt waren, hatten die Züge gegen die Angriffe der Jagdflugzeuge kaum eine Chance.

Jäger und Bomber der Alliierten verhindern in diesem Umkreis die Verstärkung der feindlichen Truppen.

e Paris

Orléans

Phase 3: Unterstützung des Vorstoßes

Boulogne

Dieppe

Le Havre

Alliierte Flugzeuge greifen den Feind auf dem Rückzug an.

Alliierte Flugzeuge vernichten eingeschlossene feindliche Einheiten.

Rückzuglinie

Deutsche Streitkräfte ziehen sich zurück.

Paris

Taktische Kampfflugzeuge zur Gefechtsfeldabriegelung und Nahunterstützung decken die nach Osten vorstoßenden Bodentruppen der Alliierten.

Rennes

Fallschirmspringer der Alliierten

Deutsche Verstärkung zerstört.

Amerikanische Bomber erfüllten Unterstützungsaufgaben bei der alliierten Invasion. In erster Linie kamen B-26 Marauders und A-20 Havocs, aber auch P-38 Lightnings (die hier in Angriffsformation zu sehen sind) der 9th Air Force zum Einsatz.

Angriffsziel Deutschland

Bombereinsätze gegen Ziele nahe der Küstenabschnitte, die für die Invasion vorgesehen waren, hätten die Operation verraten. Mit der Ausnahme von vier Angriffen auf den Atlantikwall blieben schwere Bomber daher auf Ziele in Deutschland selbst beschränkt. Doch als die Invasionsflotte dann auf dem Weg war, änderten sich die Spielregeln.

Herausgerissene Bombenschachtklappen

Viele Flugzeuge führten speziell auf die Beschaffenheit der Ziele ausgelegte Bündel kleiner Bomben mit. Der neue und noch weitgehend unerprobte Ausklinkmechanismus klemmte häufig, und anstelle eines präzisen Abwurfs über dem Ziel fielen die Bomben unkontrolliert – häufig bei noch geschlossenen Bombenschachtklappen – oder auch überhaupt nicht. Nicht wenige Maschinen kehrten mit zerborstenen Schachtklappen zum Stützpunkt zurück, bei einigen hingen die Bomben noch wackelig in ihren lädierten Bügeln – ein weiteres Beispiel für die Gefahren eines Sofortentwicklungsprogramms.

Tiefflugeinsätze

Das während der Vorbereitungsarbeiten zur Invasion entwickelte taktische Bombardierungsprogramm wurde kurz nach der Landung der alliierten Soldaten in Frankreich ausgeweitet. Nachdem der Bedarf für Nahunterstützung gestiegen war, entwickelten die USAAF und die RAF eine neue Strategie, die andere Flugzeugtypen miteinschloß.

Die – bei der RAF als „Boston" bekannte – Douglas A-20 Havoc und die spätere A-26 Invader waren als dreisitzige leichte Bomber ausgelegt, bei

---

schützen bemerkenswert ruhig und gelassen. Alle paar Sekunden warf ich einen Blick auf mein Flugzeug, und schon zu diesem Zeitpunkt konnte ich einige Einschlaglöcher im Rumpf und in den Tragflächen erkennen.

Drei Maschinen fangen Feuer

Plötzlich rief McEvilly: „Jetzt kommt unserer IP' (Initial Point, Ablaufpunkt). Vor mir flog unser erster Schwarm, unten voraus sah ich das Ziel. Unsere Navigation hatte trotz der schlechten Sichtverhältnisse ausgezeichnet geklappt. Den A-20 vor uns erging es übel, aber es war bestimmt genauso schlimm, dabei zusehen zu müssen. Sie hatten ihren Tiefflug über dem Ziel bereits eingeleitet, als sprichwörtlich die Hölle losbrach. Ein Sperrfeuer von 1.500–2.000 Schuß schlug ihnen entgegen, als sie gerade ihre Bomben ausklinkten; drei getroffene Maschinen explodierten. Wir konnten nicht länger zusehen, da auch wir unser Manöver einleiten und in den horizontalen Tiefflug gehen mußten.

Wir waren jetzt auf das Schlimmste gefaßt. McEvilly

Angriffsziel Deutschland

denen zugunsten der Bewaffnung auf große Reichweite verzichtet wurde. Neben einer Bombenlast von fast zwei Tonnen konnte die Invader sechs (später acht) 12,7-mm- Maschinengewehre im Bug und weitere vier in elektrisch gesteuerten Waffentürmen auf der Rumpfober- und -unterseite mitführen. Darüber hinaus bestand noch die Möglichkeit, weitere acht MGs in Anbaubehältern unter den Tragflächen einzusetzen.

Daneben setzte die USAAF noch einen weiteren Bomber mit der Bezeichnung B-26 ein. Die Martin B-26 Marauder, ein siebensitziger leichter bis mittlerer Bomber, diente seit Mitte 1943 bei der Eighth Air Force. Für Kurzstreckeneinsätze konnte die Marauder ihre enorme Bombenlast um 50% steigern. Sie operierte in mittleren Höhen um 12.000 Fuß (3.500 m) ebenso wie im Tiefflug. Bei Tiefflugeinsätzen flogen die Marauders gewöhnlich mit ihrer Spitzengeschwindigkeit von rund 480 km/h in Baumwipfelhöhe bis zum Ablaufpunkt und zogen dann für den Bombenabwurf ins Ziel auf 60 m hoch. Aus Baumwipfelhöhe hat-

Douglas A-20G Havoc

Die erste Havoc, die im Juni 1942 in England eintraf, war eine A-20C mit verglastem Bug für den Bombenschützen. Sie wurde bald von der A-20G mit Maschinengewehren im Bug abgelöst. Obwohl als Bomber weniger treffsicher als ihre Vorgängerin, war sie dank ihrer schweren Bewaffnung unersetzlich bei Einsätzen zur Gefechtsfeldabriegelung und Nahunterstützung.

INVASIONSSTREIFEN
Zur besseren Kenntlichmachung während der Landung in der Normandie erhielten die Flugzeuge der Alliierten diese schwarzen und weißen Streifen auf den Tragflächen. Zufälligerweise waren die Markierungen am Seitenruder der Maschinen der 410th BG genauso.

BUGBEWAFFNUNG
Der stabile Bug der A-20G faßte sechs 12,7-mm-Maschinengewehre für Tiefflugangriffe oder auch vier 20-mm-Kanonen zur Erhöhung der Schlagkraft.

TRIEBWERK
Zwei Wright-R-2600-3-Double Cyclons-Sternmotoren mit je 1.600 PS trieben einen Dreiblatt-Hamilton-Standard-Propeller an.

Am 6. Juni 1944, dem Tag der alliierten Landung, flog diese Douglas A-20 nach Deutschland, um die deutschen Verteidigungsanlagen und die gegen die Alliierten geschickten Einheiten zu zerstören. Die amerikanischen mittleren Bombergeschwader waren bei der 9th Air Force in England stationiert.

BOMBENLAST
1.815 kg Bomben konnte die A-20G im internen Bombenschacht mitführen; später kamen noch 227 kg Bomben unter den Tragflächen dazu.

---

fingerte am Visier, und ich sah mich schnell um. Alle Maschinen flogen noch in Position, mein eigenes Flugzeug war bereits ganz schön durchlöchert. Beim Hinausschauen sah ich noch, wie sich in meiner linken Tragfläche zwei zehn Zentimeter große Löcher auftaten. Mike sagte: ‚So lassen – links – links‘ und dann das lang erhoffte ‚Bomben los‘.

Nachdem die Bomben ausgeklinkt waren, ging ich in eine steile Linkskurve nach unten und drehte mich noch einmal um. Was ich sah, gefiel mir ganz und gar nicht.

Ran an den Boden

Mindestens 2.000 Schuß schwerer Flakmunition hüllten uns ein, dazu kam noch die Leuchtspurmunition der leich-

ten Flak. Ich wollte mir Deckung suchen und so schnell wie möglich im Gelände verschwinden, aber als wir nach unten gingen, wurde das Flakfeuer immer stärker, und McEvilly brüllte über die Sprechanlage: ‚Ich glaub kaum, daß wir je heil runterkommen!‘

Ein kurzer Blick rundum sagte mir, daß er recht hatte. Vor mir sah ich eine niedrige

Angriffsziel Deutschland

Tiefflugbombenangriffe waren nur schwer abzuwehren, so gingen relativ wenige Maschinen verloren. Diese über dem Ziel von der Flak getroffene A-20 war eher die Ausnahme.

LEISTUNG
Wegen ihrer modernen Systeme und ihrer Wendigkeit war die Havoc bei den Besatzungen sehr beliebt. Sie erreichte eine Spitzengeschwindigkeit von 545 km/h.

OBERER WAFFEN-TURM
Der offene MG-Stand auf dem Rumpfrücken der früheren Versionen wurde bei der A-20G durch einen geschlossenen Martin-Waffenturm mit zwei 12,7-mm-Maschinengewehren ersetzt.

KENNZEICHEN
Diese Maschine trägt die Kennzeichen der 647th Bomb Squadron/410th Bomb Group, die zur 9th Air Force gehörte.

UNTERE HECKKA-NONE
Zum Schutz der empfindlichen Unterseite des Flugzeugs baute man in der hinteren Rumpfwanne ein einzelnes 12,7-mm-Maschinengewehr ein. Bei früheren Versionen hatte die Waffe nur ein Kaliber von 7,62 mm.

ten die Bomben keine Durchschlagskraft, und eine aus dieser Höhe abgeworfene Bombe mit Abstandszünder hätte wahrscheinlich das Flugzeug gleich mit zerstört; aus diesem Grund verwendete man im allgemeinen Zeitzünder.

Unter Beschuß

Ein A-20-Pilot berichtet von der Einübung der Zusammenarbeit mit den Truppenkommandos, die sich auf die Invasion vorbereiteten: „Wir legten übungsweise Nebelwände von einer Waldecke zum nächsten Hügel, immer in Baumwipfelhöhe." Als es dann ernst wurde, mußte der Pilot zwar, wie geübt, künstlichen Nebel verstreuen, doch jetzt über See und in Wellenhöhe – nicht ganz das, was er eigentlich trainiert hatte.

„Das einzige Problem, um das wir uns bei unseren Tiefflugbombardierungen Gedanken machen mußten, war die leichte Flak", sagte ein anderer A-20-Pilot. „Wenn die Flugabwehrkanone von links oder von rechts feuerte, konnte man die Leuchtspurmunition auf sich zukommen sehen. Das beste Ausweichmanöver bestand dann in abrupt ausgeführten vertikalen Bewegungen. Noch günstiger war es freilich, wenn man ein Hindernis zwischen sich und dem Schützen hatte, einen Baum vielleicht oder einen Heuhaufen. Wenn der Flakschütze einen dann wieder im Visier hatte, war man schon längst kilometerweit weg. Wenn man von vorne beschossen wurde, war es am besten, direkt auf den Schützen zuzufliegen. Im Falle eines Abschusses würde die Maschine dann direkt in die Stellung des

Wolkendecke, auf die wir jetzt zuflogen. Wir waren in etwa 2.500 Fuß (750 m), und Meldrum feuerte auf die Flakstellungen.

In diesem Moment spürte ich, daß meine Ruderpedale keinen Widerstand mehr fanden. Die A-20 flog trotzdem noch recht gut. Als wir gerade in die Wolkendecke eintauchten, meldete Hyroad, daß eine unserer Maschinen offenbar abstürzte oder zumindest aus der Formation herausgefallen war.

Als wir abdrehten, sah ich, daß wir das Ziel voll getroffen hatten. Aber wir hatten keine Zeit, uns zu freuen.

Wie ein Sieb

Die Wolkendeckung funktionierte prächtig: sie war dick genug, um uns abzuschirmen, aber doch noch dünn genug, um in Formation zu bleiben. Plötzlich kamen wir in dicke Wolken, die uns – bis auf eine A-20 – von den anderen Maschinen trennten. Als ich

KRAFTSTOFF
Der Kraftstoff der Havoc befand sich in Tragflächentanks, die ihr bei normaler Bombenlast eine Reichweite von 1.755 km verliehen.

Im Flug auf Deutschland

Schützen stürzen – eine Perspektive, die es dem Flak-Schützen meistens geraten sein schien, in Deckung zu bleiben."

Die Rheinüberquerung

Anfang Juli hatten die Havocs und die Marauders praktisch jede Brücke über die Seine nördlich von Paris und die meisten Brücken über die Loire zerstört. Die Bemühungen der Deutschen, kriegswichtige Brükken, Rangierbahnhöfe und Eisenbahnknotenpunkte so schnell wie möglich wieder instandzusetzen, wurden durch eine zweite Angriffswelle der Air Force sofort wieder zunichte gemacht.

Das gleiche Schema wiederholte sich, nachdem die Truppen der Alliierten den Rhein überschritten hatten und in deutsches Gebiet vorgedrungen waren.

Im November 1944, fünf Monate nach der Landung, hatten die Alliierten in Frankreich bereits fest Fuß gefaßt. Die Havocs wurden nun noch durch die schnelleren Invaders ergänzt. Die Havocs jedoch führten den entscheidenden Schlag gegen Hitlers Wehrmacht.

Im unwegsamen Gelände der Ardennen in Südbelgien versuchten von Rundstedts Panzereinheiten verzweifelt, zur Küste durchzubrechen und einen Keil zwischen die Einheiten der Alliierten zu treiben. Seine Panzer wurden zum Ziel für die Havocs der 410th Bomb Group der 9th Air Force, die von Behelfsflugplätzen in Frankreich aus starteten. Während der fünf Tage vor Weihnachten 1944 warf dieses Bombergeschwader nicht weniger als 802.177 kg Bomben auf die deutschen Panzer. Im Laufe des Winters wurden die Havocs sogar als Nachtbomber eingesetzt.

Consolidated B-24 Liberator
Die B-24 wurde zur Zerstörung strategischer Ziele in Deutschland, aber auch für andere Aufgaben eingesetzt. Die schwarzgestrichenen B-24 „Carpetbaggers" der 801st beispielsweise dienten zum Absetzen von Agenten und zum Abwurf von Propagandamaterial für die französische „Résistance".

Douglas A-26 Invader
Die A-26 Invader, ein leistungsstarkes, mittleres Bomber-/Nahunterstützungsflugzeug, diente im November 1944 bei der 9th Air Force und blieb auch nach dem Krieg noch viele Jahre im Einsatz. „Stinky", eine A-26B der 52nd BS/386th BG, war im April 1945 in Beaumont-sur-Oise in Frankreich stationiert.

„Chow hound"

Nicht nur die A-20- und die A-26-Staffeln, sondern alle Staffeln der USAAF, die zur taktischen Unterstützung eingesetzt wurden, saßen den Bodentruppen hart im Nacken, um Deutschland so schnell wie möglich einzunehmen und den Krieg erfolgreich zu beenden. P-47 und P-51 überquerten den Ärmelkanal und operierten von französischen und deutschen Flugplätzen aus, manchmal sogar nur wenige Stunden, nachdem diese von der Luftwaffe geräumt worden waren. Damit verkürzte sich die Zeit, die sie bis zu ihren Zielen brauchten, auf Minuten.

Die Alliierten brauchten fast sieben Monate, um bis nach Deutschland vorzudringen. Zwei Monate später beging Hitler Selbstmord, und seine Nachfolger kapitulierten. Im letzten Kriegsjahr waren großangelegte Bombenangriffe auf die deutsche Industrie und auf Großstädte zur Regel geworden. Während dieser Zeit warf die US Air Force 75 % der gesamten von ihr im Zweiten Weltkrieg eingesetzten Bombenmenge ab, einen Teil davon in Erprobungsversuchen.

Gegen die meterdicken Betondecken der U-Boot-Bunker hatte die RAF eine neue Bombe, die Grand Slam mit 10 Tonnen Gewicht, entwickelt. Eine RAF-Lancaster konnte gerade eines dieser Schwergewichte bis zur Ruhr schleppen. Die USAAF ging dasselbe Problem auf

mein Flugzeug durchcheckte, bemerkte ich, daß der Öldruck fiel und der Kraftstoffdruck niedrig war. Das roch stark nach einem kurz bevorstehenden Motorausfall.

Instrumentenflug mit nur einem Motor ist schon schwierig genug, ohne Seitenruder jedoch praktisch unmöglich. Ich prüfte die Trimmklappe – sie war in Ordnung. Ich befahl McEvilly

und den Schützen, sich für den Absprung bereit zu halten. Wenn die Trimmklappe nicht das Ruder ersetzt hätte, so hätte ich auch noch den funktionierenden Motor abstellen und die Maschine aufgeben müssen.

Und als ob das alles nun nicht genügte, setzte sich auf einmal überall Eis an. Innerhalb weniger Sekunden hatten wir eine zwei bis drei Zentimeter

dicke Eisschicht auf den Tragflächen – ein merklicher Gewichtszuwachs. Der Motor lief immer noch – nun würde er wohl auch weiter durchhalten.

Kaum waren wir aus den Wolken heraus, wurden wir wieder unter Beschuß genommen. Wir konnten zwar Wasser unter uns sehen, befanden uns aber immer noch über Land. 90 Flugsekunden trennten uns von

der Küste. Mittlerweile war uns alles gleich, und wir flogen geradewegs ins Freie, schlugen nur hin und wieder ein paar Haken. Mit einer letzten Salve schwerer und leichter Flak ver-

andere Weise an: mit Raketenunterstützung. Die „Disney bombs" mit einem Gewicht von nur 2.132 kg hatten eine Aufprallgeschwindigkeit von 730 m/sek und konnten ohne weiteres sieben Meter Beton durchschlagen.

Bei anderen Versuchen wurden funkgesteuerte Bomben, fernseh-gesteuerte Drohnen-Flugzeuge und – die vielleicht

folgenreichste Neuerung – eine neue Brandbombe eingesetzt. Die später im Vietnamkrieg zu trauriger Berühmtheit gelangten Napalmbomben bestanden aus einer in Gelform konzentrierten Mischung von Benzin und Seifenderivativen.

Im Rahmen eines Sonderabkommens mit den Deutschen, das den Maschinen temporäre Immunität verlieh, so lange sie

in bestimmten Luftkorridoren blieben, war die Eighth Air Force auch an einer humanitären Hilfsaktion beteiligt. In der ersten Maiwoche warfen amerikanische Flugzeuge in der Gegend um Rotterdam und Den Haag etwa 3.000 Tonnen Nahrungsmittel ab. Für zahlreiche Menschen bedeutete dies die Rettung vor dem Hungertod.

Der letzte Tag dieser sogenannten „Chow Hound"-Einsätze fiel mit dem formalen Kriegsende in Europa zusammen, als General Jodl bei Reims vor General Eisenhower kapitulierte. Der Krieg im Pazifik ging jedoch weiter.

Einheiten der Eighth Air Force wurden gleich nach dem Kriegsende in Europa in die Vereinigten Staaten zurückbeordert und von dort aus in das pazifische Kriegsgebiet gesandt.

Der vier Jahre während Einsatz der amerikanischen Army Air Force in Nordeuropa hatte 79.000 Männer dieses Kommandos das Leben gekostet.

Medaillenflut

Allein in der Eighth Air Force wurden vierzehn Tapferkeitsmedaillen, 220 Kriegsverdienstkreuze, 817 Kriegsauszeichnungen sowie 150.000 Medaillen für „außerordentliche Leistungen im Kampf" verliehen. Auf diese Weise würdigte man den Einsatz der aus allen Alters- und Gesellschaftsschichten Amerikas stammenden Kampfpiloten.

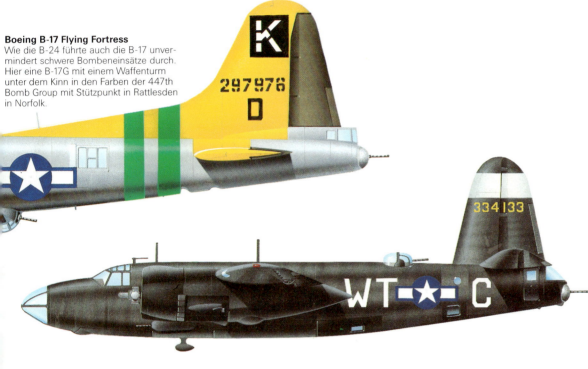

Boeing B-17 Flying Fortress
Wie die B-24 führte auch die B-17 unvermindert schwere Bombeneinsätze durch. Hier eine B-17G mit einem Waffenturm unter dem Kinn in den Farben der 447th Bomb Group mit Stützpunkt in Rattlesden in Norfolk.

Links: Eine Douglas A-26 Invader gerät ins Trudeln, nachdem ihr die Flak über Deutschland eine Tragfläche weggeschossen hat. Die A-26 war eine Verbesserung der A-20 mit großer Schlagkraft und ausgezeichneter Leistung.

Martin B-26 Marauder
Trotz ihrer – gewöhnungsbedürftigen – hohen Tragflächenbelastung und ihres Dreipunkt-Fahrgestells erwies sich die Marauder dank ihrer ausgezeichneten Aerodynamik als bester mittlerer Bomber des Zweiten Weltkriegs. Die hier abgebildete B-26G hatte für Nachteinsätze über den Ardennen diesen schwarzen Tarnanstrich erhalten. Sie diente bei der 456th BS/323rd BG in Laon.

Lockheed P-38 Lightning
Der P-47 und der P-51 zwar im Luftkampf unterlegen, war die Lightning dennoch ein wendiger, schwerbewaffneter Jäger mit großer Reichweite. Die Lightnings folgten den siegreichen Armeen nach Europa, wie diese P-38J der 401st FS/370th FG mit Stützpunkt in Florennes, Belgien, im November 1944.

Oben: Kaum hatten die Deutschen die Flugplätze geräumt, zogen die Alliierten ein. Hier startet eine P-38 von einem Flugplatz in Luxemburg aus, kurz nachdem er von den deutschen Jägern geräumt wurde.

abschiedete sich der Feind von uns.

Über dem Ärmelkanal machten wir eine Bestandsaufnahme. Unsere A-20 sah wohl aus wie ein Sieb, flog aber noch mit beiden Triebwerken.

Der Aufschlag

Als wir uns der englischen Küste näherten, entschieden uns zu einer Notlandung.

Nachdem wir in einem weiten Bogen um das Flugfeld geflogen waren, kamen wir zum Landeanflug herein. Ich wollte ohne Ruder keine engen Kurven fliegen, und so brauchten wir vier Minuten für die Platzrunde. Wir hatten starken Seitenwind, und ich wußte, daß wir schräg aufsetzen würden, da ich das Flugzeug auch im letzten Moment nicht ausrichten

konnte. Plötzlich schlugen wir auf und holperten über die Piste. Ich wußte sofort, ohne mich umzusehen, daß wir einen platten Reifen hatten, und sagte meinen Leuten, sie sollten sich festhalten. Wir bewegten uns auf eine Böschung zu, kamen jedoch noch rechtzeitig zum Stehen. Als ich aus der Maschine geklettert war, küßte ich vor Freude den Boden."

Lockheed A-28 und A-29 Hudson

Die Lockheed 14 Super Electra, ein zum Kampfflugzeug umfunktioniertes Verkehrsflugzeug, bildete die Basis für den Hudson-Küstenpatrouillenbomber, der für die RAF gebaut wurde. Nach Direktkäufen der RAF flog der Typ im Rahmen des Leih-Pacht-Gesetzes. Den Anfang machte die USAAF mit einem Auftrag über 52 A-28 (ähnlich wie die Hudson Mk I) mit Pratt & Whitney-R-1830- 45-Sternmotoren, die dann nach England weitergeleitet wurden. Danach folgten 450 A-28 mit umrüstbarem Innenraum zum Truppentransport, die ebenfalls an die RAF gingen. Die Produktion wechselte nun zur A-29 mit Wright-Triebwerken. Zusätzlich zu den 416 Maschinen dieses Typs führte man Großbritannien noch 384 umrüstbare A-29As zu. Spezifische US-Modelle waren die AT-18- Version der A-29A mit einem Waffenturm auf dem Rumpfrücken zur Schützenausbildung und die AT-18B zum Navigationstraining (217 bzw. 83 Stück).

Technische Daten: Lockheed A-29
viersitziger leichter Jagdbomber/
Seepatrouillenflugzeug
Spannweite: 19,96 m
Länge: 13,51 m
Triebwerk: zwei Wright R-1820-87
mit je 895 kW (1.217 PS)
Bewaffnung: fünf 7,62-mm-MGs
auf Türmen in Rumpfober- und -unterseite
sowie fest im Bug installiert plus max. 726 kg
Bomben unter den Tragflächen
Max. Startgewicht: 9.526 kg
Höchstgeschwindigkeit: 407 km/h
in 15.000 Fuß (4.570 m) Höhe
Einsatzreichweite: 2.500 km

North American B-25 Mitchell

Der erste Prototyp (Bezeichnung NA-40) absolvierte im Januar 1939 seinen Jungfernflug. Es folgten 24 B-25, die vorwiegend zu Versuchszwecken dienten. Die erste einsatztaugliche Variante war die B-25A, von der 40 Stück gebaut wurden. Die Produktionszahlen stiegen dann mit den nächsten Modellen steil nach oben: Bei der B-25B (mit Waffentürmen auf der Rumpfober- und -unterseite, ohne Heckgeschütze) waren es 119; bei der B-25C schon 1.619 (mit verschiedenen Triebwerken und Außenaufhängungen für Bomben); 2.290 Exemplare bei der im Prinzip ähnlichen B-25D; 405 bei der B-25G mit einer 75-mm-Bugkanone; bei der B-25H (mit geänderter Bewaffnung und ohne Waffenturm auf der Rumpfoberseite) 1.000 und bei der B-25J mit Halterungen für schwerere Bomben (bei späteren Modellen mit acht schweren MGs im Bug) sogar 4.318 Stück. Daneben existierten noch einige Versuchsmodelle.

Technische Daten: North American B-25H Mitchell
fünfsitziger mittlerer Bomber
Spannweite: 20,60 m
Länge: 15,54 m
Triebwerk: zwei Wright R-2600-17
mit je 1.268 kW (1.724 PS)
Bewaffnung: eine 75-mm-Bugkanone und
vierzehn 12,7-mm-MGs in Türmen
auf Rumpfober- und -unterseite und
im Heck sowie fest installiert im Bug
plus max. 1.452 kg Bomben oder ein
907-kg-Torpedo im internen Waffenschacht
Max. Startgewicht: 16.351 kg
Höchstgeschwindigkeit: 443 km/h
in 13.000 Fuß (3.960 m) Höhe
Einsatzreichweite: 2.170 km

North American A-36 Invader

Bei der A-35, von der man heute kaum mehr spricht, handelte es sich um die erste Variante der berühmten P-51 Mustang, die bei der USAAF in Dienst ging. Das Serienmodell A-36A wurde unter der Firmenbezeichnung NA-97 entwickelt als Variante der ersten P-51 (die USAAF-Bezeichnung für die britische Mustang Mk IA) mit sechs Maschinengewehren anstelle der vier 20-mm-Kanonen in den Tragflächen. Sie sollte mit zwei Unterflügelaufhängungen zur Flächen- und Sturzflugbombardierung dienen. Als einzige Mustang-Variante besaß sie über und unter den Tragflächen hydraulisch gesteuerte Sturzflug-Bremsklappen. Das erste Modell flog im September 1942. Im März 1943 waren alle 500 Exemplare fertiggestellt. Die A-36A wurde vor allem bei der Invasion Siziliens und Italiens im Juli und im September 1943 eingesetzt.

Technische Daten: North American
A-36A Invader, einsitziger Flächen-
und Sturzflugbomber
Spannweite: 11,34 m
Länge: 9,83 m
Triebwerk: ein Allison V-1710-87
mit 988 kW (1.344 PS)
Bewaffnung: sechs 12,7-mm-MGs
sowie zwei 227-kg-Bomben
unter den Tragflächen
Max. Startgewicht: 4.536 kg
Höchstgeschwindigkeit: 500 km/h
in 10.000 Fuß (3.050 m) Höhe
Einsatzreichweite: 885 km

Vultee A-35 Vengeance

1940 bestellte Großbritannien in den USA die Vultee V-72, die als Sturzflugbomber unter der Bezeichnung Vengeance Mk I begrenzt eingesetzt wurde. Nach dem Inkrafttreten des Leih-Pacht-Gesetzes im März 1941 erhielt der Typ die Bezeichnung A-31. Die 243 Maschinen, die nun an die USA zurückfielen, hießen nach wie vor V-72, da sie zuvor noch keine US-Dienstbezeichnung getragen hatten. Sechs V-72 (eine XA-31A/B und fünf YA-31Cs verwandte man zu Entwicklungszwecken. Aus ihnen ging schließlich die A-35 hervor. Die USAAF erhielt unter dieser Bezeichnung 100 Exemplare der verbesserten Vengeance Mk I mit dem 1.193 kW (1.622 PS) starken R-2600- 19-Triebwerk. 99 davon wurden später zu A35-As, nachdem man sie mit vier 12,7-mm-Maschinengewehren in den Tragflächen nachgerüstet hatte. Danach folgten 831 Exemplare der A-35B mit einer stärkeren Bewaffnung und stärkerem Triebwerk.

Technische Daten: Vultee A-35B Vengeance
zweisitziger Sturzkampfbomber
Spannweite: 14,63 m
Länge: 12,11 m
Triebwerk: ein Wright R-2600-13
mit 1.268 kW (1.724 PS)
Bewaffnung: sieben 12,7-mm-MGs
(sechs fest in den Tragflächen ein-
gebaut und eines hinten im Cockpit)
sowie eine interne Bombenlast von 907 kg
Max. Startgewicht: 7.440 kg
Höchstgeschwindigkeit: 450 km/h
in 13.500 Fuß (4.100 m) Höhe
Einsatzreichweite: 3.700 km

Eine Junkers Ju 88 aus der Schiffsperspektive. Die Maschine gehört Peter Stahls Einheit an, der 9./KG 30; sie nähert sich zum zweiten Zielanflug, nachdem sie beim ersten Angriff zwei 500-kg-Bomben eingesetzt hatte.

Ju 88

Schiffszerstörer

Oben: Zwei Bf 109 begleiten diese Ju 88 der Luftwaffe. Die Ju 88 war das vielseitigste Kampfflugzeug des Zweiten Weltkriegs; sie wurde zur Bombardierung, Aufklärung, Tag- und Nachtjagd, Seezielbekämpfung, Panzerjagd, Nahunterstützung und Ausbildung eingesetzt. Die Briten besaßen mit der Mosquito ein ähnliches Allzweckmuster.

Links: Das Leitwerk verzeichnet zwanzig Schiffstreffer! Die landkartenartige Skizze symbolisiert die Operation gegen Schiffskonzentrationen im Raum Scapa Flow in Schottland.

Luftwaffenpilot Peter Stahl schildert einen Kampfeinsatz mit der Ju 88 gegen britische Schiffe. Die Besatzungen sind dazu übergegangen, ihre Angriffe bei schlechtem Wetter durchzuführen, um die beständigen schweren Verluste in Grenzen zu halten. Neu zuversetzte Flieger überlebten häufig nicht einmal drei oder vier Feindflüge.

❝Seit gestern gehöre ich zum auserwählten Kreis der Experten. Als Zerstörerbesatzungen führen wir ausschließlich Sonderaufträge durch. Mein erster Einsatz richtet sich gegen britische Schiffseinheiten im Raum der Humber-Mündung.

Meine Ju 88 kämpft sich durch eine durchbrochene Wolkenschicht in niedriger Höhe. Heftige Böen peitschen die Maschine und lassen das Meer aufbrodeln, als koche es.

Ich nähere mich von Norden und sehe vor mir die Mündung des Humber. Es wimmelt von Schiffen. Kleine Boote ziehen emsig an ‚dicken Pötten' vorbei. Niemand nimmt auch nur die geringste Notiz von uns.

Ich beschließe, sofort anzugreifen und peile den nächsten größeren Frachter an, indem ich nach steuerbord abkippe. Die Ruhe da unten wirkt unheimlich.

Instinktiv führe ich die Maschine in Abwehrmanöver gegen das Feuer der leichten Flakgeschütze, das uns plötzlich von allen Seiten entgegenschlägt. Schützend hüllen uns die Wolken ein; eine Weile folgen uns die Leuchtspurgeschosse allerdings selbst noch dorthin. Schließlich beruhigt sich alles wieder.

Stille Besatzung

Ich lasse die Ju 88 steigen und nehme Kurs in Richtung Heimat. Keiner sagt ein Wort. Aus Verlegenheit fische ich mir ein Brot aus der Knietasche und beginne zu essen. Als ob das die Situation entspannen könnte! Das Flugzeug ist jetzt leicht und wir steigen durch die Wolken in den klaren Himmel.

Der klare Himmel beruhigt allmählich meine Nerven, und ich denke an meinen ersten Einsatz zurück, als sich der Feind im Rückzug auf Calais befand. Unser Ziel war Cherbourg.

In aller Ruhe bereitete ich mich auf den bevorstehenden Sturzangriff vor, der dank gründlicher Ausbildung für mich Routine bedeutete.

Mein Sturzflug verlief lehrbuchmäßig. Ein leichter Druck auf den roten Auslöserknopf am Steuerknüppel, ein plötzliches Rucken der Maschine – und die Bomben waren weg. Die Ju 88 brach den Sturzflug automatisch ab. Mit vier- bis fünffacher Erdbeschleunigung wurde man gegen den Sitz gepreßt, so daß man für einen Augenblick das Bewußtsein verlor und ‚der graue Vorhang' fiel, wie wir es nannten. Dann schoß die Maschine mit 500 km/h auf dem Fahrtmesser nach oben. Ganz automatisch führte ich Ausweichmanöver durch, doch sie waren gar nicht nötig. Mein Bordschütze in der Rumpfwanne schrie, daß wir getroffen hätten. Anschließend herrschte friedvolle Stille. Die bestandene Feuertaufe ließ den herrlichen Rückflug in der Abenddämmerung noch schöner wirken.

Jetzt aber liegen die Dinge völlig anders. Am Tage können wir uns nur noch bei wirklich schlechtem Wetter über Feindgebiet wagen, sonst werden wir mit Sicherheit von Spitfires und Hurricanes angegriffen. Monatelange Einsätze gegen einen zunehmend besser bewaffneten Gegner haben unsere Nerven aufgerieben. Auch ist eine deutliche Kluft zwischen dem Bodenpersonal und den fliegenden Besatzungen der Staffel zu spüren. Die Ursache liegt bei den konstant hohen Verlusten. Der Nachwuchs in den Verbänden hat kaum Gelegenheit, mit dem technischen Personal warm zu werden. Hinzu kommt, daß die Ausbildung der jungen Flieger immer mehr zu wünschen übrigläßt. Das wiederum wirkt sich negativ auf die Arbeitsbedingungen des Bodenpersonals aus,

das immer häufiger unter unbegründeten Beschwerden der Neulinge zu leiden hat.

Nicht zuletzt steigert auch die Ablehnung, die wir alten Hasen dem Führungsstab entgegenbringen, die Verstimmung in den Verbänden. Nur allzu häufig müssen wir gegen alle Vernunft von oben befohlene Einsätze fliegen. Man erwartet zudem von uns, daß wir einzelne Stabsoffiziere auf relativ gefahrlosen Kampfeinsätzen mitnehmen. Man benutzt uns dazu, sie in größtmöglicher Sicherheit erfolgreich durch den ‚Einweisungslehrgang für das Eiserne Kreuz 2. Klasse' zu schleusen und – das scheint mindestens ebenso wichtig zu sein – dafür zu sorgen, daß sie für ein weiteres Jahr ihre Fliegerzulage beziehen können.

Zurück zum Humber

Diese Mißstände beschäftigen mich, ebenso die Gewißheit, daß wir bei dieser andauernden Schlechtwetterlage erneut gegen die im Mündungsgebiet des Humber liegenden Schiffe eingesetzt werden. Nur durch einen Erfolg kann ich das Vertrauen meiner Besatzung wieder zurückgewinnen.

Am nächsten Morgen setzt ein Blick auf die tiefhängende Wolkendecke die Nervenmühle sofort wieder in Bewegung. Während der Busfahrt zur Maschine beklagen sich meine Leute, daß sie so nicht weitermachen könnten. Nacht für Nacht harte Einsätze, gefolgt von ‚Vergnügungsflügen' (ihre Umschreibung für mein vorhergehendes Versagen), oder eben diese Sondereinsätze am Tag.

‚Sie nehmen einfach jeden Auftrag an. Niemanden kümmert es, wie die Besatzung darüber denkt!', beklagt sich Hein, der Funker.

Es stimmt, daß alle anderen Besatzungen weniger fliegen als wir. Richtig ist aber auch, daß wir nach einer längeren Pause, zum Beispiel nach einem Urlaub, stets mehr Angst und Unsicherheit vor dem nächsten Einsatz verspüren als sie.

Bis heute haben wir es auf 60 Kampfeinsätze gegen die britische Insel gebracht; der größte Teil spielt sich nachts ab. Im Schnitt überleben unsere neuen Besatzungen höchstens drei oder vier Nachteinsätze.

Was immer jetzt auch in den Köpfen meiner Besatzung spuken mag, nach dem Ritterkreuz

Oben: Der voll verglaste Bug gab gute Sicht für Angriffe aus dem Sturzflug. Durch die Windschutzscheibe ragte über die Bugoberseite das Rohr eines 7,92-mm-MG 81.

Stahl sucht verzweifelt nach Deckung in den Wolken, um den vier Hawker Hurricanes zu entkommen, die seine Ju 88 jagen. Zur Abwehr konnte der Bordschütze/Bordmechaniker zwei nach hinten feuernde MG 81 Maschinengewehre einsetzen.

Eine mit Bomben beladene Ju 88 des KG 30 steht hier einsatzbereit neben einer Heinkel He 111. Der Bombenschütze bediente auch die einzelne Bugmaschinenkanone MG 131 vom Kaliber 13 mm.

Oben: Techniker verschieben eine Ju 88 des KG 30. Der interne Waffenschacht konnte mit 500 kg Bomben beladen werden. Bei einigen Versionen ließen sich an Außenlastträgern unter den Innenflügeln 1.000 kg Bomben mitführen.

Rechts: Ein Pilot posiert vor der Erfolgsbilanz auf seiner Maschine. Die zehn Schiffsumrisse sind mit Tonnage- und Trefferdaten (29. August 1941 bis 11. August 1942) versehen. Die Nase unter dem Leitwerk barg ein Heckradarwarngerät.

Junkers Ju 88A-5

Diese Junkers Ju 88A-5 der 9. Staffel des KG 30 flog der Autor dieses Berichts, Luftwaffenpilot Peter Stahl, im Jahre 1941 vom holländischen Fliegerhorst Gilze Rijen aus.

Unten: Ju 88 des KG 28 rollen zum Start für einen neuerlichen Angriff gegen die britische Flotte. Sie sind mit einem Arsenal von Bomben und Minen bewaffnet.

BESATZUNG
Der Flugzeugführer der Ju 88 flog auf einem gepanzerten Sitz; der Kopilot fungierte zugleich als Bombenschütze. Der Funker bediente das nach hinten feuernde MG in der Bauchgondel. Der vierte Mann war der Bordmechaniker und Heckschütze.

habe ich nie gestrebt. Es ist meine feste Absicht, diese Besatzung zur besten der Staffel zu machen; nur Experten haben Überlebenschancen.

Ich frage sie: ,Warum, glaubt ihr, fallen die anderen Besatzungen eine nach der anderen vom Himmel, über England oder hier? Laßt es euch gesagt sein: entweder, weil sie ihr Geschäft nicht beherrschen, oder weil sie weich geworden sind!'

Ich bin wütend und nervös, als ich meinen Fallschirm anlege

und mich im Sitz anschnalle. Unser Navigator Hans braucht eine halbe Ewigkeit, um seinen langen Körper über die schmale Leiter durch die kleine Einstiegsluke zu zwängen. Wie üblich flucht er über die ,Idioten, die solch ein Flugzeug bauen'. Hein trällert sein ewiges ,Das Wandern ist des Müllers Lust'. Dieses alberne Volkslied reizt mich fast zur Weißglut. Nur Theo, der Bordschütze, erscheint ungerührt. In Wahrheit sind wir aber alle gleichermaßen nervös und

gereizt. Jeder reagiert nur anders auf den Druck, unter dem wir alle stehen.

Bremsklötze weg

Für mich geht heute alles viel zu langsam. ,Ewig dieselbe Trödelei, bis ihr Heinis endlich alle in der Kiste sitzt!'

Die Kontrolleuchten glimmen auf. Die Instrumente zucken auf. ,Backbord klar!' Der Anlasser summt. Zündung ein. Der Propeller ruckt an. Rote Flammen züngeln aus dem Auspuff, als der Motor zögernd einen Teil seiner 1.200 PS zu entwickeln beginnt. ,Steuerbord klar!' Der rechte Motor spuckt einige Male, bevor auch er ruhig läuft. Zur Prüfung der Zündung und der Generatoren schiebe ich die Gashebel nacheinander bis zum Anschlag vor. Ich kontrolliere den Öldruck, die Temperatur von Schmieröl und Kühlwasser, Ladedruck, Kraftstoffdruck, Hydraulikdruck, Ölstand und Kraftstoffmenge. Weg mit den Bremsklötzen vor den Rädern…

Ich bin entschlossen, jeden Meter der Startbahn zu nutzen und stelle die Ju 88 weit hinter der ersten grünen Lampe auf. Noch einmal alles überprüfen.

Heckradsperre ein. Klappen auf 25° ausfahren. Trimmung auf ,normal' – alles klar?

,Dann los!'; das Echo der Crew kommt prompt. Das zeigt mir, daß alles wieder in Ordnung ist und die Differenzen zwischen uns beigelegt sind.

Gashebel voll vor. Die Motoren heulen auf, und die Auspuffstummel spucken lange Flammen aus. Die Füße von den Bremsen. Hans überwacht die Instrumente, während ich mich darauf konzentriere, die Maschine auf der Startbahn zu halten. Am Ruderdruck erkenne ich, wann es Zeit wird, den Schwanz anzuheben, um Fahrt zu gewinnen.

Die Piste ist 1.400 m lang. Die roten Lampen 200 m vor dem Ende der Bahn nähern sich. Mit der Linken greife ich zum Trimmrad und drehe es auf ,schwanzlastig' zurück. Gleichzeitig ziehe ich entschlossen den Steuerknüppel zum Bauch. Das Flugzeug springt einmal kurz auf und hebt dann vom Boden ab. Nur wenige Meter über dem Erdboden ,schwimmen' wir schwerfällig durch die Luft. Ich muß mich vorbeugen, um den Fahrwerkshebel zu erreichen.

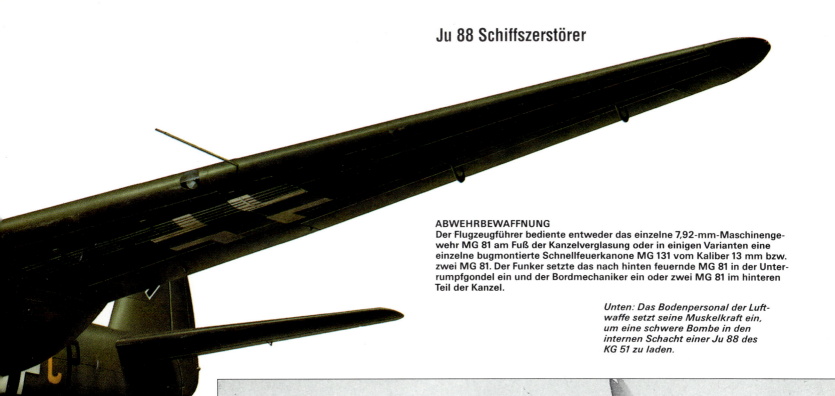

ABWEHRBEWAFFNUNG
Der Flugzeugführer bediente entweder das einzelne 7,92-mm-Maschinengewehr MG 81 am Fuß der Kanzelverglasung oder in einigen Varianten eine einzelne bugmontierte Schnellfeuerkanone MG 131 vom Kaliber 13 mm bzw. zwei MG 81. Der Funker setzte das nach hinten feuernde MG 81 in der Unterrumpfgondel ein und der Bordmechaniker ein oder zwei MG 81 im hinteren Teil der Kanzel.

Unten: Das Bodenpersonal der Luftwaffe setzt seine Muskelkraft ein, um eine schwere Bombe in den internen Schacht einer Ju 88 des KG 51 zu laden.

BOMBENLAST
Die Ju 88 führte ihre Bombenlast im internen Schacht und an Trägern unter den Innenflächen mit. Diese konnten zwar je zwei 500-kg-Bomben aufnehmen, mit voll beladenem internen Bombenschacht hing man jedoch üblicherweise nur vier Bomben mit je 100 kg oder 250 kg unter die Flächen. Diese Maschine wirft gerade eine fallschirmgebremste Luftmine.

‚Fahrwerksräder kommen hoch', meldet Theo.

Die Anspannung hält an, bis der Höhenmesser 100 m anzeigt. Jetzt kann ich die Klappen einfahren. Die Maschine scheint dabei immer ein bißchen durchzusacken, beschleunigt dann aber rasch und beginnt wirklich zu fliegen. Mit Trimmen und einem leichten Ziehen am Knüppel helfe ich ein wenig nach. Jetzt ist es endlich soweit, daß ich die Gashebel zurücknehmen und mit Hilfe einer anderen Propellereinstellung auf Marschleistung übergehen kann.

Diesmal will ich von Süden her angreifen. Das Unglück will es, daß sich kurz hinter der Küste die Wolkendecke über See verdünnt. Immerhin können wir sie sofort entdecken: Vier Jäger steigen auf, um uns abzufangen. Ich stelle die Mühle auf die Flächenspitze und drehe die schnellste Kurve meines Lebens. Von Theo kommt die Meldung, daß die Jäger dranbleiben. Die dicke Wolke erscheint mir außer Reichweite. Nur Hans bleibt gelassen. Er beschäftigt sich mit Kompass, Steuerkurs und Rechner, als befänden wir uns auf einem Übungsflug.

Theo meldet, daß sich die Jäger in zwei Paare aufgeteilt hätten, um uns in die Zange zu nehmen. Mit Vollgas versuche ich, den rettenden Wolkenberg zu erreichen. Mir ist zwar bekannt, daß man die Entfernung der Wolken leicht überschätzt, doch die Sekunden, bis wir endlich in den Wattebausch eintauchen, scheinen mir endlos lang. Theo schreit bereits, daß die Jäger gleich in Schußposition sind. In der Wolke ist es ungewöhnlich hell; ich weiß

sofort, daß wir in Sekundenschnelle wieder draußen sein werden. Was nun folgt, ist ein Flugrennen mit tödlichem Ernst für mich und meine Besatzung.

Versteckspiel

Die feindlichen Jäger sind Hurricanes. Jedesmal, wenn sie in Schußposition kommen, gelingt es mir, wieder in der Wolke zu verschwinden; sie sind gezwungen, auf die andere Seite zu wechseln und ein neues Angriffsmanöver zu starten. Ich

weiß nicht mehr, wie oft wir dieses Versteckspiel wiederholten. Schließlich erwische ich einen dickeren Wolkenturm, von dem aus ich mich bis auf die dichte Wolkendecke von vorhin vorarbeite. Wir sind in Sicherheit, doch unseren Auftrag haben wir noch nicht erfüllt.

Beim zweiten Anflug zum Zielgebiet stoßen wir auf eine dichte Bewölkung, deren Untergrenze fast auf dem Meer aufliegt. Heftiger Schneeregen versperrt die Sicht nach vorn. Hans

Links: Das Bild zeigt eine Ju 88A-17, die mit zwei F5-Torpedos zur Schiffsbekämpfung beladen ist.

Dann kommt die Küste mit massierten Flugabwehrkanonen und einem dicht gespannten Netz von Sperrballonen.

Plötzlich tauchen unter uns schemenhaft die Schiffe auf. Es ist unmöglich, bei dieser schlechten Sicht anzugreifen. In der Hoffnung, daß sich die Sichtverhältnisse bessern, halte ich erst einmal Kurs und Höhe. Zur Linken erscheint eine dunkle Landmasse. Ich reiße die Maschine sofort nach rechts herum. Wenige Sekunden später ist wieder Land in Sicht, dieses Mal direkt voraus. Ohne es zu merken, sind wir in die Mün-

kann nur nach Kompass und Uhr navigieren. Die wenigen Minuten bis zum Zielgebiet sind kein Zuckerschlecken. Die Versuchung, die Bomben ins Meer zu werfen und einfach umzukehren, ist groß. Man könnte dies leicht mit dem schlechten Wetter rechtfertigen. Jeder, auch meine

Besatzung, würde es verstehen. Doch da gibt es immer noch mein Versagen vom Vortag. Wenn ich jetzt weich würde, erlitte mein Selbstbewußtsein wie auch das Vertrauen meiner Besatzung in meine Person als Führer einen tiefen Knacks. Mein Entschluß steht fest.

Ich ziehe eine Schleife nach Osten aufs Meer hinaus, bevor ich nach Gefühl wieder in das Gebiet einkurve, in dem gestern die Schiffe lagen. Bei diesem Sauwetter in Wellenhöhe zu fliegen, erfordert höchste Konzentration. Laut Hans sind wir in zwei Minuten über den Schiffen.

Die Sicht ist nach wie vor miserabel; ich drehe nach Norden, denn dort war das Wetter etwas besser. Die Wolkenuntergrenze steigt allmählich auf etwa 100 m an. Hein schlägt vor, die Bomben abzuwerfen und sich aus dem Staub zu machen.

‚Hans, wir müssen es noch mal versuchen.'

Hans nickt und gibt mir die Richtung an. Heftiges Schneetreiben und tiefhängende Wolken zwingen mich erneut auf Wellenhöhe hinunter.

Plötzlich reißt die Bewölkung an einer Stelle auf, und ich nutze die Lücke. Im selben Augenblick gibt Hans mir einen Stoß in die Rippen und deutet nach rechts. Ein Schiff! Es feuert bereits aus allen Rohren auf uns.

Ich greife augenblicklich an und halte genau auf den roten Leuchtspurwall zu. Wir stürzen steil hinab und nehmen Fahrt auf. Der gewaltige Schiffsbug wächst immer höher vor uns auf. Im nächsten Augenblick muß ich auch schon hochziehen, um über ihn wegzuspringen; gleichzeitig drücke ich auf den Bombenauslöser. Flüchtig nehme ich Deckaufbauten, Masten und Gefechtsbesatzungen wahr, die hinter Geschütztürmen kauern. Dann umfängt uns wieder das einheitliche Grau, das nur von Leuchtspurgeschossen durchbrochen wird.

Flak-Ausweichmanöver

Theo brüllt, wir hätten getroffen. Unser Erfolg hat jegliche Furcht schwinden lassen. Steil schießen wir in die Wolken, ich leite sofort ein scharfes Ausweichmanöver gegen das Feuer der Flugabwehrwaffen ein. In dieser Suppe ist das nicht gerade einfach. Ich muß mich auf Fluglage, Richtung und Steigwinkel konzentrieren. Ich brülle in's Mikrofon ‚Ruhe! Haltet doch endlich die Klappe oder wir liegen gleich im Wasser!'

Endlich läßt das Abwehrfeuer nach. Ich versuche, die wirbeln-den Instrumentenanzeigen zu interpretieren und die Maschine in eine normale Fluglage zu bringen. Die Ju 88 setzt Eis an. Dann umgibt uns plötzlich strahlender Sonnenschein. Wir dürfen uns endlich entspannen.

Die Crew ist außer sich vor Freude. Theo gibt einen detaillierten Bericht über die Bordsprechanlage durch: zwei Bomben zu kurz, eine mittschiffs in den Bug und die vierte ins Wasser unmittelbar hinter dem Schiff.

Für mich bedeutet dieser Einsatz einen dreifachen Sieg: erstens konnten wir einen Direkttreffer landen, zweitens habe ich mich selbst und meine gestrige Angst überwunden und drittens steht meine Besatzung wieder hinter mir. Der letzte Aspekt ist der wichtigste: Ohne gegenseitiges Vertrauen unter den Besatzungsmitgliedern eines Flugzeugs gibt es einfach keine Sicherheit in der Luft. „

Unten: Genau im richtigen Augenblick fand Stahl eine Wolkenlücke, um den Frachter angreifen zu können. Zwei Bomben fielen zu kurz, eine traf mittschiffs, und die andere landete kurz hinter dem Schiff im Wasser.

dungsenge bei Spurn Head eingeflogen. Um uns herum lauern überall Ballonsperren. Wir sitzen in der Mausefalle.

Ich muß das Flugzeug über der Flußmündung halten. Mit Vollgas ziehe ich die schwer beladene Maschine in niedriger Höhe durch eine scharfe Kurve nach steuerbord – ein riskantes Manöver, doch es geht gerade noch gut. Im Norden erkenne ich den Küstenstreifen. Solange dieser Streifen zu meiner Linken bleibt, müßte ich bei Spurn Head der Falle entrinnen. Hans ruft mir zu, was er erkennen kann. Da taucht der Leuchtturm auf. Wir sind raus und wieder über den Schiffen. Aus allen Richtungen langen Leuchtspurgeschosse nach uns.

Beobachtungsflugzeuge
des Zweiten Weltkriegs

Fieseler F1 156 Storch

Das bekannteste deutsche Verbindungs- und Beobachtungsflugzeug im Zweiten Weltkrieg war der „Fieseler Storch". Dieser abgestrebte Hochdecker kam beim Start und bei der Landung mit erstaunlich kurzen Strecken aus. Die erste von fünf Versuchsmaschinen startete Anfang 1936. Nach der Erprobung einer Nullserie mit zehn Fi 156A-0 lief die Serienfertigung der Fi 156A-1 an; damit begann ein Programm, an dessen Ende 2.900 Flugzeuge geliefert waren. Auf die A-Serie folgte die Version Fi 156C, nachdem die Fi 156B für die zivile Luftfahrt aus Kapazitätsgründen aufgegeben werden mußte. Bei der Versuchsreihe Fi 156C-0 war das Kabinendach für einen nach hinten feuernden Maschinengewehr angehoben; Fi 156C-1 wurde die Verbindungsversion, Fi 156C-2 die Aufklärungsversion, deren Kameraausrüstung sich für Rettungs- und Bergungseinsätze durch eine Trage ersetzen ließ, und Fi 156C-3 eine Mehrzweckversion.

Polikarpow U-2 (Po-2)

Die als Schulflugzeug entworfene U-2 (Erstflug 1927) wurde in über 40.000 Exemplaren produziert. Das später in Po-2 umbenannte Muster besaß eine bemerkenswerte Anpassungsfähigkeit für andere Rollen. Aerodynamisch und strukturell verfeinert erreichte der Typ mit dem 74 kW (100 PS)-Sternmotor M-11 1930 die Serienfertigung; spätere Baureihen erhielten einen Motortyp mit 85 kW (115 PS). Während des Zweiten Weltkriegs wurden zahlreiche Maschinen aus privater Hand als Beobachtungsflugzeuge herangezogen. Eigentliche Militärvarianten waren die dreisitzige Po-2VS für Verbindungsflüge, die aber häufig auch als Luftbeobachter fungierten, und die Po-2NAK zum Einschießen der Artillerie bei Nacht mit schwarzem Anstrich und Fernmeldegerät für Verbindungen mit den Artilleriebatterien. Für Beobachtungsflüge setzte man auch den leichten Erdkampfjäger LSH und den leichten Nachtbomber LNB ein.

Technische Daten: Polikarpow Po-2VS, dreisitziges Verbindungs- und Beobachtungsflugzeug
Spannweite: 11,40 m
Länge: 8,17 m
Triebwerk: ein M-11D-Sternmotor mit 85 kW (115 PS
Bewaffnung: ein 7,62-mm-MG und bis zu 250 kg Bomben unter den Tragflächen
Max. Startgewicht: 890 kg
Höchstgeschwindigkeit: 150 km/h in Meereshöhe
Einsatzreichweite: 530 km

Heinkel He 46

Mitte der dreißiger Jahre war die He 46 das Hauptbeobachtungs- und Frontaufklärungsflugzeug der deutschen Luftwaffe, es blieb bis in die ersten Kriegsjahre im Einsatz. 1931 war das Muster als Doppeldecker He 46a zum ersten Mal geflogen, doch die Beeinträchtigung des Blickfelds durch die Unterflügel erforderte eine Umarbeitung zum Schirmeindecker. Bei der zweiten und dritten Versuchsmaschine He 46b/c ersetzte man den britischen Jupiter-Sternmotor durch einen deutschen Siemens SAM 22B mit 478 kW (650 PS), der für die Serienfertigung der He 46C-1 gewählt wurde. Fünf Hersteller bauten insgesamt 403 He 46C-1 und 16 He 46C-2 mit verkleidetem Zylinderring für Bulgarien. Sechs He-46D-Erprobungsflugzeuge ebneten den Weg für die He 46E, von der 43 Exemplare in den Varianten E-1 bis E-3 gefertigt wurden. Darüber hinaus gab es 14 He 46F-1/2, unbewaffnete Schulflugzeuge mit dem 418 kW (568 PS) starken Sternmotor Armstrong Siddeley Panther.

Technische Daten: Heinkel He 46C-1 zweisitziges Frontaufklärungs- und Luftbeobachtungsflugzeug
Spannweite: 14,00 m
Länge: 9,50 m
Triebwerk: ein Siemens-Bramo 322B (SAM-22B)-Sternmotor mit 478 kW (650 PS)
Bewaffnung: 7,92-mm-MG und Halterungen für 200 kg Bomben als Außenlast
Max. Startgewicht: 2.300 kg
Höchstgeschwindigkeit: 260 km/h in 2.625 Fuß (800 m) Höhe
Einsatzreichweite: 990 km

Schlachtflieger
Zu wenig, zu spät

Die ersten Focke Wulf Fw 190 waren als Jäger ausgelegt. Sie lieferten sich harte Duelle mit den britischen Spitfires und verteidigten Deutschland gegen die amerikanischen Bomber. Einige Fw-190-Piloten erinnern sich gut an andere Kriegsschauplätze: an die mit sowjetischen Panzern und die Kämpfe um die Nahunterstützung für die eigenen Truppen an der Ostfront.

Diese Fw 190F rollt mit einer SC.500-Bombe unter dem Rumpf an den Start, um zu einem Einsatz gegen sowjetische Panzer abzuheben.

Eine Fw 190F der II. Gruppe, Schlachtgeschwader 1, beim Angriff auf T-34-Panzer in Kursk, es handelte sich um die vermutlich größte Panzerschlacht in der Geschichte.

Herbst 1944. Über die flache Halbinsel Kurland peitscht ein beißender Nordostwind, der die eisige Kälte der sibirischen Steppen an die Ostseeküste treibt. Plötzlich taucht vor den sturmgebeugten Baumwipfeln am Rande einer kleinen Lichtung ein Dutzend Flugzeuge auf.

Mehr schlitternd als rollend ziehen sie breite Spuren in den Schnee zum fernen Ende der Startbahn hin. Ein letztes Auf heulen der Motoren, die die zusätzliche Last der Waffen unter den Tragflächen und unter dem Rumpf kaum verkraften,

dann schießen die Maschinen über das Feld. Nach wenigen Minuten ist auch die letzte Fw 190 in östlicher Richtung im wässrig gelben Halbkreis der Morgensonne verschwunden. Ihre erste Aufgabe an diesem Tag wird es sein, die sowjetischen Panzer und ihre Unterstützungskolonnen, die sich Hitlers Tausendjährigem Reich bedrohlich nähern, aufzuspüren und zu zerstören.

Solche Szenen spielten sich an vielen abgeschiedenen Orten entlang der Ostfront ab, die zwar bereits bröckelte, sich aber

immer noch über viele hundert Kilometer hin erstreckte. Überall versuchten Fw-190-Schwärme, die heranrollende Woge russischer Panzer aufzuhalten.

Noch fünf Jahre zuvor hatten die heulenden Sirenen der Sturzkampfbomber Ju 87 ganze Divisionen in Furcht und Schrekken versetzen können; die Zeiten, als Hitler in einem Blitzkrieg Polen, die Niederlande und Frankreich niederschmetterte, waren endgültig vorbei. Selbst auf ihre Stukas konnte sich die Luftwaffe nicht mehr verlassen. Den Mythos ihrer Unbesiegbarkeit hatten die Hurricanes und Spitfires im Spätsommer 1940 in der Luftschlacht über England endgültig zerstört. Das gestand sogar Reichsmarschall Göring stillschweigend ein, als er ein Drittel seiner einmotorigen Jägerflotte mit Bomben ausrüsten ließ und an die Straße von Dover beorderte.

Jabos

Diese ersten Bf-109-Bomber wurden später in speziellen Jabostaffeln zusammengefaßt, die man dann ihrerseits – zusammen mit Bf 110 – in Schnell-kampfgeschwader umwandelte.

Eine weitere in ihrer Art einzigartige Einheit, die die Luftwaffe im Zweiten Weltkrieg einsetzte, war eine Schlachtgruppe aus bereits veralteten Henschel-Hs-123-Doppeldeckern. Diese Gruppe, die aus höchstens 40 Flugzeugen bestand, hatte in Polen und Frankreich große Verwüstungen angerichtet. Man wagte jedoch nicht, sie einer Konfrontation mit dem RAF Fighter Command auszusetzen, da sich die Henschel Hs 123 noch empfindlicher zeigte als die Ju 87. 1942 war diese Gruppe zu zwei getrennten Schlachtgeschwadern angewachsen, die die Hs 123, Hs 129 und die Bf 109E einsetzten.

Aus Stuka-, Schnellkampf- und Schlachtbombern bestand also Hitlers taktische Luftunterstützung in der Eröffnungsphase des Krieges gegen Rußland. Alle drei Einheiten konnten zu Beginn der „Operation Barbarossa" beträchtliche Erfolge gegen eine demoralisierte Rote Armee verzeichnen, die sich zurückzog. Nach der vernichtenden Niederlage der Deutschen bei Stalingrad wuchs der Widerstand der

Sowjets und ließ die Mängel dieser Bombereinheiten offen zu Tage treten. Man erkannte, daß es unabdingbar war, sie mit neueren, robusteren Maschinen auszurüsten. Da jedoch keine neuen Entwicklungen zur Verfügung standen, mußte man sich notgedrungen für eins der bereits existierenden Muster entscheiden.

Die Wahl fiel nicht allzu schwer; in Frage kam nur der Jäger Fw 190. Erstens lief die Serienproduktion bereits auf vollen Touren, zweitens handelte es sich um das seinerzeit beste Kampfflugzeug der Luftwaffe, das auch bei schwerster Bewaffnung immer noch eine beachtliche Leistung zeigte. In der Jagdbomberversion hatte sich das Modell zudem bereits an der Westfront ausgezeichnet. Es besaß ein breites, robustes Fahrgestell, und sein großer luftgekühlter Motor bot dem Piloten einen besseren Schutz vor der feindlichen Luftabwehr; ihr waren bereits Hunderte von Exemplaren der damals noch mit flüssigkeitsgekühlten Motoren angetriebenen Stukas zum Opfer gefallen.

Auch die Piloten zeigten sich im allgemeinen mit dieser offiziellen Entscheidung zufrieden. Oberleutnant Fritz Seyffardt war einer der ersten, die die Fw 190 auf Bombardierungseinsätzen im Osten flogen.

Eine neue Gattung

„1942 sah und flog ich meine erste Focke-Wulf Fw 190; von dieser Maschine war ich hellauf begeistert. Während des Krieges lernte ich die A-, F- und G-Versionen der Fw 190 kennen sowie die Messerschmitt Bf 109F. Im Unterschied zur Bf 109 hatte die Fw 190 ein geräumigeres Cockpit und einfacher zu handhabende Steuerflächen – Landeklappen und Trimmsteuerung waren zum Beispiel elektrisch. Ein weiterer deutlicher Unterschied bestand in der Stabilität der FW 190. Dank der durchgehenden Flügelholme und des breiten Fahrgestells war die Maschine im Flug wesentlich ruhiger und robuster und konnte auch auf holprigen Flugplätzen landen. In der Luft bot sie eine bessere Sicht als die Bf 109, allerdings nicht bei Start und Landung. In großer Höhe

„Steckrübenwurf"

Die Fw 190 nähert sich in etwa 50 m Höhe und mit einer Geschwindigkeit von 500 km/h dem feindlichen Ziel.

Ungefähr 1.500 m vor dem Ziel zieht die Fw 190 auf 300 m hoch, um nicht in die Reichweite feindlicher Flakgeschütze zu geraten.

Nachdem der Pilot das Ziel erfaßt hat, geht er in einen flachen Sturzflug; dabei behält er das Ziel im Visier.

Einige Waffen wie die AB-250-3-Traubenbomben und Bomben mit Zeitzünder mußten aus mittlerer Höhe abgeworfen werden. Extreme Tiefflugangriffe führte man nur bei Abprallerbomben durch, die manchmal aus nur fünf Meter Höhe vor feindlichen Panzern ausgeklinkt wurden.

Der Führer des ersten Schwarms dirigiert seine Formation in Angriffsposition und setzt dann zum Steckrübenwurf an. Die anderen Maschinen folgen ihm in kurzen Abständen.

Fieseler-Storch-Taktik: Eine Maschine kreist im Zielraum und weist die Fw 190 verbal ein.

Ein typischer Tiefflugangriff der Schlachtflieger

Manchmal griffen die Fw 190 der Schlachtfliegertruppen ein bestimmtes Ziel gleichzeitig aus verschiedenen Richtungen an, um die feindliche Flak abzulenken. Diese Taktik wählte man vor allem dann, wenn man mit besonders heftiger Luftabwehr rechnen mußte. In anderen Fällen – zum Beispiel bei Angriffen auf Konvois – griffen die Maschinen nacheinander aus derselben Richtung an.

150-200 m Abstand zwischen den Schwärmen

80-100 m Abstand zwischen den einzelnen Flugzeugen.

Angriff im „Rechen"-Sturzflug

Die Fw 190 der Schlachtflieger griffen manchmal im steilen Sturzflug an, obwohl die hohe Geschwindigkeit, die dabei erreicht wurde, immer problematisch war. Echte Sturzflugbomber wie die Stukas hatten sich als zu verwundbar erwiesen. Sturzflugangriffe ermöglichten eine wesentlich präzisere Bombardierung als der Einsatz aus flachem Sinkflug oder beim Schulterwurf.

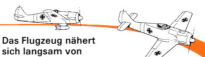

Das Flugzeug nähert sich langsam von einer bestimmten Seite dem feindlichen Ziel. Der Formationsführer berechnet die Abtrift.

Sobald der Flugweg die Linie Windrichtung – Ziel schneidet, rollt der Pilot zum Sturzflug.

In einem Sturzflugwinkel von 50° erfaßt der Pilot erneut das Ziel.

Die Maschine wird im Sturzflug immer schneller, bis sie zum Zeitpunkt des Ausklinkens fast 800 km/h erreicht.

In ungefähr 1.200 m nimmt der Pilot die Nase um ein paar Grad nach oben, damit die Bombe nicht den Propeller streift, und klinkt aus.

Anschließend zieht der Pilot hoch und versucht dabei, dem feindlichen Flakfeuer auszuweichen.

Oben: Oberleutnant Fritz Seyffardt der II/SchG 2 „Immelmann" springt von der Tragfläche seiner Fw 190. Seyffardt flog die Fw 190 bei der großen Panzerschlacht um Kursk.

ließ die Motorleistung zu wünschen übrig. Ansonsten war die Maschine angenehm zu fliegen und zeigte keine kritischen oder gefährlichen Eigenschaften.

Oben: Die mit einem Sternmotor ausgerüstete Fw 190 zeigte sich äußerst robust und zuverlässig, so daß man sie in Rußland selbst bei schlimmsten Witterungsverhältnissen und auf holprigsten Flugplätzen einsetzen konnte.

So rasch wie möglich verläßt der Pilot in geringer Höhe (50 m) das Zielgebiet.

Eine Sekunde vor dem Ausklinken zieht er die Nase um 3° hoch, um zu vermeiden, daß die Bombe in den Propeller gerät.

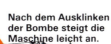

Nach dem Ausklinken der Bombe steigt die Maschine leicht an.

Die AB-250-3-Traubenbombe fällt zunächst wie eine normale Bombe zu Boden.

Sobald die Bombe fällt, entfernt sich der Pilot in einer engen Kurve vom Zielgebiet.

In sicherem Abstand vom Flugzeug öffnet sich der Behälter und verstreut die 108 SD-2-Splitterbomben.

Diese Fw 190 wird auf einem kleinen verschneiten Flugplatz irgendwo an der russischen Front für einen Bombeneinsatz präpariert.

Die äußere Verkleidung der Splitterbomben öffnet sich und ihre Teile klappen wie Blütenblätter auf; sie bilden einen primitiven Fallschirm, der den Stiel entlang nach oben rutscht.

Im Fall öffnen die Splitterbomben ihre „Flügel" und schweben über ein weites Gebiet verteilt zu Boden.

Focke-Wulf Fw 190F-2, Schlachtgeschwader 1
Deblin-Irena, Polen, Ende 1943

Diese Fw 190F-2 trägt die Abzeichen des Schlachtgeschwaders 1: eine Mickymaus auf rotem Hintergrund,
Kodebuchstaben und Propellernabe ebenfalls in Rot.
Diese Maschine der 5. Staffel flog Ende 1943 vom polnischen Stützpunkt Deblin-Irena aus. Die Fw 190F-2
basierte auf der Zelle der A-5. Sie hatte den gleichen
leicht verlängerten Rumpf, der der überarbeiteten Triebwerksinstallation Rechnung trug.

TRIEBWERK
Die ersten Fw-190Fs besaßen den zweireihigen
14-Zylinder-BMW-801-D2-Sternmotor, der 1.700 PS
Startleistung lieferte. Die späteren F-9-Maschinen wurden von dem 2.270 PS starken BMW-801TS-Turbolader
angetrieben.

Die normale Reichweite unserer F-Maschinen betrug etwa
600-700 km. Ein Durchschnitts-
einsatz an der russischen Front
dauerte ungefähr 45-60 Minuten. Die Feuerkraft war ausgezeichnet. In der Regel hatten wir
zwei 20-mm-Kanonen und zwei
Maschinengewehre. Zusätzlich
konnten in den Außenflächen
zwei 20-mm-Kanonen montiert
werden. Was unsere Flugtaktik
betraf, so erzielten wir den größten Erfolg, wenn wir offen, das
heißt in einem Abstand von
80-100 Metern, flogen. Im Zielgebiet spalteten wir uns für den
Angriff in Rotten auf und sam-
melten uns erst auf dem Rückflug wieder zu größeren Formationen. Bei meinen insgesamt
500 Fronteinsätzen mußte ich

mehrmals auf unterschiedlich-
stem Terrain notlanden, auch
das ließ sich ohne größere
Schwierigkeiten durchführen."

Karl Stein, der bei Kriegsende
bei der I/SG 1 die Fw 190 flog,
bringt den letzten Punkt wesentlich prägnanter: „Viele Piloten
legten bessere Landungen auf
den Bombenaufhängevorrichtungen hin als auf den Rädern!"

Andere Piloten dagegen lob-
ten ihr neues Flugzeugmodell
nicht ganz so überschwenglich.
Feldwebel Peter Traubel, der
seine Einsatzkarriere bei der
II/SchG 2 begann, äußert sich
etwas kritischer:

„Die Fw 190 war in flugtech-
nischer Hinsicht ein sehr modernes Konzept. Mit dem breiten
Fahrgestell blieb sie besser in

der Spur als die Messerschmitt
Bf 109. Die Focke-Wulf hatte
auch keine unnötigen Steuerflächen. Der Pilotensitz war
bequem; die kugelsichere Verkleidung angemessen. Die
Instrumente ließen sich leicht
ablesen – eine Eigenschaft, die
mir bei meinem ersten Flug mit
der 109 besonders gefiel. Ich
fühlte mich sehr bald zu Hause.
Unsere größte Sorge bestand
darin, im Gefecht in Brand
geschossen zu werden. Ich erinnere mich leider noch sehr gut
daran, daß ein Kamerad im
Cockpit verbrannte, als der
Treibstofftank seiner Maschine
getroffen wurde. Das Flugzeug
stand innen sofort in hellen
Flammen. Unsere schwere
Ladung stellte uns vor ein wei-

teres Problem, denn vollbeladen
war die Fw 190 äußerst schwerfällig. Ich hätte sie aber trotzdem
nie gegen ein anderes Flugzeug
eingetauscht. Auch heute noch
halte ich sie in Bezug auf Form
und Leistung für eine großartige
Maschine."

Es gab aber auch Piloten,
denen der neue Flugzeugtyp
überhaupt nicht gefiel. Zu ihnen
gehörte Unteroffizier Fritz Kreitl,
der als Jagdbomberpilot beim
SKG 10 (später SG 4) die
Fw 190 in Nordafrika und an
der West- und Ostfront flog.

Jagd auf Tito

„Da unsere Erfolge in der
Wüste Libyens mehr als zu
wünschen übrig ließen, wurden
wir nach Jugoslawien geschickt,

KABINENDACH
Die Kanzel dieser Maschine ist mit dem eckigen Standarddach der Fw-190-Jäger verkleidet. Einige Fw 190F rüstete man jedoch zur Sichtverbesserung mit einer gewölbten Haube aus.

RUMPFBAUCH FÜR KRIEGSSCHAUPLATZ
Gelbe Streifen verliefen um das Heck und die Unterseite der Flügelspitzen, die Triebwerksverkleidung am Bug war ebenfalls gelb gestrichen. Diese Erkennungszeichen erhielten alle deutschen Maschinen, die an der russischen Front eingesetzt wurden.

BOMBENLAST
Die Fw 190F konnte ein breites Sortiment an Bomben und Raketen mitführen, darunter auch Brand- und Splitterbomben. Diese Maschine klinkt gerade eine SD.500-Bombe vom Mittelträger aus.

Auf einem vorgelagerten Flugplatz schärfen Schützen diese 250- und 500-kg-Bomben. Mit dem hohen Gesamtgewicht waren die Fw 190 der Schlachtfliegertruppen zwar ausgesprochen schwerfällig, sobald sie aber ihre Bombenlast ausgeklinkt hatten, konnten sie es selbst mit den wendigsten sowjetischen Jägern aufnehmen.

um dort Jagd auf Titos Partisanen zu machen. Da es ihnen an guten Luftabwehrwaffen fehlte und sie auch keine Luftstreitkräfte besaßen, konnten wir praktisch ungehindert angreifen. So wuchs neben unserer Erfahrung auch unsere Zuversicht.

Die Fw 190 war zwar ein wirklich gutes Flugzeug, aber zum Jagdbomber taugte sie nicht. Mit 500 kg Bomben oder Raketen unter den Tragflächen wurde sie recht schwerfällig. Für das extrem hohe Start- und Landegewicht mußten wir sogar die offiziellen Angaben aus dem Handbuch neu berechnen. Die Landegeschwindigkeiten erhöhten sich zum Beispiel um fast 25 km/h. Als wir im Januar 1943 an die nordrussische Front

verlegt wurden, sahen wir uns mit anderen Problemen konfrontiert. Die heulende weiße Hölle des russischen Winters machte Fliegen und Wartung zu einem einzigen Alptraum. Oft zündeten wir unter den Maschinen Feuer an, um die Triebwerke vor dem Einfrieren zu schützen. Bei 20° unter Null konnte man nur starten, wenn man die Ölwanne mit dreiviertel Benzin und einem Viertel Öl füllte. Wenn man diese Mischung zündete, brannte das Benzin sofort ab und erhitzte dabei das Öl. Noch ein schneller Blick auf die Instrumente, ein kurzes Warmlaufen der Motoren, und auf ging es in die Luft.

Das Cockpit der Fw 190 war zwar schön geräumig, aber die

Sicht nach vorn mußte man bei Start und Landung gleich Null bezeichnen. Der Pilot konnte den Boden weder beim Abheben noch kurz vor dem Aufsetzen sehen. Die Steiggeschwindigkeit war hingegen geradezu spektakulär. Eine der besten Methoden, einen hartnäckigen Verfolger loszuwerden, bestand darin, daß man einfach den Knüppel ganz zurückzog und die Nase nach oben richtete. Obwohl die Focke-Wulf insgesamt gut wendete, hatte sie die gleiche Tendenz, in den Kurven wegzurutschen, wie sie auch die Messerschmitt Bf 109 zeigte. In der Kurve war sie den neueren Spitfire-Versionen glatt unterlegen – wie jeder andere deutsche Jäger auch; sie konnte aber wesentlich

schneller wegtauchen, darin ähnelte sie wiederum der Messerschmitt. Sie rollte auf den Rücken und schoß dann mit erstaunlicher Geschwindigkeit nach unten.

In der Kurve zeigte die Fw auch eine beunruhigende, ja geradezu erschreckende Eigenschaft, wenn man den Knüppel ganz zurücknahm: In einer Rechtskurve warf sie sich dann nämlich auf den Rücken und tauchte nach unten. Rechtes Ruder verstärkte das noch – wurde man also verfolgt, konnte man sicher sein, daß man mit einem solchen Befreiungsmanöver den Feind schnell los war!

Unter 1.000 m Höhe sollte man so etwas aber tunlichst unterlassen; man brauchte diese Höhe, um die Maschine wieder aufzurichten. Außerdem war bei diesen hohen Geschwindigkeiten die G-Belastung oft so immens, daß sie die Äderchen in den Augen platzen ließ."

Kursk

Ob es nun aber mehr positive oder mehr negative Stimmen gibt, ist letzten Endes irrelevant. Tatsache bleibt, daß die Fw 190 sicher den besten Ersatz für die veralteten Muster darstellte, den die Luftwaffe zu bieten hatte. Die erste Ostfront-Einheit, die den neuen Typ erhielt, war Major Hubertus Hitschholds Schlachtgeschwader 1 (SchG 1). Die Bf 109Es dieses Geschwaders wurden Ende 1942 staffelweise von der Stalingrader Front abgezogen. Die Umschulung

dauerte jedoch länger als erwartet, so daß sich die vollständige Umstellung noch bis zum Mai 1943 hinzog. Sie kam gerade noch rechtzeitig für die Schlacht von Kursk.

Diese größte Panzerschlacht der Geschichte, Hitlers letzte größere Offensive im Osten, bedeutete die Feuertaufe für die Fw-190-Bomber; sie stand jedoch unter keinem günstigen Stern. Die Versorgung mit dem 97-130-Oktan-C-3-Treibstoff, ohne den die Fw-190-Einheiten nicht auskamen, belief sich auf knapp die Hälfte dessen, was man benötigte. Dieses Versorgungsproblem sollte sich bis zum Ende des Krieges immer weiter verschärfen, da die Treibstofflieferungen häufig entweder den vorrückenden Sowjets in die Hände fielen oder von amerikanischen Bombern in die Luft gesprengt wurden. Diese Fehl-

schläge vereitelten nicht nur die Bombereinsätze, sondern stießen auch das gesamte Schlachtgeschwader-Ausbildungsprogramm um.

Daher stand die Rolle, die die Fw 190 des SchG 1 in der Schlacht um Kursk spielten, immer im Schatten der „Panzerknacker"-Einheiten. Letztere versuchten verzweifelt und letztlich doch vergebens, mit ihren mit Kanonen bestückten Ju 87 und Hs 129 zwölf nach Westen vorstoßende sowjetische Panzerkorps aufzuhalten. Die Fw 190, inzwischen unter dem Befehl von Major Alfred Druschel, sollten von ihrem Stützpunkt in Warwarowka südlich von Belgorod aus die Infanterie- und Artilleriestellungen an der Südflanke der Kursker Front mit SD-1- und -2-Traubenbomben angreifen. Dabei handelte es sich um Behälter, die 180 bzw. 360 kleine Splitterbomben über eine große Fläche verteilten und verheerende Resultate erzielten.

Doch Druschels Piloten hatten die Rechnung ohne die russische Infanterie gemacht. Sie waren an die Taktik der deutschen Truppen gewöhnt, sich vor tief fliegenden Maschinen in Sicherheit zu bringen und die Luftverteidigung der örtlichen Flak zu überlassen. Daher konnten sie es kaum fassen, daß „bei den Russen alles und jeder zurückschoß", wie sich Major Dr. Ernst Kupfer ausdrückte.

Auch Unteroffizier Walter Korn erinnert sich nur allzu gut an diesen Feuerhagel: „Sie schossen einfach mit allem, was sie in die Finger bekamen – MGs, Gewehre, ja sogar Pistolen. Der Eisengehalt der Luft war unbeschreiblich. Ich wette, sie hätten sogar mit Hufeisen nach uns geworfen, wenn sie sie nur schnell genug von den Pferden runterbekommen hätten!"

Das Scheitern der Kursker Offensive wirkte sich unweigerlich so aus, daß die Sowjets langsam aber sicher die Initiative im Luftkampf übernahmen. Es sollte der erste, entscheidende Schritt für den Vormarsch der Roten Armee werden, die nur zwei Jahre später auf den Ruinen Berlins die Rote Flagge hißte.

Umstrukturierung

Es folgten zahlreiche Maßnahmen, mit denen man versuchen wollte, das Undenkbare zu vermeiden; dazu gehörte auch die schon lange überfällige Umstrukturierung der Bombereinheiten der Luftwaffe. Bis jetzt hatten alle Stuka-Staffeln zum Bombergeschwader gehört, während die Schlacht- und Schnellkampfgruppen dem Inspekteur der Jagdfliegerkräfte unterstanden. Mit Wirkung vom 18. Oktober 1943 wurden alle drei Kategorien ein Fachbereich.

Die bestehenden Stukageschwader (StG 1, 2, 3, 5 und 77) benannte man offiziell in Schlachtgeschwader (Abkürzung SG) um. Die beiden Gruppen des SchG 1, eines der beiden ursprünglichen Schlachtgeschwader, mußten die Lücken bei den vormaligen Stukageschwadern füllen (I und II/SchG 1 wurden zu I/SG 77 und II/SG 2); SchG 2 und SKG 10 wandelte man im Zuge einer Reihe von Umbenennungen mit der Bezeichnung SG 4 und SG 10 in zwei neue Schlachtgeschwader um. Gleichzeitig entstand aus dem Schlachtgeschwader 9 der Hs-129-Sonderverband.

Den Oberbefehl über diesen neuen Luftwaffenbereich erhielt Oberstleutnant Dr. Ernst Kupfer, dem man den neuen Titel „General der Schlachtflieger" verlieh. Diesen Posten sollte er jedoch nur für kurze Zeit ausüben dürfen, da er am 6. November 1943 bei einem

Links: Major Ernst Kupfer, ein bekannter Stuka-Pilot, wurde zum ersten „General der Schlachtflieger" ernannt. Er sorgte dafür, daß man die hoffnungslos veralteten Ju 87 gegen Fw 190 austauschte.

Unten: Oberfeldwebel Hermann Buchner der 6. Staffel, II/SG 2, greift in Begleitung einer Bf 109F der II/JG 52 eine Formation Iljuschin-Il-2-Maschinen bei einem Einsatz über der Krimhalbinsel an.

Inspektionsflug über dem Balkan ums Leben kam. Seinen Platz übernahm bis Kriegsende Generalmajor Hitschhold.

In der ersten Zeit flogen die neuen Schlachtflieger weiterhin ihre Ju 87. Erst ab März 1944 rüsteten die ehemaligen Stukageschwader allmählich auf die Fw 190 um; dieser Prozess zog sich bis zum Januar 1945 hin. Die neuerlich mit Fw 190 ausgerüsteten SG 10 und SG 4 wurden aber erst Ende 1943 bzw. Mitte 1944 an die Ostfront geschickt; so sahen sich die I/SG 77 und II/SG 2 noch ein weiteres Jahr gezwungen, mit ihren Fw-190-Bombern allein die Stellung zu halten. Mit der entmutigenden Anzahl von insgesamt etwa 35 Maschinen blieb ihnen allerdings kaum eine Chance, die Sowjets an ihrem unaufhaltsamen Vormarsch zum Schwarzen Meer zu hindern.

Zu Beginn des Jahres 1944 hatte sich die II/SG 2 auf die Krim-Halbinsel zurückgezogen,

zunächst nach Karankut und dann nach Chersonnes-Süd; hier lagen auch die Bf 109 der II/JG 52. Die Stärke dieser Jägergruppe hatte sich durch die schweren Kämpfe der letzten Zeit auf nur wenige Maschinen reduziert; daher wurden die Fw 190 der II/SG 2 mehr und mehr in die Kämpfe verwickelt, die die Luftüberlegenheit über diesen belagerten Brückenkopf sichern sollten. Oberfeldwebel Hermann Buchner, ein Flugzeugführer der 6. Staffel, schildert einen dieser Einsätze, den ein gemischter Schwarm aus zwei Fw 190 und zwei Bf 109 flog:

„Kurz vor 11.00 Uhr rollten wir an den Start. Unglücklicherweise übersah mein Rottenflieger einen frischen Bombenkrater; er beendete bereits dort seinen Einsatzflug, und zwar auf der Nase. Als ich selbst dann verspätet an den Start kam, wartete dort nur eine einzige Bf 109 auf mich; offenbar war sein Rottenflieger ebenfalls in Schwierig-

keiten geraten! Die Bf 109 trug zwei schwarze Winkel am Rumpf. Der Pilot gab mir zu verstehen, daß er vorausfliegen würde. Wir starteten in westlicher Richtung; ich stellte fest, daß meine Fw 190 es leicht mit der Bf 109 aufnehmen konnte.

Wir befanden uns ungefähr 300 m über dem Schwarzen Meer, als die erste Nachricht von unserer Bodenstation ‚Christian‘ eintraf: ‚Indianer im Hafengebiet SEWA (Sewastopol), Höhe 3000-4000 m.‘

Pauke-Pauke!

Während mein Schwarmführer weiter anstieg, deckte ich ihn von hinten und hielt Ausschau nach den ‚Indianern‘. Bald waren wir auf 4.000 m Höhe und näherten uns Sewastopol von Westen. Dann entdeckten wir sie etwas tiefer unter uns: feindliche Jäger! Ich hörte die Stimme meines Schwarmführers über die Kopfhörer: ‚Pauke-Pauke!‘

Im Sturzflug preschte er auf die feindliche Formation zu und trieb sie auseinander. Es waren Jaks. Wir wirbelten zehn Minuten lang durch sie hindurch, ohne jedoch auch nur einen einzigen Abschuß zu erzielen. Dann zogen sie ab. ‚Christian‘ meldete sich über Funk: ‚Fliegt ins Gebiet von Balaklava, große Formation Il-2 und Indianer‘.

Der Pilot der Bf 109 wurde langsamer und machte mir Zeichen, ich solle die Führung übernehmen. Jetzt flog ich vorn,

und die Messerschmitt deckte mich von hinten. Wir näherten uns bald Balaklava und konnten die Rauchwolken unserer Flakgeschütze erkennen. Wieder begann ein erbitterter Nahkampf mit Jak-9, und dieses Mal glückte mir ein Treffer. Die feindliche Maschine stürzte in Flammen zu Boden. Die restlichen Indianer flüchteten nach Osten. Weit unter uns sahen wir einige Il-2, die unsere Stellungen nördlich von Balaklava angriffen. Im Sturzflug schossen wir von hinten auf die feindlichen Sturmowiks zu. Nach einigen Feuerstößen schaffte ich es, eine Il-2 zu treffen. Ihr linker Flügel ging sofort in Flammen auf, dann kippte sie über die Fläche und stürzte zu Boden.“

Dies waren nur zwei der insgesamt 604 Flugzeuge, die die Sowjets verloren, bis sich die Deutschen von der Krim zurückzogen. Von diesen 604 Maschinen gingen allein 247 auf das Konto der Schlachtgruppe. Den absoluten Rekord stellte dabei Leutnant August Lambert von der 5. Staffel auf: Er allein war für mehr als ein Drittel aller Luftsiege der II/SG2 verantwortlich. Innerhalb von nur drei Wochen schoß er über 70 feindliche Flugzeuge ab; an einigen Tagen gelangen ihm sogar 12, 14 und selbst 17 Treffer nacheinander! So beeindruckend diese Abschußquote sein mag – den Vormarsch der Sowjets konnte die Schlachtgruppe nicht aufhalten.

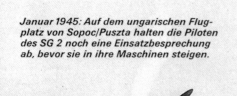

Januar 1945: Auf dem ungarischen Flugplatz von Sopoc/Puszta halten die Piloten des SG 2 noch eine Einsatzbesprechung ab, bevor sie in ihre Maschinen steigen.

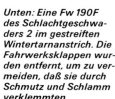

Unten: Eine Fw 190F des Schlachtgeschwaders 2 im gestreiften Wintertarnanstrich. Die Fahrwerksklappen wurden entfernt, um zu vermeiden, daß sie durch Schmutz und Schlamm verklemmten.

Rechts: Ein sowjetischer T-34-Panzer, der die Aufmerksamkeit einer Schlachtflieger-Fw-190 auf sich gezogen hatte. Mit drei bis vier Treffern konnte eine Fw-190 einen T-34 außer Gefecht setzen.

Fieseler Fl 156 Storch

Ein „Fieseler Storch" Fi 156 mit der Buchstabenkennung des Truppenteils und dem gelben Rumpfband für den betreffenden Kriegsschauplatz: ein Divisionsstab an der Ostfront im Sommer 1942. Die Verläßlichkeit und die Leistung dieses Musters ermöglichte seinen Einsatz im Zweiten Weltkrieg an allen Fronten. Das berühmteste Beispiel war die Befreiung Mussolinis aus einem Berghotel in den Abruzzen, auf dessen winziger Terrasse der Storch landete und trotz Überlast wieder in die Luft kam.

Technische Daten: Fieseler Fi 156C-2 Storch, zwei-/dreisitziges Verbindungs- und Beobachtungsflugzeug
Spannweite: 14,25 m
Länge: 9,90 m
Triebwerk: ein Argus-As-10C-3 Reihenmotor mit 177 kW (240 PS)
Bewaffnung: ein 7,92-mm Maschinengewehr
Max. Startgewicht: 1.325 kg
Höchstgeschwindigkeit: 175 km/h in Meereshöhe
Einsatzreichweite: 380 km

Henschel Hs 123

Der Entwurf der Hs 123 ging auf eine Forderung für einen Sturzkampfbomber zur Unterstützung der Wehrmacht aus dem Jahre 1933 zurück, ein Anderthalbdecker mit starrem Spornradfahrwerk. Die erste von insgesamt vier Versuchsmaschinen startete im August 1935 mit einem BMW-Sternmotor 132A (478 kW/650 PS). Offenbar waren die Flächen der Belastung im Sturzflug mit Endgeschwindigkeit anfangs nicht gewachsen, aber nach Beseitigung dieser Schwäche wurde das Muster 1936 als Hs 123A-1 mit einem stärkeren Motor in Dienst gestellt. Die 60 gebauten Flugzeuge dieser Version wurden vorwiegend zur Nahunterstützung und taktischen Aufklärung eingesetzt, da die Ju 87 als Sturzkampfbomber zur Verfügung stand. 1940 rückte das Muster offiziell ins zweite Glied; während des forcierten Einsatzes an der Ostfront bis 1943 forderten die Truppenkommandeure vergeblich eine Wiederaufnahme der Produktion.

Technische Daten: Henschel Hs 123A-1, einsitziges Nahunterstützungs- und Luftbeobachtungsflugzeug
Spannweite: 10,50 m
Länge: 8,33 m
Triebwerk: ein BMW-132Dc-Sternmotor mit 648 kW (880 PS)
Bewaffnung: zwei 7,92-mm-MGs und bis zu 450 kg Bomben unter den Flächen
Max. Startgewicht: 2.217 kg
Höchstgeschwindigkeit: 343 km/h in 3.940 Fuß (1.200 m) Höhe
Einsatzreichweite: 850 km

Focke-Wulf Fw 189 Uhu

Der Uhu resultierte aus einer 1937 erarbeiteten Unterlage für ein Frontbeobachtungs- und Aufklärungsflugzeug. Die zwischen doppelten Leitwerksträgern in das Tragflächenmittelstück eingearbeitete zentrale Kanzel mit umfassender Verglasung bot ein ausgezeichnetes Sichtfeld. Die Produktion der Fw 189A umfaßte die Nullserie A-0, die Vorserie A-1, die A-2 mit verbesserter Abwehrbewaffnung, die A-3 als Schulversion mit Doppelsteuer und die A-4 für leichte Angriffsaufgaben. Die Fw 189B war eine fünfsitzige Ausbildungsvariante, die Fw 189C eine geplante Nahunterstützungsversion, die Fw 189D eine vorgesehene Schulversion mit Doppelschwimmern, die Fw 189E hätte mit Gnome-Rhone 14M Sternmotoren ausgerüstet werden sollen, bei der Fw 189F führte man Argus-Triebwerke 411MA-1 zu je 427 kW (580 PS) ein, wobei die F-1 umgerüstete A-2 waren und die F-2 neugebaute Flugzeuge mit elektrisch betätigtem Fahrwerk, zusätzlichen Treibstofftanks und Panzerschutz (insgesamt 864 Flugzeuge).

Technische Daten: Focke-Wulf Fw 189A-1 Uhu, zweisitziges Frontaufklärungs- und Luftbeobachtungsflugzeug
Spannweite: 18,40 m
Länge: 12,03 m
Triebwerk: zwei Argus-As 410A-1-Reihenmotoren mit je 342 kW (465 PS)
Bewaffnung: vier 7,92-mm-MGs und vier 50-kg-Bomben unter den Flächen
Max. Startgewicht: 3.950 kg
Höchstgeschwindigkeit: 344 km/h in 2.500 m Höhe
Einsatzreichweite: 940 km

Schlachtflieger

Anfang 1945 ist die Rote Armee auf dem Vormarsch durch Osteuropa. Eine mit Bomben bestückte Focke-Wulf Fw 190F-8/R-1 des SG 2 wird auf einem schneebedeckten Flugplatz in Ungarn startklar gemacht.

Der Weg nach Berlin

Leutnant Werner Gail diente im Nordabschnitt der Ostfront beim Schlacht-geschwader 3, das die Armeegruppe Nord unterstützte. Seine Gruppe kämpfte, bis Treibstoff und Vorräte zur Neige gingen. In einer Hinsicht hatte sie sogar Glück. Der Hauptangriff der sowjetischen Offensive traf die Armeegruppen Mitte und Süd; die Armeegruppe Nord wurde dabei größtenteils umgangen und auf die Halbinsel Kurland in der Ostsee zurückgedrängt. Weiter im Süden hätte Gail vermutlich das Schicksal der fast eine Million Soldaten der Armeegruppe Mitte ereilt: die Vernichtung.

Am 19. Juni 1944 startete die Rote Armee ihre groß angelegte Offensive durch die Witebsk-Dnjepr-Öffnung, durch die schon zahlreiche Armeen zum Angriff auf Rußland marschiert sind. Zu dieser Zeit kamen die ersten auf Fw 190 umgerüsteten Stuka-Einheiten an die Front zurück. Im Osten, vorwiegend in den mittleren und südlichen Sektoren, standen nunmehr sechs Schlachtgruppen mit insgesamt 112 Focke-Wulfs einsatzbereit, also doppelt so viele Einheiten und Flugzeuge wie im Vormonat. Doch diese Zahl reichte noch bei weitem nicht aus, um dem Ansturm der Russen Einhalt zu gebieten.

Leutnant Werner Gail, dessen III/SG 3 unmittelbar nach der Umschulung in Pardubitz in den nördlichen Sektor geschickt wurde, beschreibt die letzten sechs Monate des Jahres 1944:

Vorstoß der Russen

„Die mächtige Dampfwalze der russischen Offensive war kaum in Bewegung gesetzt, da hatte sie unsere Linien auch schon an mehreren Stellen durchbrochen; die feindlichen Panzereinheiten fielen uns in den Rücken und stießen in die unverteidigten Gebiete vor. So schnell es nur irgend ging, zogen wir uns zuerst nach Dünaburg in Litauen und anschließend weiter östlich nach Idriza in Rußland zurück. Unsere Aufgabe war es, den Vorstoß der Russen so gut wir

Hans-Ulrich Rudel, der höchstdekorierte deutsche Soldat des Zweiten Weltkriegs, war nicht nur für seine präzisen Bombardierungen, sondern auch für seine zahlreichen Bruchlandungen bekannt. Hier fliegt er gerade mit beschädigtem Triebwerk gefährlich knapp über die Dächer einer russischen Ortschaft; es gelang ihm auch diesmal eine sichere Notlandung hinter den deutschen Linien.

Unten: Die Blohm und Voss BV 246 stammt aus den letzten Kriegstagen; sie wurde unter einer Fw 190F-8 getestet. Diese funkgesteuerte Gleitbombe mit einem 500 kg schweren Sprengkopf hatte eine Reichweite von etwa 200 km.

Unten links: Eine der Panzerabwehrwaffen, die mit der Fw 190F getestet wurden, war die 28-cm-Rakete „Werfergranate". Der schwere Sprengkopf sollte sowjetische T-34-Panzer durchschlagen können.

konnten zu bremsen, um den deutschen Kampftruppen Zeit zu verschaffen, behelfsmäßige Verteidigungsstellungen zu errichten. Immer wenn sich eine

Lücke in der Front auftat, mußten wir sie stopfen.

In dieser Phase veränderten sich die Stellungen ständig, so daß wir jeden Tag mit einem bewaffneten Aufklärungsflug beginnen mußten. Dabei flogen zwei bis drei Schwärme unserer Gruppe ein bestimmtes, ihnen

Links: Ein spezieller Rüstsatz ermöglichte es der Fw 190F, zusätzlich zu ihrer Standardbewaffnung vier 50-kg-Bomben unter den Tragflächen mitzuführen, die gegen Personen oder allgemeine Ziele eingesetzt werden sollten.

Oben: Die Fw 190F-8/ R-3 führte anstelle der Bombenaufhängevorrichtung unter den Tragflächen zwei mächtige Mk-193-30-mm-Kanonen mit. Die MK 103 war eine furchterregende Waffe, der nur die allerstärksten Panzer widerstehen konnten.

Jagdbombervarianten der Fw 190

Gegen Kriegsende war die Fw 190 der wichtigste Jagdbomber, den die Luftwaffe an der Ostfront einsetzen konnte. Rüstsatz und Umrüst-Bausatz ermöglichten es, sie mit einer erstaunlichen Anzahl verschiedenster Waffen zu bestücken.

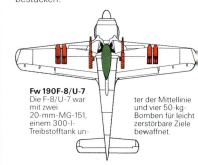

Fw 190F-8/U-7
Die F-8/U-7 war mit zwei 20-mm-MG-151, einem 300-l-Treibstofftank un-

ter der Mittellinie und vier 50-kg-Bomben für leicht zerstörbare Ziele bewaffnet.

Die meisten Fw 190 waren reine Jäger. Dieses Exemplar des JG 54 „Grünherz" ist hier zusammen mit einem Verbindungsflugzeug vom Typ Fw 58 Weihe zu sehen.

zugewiesenes Gebiet ab, um festzustellen, ob sich der Feind bewegt hatte, und wenn ja, wohin. Da wir das Gebiet bald gut kannten und wußten, wo sich der Feind in der Nacht zuvor aufgehalten hatte, brauchten wir am nächsten Morgen meist nicht mehr lange zu suchen. Zudem mußten die Panzereinheiten übers offene Land voranrücken; das erleichterte unsere Aufgabe.

Sobald die Schwärme zurückgekehrt waren und ihre Piloten den Lagebericht erstattet hatten, erhielt die Gruppe die Ziele für diesen Tag nach Priorität gestaffelt zugeteilt. Unsere Focke-Wulfs führten zwei 20-mm-Kanonen mit, die wir für Tiefflugangriffe verwendeten. Wir benutzten 250-kg- und 500-kg-Bomben sowie SD-2-, SD-4- und SD-10-Traubenbomben, die wir in Behältern mitführten.

Wenn wir feindliche Einheiten auf dem Vormarsch entdeckten,

konzentrierten wir uns aus taktischen Gründen zunächst auf die Transportfahrzeuge. Wir konnten sie relativ leicht mit Maschinengewehren und Kanonen zerstören; die Panzer aber, die den feindlichen Vorstoß anführten, kamen ohne regelmäßigen Treibstoffnachschub nicht weit, das wußten wir. Waren die feindlichen Panzereinheiten bereits mit unseren Bodentruppen in Kontakt, so nahmen wir sie direkt aufs Korn.

Unsere normale Kampfeinheit bestand bei diesen Angriffen aus einem Schwarm von vier Flugzeugen, gegen größere feindliche Verbände flogen wir allerdings auch mit bis zu zwölf Maschinen. Im allgemeinen näherten wir uns dem Feind in einer Höhe von etwa 2.000 m, in sicherem Abstand von der feindlichen leichten Flak. Bei dicker Wolkendecke hielten wir uns jedoch darunter, um mit dem Boden in Kontakt zu bleiben.

Gegen die feindlichen Panzer und gepanzerten Fahrzeuge setzten wir gewöhnlich Abprallerbomben ein. Wir kamen mit etwa 500 km/h flach in etwa 5-10 m Höhe heran und klinkten die Bomben in dem Moment aus, da der Panzer unter der Motorhaube verschwand. Unsere 250-kg-Bomben prallten dann entweder vom Boden ab und schlugen in den Panzer oder trafen ihn direkt. Die Bomben zündeten erst eine Sekunde später, damit wir uns in Sicherheit bringen konnten. Es war eine sehr präzise Angriffsform, die wir häufig gegen Panzer in offenem Gelände verwendeten.

Hatten wir unsere Bomben abgeworfen, richteten wir unsere Maschinengewehre und Kanonen auf geeignete Ziele im unmittelbaren Umkreis.

Zu Beginn der russischen Offensive flog unsere Gruppe sehr viel, manchmal bis zu sieben, acht Einsätze am Tag. Sie dauerten im Durchschnitt nur etwa eine halbe Stunde; der Feind befand sich ja immer in der Nähe. Manchmal erwischten wir russische Einheiten, die ihrer Flak weit voraus waren; bei ihnen hatten wir, praktisch ohne Eigenverluste, ein leichtes Spiel. Wurden die feindlichen Einheiten aber von ihrer Flak gedeckt, mußten wir oft schwere Verluste hinnehmen. Auf russische Jäger hingegen stießen wir höchst selten. Ich persönlich kam nur zweimal mit ihnen in Kontakt, und beide Male verloren wir keine einzige Maschine. Frontexperten hingegen hielten die russischen Jäger im Sommer 1944 für wesentlich aktiver als in den Jahren zuvor.

Eingekesselt

In den Monaten Juli, August, September und Oktober 1944 wurden unsere Truppen immer weiter zurückgedrängt. Die Armeegruppe Nord, zu der auch wir gehörten, mußte auf die Halbinsel Kurland zurückweichen. Der Hauptvorstoß der Russen ging an uns vorbei nach Westen: Wir waren völlig abgeschnitten.

Anfangs lag unsere Einsatzquote, wie gesagt, sehr hoch. Doch ab Ende August machte sich der allgemeine Treibstoff-

mangel bemerkbar, und wir mußten unseren Verbrauch reduzieren. Gegen Kriegsende kam es vor, daß wir unsere Maschinen von Ochsen an die Rollbahn ziehen ließen. Nach der Landung mußten wir die Triebwerke ausschalten und auf die Schleppmannschaft warten.

Als die Russen dann unseren Kessel angriffen, gelang es dem Oberkommando anfänglich noch, etwas Treibstoff zusammenzukratzen, so daß wir während der Kämpfe oft noch bis zu fünf Einsätze pro Tag schafften. Doch bald waren auch diese Notvorräte erschöpft; wir flogen immer weniger, und in den ersten beiden Monaten des Jahres 1945 lief so gut wie gar nichts mehr. In der ganzen Zeit, in der wir auf Kurland eingekesselt waren, hatten wir eine Menge Maschinen, eine Menge Piloten und eine Menge Bomben – aber kaum einen Tropfen Treibstoff."

Unteroffizier Fritz Kreitl, der bei der I/SG 4 flog, stand im gleichen Abschnitt im Einsatz: „Kurz danach kehrten wir wieder nach Rußland zurück und sahen uns der letzten großen Offensive dieses Krieges ausgesetzt. Inzwischen führten die Russen ihre Angriffe mit Rudeln von Stalin-Panzern an. Jeder fünfte führte vier 20-mm-Luftabwehrkanonen in seinem Turm mit. Unsere Fw 190Fs waren mit 24 R4M-Raketen oder 14 speziellen Panzerraketen unter den Tragflächen bewaffnet; damit nahmen wir uns zunächst diese Panzer vor. Erst wenn wir sie zerstört hatten, konnten wir uns

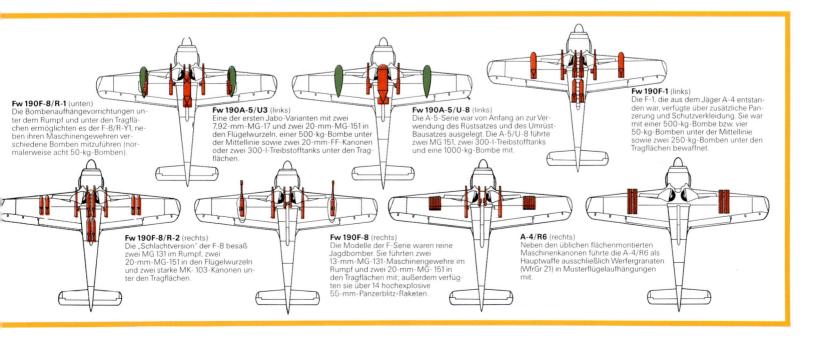

Fw 190F-8/R-1 (unten)
Die Bombenaufhängevorrichtungen unter dem Rumpf und unter den Tragflächen ermöglichten es der F-8/R-Y1, neben ihren Maschinengewehren verschiedene Bomben mitzuführen (normalerweise acht 50-kg-Bomben).

Fw 190A-5/U3 (links)
Eine der ersten Jabo-Varianten mit zwei 7,92-mm-MG-17 und zwei 20-mm-MG-151 in den Flügelwurzeln, einer 500-kg-Bombe unter der Mittellinie sowie zwei 20-mm-FF-Kanonen oder zwei 300-l-Treibstofftanks unter den Tragflächen.

Fw 190A-5/U-8 (links)
Die A-5-Serie war von Anfang an zur Verwendung des Rüstsatzes und des Umrüst-Bausatzes ausgelegt. Die A-5/U-8 führte zwei MG 151, zwei 300-l-Treibstofftanks und eine 1000-kg-Bombe mit.

Fw 190F-1 (links)
Die F-1, die aus dem Jäger A-4 entstanden war, verfügte über zusätzliche Panzerung und Schutzverkleidung. Sie war mit einer 500-kg-Bombe unter der Mittellinie bzw. vier 50-kg-Bomben unter der Mittellinie sowie zwei 250-kg-Bomben unter den Tragflächen bewaffnet.

Fw 190F-8/R-2 (rechts)
Die „Schlachtversion" der F-8 besaß zwei MG 131 im Rumpf, zwei 20-mm-MG-151 in den Flügelwurzeln und zwei starke MK-103-Kanonen unter den Tragflächen.

Fw 190F-8 (rechts)
Die Modelle der F-Serie waren reine Jagdbomber. Sie führten zwei 13-mm-MG-131-Maschinengewehre im Rumpf und zwei 20-mm-MG-151 in den Tragflächen mit; außerdem verfügten sie über 14 hochexplosive 55-mm-Panzerblitz-Raketen.

A-4/R6 (rechts)
Neben den üblichen flächenmontierten Maschinenkanonen führte die A-4/R6 als Hauptwaffe ausschließlich Werfergranaten (WfrGr 21) in Musterflügelaufhängungen mit.

auf die einfacheren Panzerfahrzeuge konzentrieren. Für einen T-34 genügte normalerweise eine Salve von drei Raketen aus den Unterflügelrohren. Für einen Stalin-Panzer mußte man schon die gesamte Ladung – alle 14 Raketen – aus 100-150 m Höhe mit einer Geschwindigkeit von 560 km/h abschießen. Hatte man gut gezielt, riß es diesen gewaltigen Panzern den Turm weg. Die umherfliegenden Trümmer waren dann allerdings noch gefährlicher als die feindlichen Flakgeschosse."

Die zweite Hälfte des Jahres 1944 war nur noch ein einziges Desaster. Der deutsche Rückzug wurde zur wilden Flucht. Die östlichen Verbündeten hatten kapituliert, und die sowjetischen Truppen standen auf deutschem Boden. Die Schlachtflieger griffen weiterhin die russischen Frontpanzer an, wann immer sie konnten. Neue Panzerabwehrwaffen waren entwickelt worden: Panzerblitz- und Panzerschreckraketen.

Treibstoffmangel

Der Treibstoffmangel hatte inzwischen kritische Ausmaße angenommen. Die sowjetischen Panzer konnten nicht mehr ad hoc angegriffen werden, selbst dann nicht, wenn sie die schon recht gelichteten deutschen Linien durchbrachen. Auch das lang hinausgeschobene Umschulungsprogramm war endgültig zusammengebrochen. Als letzte der früheren Stukagruppen stieg die III/SG 2 vom berühmten „Immelmann"-Geschwader auf die Fw 190 um. Es wurde inzwischen von dem nicht minder berühmten Oberstleutnant Hans-Ulrich Rudel angeführt, dem höchstdekorierten Offizier der gesamten Wehrmacht. Im Dezember 1944 konnte man sich den Luxus nicht mehr leisten, Einheiten zur Umschulung von der Front abzuziehen. Rudel selbst äußerte dieselbe Meinung: „Meine III. Gruppe soll endlich die Focke-Wulf 190 erhalten; angesichts der Situation möchte ich sie aber zu keiner Zeit aus dem Einsatz nehmen. Daher werden abwechselnd ein bis zwei Piloten zum Geschwaderstab abgestellt, und ich zeige ihnen zwischen den Einsätzen, wie der neue Typ zu fliegen ist. Jeder von ihnen fliegt – je nach

Können – eine gewisse Anzahl von Runden, und dann nehme ich ihn als Nummer 2 zu Einsätzen mit. Nach 15-20 Flügen sind sie mit dem neuen Typ hinreichend vertraut und können anderen Piloten Platz machen. So ist es der III. Gruppe möglich, ohne Unterbrechung in Aktion zu bleiben.

Die ersten Einsätze bedeuten für die Piloten einen Kopfsprung ins kalte Wasser; die Verteidigung ist überall recht stark, außerdem haben sie vor dem neuen Typ noch etwas Angst – zumal es keinen Heckschützen gibt, der sie gegen von hinten kommende feindliche Jäger schützen könnte. Bei seinem ersten Einsatz in einer Fw 190 wird Oberleutnant Stähler von der feindlichen Flak am Triebwerk getroffen und muß sofort notlanden. Glücklicherweise gelingt ihm eine sichere Landung innerhalb unserer Linien.

An dem Tag läuft einfach alles schief. Ich will gerade mit Hauptmann M., der derzeit von mir eingewiesen wird, zu einem Einsatz starten, als eine starke Formation aus Il-2 mit Jägereskorte in 600 m Höhe am Horizont vorbeifliegt. Es ist ein kalter Dezembertag, und so wird mein Motor noch eine Weile brauchen, bis er warm wird; bis dahin ist der Gegner aber längst verschwunden. Da fällt mir ein, daß die Mechaniker in den letzten eiskalten Tagen wieder den Aufwärmeapparat benutzt haben, mit dem man unverzüglich starten kann. Dieses System beruht auf einer bestimmten Treibstoffaufbereitung. Ich bedeute M., keine Zeit mit Auftanken zu vergeuden, sondern gleich mit mir loszufliegen. Wir haben schon die Bomben für den geplanten Einsatz geladen; ich will sie nicht zurücklassen, weil wir sie ja noch für unsere Aufgabe brauchen. Aber vielleicht gelingt es uns ja trotz des zusätzlichen Gewichts, die Il-2-Formation einzuholen.

M. fliegt offenbar eine langsamere Maschine, denn er bleibt immer mehr zurück. Ich komme den Il-2 allmählich näher. Als sie ihre eigenen Linien überqueren, liegen noch 800 m zwischen uns. Aber ich bin dickschädlig und wild entschlossen, sie auch allein anzugreifen. Mit meiner Fw 190 fürchte ich die sowjeti-

Focke Wulf Fw 190F, II/SG 4, Sommer 1944

AB250-Bombe
Der Abwurfbehälter war ein Vorläufer der modernen Schüttbombe. Er öffnete sich im Fallen und verteilte 224 Splitterbomben über eine große Fläche.

schen Piloten in ihren La-5 und Jak-9 nicht. Doch plötzlich höre ich ein sonderbares Geräusch in meinem Triebwerk. Öl spritzt hoch und nimmt mir die Sicht. Im selben Moment ist das Kabinendach rundum beschlagen.

Motorprobleme

Im ersten Moment denke ich, die Flak oder ein russischer Jäger habe meinen Motor getroffen, aber dann wird mir klar, daß ein Defekt am Motor einen Kolben klemmen läßt. Der Motor spuckt und rattert höllisch – jeden Moment kann er stehenbleiben. Als ich das Geräusch hörte, hatte ich instinktiv die Nase nach unten und Kurs auf unsere Linien genommen. Jetzt muß ich genau über ihnen sein. Abspringen kommt mit meinem Gipsverband nicht in Frage. Ich hatte mir vor vier Wochen im Flakfeuer in Ungarn eine Oberschenkelverletzung zugezogen, außerdem fliege ich viel zu niedrig. Diese

Maschine wird keinen Meter mehr steigen können. Ich werfe die Haube ab, um die Sicht wenigstens zur Seite und nach hinten frei zu haben. Ich befinde mich in 50 m Höhe und sehe immer noch kein geeignetes Gelände für eine Notlandung. Ich will natürlich so nahe wie möglich an unseren Flugplatz herankommen, um keine Zeit zu verlieren. Ich zische haarscharf an einem Kirchturm vorbei.

Schräg vor mir liegt ein Straßendamm; ich muß jede Sekunde damit rechnen, daß der Propeller stehenbleibt. Ich kann nur hoffen, daß die Maschine über den Damm kommt. Ich ziehe am Knüppel und warte ab. Wird sie es wohl schaffen? Sie schafft es! Jetzt berühren die Räder den Boden. Knirschend schlittert das Flugzeug an einem breiten Graben entlang über den steinhart gefrorenen Boden und kommt zum Stillstand. Mein Blick gleitet über eine stille, friedliche Winterlandschaft. Nur

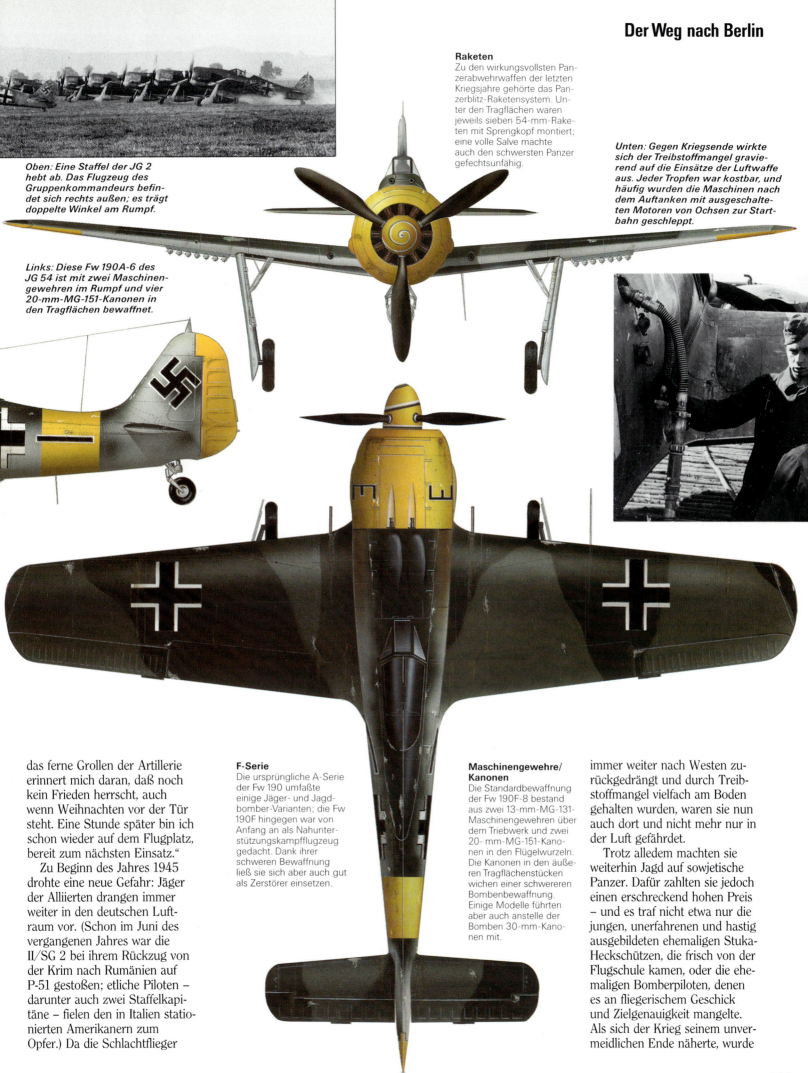

Oben: Eine Staffel der JG 2 hebt ab. Das Flugzeug des Gruppenkommandeurs befindet sich rechts außen; es trägt doppelte Winkel am Rumpf.

Links: Diese Fw 190A-6 des JG 54 ist mit zwei Maschinengewehren im Rumpf und vier 20-mm-MG-151-Kanonen in den Tragflächen bewaffnet.

Raketen
Zu den wirkungsvollsten Panzerabwehrwaffen der letzten Kriegsjahre gehörte das Panzerblitz-Raketensystem. Unter den Tragflächen waren jeweils sieben 54-mm-Raketen mit Sprengkopf montiert; eine volle Salve machte auch den schwersten Panzer gefechtsunfähig.

Unten: Gegen Kriegsende wirkte sich der Treibstoffmangel gravierend auf die Einsätze der Luftwaffe aus. Jeder Tropfen war kostbar, und häufig wurden die Maschinen nach dem Auftanken mit ausgeschalteten Motoren von Ochsen zur Startbahn geschleppt.

das ferne Grollen der Artillerie erinnert mich daran, daß noch kein Frieden herrscht, auch wenn Weihnachten vor der Tür steht. Eine Stunde später bin ich schon wieder auf dem Flugplatz, bereit zum nächsten Einsatz."

Zu Beginn des Jahres 1945 drohte eine neue Gefahr: Jäger der Alliierten drangen immer weiter in den deutschen Luftraum vor. (Schon im Juni des vergangenen Jahres war die II/SG 2 bei ihrem Rückzug von der Krim nach Rumänien auf P-51 gestoßen; etliche Piloten – darunter auch zwei Staffelkapitäne – fielen den in Italien stationierten Amerikanern zum Opfer.) Da die Schlachtflieger

F-Serie
Die ursprüngliche A-Serie der Fw 190 umfaßte einige Jäger- und Jagdbomber-Varianten; die Fw 190F hingegen war von Anfang an als Nahunterstützungskampfflugzeug gedacht. Dank ihrer schweren Bewaffnung ließ sie sich aber auch gut als Zerstörer einsetzen.

Maschinengewehre/ Kanonen
Die Standardbewaffnung der Fw 190F-8 bestand aus zwei 13-mm-MG-131-Maschinengewehren über dem Triebwerk und zwei 20- mm-MG-151-Kanonen in den Flügelwurzeln. Die Kanonen in den äußeren Tragflächenstücken wichen einer schwereren Bombenbewaffnung. Einige Modelle führten aber auch anstelle der Bomben 30-mm-Kanonen mit.

immer weiter nach Westen zurückgedrängt und durch Treibstoffmangel vielfach am Boden gehalten wurden, waren sie nun auch dort und nicht mehr nur in der Luft gefährdet.

Trotz alledem machten sie weiterhin Jagd auf sowjetische Panzer. Dafür zahlten sie jedoch einen erschreckend hohen Preis – und es traf nicht etwa nur die jungen, unerfahrenen und hastig ausgebildeten ehemaligen Stuka-Heckschützen, die frisch von der Flugschule kamen, oder die ehemaligen Bomberpiloten, denen es an fliegerischem Geschick und Zielgenauigkeit mangelte. Als sich der Krieg seinem unvermeidlichen Ende näherte, wurde auch von erfahrenen Formationsführern ein hoher Blutzoll gefordert: Vier Geschwaderkommodore, acht Gruppenkommandeure und zahllose Staffelkapitäne fanden den Tod. Hauptmann Rudolf Smola aus Wien zum Beispiel, Kommandeur der I/SG 3, fiel am 27. März in Ostpreussen; Oberleutnant August Lambert, das mit 116 Abschüssen „As der Krim" und mittlerweile Staffelkapitän der 8./SG 77, wurde am 17. April beim Start von 60-80 P-51 abgefangen und zusammen mit sechs weiteren Piloten getötet; Major Bernhard Hamester, stellvertretender Kommodore des SG 3, stürzte fünf Tage später bei einem Angriff auf Stalin-Panzer südlich von Berlin mit seiner brennenden Maschine ab; Hauptmann Andreas Kuffner, Gruppenkommandeur der I(Pz)/SG 9, einer speziellen Panzerabwehreinheit mit Panzerblitz-Raketen unter den Tragflächen, und der Kapitän seiner 3. Staffel, Oberleutnant Rainer Nossek, wurden beide von Spitfires abgeschossen, als sie auf einem Flugplatz östlich von Hamburg landen wollten…. Das sind nur wenige von einer langen Liste.

In der Endphase des Krieges warteten Piloten, die ihre Panzerabwehrkarriere in den weiten Ebenen Osteuropas begonnen hatten, in den Straßen und auf den Plätzen ihrer Heimatstädte auf ihre Beute. Leutnant Peter Henn vom SG 4 erinnert sich: „Meine Gruppe lag in Rosenborn-am-Zobten, südlich von Breslau, während die Front in Schlesien überall bröckelte. Die T-34 stießen seit Stalingrad unerbittlich vor. Ringsum tauchten die riesigen Geschoßmündungen der Stalin-Panzer auf. Breslau war eingekesselt, und zum ersten Mal in der Geschichte des Deutschen Reiches bombardierte eine Gruppe deutscher Bomber eine deutsche Stadt.

Zwischen zwei Einsätzen sagte ich zu Jupp: ‚Ich denke gerade an das Café Hutmacher. Erinnerst du dich? Ich glaube, ich habe es heute morgen ausradiert.'"

Versteckte Panzer

Oder Oberfeldwebel Herz, der drei Fw 190 der 6./SG 1 zur freien Jagd in 300 m Höhe über den rauchenden Ruinen Berlins

anführte, die sich unter den Brücken und Eisenbahnüberführungen der Stadt versteckt hielten. Seine letzten Worte zu seinem Rottenflieger lauteten „Da sind sie – sie greifen an!" Dann schoß er seine Raketen ab und stürzte, ihrer feurigen Bahn folgend, in einen Wohnblock.

Das Schicksal der Überlebenden hing sehr stark von ihrem Standort ab. Viele von denen, die ihre Schlachtfliegerausbildung nicht abgeschlossen hatten, oder deren Schulverbände – SG 101 bis 104 – aufgelöst wurden, starben als Infanteristen in

der letzten apokalyptischen Schlacht um Berlin. Die Männer im Norden, die seit dem vergangenen Herbst auf der Halbinsel Kurland isoliert waren, kamen schließlich frei. Leutnant Werner Gail der III/SG 3: „Meine Gruppe blieb bis zum bitteren Ende im Kurland-Kessel. Erst am Tag des Waffenstillstands, am 8. Mai 1945, erhielten wir die Erlaubnis, unsere Maschinen herauszufliegen. Noch am selben Nachmittag startete ich in Nikas mit vier Männern von der Bodenmannschaft, die sich in meine Focke-Wulf zwängten. Für sie waren die fast 1.000 km

nach Schleswig-Holstein lang und unbequem, doch bei weitem nicht so schrecklich wie eine Gefangenschaft in Rußland, die auf die Zurückgebliebenen wartete." Andere Piloten derselben Einheit versuchten, über die Ostsee nach Schweden zu gelangen.

Auch dem kläglichen Rest von Major Peter Gassmanns SG 1 an der Berliner Front gelang es, den Russen zu entkommen. Sie starteten von Gatow aus und suchten Schutz bei den Briten in Flensburg und Schleswig. Die Schlachtflieger im Süden, und das war die Mehrheit, hatten weniger Glück. Viele versuchten,

Fw 190A-5/U-8, Poix, Frankreich, Sommer 1943

Die Maschine diente Schnellkampfgeschwader 10 zu Angriffen in der Dämmerung auf RAF-Stützpunkte.

Fw 190A-4/U-3, Kursk, Sommer 1943

Die Maschine wurde vom Gefechtsverband Druschel (Schlachtgeschwader 1) während der größten Schlacht des Zweiten Weltkriegs eingesetzt.

Fw 190F-8, Köln, 1945

Die Maschine diente beim Schlachtgeschwader 4; sie wurde bei der Operation „Bodenplatte" vom 1. Januar 1945 verwendet.

Links und unten: Die Einsätze an der Ostfront wurden durch die riesigen Entfernungen und primitiven Pisten noch mehr erschwert. Das breite Fahrgestell der Fw 190 eignete sich gut für diese holprigen Flugplätze.

Die Bewaffnung der Fw 190A-4/R-6 bestand aus WfrGr 21, raketengetriebenen Werfergranaten, deren Abschußrohre unter den Tragflächen aufgehängt waren.

Oberfeldwebel Herz vom SG 1 jagt seine Panzerschreck-Raketen einem T-34/85 entgegen. Mehrere Volltreffer waren nötig, um einen dieser mächtigen sowjetischen Panzer zu zerstören.

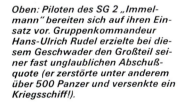

Oben: Piloten des SG 2 „Immelmann" bereiten sich auf ihren Einsatz vor. Gruppenkommandeur Hans-Ulrich Rudel erzielte bei diesem Geschwader den Großteil seiner fast unglaublichen Abschußquote (er zerstörte unter anderem über 500 Panzer und versenkte ein Kriegsschiff!).

zu Fuß oder mit dem letzten Tropfen Treibstoff die amerikanischen Linien zu erreichen; sie wurden sofort wieder den Russen ausgeliefert.

Einige wenige kämpften bis zum bitteren Ende, ohne sich um die Folgen zu kümmern. Unteroffizier Bernhard Ellwanger von der III/SG 77: „Am 8. Mai 1945 wurde, bis auf vier Ausnahmen, aus allen Maschinen der Treibstoff herausgelassen. Warum mein Flugzeug zu diesen vieren gehörte, weiß ich bis heute nicht. Unter der Führung von Hauptmann Günther Ludigkeit, Kapitän der 7. Staffel, starteten wir in Richtung Prag. Unsere Aufgabe war es, die Prager Funkstation zu zerstören, die sich in den Händen tschechischer Partisanen befand. In 4.000 m Höhe kam Prag in Sicht. Dann entdeckte ich etwas, von dem ich meine Augen kaum abwenden konnte: Hunderte amerikanischer Jäger flogen wie

ein riesiger Vogelschwarm an uns vorbei, eine riesige Masse, die silbern in der Sonne glitzerte. Der Anblick ließ mich beinahe unseren Angriff verpassen. Unser Schwarm tauchte nach links weg, ich folgte. Ich hatte das Ziel mitten in meinem ‚Revi' und klinkte in 1.500 m meine Bombe aus. Ein Volltreffer. Dann flogen wir nach Osten zu unserem Stützpunkt zurück. So endete mein letzter Einsatz am Tag der Kapitulation; mit ihm war auch meine Chance verschwunden, in der amerikanischen Zone zu landen."

Die ganze Geschichte der Schlachtflieger an der Ostfront war ebenso wie Ellwangers Einsatz ein einziger Beweis für die These „zu wenig und zu spät". Alle Jagdbomberversionen der Fw 190 hatten sich als ausgesprochen wirkungsvoll erwiesen, doch sie kamen zu spät und in zu geringer Zahl, um den Kriegsverlauf entscheidend zu

beeinflussen. Man könnte Spekulationen anstellen, was geschehen wäre, wenn… Welchen Verlauf hätte Operation Barbarossa wohl genommen, wenn die Fw 190 schon 1942 zu gut organisierten Jagdbombereinheiten mit optimaler Angriffstaktik gekommen wären?

Doch überlassen wir das letzte Wort dem Mann, der 2.530 Einsätze flog – davon 430 auf der Fw 190 – der mehr als 519 Panzer, über 800 Fahrzeuge, vier Panzerzüge, über 150 Artilleriestellungen und zahlreiche Brükken zerstörte, der ein Kriegsschiff, einen Kreuzer, einen Zerstörer und 70 Landeboote versenkte und zu dessen Abschüssen auch sieben sowjetische Jäger und zwei Sturmowiks zählten. Oberst Hans-Ulrich Rudel: „Wir waren nicht mehr als ein Felsen, ein kleines Hindernis; die Flut aber, das war gewiß, konnten wir nicht mehr eindämmen."

Schwimmerflugzeuge und Flugboote der Achsenmächte

Heinkel He 115

Diese Heinkel He 115 wurde Mitte 1941 von der I. Küstenfliegergruppe 406 von Korkennes/Norwegen aus für Angriffe gegen Schiffskonvois eingesetzt. Die He 115 konnte Bomben, Minen, Wasserbomben und Luftfahrzeug-Torpedos tragen.

Arado Ar 196

Die Ar 196 war eines der am meisten eingesetzten und effektivsten kleinen Zweischwimmer-Seeflugzeuge des Zweiten Weltkriegs. 1939 wurde sie bei der Kriegsmarine in Dienst gestellt und befand sich an Bord der meisten großen deutschen Flotteneinheiten. Als wendiges Flugzeug mit recht schwerer Bewaffnung wurde sie für maritime Patrouillen und Aufklärungsaufgaben eingesetzt. Später diente sie nicht nur bei Küstenstaffeln, sondern auch bordgestützt auf deutschen Handelsschiffen in fernen Ozeanen, um gegnerische Kriegsschiffe aufzuspüren. Die Ar 196 war überwiegend aus Metall konstruiert, nur das Rumpfheck wurde mit Stoff bespannt. Sie konnte auf U-Boot-Patrouillen kleine Bomben unter den Tragflächen mitführen. Sie ging auch in Frankreich und in den Niederlanden in Produktion und erreichte eine Gesamtstückzahl von 493 Maschinen.

Technische Daten: Arado Ar 196A-3
zweisitziges Aufklärungs-Schwimmerflugzeug
Spannweite: 12,40 m
Länge: 11,00 m
Triebwerk: ein BMW 132K
mit 723 kW (983 PS)
Bewaffnung: zwei 20-mm-Kanonen
und drei oder vier 7,9-mm-MGs
plus zwei 50-kg-Bomben
Höchstgeschwindigkeit: 310 km/h
in 13.125 Fuß (4.000 m) Höhe
Einsatzreichweite: 1.070 km

Heinkel He 59

Der zweimotorige Doppeldecker He 59 entstand in der Zeit heimlicher Militär-Planung im Jahr 1930 als Torpedo-Bomber mit auswechselbarem Rad- und Zweischwimmer-Fahrwerk. Im Zweiten Weltkrieg versah die He 59C verschiedene Aufgaben, einschließlich der Küstenaufklärung, der Seenotrettung und des Bombertrainings. In dieser Rolle folgten die Varianten D und E, während die Variante N als Navigations-Trainer eingesetzt wurde. In den ersten Kriegsjahren befanden sich diese Wasserflugzeuge häufiger im Einsatz. Sie brachten Angriffstruppen zur Invasion auf die Niederlande, legten Minen an den Küsten Großbritanniens, verfolgten Geleitzüge und wurden zur Seenotrettung im Kanal während der Schlacht um England eingesetzt. Mit der He 59 waren ungefähr sechs Gruppen ausgestattet, bevor sie von den Do 18 und Do 24 abgelöst wurde.

Technische Daten: Heinkel He 59B-2
viersitziges Mehrzweck-Schwimmerflugzeug
Spannweite: 23,70 m
Länge: 17,40 m
Triebwerk: zwei BMW VI 6.0 ZU
mit je 492 kW (669 PS)
Bewaffnung: drei 7,9-mm-Maschinengewehre
und bis zu 1.000 kg Bomben
oder ein Torpedo
Höchstgeschwindigkeit: 220 km/h
in Meereshöhe
Einsatzreichweite: 1.530 km

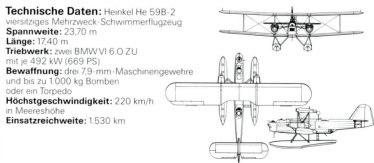

Ehemalige Piloten der Luftwaffe schildern ihre Erlebnisse mit der Messerschmitt 262, dem ersten strahlgetriebenen Kampfflugzeug der Welt.

Am 18. März 1945 setzte die III. Gruppe des Jagdgeschwaders 7 erstmals R4M-Raketen ein. 37 mit je 24 dieser ungelenkten 55-mm-Raketen bewaffnete Me 262 stießen in die amerikanischen Bomberverbände vor und zerstörten ohne eigene Verluste zwölf B-17.

Hitlers
Sturmvogel

„Als ich am 21. März mit meiner Rotte startete, dachte ich, es ginge gegen einen größeren amerikanischen Bomberverband im Dresdner/Leipziger Raum. An diesem Tag waren die Funkstörungen besonders stark und der Sprechverkehr daher nahezu unmöglich. In 7.500 m Höhe, immer noch südlich von Dresden, stieß ich auf eine einzelne B-17 mit östlichem Kurs. Sie flog in etwa derselben Höhe wie der Hauptverband, doch 24 km seitlich abgesetzt und 6.500 m dahinter. Vier P-51 Mustangs gaben ihr Begleitschutz. Alles deutete auf einen Spezialauftrag hin, also Grund genug, sie mir vorzuknöpfen.

Ich flog einen Scheinangriff knapp unter die Mustangs, die meinen Kameraden hinterherjagten. Dichte Rauchfahnen zeigten, daß sie alles aus ihren Motoren herausholten. Ich warf einen

Blick auf den Fahrtmesser: jede Menge Reserven. Um die Jäger brauchte ich mir also vorerst keine Sorgen zu machen.

Die Boeing war jetzt vor mir und kurvte nach links. Aus ungefähr 1.000 m Entfernung er-

Techniker geben einem Flugzeugführer des JG 7 letzte Tips vor dem Start. Die Me 262 war äußerst schwierig zu fliegen, die Verluste dementsprechend hoch. Unfälle und die Jäger der Alliierten forderten ebenfalls schwere Tribute.

Hitlers Sturmvogel

öffnete der Heckschütze das Feuer, wohl in der Hoffnung, mich zu einem Fehler verleiten zu können. Aber nach einigen Sekunden war schon alles vorbei. Aus etwa 300 m Entfernung jagten mein Rottenflieger und ich kurze Feuerstöße mit unseren Bordkanonen in den Bomber. Wir erkannten rund ein Dutzend Einschläge im Rumpf und zwischen den Triebwerken, bevor unsere hohe Geschwindigkeit uns an ihm vorbeitrug.

Die B-17 verlor ständig Teile und trudelte noch etwa 2.000 m abwärts, bevor eine Explosion sie zerriß."

Vorstoß der Alliierten

Eine Szene, die eher an 1943 als an 1945 erinnert. In dieser Phase schoß die Luftwaffe schon nicht mehr allzu viele Bomber der Alliierten ab, die ihre Angriffe mit zunehmend stärkeren Verbänden immer tiefer ins Deutsche Reich führten.

stungshebel ein bißchen zu schnell vor, überhitzten die unerprobten Triebwerke regelmäßig bis zum unkontrollierbaren Triebwerksbrand. Nahm man die Leistung in niedriger Höhe auf Leerlauf zurück, so konnte es passieren, daß der Ofen ausging. Dann blieb nichts anderes übrig, als zu landen. Ein Wiederanlassen in der Luft dauerte viel zu lange und war daher praktisch unmöglich.

Eine positive Bilanz stellte das erstaunliche Leistungsvermögen dieses Jagdflugzeugs auf: 865 km/h in 6.100 m Höhe und eine Anfangssteiggeschwindigkeit von 20 m/sek. Allemal genug, um es mit den P-51 Mustangs mit ihren Merlin-Motoren aufzunehmen, die damals in großer Zahl nach England überführt wurden.

Als Bomber war die Me 262 keineswegs ideal; Hitler blieb jedoch unnachgiebig bei seiner Forderung, den neuen Strahljä-

Jagdflugzeug war die Me 262 wesentlich besser, verfügte aber nicht über die Wendigkeit der USAAF-Jäger.

Messerschmitt Me 262A-1a

Eine Me 262A-1a der 9. Staffel des Jagdgeschwaders III beim Angriff gegen eine B-17 der USAAF Anfang 1945. Als Teil der III. Gruppe war die 9. Staffel in Parchim unter der Zuständigkeit der 1. Jagddivision des 1. Jagdkorps stationiert. Die blauen und roten Rumpfbänder am Heck kennzeichneten den Auftrag zur „Verteidigung der Reichsgrenzen", während der springende Windhund das Wappen der III. Gruppe war. Von Parchim und später von Brandenburg aus operierten die III. Gruppe und der Geschwaderstab als gemeinsamer Gefechtsverband mit rund 45 Maschinen von Dezember 1944 bis zum Zusammenbruch im Mai 1945. Gemeinsam erzielten sie 427 Luftsiege. Die I. Gruppe in Kaltenkirchen und die II. Gruppe in Neumünster erreichten nie ihre Sollstärke, obwohl die IV. Ergänzungsgruppe JG 7 Einsätze von Lechfeld aus flog und rund 30 Abschüsse erzielte. Diese individuelle Maschine überstand den Krieg unbeschädigt. Die USAAF wertete das Flugzeug gründlich aus, bevor sie es an das nationale Luft- und Raumfahrtmuseum in Washington D.C. übergab.

HÖHENRUDER
Die Serienflugzeuge hatten metallbeplankte Höhenruder, da die stoffbespannten Querruder der Versuchsmaschinen bei hohen Geschwindigkeiten im Sinkflug gefährliche Blähentwicklungen zeigten. In fünf Fällen war die Stoffbespannung regelrecht gerissen.

Diese Me 262A-2a ist mit zwei SC250-Bomben (250 kg) unter dem Bug beladen. Der Hochgeschwindigkeitsbomber wurde beim Kommando Schenck des KG 51 eingesetzt.

Zwischen den Alliierten und ihrer Luftherrschaft stand nur noch eines – der erste Düsenjäger der Welt. Doch diese ‚Wunderwaffe' der Deutschen kam zu spät und in viel zu kleiner Zahl.

Bis zum April 1944 waren ganze 16 Me 262 fertiggestellt worden, denen im Mai nochmals sechs Maschinen folgten. Die Einflieger des Erprobungskommandos 262 in Lechfeld stellte der neue Jäger nahezu vor ein Rätsel. Schob man die Lei-

ger in dieser Rolle einzusetzen. Nicht einmal als Sturzkampfbomber taugte der schlanke Jäger, weil sich die Geschwindigkeit viel zu rasch aufbaute, wenn man seine Nase gen Boden richtete. Als konventioneller Bomber versagte er aus dem einfachen Grunde, weil der Flugzeugführer absolut keine Sicht nach vorn unten hatte. Sein Ziel konnte er überhaupt nicht erkennen, geschweige denn bekämpfen. Die einzige Chance, die ihm blieb, war eine Zielannäherung im leichten Sinkflug mit einer hohen Geschwindigkeit als Sicherheitsgarantie gegenüber leichten Flugabwehrwaffen. Als

AUFHÄNGUNGEN UNTER DEN TRAGFLÄCHEN
Die Jagdversion der Me 262 konnte unter den Tragflächen je 12 R4M-ungelenkte-Luft-Luft-Raketen, Kaliber 55 mm, in hölzernen Behältern mitführen. Die Flugbahn dieser Waffen verlief ähnlich wie die der Kanonengeschosse, so daß ein neues Visier entbehrlich war. Die Raketen verteilten sich auf eine Fläche, die ein viermotoriger Bomber in 550 m Entfernung abdeckt. Jede Rakete war mit einem 450 g schweren Gefechtskopf mit beträchtlicher Sprengwirkung bestückt.

QUERRUDER
Die Steuerung der Me 262 um die Längsachse arbeitete in allen Höhenbereichen hervorragend. Beim Strömungsabriß zeigte sie keinerlei Neigung zum Trudeln. Die Richtungsstabilität war dagegen nicht so gut, aber das mächtige Seitenruder ermöglichte dem Piloten, die Maschine jederzeit unter Kontrolle zu halten.

SPALT VOR DER NASENKANTE
Wenn die Geschwindigkeit in Schräglage oder im Steigflug unter 450 km/h bzw. unter 300 km/h im Sinkflug fiel, öffneten sich automatisch Schlitze vor der Anströmkante.

KANONENBEWAFF-NUNG
Die Me-262-Jäger waren mit vier 30-mm-Kanonen des Typs MK 108A-3 von Rheinmetall Borsig und je 100 Schuß Munition für das obere und 80 Schuß für das untere Paar bewaffnet. Die Kanonen gruppierten sich eng um die Längsachse, so daß eine hohe Feuerkraft ohne Harmonisierungsprobleme gegeben war.

AUSSENLASTTRÄGER UNTER DEM BUG
Zur Abgrenzung vom Standardjäger wurde die Jagdbomberversion der Me 262 Sturmvogel genannt. Die Sturmvögel unterschieden sich vom Jäger durch ihre Bombenzündvorrichtung und zwei Außenlastträger unter dem Bug, die zwei 250-kg-Bomben oder eine 500-kg-Bombe aufnehmen konnten. Diese Flugzeuge hießen nach offiziellem Sprachgebrauch „Superschnell-bomber", weil Hitler die Ausdrücke „Jagdflug-zeug" sowie „Jagdbomber" haßte.

Die Me 262 war äußerst schnell und konnte selbst die Mosquito und die Mustang mühelos überholen. Aber sie war nicht unverwundbar. Neben ihrer schwachen Wendigkeit stellte sie, wie jedes andere Flug-zeug auch, in der Platzrunde eine perfekte Zielscheibe dar.

TRIEBWERKE
Die Me 262 wurde von einem Paar Junkers-Juno-004B-1-Axialstrahltriebwerken je 900 kp Standschub angetrieben. Der Schub ermöglichte ihr eine Geschwindigkeit von 870 km/h in 6.000 m Höhe. Im Sturzflug konnte sie noch höhere Geschwindigkeiten erlangen, doch dann hätte sie die kritische Machzahl erreicht. Die Fertigung der Triebwerke bereitete große Probleme, und ihre Zuverlässigkeit ließ stark zu wünschen übrig. Der Mangel an Chrom und Nickel führte dazu, daß die Turbinenblätter nicht so hitzefest gebaut werden konnten, wie es erforderlich gewesen wäre. Die Lebensdauer der Triebwerke war daher entsprechend kurz.

Hitlers Sturmvogel

Ähnlichkeit mit der B-26

‚In 3.300 m Höhe westlich von Brüssel sah ich plötzlich unter mir eine Maschine in 150 m über Grund nach Süden fliegen. Sah aus, wie eine B-26," erinnert sich Major Joseph Myers von der 78th Fighter Group, USAAF. „Sie war sehr schnell. Das wollte ich mir näher ansehen. Obwohl ich meine P-47 mit 45° Bahnneigungswinkel stürzen ließ und mein Fahrtmesser 450 Knoten (830 km/h) anzeigte, kam ich kein Stück näher an sie ran. Ich hatte inzwischen erkannt, daß es keine B-26 war. Vollends Klarheit erhielt ich, als er mit seinen Ausweichmanövern begann. Er schien nur kleine Kursänderungen machen zu können, denn er kurvte bestimmt nie mehr als 90° und immer mit großem Radius. Ich konnte ihm jedesmal den Weg abschneiden.

Als ich bis auf 600 m herangekommen war, fielen mir die Flugzeugerkennungsbilder wieder ein, die man uns gezeigt hatte. Es war eine Me 262. Jetzt wußte ich genau, mit wem ich es zu tun hatte. Mit Vollgas und dem Höhenvorteil schaffte ich es allmählich, mich 450 m hinter sein Heck zu setzen. In dem Augenblick, als ich das Feuer eröffnen wollte, stellte er offenbar das Triebwerk ab und setzte auf einem frisch gepflügten Acker auf. Ich betätigte den Abzug und sah mehrere Treffer im Bereich der Kanzel und der Triebwerke. Die Maschine rutschte noch etliche Felder weiter, bis sie schließlich zum Stillstand kam. Der Pilot (Oberfeldwebel Ronny Lauer von der I./KG 51) sprang aus der Kanzel und rannte über das Feld, um sich in Sicherheit zu bringen.'

Erste Verluste

Unterdessen hatte das Erprobungskommando 262 in Bayern die erste Me 262 im Kampfeinsatz verloren. Beim Versuch, ein Aufklärungsflugzeug der Alliierten abzufangen, fand der Kommandoführer Werner Thierfelder den Tod.

Leutnant ‚Quax' Schnörrer hatte Glück im Unglück. „Ich zog mit aller Macht, aber die 262 marschierte unbeirrt weiter nach unten. In meiner Verzweiflung sprengte ich das Kabinendach ab. Dadurch muß sich die

Trimmung so geändert haben, daß die Maschine von selbst aufhörte zu stürzen. Bei der Landung sah ich, daß sich die Beplankung der Tragflächen gewellt hatte. Die Maschine konnte man komplett abschreiben.

Abgesehen von der gelegentlichen Jagd des EKdo 262 gegen Fernaufkärer galt nach wie vor die Führerweisung, die kostbaren 262 nur als Jagdbomber einzusetzen. Die alliierten Piloten wurden immer häufiger in Luftkämpfe mit dem neuen deutschen Kampfflugzeug verwickelt. Sie mußten schon über ein bestimmtes Maß an Luftüberlegenheit verfügen, um mit dieser neuen Bedrohung fertigzuwerden.

Nachdem die deutsche Armee aus Frankreich zurückgedrängt war, revidierte Hitler seine Entscheidung und genehmigte den Einsatz der Me 262 als Jäger. Das Erprobungskommando 262, neuerdings Kommando Nowotny, wurde nach Norden

die wie Furunkel auf den Auswertephotos der Alliierten hervorstachen. Es dauerte nicht lange, da hatte jede 262-Abteilung ständig eine Jagdgruppe

der Alliierten über sich. Die Messerschmitt-Jäger waren effektiv an den Boden gefesselt, wie First Lieutenant Urban Drew von der 361st Fighter Group schilderte.

Diese Aufnahme einer Me 262A-1 des ersten strahlgetriebenen Jagdverbandes der Luftwaffe, Kommando Nowotny, zeigt deutlich ihre elegante Linienführung mit den revolutionären Pfeilflügeln. Kein Wunder, daß die Luftwaffe die Me 262 „Schwalbe" taufte.

Links: Ein „Kettenrad" dient als Transportwagen für die Warte dieser Me 262A vom Jagdverband 44, der Elitetruppe aus Gallands Fliegerassen. Beim Austausch der Munitionsbehälter schickt sich der Soldat gerade an, das leere Magazin in das ungewöhnliche Ketten-Krad zu verladen.

und Westen in Frontnähe verlegt. Ende September flog es von Osnabrück aus Einsätze gegen die amerikanischen Begleitjäger der Bombenströme, die tief nach Deutschland eindrangen. Man überließ die nunmehr ungeschützten Bomber den kolbengetriebenen Abfangjägern, die in größerer Nähe zum Ziel auf sie lauerten. Ein anderes Problem zeigte sich schicksalhaft für die Me 262.

Die Düsenjäger konnten nur von harten Pisten starten. Die Asphaltdecke der meisten Fliegerhorste hatte aber die fatale Neigung, sich zu entzünden, wenn Strahljäger sie benutzten. Also mußten Betonpisten her,

Selbst im Februar 1945 konnte die Luftwaffe noch starke Me-262-Formationen zusammenstellen. Nicht weniger als 55 Maschinen des KG 51 griffen an diesem Tag die britischen Kampfverbände beim Vorstoß auf Kleve mit Bomben an. Alliierte Jäger attackierten die teilweise noch beladenen Me 262, waren aber nur dreimal erfolgreich.

Eine Luftwaffenhelferin senkt die Flagge, um dem Piloten dieser Me 262A-1 des Kommandos Nowotny zu bedeuten, daß er starten darf.

‚Die Führungsmaschine hatte sich bereits auf der Bahn ausgerichtet, und der Rottenflieger rollte gerade zum Formationsstart in Position. Ich wartete, bis beide in der Luft waren und kippte dann über die Fläche aus 5.000 m Höhe mit meinem Schwarm auf sie hinunter. Mit 830 km/h am Staurohr schnappte ich mir in 350 m Höhe über Grund die zweite Me 262, die nicht mehr als 370 km/h flog. Aus einem Abstand von 350 m und im Winkel von 30° drückte ich den Abzug durch und sah, wie meine Geschosse überall einschlugen. Als ich vorbeiflog, sah ich den rechten Flächenansatz aufflammen, dann einen rot-orangenen Feuerball und eine gewaltige Explosion.

Flachtrudeln

Die andere Me 262 befand sich etwa 450 m in einer linken Steigflugkurve vor mir. Ich hatte immer noch 400 Knoten (740 km/h) anliegen und mußte stark ziehen, um nicht abgehängt zu werden. Bei 300 m im Winkel von 60° nahm ich ihn unter Feuer und sah Einschläge im Heck. Ich knüppelte, was das Zeug hielt, und die Treffer wanderten allmählich nach vorn. Das Kabinendach platzte in zwei Teilen ab, die Maschine begann träge zu drehen und ging dann ins Flachtrudeln über. Sekunden später zerschellte sie rücklings am Boden.'

Von den vier Tagjagdstaffeln, die es insgesamt gab, war die I./KG(J) auf einem Fliegerhorst in der Nähe von Würzburg als erste einsatzbereit. Aber welch eine Katastrophe erlebte diese Einheit gleich zu Beginn. Gegen sieben verschiedene Ziele eingesetzt, fielen sechs Maschinen dieser Staffel den Mustang-Begleitjägern zum Opfer. Demgegenüber stand eine einzige beschädigte B-17 der Engländer.

Der Februar 1945 brachte intensive Einsätze nicht nur für die Jagdstaffeln, sondern auch für die 262-Piloten des KG 51, die auf die Bomber angesetzt waren. Nicht weniger als 55 Kampfflugzeuge warf man am 14. Februar gegen die auf Kleve vorrückenden britischen Truppen. Alliierte Jäger erwischten nur drei Maschinen, davon zwei auf dem Wege zum Ziel, noch voll beladen. Für die neue Generation kolbengetriebener Jagdflugzeuge der Alliierten, wie die Typhoon, bedeutete ein Strahlbomber mit voller Zuladung leichte Beute.

Im folgenden Monat schwang das Pendel wieder in Richtung Abfangjagd. Am 3. März flog die III./JG 7 sogar 29 Einsätze gegen die USAAF. Sie meldete den Abschuß von sechs Bombern und zwei Jagdflugzeugen gegenüber dem Verlust einer einzigen eigenen Maschine. Der 18. März brachte eine bedeutende Neuerung: Luft-Luft-Raketen. 37 Me 262 wurden einer amerikanischen Luftstreitmacht

Rechts: Me-262A-1-Maschinen stehen bereit zu einem Jagdbombereinsatz. Wenn sie einzeln als Störflugzeug eingesetzt wurden, konnte man diese Flugzeuge praktisch nicht abfangen. Da sie ihre Bomben mit hoher Geschwindigkeit im Sturzflug warfen, war auch die Flugabwehr machtlos.

Links: Nach dem Fliegertod des ersten Kommandeurs übernahm Major Walter Nowotny die Führung des Erprobungskommandos 262, das den Kern für die beiden späteren Staffeln des Kommandos Nowotny bildete. In den ersten vier Wochen verzeichnete die Einheit zwar 22 Abschüsse, verlor selbst jedoch 27 Flugzeuge.

Rechts: Gallands Elitetruppe JV 44 war nur knapp über einen Monat im Einsatz und operierte hauptsächlich von der Autobahn zwischen München und Augsburg aus. Der Verband wurde noch nach Salzburg verlegt, wo er sich am 3. Mai 1945 amerikanischen Truppen ergab.

Angriff gegen einen Bomberverband

In den letzten Monaten des Zweiten Weltkriegs wurden die Me 262 gegen die Bomber der Alliierten eingesetzt. Mit neuen ungelenkten Raketen bewaffnet, nutzten sie ihre hohe Geschwindigkeit, um die immer tiefer ins Reich vorstoßenden Massenformationen der Alliierten aufzubrechen und zu zerstören.

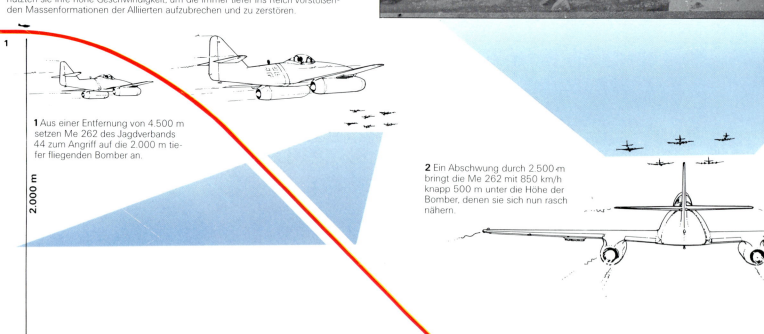

1

1 Aus einer Entfernung von 4.500 m setzen Me 262 des Jagdverbands 44 zum Angriff auf die 2.000 m tiefer fliegenden Bomber an.

2.000 m

2 Ein Abschwung durch 2.500 m bringt die Me 262 mit 850 km/h knapp 500 m unter die Höhe der Bomber, denen sie sich nun rasch nähern.

4.500 m

Oben: Beim Versuch, einem alliierten Jäger zu entkommen, rollt diese Me 262 auf den Rücken. Der deutsche Düsenjäger konnte sich jedem alliierten Flugzeug entziehen, indem er einfach wegtauchte oder mit vollem Schub steil aufstieg.

von 2.000 Flugzeugen entgegengeschickt, die einen Angriff auf Berlin flogen. Jeder Strahljäger trug zwei Holzgestelle mit zwölf 55-mm-Raketen, je eins unter den Tragflächen. Die aus 1.000 m Entfernung abgefeuerten Raketen erwiesen sich gegen die B-17 als äußerst wirkungsvoll. Zwölf Bomber fielen ihr zum Opfer. Da diese Waffen eine ähnliche Flugbahn wie die Geschosse der Standardkanone Mk 108 hatten, brauchten die Me 262 nicht einmal ein neues Visier. Verglichen mit den Ergebnissen des Vorjahres, als die Amerikaner Hunderte von Flugzeugen verloren, bedeutete dieser Tageserfolg der Luftwaffe allerdings nicht einmal einen Kratzer auf der amerikanischen Rüstung.

Gallands Asse

Generalmajor Adolf Galland, seinerzeit Inspekteur der Jagdfliegerkräfte, wurde höchstpersönlich mit der Aufstellung einer neuen Jagdstaffel betraut, die mit Me 262 auszurüsten und mit Fliegerassen zu besetzen war. Gallands Jagdverband 44 war nicht nur insofern ungewöhnlich, als ein General an seiner Spitze stand sondern auch, wie Galland selbst sagte: ‚Das Ritterkreuz war sozusagen unser Verbandswappen.' Doch selbst der

hochdekorierte Galland und seine Fliegerasse fanden die Umschulung auf die Me 262 schwieriger als den Wechsel von einem Kolbenmotor-Flugzeugtyp zum anderen.

Die Piloten waren gewöhnt, daß ihre Maschinen auf Änderungen des Gashebels sofort reagierten. Auf der Me 262 durchlebten sie erst einmal Höllenqualen bei der trägen Beschleunigung aus niedrigen Geschwindigkeiten. Die Angst vor einem Triebwerksbrand saß ihnen ständig im Nacken und der Gedanke, daß die Flamme abreißen und nicht wieder gezündet werden konnte, verwirrte sie vollends.

Anfang April hatte man mehr als 1.200 Me 262 an die Luftwaffe geliefert. Nur noch 200 sind in den Aufzeichnungen vom 9. April registriert. Von den übrigen 1.000 Flugzeugen wurde etwa die Hälfte durch Kampfeinwirkung zerstört, in der Luft wie am Boden, und rund 100 zu Flugzeugführerschulen und anderen Dienststellen überstellt. Die restlichen Maschinen befanden sich noch dort, wo sie vorübergehend eingelagert waren, auf Nebengleisen und Abstellflächen, um auf das Ende eines Krieges zu warten, den sie eigentlich hätten gewinnen sollen."

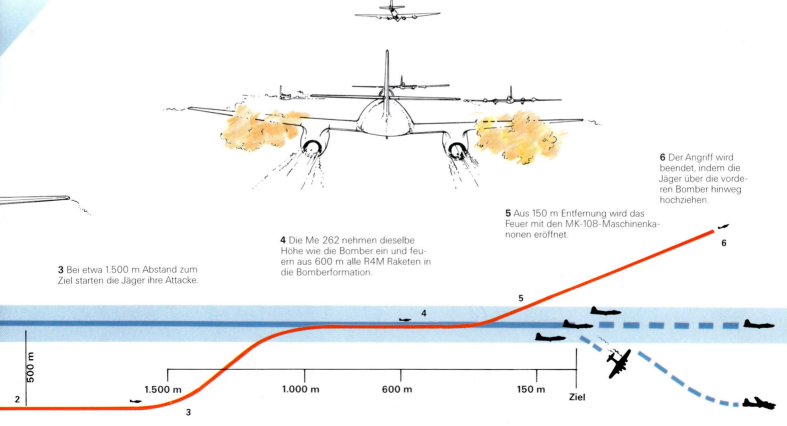

6 Der Angriff wird beendet, indem die Jäger über die vorderen Bomber hinweg hochziehen.

5 Aus 150 m Entfernung wird das Feuer mit den MK-108-Maschinenkanonen eröffnet.

4 Die Me 262 nehmen dieselbe Höhe wie die Bomber ein und feuern aus 600 m alle R4M Raketen in die Bomberformation.

3 Bei etwa 1.500 m Abstand zum Ziel starten die Jäger ihre Attacke.

500 m

1.500 m   1.000 m   600 m   150 m   Ziel

Heinkel He 115

Technische Daten: Heinkel He 115B-1 dreisitziges Minenleger- und Torpedo-Bomber-Schwimmerflugzeug
Spannweite: 22,00 m
Länge: 17,30 m
Triebwerk: zwei BMW 132Ks mit je 723 kW (983 PS)
Bewaffnung: zwei 7,9-mm-MGs und bis zu 1,420 kg Bomben, Minen oder Torpedos
Höchstgeschwindigkeit: 338 km/h in 3.280 Fuß (1.000 m) Höhe
Einsatzreichweite: 3.350 km

Die He 115, ein zweimotoriger Mitteldecker in Ganzmetallbauweise mit zwei Schwimmern, war als Minenleger und Torpedo-Bomber sehr effektiv (Erstflug 1936). 1940 befand sich die He 115B als Minenleger im Einsatz, ausgestattet mit einer einzelnen magnetischen 920-kg-Mine. Die Maschinen der Küstenfliegergruppen 106 und 506 flogen regelmäßige Mineneinsätze an der Ost- und Südküste Großbritanniens. Ende 1940 erschien die He 115C mit schwerer Bewaffnung; eine Untervariante hatte verstärkte Schwimmer zur Landung auf Eis und gefrorenem Schnee. Die C-4 war eine auf Torpedo-Angriffe spezialisierte Version, die bei mehreren Gelegenheiten gegen die berühmten Nordkap-Geleitzüge eingesetzt wurde.

Dornier Do 18

Als ein direkter Abkömmling der hervorragenden Wal-Familie kommerzieller Flugboote zwischen den Kriegen flog die Do 18, ein zweimotoriger Parasol-Eindecker, zuerst im Jahre 1935. Beim Ausbruch des Krieges wurde die Do 18D als Seeaufklärer von der Do 18G-1 abgelöst. Ein unbewaffnetes Übungsflugzeug mit Doppelsteuerung erhielt die Bezeichnung Do 18H. Die Produktion wurde 1940 eingestellt, als viele Do 18G-1 für Seenotrettungsaufgaben zu Do 18N-1 umgebaut wurden. Die Do 18 wurden in den ersten Monaten des Krieges oft über der Nordsee und über dem Englischen Kanal gesehen, besonders in der Schlacht um England. Es wurden insgesamt 100 Do 18 gebaut, davon 70 Do 18Gs.

Technische Daten: Dornier Do 18G-1 viersitziges Flugboot zur Aufklärung über See
Spannweite: 23,70 m
Länge: 19,37 m
Triebwerk: zwei Junkers Jumo D mit 656 kW (892 PS)
Bewaffnung: eine 20-mm-Kanone und ein 13-mm-Maschinengewehr und 100 kg Bomben
Höchstgeschwindigkeit: 267 km/h in 6.560 Fuß (2.000 m) Höhe
Einsatzreichweite: 3.500 km

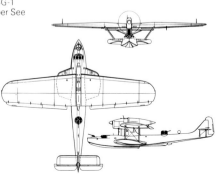

Dornier Do 24

Das erfolgreiche Konzept des über dem Rumpf abgestrebten Parasol-Tragwerks wurde mit dem dreimotorigen Flugboot Do 24 fortentwickelt, das erstmals im Juli 1937 flog. Anschließend verhandelte man mit den Holländern über eine Lizenz-Produktion. Eine kleine Anzahl in Deutschland gebauter Do 24Ks ging an die Luftwaffe. Nach der Invasion der Niederlande wurde dort die Produktion fortgesetzt, und die französische CAMS beteiligte sich am Herstellungsprogramm. Die Marineaufgaben beschränkten sich auf die Seenotrettung (Do 24N-1), die Seeüberwachung/Seeaufklärung und Transportaufgaben (Do 24T-1 und T-2). Die Produktion aller Versionen belief sich auf ungefähr 255 Flugboote. Einige taten auch in der RAAF, dem schwedischen Luftwaffe, dem spanischen Such- und Rettungsdienst und der französischen Marine Dienst.

Technische Daten: Dornier Do 24T-1 fünf- bis sechssitziges Aufklärungs- und Transport-Flugboot
Spannweite: 27,00 m
Länge: 22,00 m
Triebwerk: drei BMW Bramo Fafnir 323R-2 mit je 746 kW (1.014 PS)
Bewaffnung: eine 20-mm-Kanone und zwei 7,9-mm-MGs und bis zu zwei 50-kg-Bomben
Höchstgeschwindigkeit: 340 km/h in 9.845 Fuß (3.000 m) Höhe
Einsatzreichweite: 4.700 km

Mistel-Angriff

Vier Mistel greifen im März 1945 die Oderbrücken an. Der Pilot P.W. Stahl beschreibt seine Einsätze beim KG 200 und die Rolle dieser Einheit innerhalb der Deutschen Luftwaffe.

Eine einsatzbereite Mistel 1 des IV/KG 101, der ersten Einheit, die diesen Typ erhielt. Diese Mistel ist mit dem ursprünglichen, lange erprobten Hohlladungssprengkopf ausgestattet, der 20 m Stahlbeton durchschlagen konnte.

Die Mistel waren jetzt im Sturzflug, ihre Fahrtmesser zeigten um die 600 km/h an. Der leitende Oberfeldwebel drehte in den Endanflug von Süden und ging auf noch steileren Sturzflug bei noch höherer Geschwindigkeit. Er mußte das Flugzeug auf die stärkeren Kräfte, die auf seine Höhenruderflächen einwirkten, austrimmen, behielt aber das Ziel, die Eisenbahnbrücke bei Steinau, im Visier.

Dies war der wichtigste Teil überhaupt: Das Gespann im Ziel-anflug ganz stabil zu halten. Die geringste Bewegung am Steuerknüppel wirkte sich auf den empfindlichen Mechanismus der Kreisel des Autopiloten aus.

„Wo war das Flakfeuer?"

Der ideale Ausklinkpunkt lag etwa 1.000 m vom Ziel entfernt. Bei dieser Distanz konnte die Flugbombe ihr Ziel kaum verfehlen. Umgekehrt war die angreifende Maschine aber auch ein gutes Ziel für die leichten Flakgeschütze.

Der Fahrtmesser stand jetzt bei 650 km/h, die Mistel befand sich im stabilen Hochgeschwindigkeitssturzflug, war richtig getrimmt und beschleunigte

nicht. Der Autopilot funktionierte einwandfrei; die Maschine hätte, falls nötig, auch ohne Pilot fliegen können. Aber wo war das gefürchtete Flakfeuer und wo die anderen Flugzeuge?

Eine riesige Fontäne

Ich konnte jetzt jede Einzelheit der Brücke deutlich sehen. Es handelte sich um eine Eisenträgerkonstruktion auf festgemauerten Pfeilern. Um sie mit Sicherheit zu zerstören, hätte die Mistel einen dieser Pfeiler treffen müssen. Dafür waren höchste Präzision und dazu wohl auch noch ein gutes Quentchen Glück nötig. Ich machte mich also ans Werk.

Im Visier konnte ich den am linken Ufer stehenden Teil der Brücke sehen. Eine letzte leichte Korrektur, und das erleuchtete Fadenkreuz und der Pfeiler lagen genau übereinander. Jetzt! Ein leichter Druck auf den Abwurfknopf, gedämpfte, leichte Detonationen beim Lösen der Sprengbolzen, und dann war das Jagdflugzeug, das bisher das Gespann steuerte, wieder frei. Nach einer steilen Kurve nach Westen konnte ich die Stelle sehen, auf die ich mit der Flug-

213

Eine Mistel 1 kurz nach ihrer Überführung zum IV/KG 101. Der zeitweilig verwendete Vorderrumpf der Ju 88 wurde später durch einen Hohlladungssprengkopf ersetzt. Die in St. Dizier stationierte Einheit flog ihren ersten Einsatz – einen Angriff auf Schiffe der Alliierten – am 24. Juni 1944.

Mistel 1 des II/KG200 auf einem Flugplatz in Dänemark. Etwa 60 Mistel waren dort für einen geplanten Angriff auf die britische Flotte bei Scapa Flow versammelt, der dann aber wegen des schlechten Wetters abgesagt wurde.

bombe gezielt hatte. Eine riesige Fontäne stieg zum Himmel. Ich konnte nicht erkennen, ob es sich um Wasser, Schlamm, Erde oder feste Bauelemente der Brücke selbst handelte.

Sehr lange konnte ich das Schauspiel nicht beobachten, denn die sowjetischen Flakgeschütze feuerten nun ohne Unterlaß. Zudem versperrte eine

über der Brücke hängende Rauchwolke die Sicht. Plötzlich tauchte neben mir eine weitere Bf 109 auf. Die Befürchtung, es könne sich um einen Feind handeln, wich bald Erleichterung. Ich hatte einen Kameraden neben mir und, wir konnten uns gegenseitig schützen.

Wir machten uns keine Gedanken darüber, wo wir

genau waren. Aus Gewohnheit drückten wir beide über dem Ziel auf unsere Stoppuhr und verließen uns jetzt darauf, unsere Position mit Hilfe einer Bahnlinie, einer Stadt oder – noch besser – einer Autobahn bestimmen zu können. Wir waren beide ‚alte Hasen‘, und die Navigation bei Tag und gutem Wetter über unserem Heimat-

land bereitete sicher kein Problem. Und wir hatten beide erfolgreich unseren ersten richtigen Einsatz mit der Mistel geflogen!

Phantastische Pläne

In der heißen Phase eines Krieges entstehen oft Entwürfe zu neuen Waffensystemen, die bizarr und utopisch wirken. Die Idee zu dem Gespann ‚Mistel‘ entwickelte sich aus dem Projekt eines aus der *Mercury* und der *Maia* bestehenden Flugbootaggregats bei der Firma Short Brothers und Major Robert Mayos, dem technischen Leiter der britischen Imperial Airways. Die *Mercury* war auf die *Maia* montiert und löste sich nach dem Start von ihrem Trägerflugzeug. Die Versuche mündeten schließlich in den erfolgreichen Flug

Oben: Der oben abgebildete Prototyp der Mistel hatte dünnere Stützverstrebungen als die späteren Maschinen. Die Tests verliefen weitgehend problemlos.

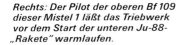

Rechts: Der Pilot der oberen Bf 109 dieser Mistel 1 läßt das Triebwerk vor dem Start der unteren Ju-88-„Rakete" warmlaufen.

Oben: Auf diesem RAF-Aufklärungsfoto eines dänischen Flugplatzes von Ende 1944 sind sieben Mistel zu erkennen. Nach der Absage des Angriffs auf Scapa Flow wurden die Mistel nach Osten verlegt, wo sie den entscheidenden Schlag gegen die sowjetische Rüstungsindustrie führen sollten: die „Operation Eisenhammer".

der *Mercury* von Dundee zum Delta des Orange River in Südafrika, nachdem zuvor die erste kommerzielle Ladung – eine halbe Tonne Post – nonstop über den Atlantik transportiert worden war.

Die deutsche Luftwaffe setzte diese ,Huckepackidee' jedoch ein wenig anders um. Man verwendete das Unterteil nicht als Träger für das obere Flugzeug während der treibstofffressenden Start- und Steigphase auf Reisehöhe. Vielmehr handelte es sich bei dem unteren Gerät um eine unbemannte Flugbombe, die lediglich Triebwerke aufwies und mit Sprengstoff beladen war. Der Pilot flog das Gespann von der oberen Maschine aus, lenkte es bis zur stabilen Fluglage beim Zielanflug, löste sich von der Bombe und entfernte sich dann möglichst schnell vom feindlichen Flakfeuer. So sah zumindest die Theorie aus.

Angriffsziel Scapa Flow

Während des gesamten Zweiten Weltkriegs herrschte bei der Luftwaffe ein empfindlicher Mangel an Langstreckenbombern. Die Alliierten dagegen besaßen Zehntausende davon. Ein vorrangiges Ziel des deutschen Oberkommandos war die Bombardierung der Britischen

Flotte in ihrem Stützpunkt Scapa Flow auf den Orkneyinseln. Ein Ziel, das außerhalb der Reichweite der deutschen Flugzeuge lag.

Die Versuchsreihe

Das Mistel-Gespann versprach eine Lösung des Problems. Der Treibstoff des unteren Flugzeugs reichte für den Hinflug. Nach dem Lösen der Flugbombe konnte das obere, bemannte Flugzeug dann mit eigenem Treibstoff zurückkehren – in der

Praxis eine Verdopplung der Reichweite.

Die ersten Erprobungsflüge fanden 1942 statt. Dabei wurde u.a. ein leichtes Sportflugzeug vom Typ Klemm Kl 35A auf den Rücken eines DFS-230A-Gleiters montiert. Eine Ju-52-Transportmaschine zog das Gespann in die Luft.

Im Verlauf der Versuchsreihe ersetzte man die Kl 35A durch leistungsstärkere Flugzeuge, und zwar zunächst durch einen Focke-Wulf-Stosser-Kampftrai-

ner, später dann durch eine Messerschmitt Bf 109. Alle Versuchsergebnisse deuteten auf einen Erfolg hin. Die endgültige Kombination konnte sogar mit der Leistung des einzelnen Daimler-Benz-Triebwerks der Bf 109 starten.

Der wahre Durchbruch gelang jedoch, als man veraltete Junkers-Ju-88-Bomber als Unterteil und Bf 109Fs oder Fw 190As als Steuerflugzeuge einsetzte.

Als Bombe wirkte die entsprechend veränderte Junkers Ju 88 äußerst beeindruckend – 3,8 Tonnen Sprengstoff als Hohlladung und eine hochentwickelte Zündvorrichtung. Bei Versuchen hatte diese Sprengladung 7,9 m Stahl oder 20,1 m Stahlbeton durchschlagen. Bei genauer Plazierung verfügte die Luftwaffe über eine leistungsstarke neue Waffe.

Ein technisches Problem stellte die Verbindung zwischen den beiden Flugzeugen dar. Die Steuerflächen des Unterteils mußten sich von der oberen Maschine aus betätigen lassen. Der Verbindungs- und Lösemechanismus war einfach: elektronisch gezündete Sprengkugellager in den Verstrebungen, die das Steuerflugzeug so weit auf Abstand hielten, daß sein Propeller die Bombe gerade nicht

Mistel 2, Kampfgeschwader 200, März 1945

UNTERTEIL
Das Unterteil des „Vater-und-Sohn"-Gespanns der Mistel 2 war eine Ju 88G-1. Das ursprüngliche Cockpit wurde durch einen angeschraubten Hohlladungssprengkopf ersetzt.

TARNUNG
Die ungeschützte Mistel griff in der Regel nachts an, oft in der Begleitung schwerer Kampfflugzeuge. Viele Maschinen trugen daher den Tarnanstrich dieser Nachtjäger.

berührte. Die hintere Verstrebung knickte kurz vor der Freisetzung in der Mitte ab und zog das Heck des Oberteils nach unten. Das Flugzeug ging daraufhin in Steigfluglage. Den Bruchteil einer Sekunde später explodierten die Kugellager, und die obere Maschine löste sich.

Enges Cockpit

Wie üblich steckte auch bei diesem Projekt der Teufel im Detail. Das ohnehin nicht geräumige Cockpit einer Bf 109 wurde durch die Ausrüstung mit zwei zusätzlichen Triebswerksreglern und -instrumenten noch enger.

Die Datenübertragung zwischen den beiden Flugzeugen erfolgte über dicke Elektrokabel, die einfach mit Klebeband befestigt und mittels zwei Steckern verbunden wurden. Die Regler der unteren Maschine wurden über elektrohydraulische Stellmotoren bedient. Nur die Gashebel waren mechanische Stäbe. Das Unterteil hatte keine Bremsen. Ihr Einbau wäre für die nur einmal verwendbare Flugbombe zu aufwendig gewesen. Bremsen wurden ohnehin nur für das Rollen zum Start benötigt, und dabei konnte man sich auch mit einer Zugmaschine behelfen.

Man legte nie genau fest, was ein Pilot zu tun hätte, sollte er den Start abbrechen müssen.

Ein Abbruch wegen eines geplatzten Reifens war immer durchaus vorstellbar. In seiner für den Einsatz vorgesehenen Form wog das Gespann über 20

Tonnen, lief aber auf Reifen, Felgen und einem Fahrwerk, die für ein weitaus geringeres Gewicht vorgesehen waren. Um die Gefahr eines Reifenschadens zu verringern, reinigte die Bodenmannschaft vor jedem Start den Betonabstellplatz sowie die

Startbahn und entfernte dabei sogar Steinchen, die die Reifen beschädigen könnten.

Technische Daten

Abmessungen und Gewicht
Gesamtspannweite: 20 m
Gesamtlänge: 14,5 m
Tragflügelfläche: 72,7 m²
Max. Startgewicht: über 20 Tonnen

Leistung
Reisegeschwindigkeit als Gespann: 378 km/h
Dienstgipfelhöhe als Gespann: 14.765 Fuß (4.500 m)
Sprengladung: Hochexplosiver Hohlladungssprengkopf von 3,8 Tonnen im Bug der Ju 88

Mindestens 250 Mistels verschiedener Untertypen wurden gebaut; viele davon kamen auch zum Einsatz. Bei Kriegsende fiel eine große Anzahl davon unbeschädigt in die Hände der Alliierten.

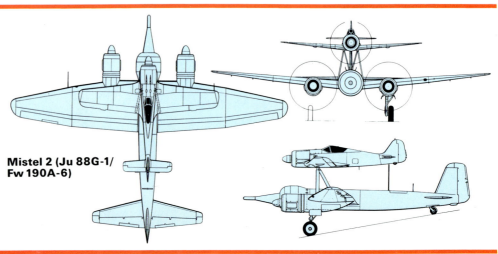

Mistel 2 (Ju 88G-1/ Fw 190A-6)

BEWAFFNUNG
Bei vielen im Mistel-Gespann verwendeten Jägern entfernte man zur Gewichtsreduzierung die Flügelkanonen. Nur die am Rumpf montierten Maschinengewehre wurden beibehalten.

PILOT
Die bizarr wirkende Mistel wurde von einem einzigen Piloten im Oberteil – einer Bf 109 oder Fw 190 – gesteuert. Die Verbindung zur unteren Maschine erfolgte über Elektrokabel, die einfach an den Stützverstrebungen befestigt und an der Unterseite des Jägers eingesteckt wurden.

OBERTEIL
Das Oberteil der Mistel 2 war ein Focke-Wulf-Jäger vom Typ Fw 190A-8 mit einem zweiten Instrumenten- und Reglersatz für die Triebwerke der unteren Maschine. Der Pilot der Fw 190 leitete einen flachen Zielanflug ein und löste in angemessener Entfernung vom Ziel das tonnenschwere Unterteil.

HALTERUNGEN
Das Jagdflugzeug wurde durch elektronisch gezündete Sprengkugellager mit Halterung am Hauptholm abgetrennt. Davor knickte jedoch die hintere Verstrebung ein und brachte das Heck des Jägers in Steigfluglage.

SPRENGKOPF
Der hochexplosive Hohlladungssprengkopf der Mistel mit 3,8 Tonnen durchschlug bei Versuchen Beton bis zu einer Dicke von 20 m.

ZÜNDER
Der Aufschlagzünder war auf einem langen „Rüssel" montiert, damit der Hohlladungssprengkopf teilweise explodierte, bevor der Bomber das Ziel traf.

Keith Fretwell

Links: Da Ju 88G-1 mit BMW-Triebwerk knapp waren, wurde eine Jumo-getriebene Ju-88 als Mistel S.3A mit BMW-getriebenen Fw 190 verbunden. Die Triebwerke dieser Maschinen arbeiteten mit verschiedenartigen Treibstoffen, in der Folge ließ sich der des unteren Bombers nicht für die aufsitzende Maschine nutzen. Diese Kurzstreckenflugzeuge dienten zu Ausbildungszwecken.

Erfolgreicher Angriff

Die ersten Mistel wurden im Mai 1944 für einen Angriff auf Scapa Flow an das KG 101 ausgeliefert. Die Landung der Alliierten in der Normandie Anfang Juni durchkreuzte jedoch zunächst die Angriffspläne. Die Mistel kamen nicht bis fast zum nördlichen Polarkreis, sondern nur bis Baie de la Seine. In der Nacht vom 24. auf den 25. Juni starteten die fünf verfügbaren Gespanne zum Angriff auf die im Hafen von Mulberry liegenden Schiffe. Ein Pilot war gezwungen, seine Bombe auf dem Hinflug abzuwerfen, die anderen vier führten den Angriff relativ erfolgreich durch. Alle fünf Piloten kehrten zur Basis zurück.

Verlust der Tirpitz

Ein weiterer Plan zum Angriff auf die Royal Navy sah die Stationierung einer Mistel-Bereitschaftsstaffel in Dänemark vor. Die Briten zogen jedoch ihre Flotte ab, nachdem sie das deutsche Schlachtschiff *Tirpitz* versenkt hatten, denn damit waren auch die potentiellen Ziele der Mistel verschwunden.

Inzwischen waren alle Mistel in einer nach ihrem Kommandeur Helbig benannten Sondereinheit dem KG 200 unterstellt. Sie sollten erst 1945 wieder zum Einsatz kommen, als sich die Lage Deutschlands erheblich verschlechtert hatte. Die Alliierten standen kurz vor der Überquerung des Rheins im Westen bereits auf deutschem Boden. An der Ostflanke war die Rote Armee in bedrohliche Nähe gerückt.

Oben: Die Triebwerke der unteren Ju 88 einer Mistel 2 laufen vor einem Einsatz warm. Dieses Flugzeug verfügt über den späteren kurzzinkigen Sprengkopf und trägt unter dem Mittelteil eine große Bombe zur Steigerung der Zerstörungskraft. Diese Mistel wurde offenbar für einen Langstreckeneinsatz vorbereitet, da die Fw 190 mit einem Außentank ausgestattet ist.

Unten: Diese für die „Operation Eisenhammer" vorgesehene Mistel 2 fiel der US Army in die Hände.

1943 hatten die Strategen der Luftwaffe darauf hingewiesen, daß die Zerstörung von Zielen wie Kraftwerken eigentlich viel effektiver sei als die Bombardierung von Städten. Jetzt zog man diese Pläne wieder aus der Schublade und aktualisierte sie unter Berücksichtigung der ‚neuen' Waffe.

Die als Ziele bestimmten Kraftwerke lagen in der Gegend von Moskau und Gorki, 650 km weit im Osten. Wegen des russischen Vormarschs standen als einzige geeignete Startplätze Flugfelder bei Berlin und an der Ostseeküste zur Verfügung. Daraus ergab sich eine Flugdauer von zehn Stunden bis zum Ziel.

Für den Rückflug im schnellen einsitzigen Jäger waren weitere fünf Stunden bis zu der Landung in Latvia, der östlichsten Stellung der Deutschen, einzuplanen. Ein äußerst waghalsiges Unternehmen.

Vorbereitung und Ausbildung für den Einsatz gingen trotz einiger Rückschläge wie zum

Rechts: Alliiertes Aufklärungsfoto vom Unterteil einer Mistel in Merseburg kurz vor der Kapitulation. In dieser Phase des Krieges wurde die Fw 190 zumeist als Jagdflugzeug und Kampfbomber eingesetzt.

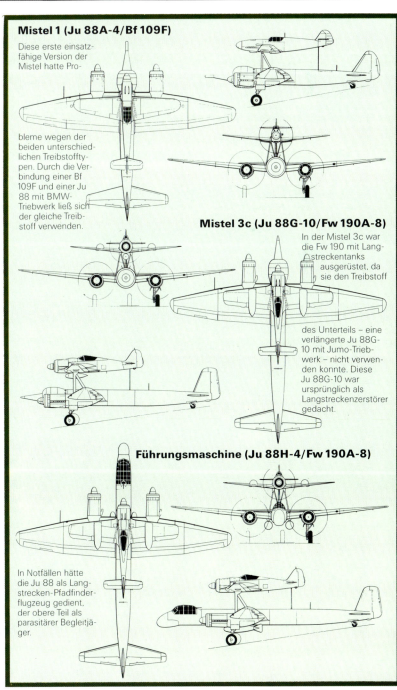

Mistel 1 (Ju 88A-4/Bf 109F)

Diese erste einsatzfähige Version der Mistel hatte Probleme wegen der beiden unterschiedlichen Treibstofftypen. Durch die Verbindung einer Bf 109F und einer Ju 88 mit BMW-Triebwerk ließ sich der gleiche Treibstoff verwenden.

Mistel 3c (Ju 88G-10/Fw 190A-8)

In der Mistel 3c war die Fw 190 mit Langstreckentanks ausgerüstet, da sie den Treibstoff des Unterteils – eine verlängerte Ju 88G-10 mit Jumo-Triebwerk – nicht verwenden konnte. Diese Ju 88G-10 war ursprünglich als Langstreckenzerstörer gedacht.

Führungsmaschine (Ju 88H-4/Fw 190A-8)

In Notfällen hätte die Ju 88 als Langstrecken-Pfadfinderflugzeug gedient, der obere Teil als parasitärer Begleitjäger.

Beispiel der Zerstörung von 18 Mistel am Boden durch einen Tagangriff der Amerikaner in Rechlin-Larz weiter. Dann wurde ‚Operation Eisenhammer' plötzlich und ohne jede Erklärung abgesagt.

Der erste Angriff

Man definierte die Rolle der Mistel neu. Erst waren die Gespanne für die Zerstörung von Schiffen, dann als strategische Bomber vorgesehen. Jetzt sollten sie zu taktischen Bombern werden und zur Unterstützung von Bodenangriffen gegen die Soldaten der Roten Armee dienen, die, bereits weniger als 100 km von der Reichshauptstadt Berlin entfernt, an der Oder-Neiße-Linie standen.

Der erste Angriff mit der Mistel erfolgte am 8. März auf die Oderbrücke bei Goritz. Wieder mußte ein Pilot des Gespanns wegen einer Störung die Bombe zu früh freisetzen. Die anderen drei Gespanne flogen weiter und erzielten zwei direkte Treffer auf Brücken. Ein

anderes Ziel verfehlten sie knapp, trafen aber mehrere Flakstellungen.

Teurer Erfolg

Am 31. März kam es zu dem Angriff auf die Eisenbahnbrücke in Steinau.

Insgesamt kostete dieser Angriff sechs Ju-88-Flugbomben und zwei Bf-109-Steuerflugzeuge, und – was in dieser Phase des Krieges vielleicht noch wichtiger war – 31.215 l unersetzlichen Treibstoff. Durch die Zerstörung eines Stützpfeilers der Brücke wurde der Vormarsch der Russen an dieser Stelle zwei Tage lang aufgehalten. Danach war die Bahn eingleisig wieder in Betrieb, und die Rote Armee rückte weiter.

Für wenige Wochen schien es, als ob die Mistel-Gespanne Wunder bewirken und den sowjetischen Vormarsch aufhalten könnten. Diese Vorstellung sollte sich jedoch schnell als Illusion erweisen. Hitlers Armee hatte den Krieg schon lange verloren, ob mit oder ohne Mistel."

Kawanishi H8K „Emily"

Diese Kawanishi H8K2, Modell 12, gehörte zur 801. Kokutai, die auf Yokohama stationiert war. Obwohl sie nur in kleinen Stückzahlen hergestellt wurde, verdiente sich die „Emily" den Ruf als hervorragendstes Flugboot des Krieges.

Technische Daten: Kawanishi H8K2 „Emily", neunsitziges Marine-Aufklärer-, Bomber- und Transport-Flugboot für bis zu 69 Soldaten
Spannweite: 38,00 m
Länge: 28,13 m
Triebwerk: vier Mitsubishi MK4Q Kasei 22 mit je 1.379 kW (1.875 PS)

Bewaffnung: fünf 20-mm-Kanonen und fünf 7,7-mm-MGs und bis zu 1.600 kg Bomben und Wasserbomben oder zwei Torpedos
Höchstgeschwindigkeit: 467 km/h in 16.405 Fuß (5.000 m) Höhe
Einsatzreichweite: 7.175 km

Blohm und Voss BV 138

Die eigenartige Konfiguration des dreimotorigen Flugboots BV 138 wies einen kurzen Rumpf, hochangesetzte Tragflächen und zwei Leitwerksträger auf. Der erste Prototyp, der im Juli 1937 flog, zeigte sowohl in der Luft als auch auf dem Wasser schlechte Handhabungseigenschaften und erforderte eine umfangreiche Änderung der Konstruktion. Einige BV 138As wurden eiligst als Transporter für den Norwegen-Feldzug 1940 in Dienst gestellt; aber erst im Juni 1941 nahmen die BV 138Bs die für sie bestimmten Aufgaben als Seeaufklärer in Norwegen auf. Danach flogen sie ständig Patrouillen über der Nordsee und den arktischen Gewässern und begleiteten die berühmten Nord-Cap-Geleitzüge. Die spätere Version BV 138MS führte Minenräumgeschirr mit, während die mit Radar ausgestattete BV 138C-1 Angriffe gegen U-Boote flog.

Technische Daten: Blohm und Voss BV 138B-1 fünfsitziges Seeaufklärungs-Flugboot
Spannweite: 26,94 m
Länge: 19,85 m
Triebwerk: drei Junkers Jumo 205D mit je 656 kW (892 PS)
Bewaffnung: zwei 20-mm-Kanonen, eine 15-mm-Kanone und ein 7,9-mm-Maschinengewehr plus vier 150-kg-Wasserbomben
Höchstgeschwindigkeit: 290 km/h in Meereshöhe
Einsatzreichweite: 3.875 km

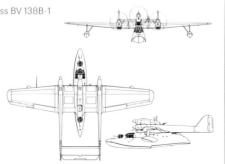

Blohm und Voss BV 222

Das sechsmotorige Flugboot BV 222 mit seinen beeindruckenden Proportionen war bereits vor dem Zweiten Weltkrieg für kommerzielle Nord-Atlantik-Flüge entworfen worden. Der erste Prototyp flog im September 1940. Ihm folgten weitere acht Prototypen, die alle mit Verteidigungswaffen ausgestattet waren. Sie dienten bei der Lufttransportstaffel See 222 für Transportaufgaben im Mittelmeerraum zwischen Italien und Nord-Afrika, wo zwei Maschinen von alliierten Jägern abgeschossen wurden. Die Prototypen V2 und V5 waren für die Seeüberwachung mit Hohentwiel-Suchradar und Neptun-Heckwarnradar ausgerüstet. Der letzte Prototyp (V9) wurde die BV 222C-09, dem die Serienflugzeuge C-010 bis C-013 folgten. Die nächsten vier Exemplare wurden nicht mehr fertiggestellt.

Technische Daten: Blohm und Voss BV 222C 11- bis 14sitziges Aufklärungs- und Transport-Flugboot für 110 Soldaten
Spannweite: 46,00 m
Länge: 36,99 m
Triebwerk: sechs Junkers Jumo 207C mit je 746 kW (1.014 PS)
Bewaffnung: drei 20-mm-Kanonen und bis zu zwei 13-mm-Maschinengewehre
Höchstgeschwindigkeit: 390 km/h in 16.405 Fuß (5.000 m) Höhe
Einsatzreichweite: 6.100 km

Komet-Raketenjäger

Zum Komet-Erprobungskommando geschickt zu werden, war eine recht zweifelhafte Ehre. Das Flugzeug hatte zwar eine atemberaubende Leistung, sorgte aber ständig für unangenehme Überraschungen.

Der Pilot dieser Me 163 versucht verzweifelt, dem Jäger der RAF, der ihn in seinem Visier hat, zu entkommen.

Oben: Dampf strömt aus dem Prototypen Me 163, während er auf Starterlaubnis wartet. Diese Maschine besitzt eine zweite Raketenkammer für den Marschflug sowie ein einziehbares Heckrad.

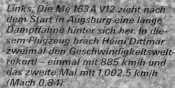

Links: Die Me 163A V12 zieht nach dem Start in Augsburg eine lange Dampffahne hinter sich her. In diesem Flugzeug brach Heini Dittmar zweimal den Geschwindigkeitsweltrekord – einmal mit 885 km/h und das zweite Mal mit 1.002,5 km/h (Mach 0,84).

„Es war ein herrlicher Julitag im Jahre 1943, als ich in Bad Zwischenahn aus einem kleinen alten Zug stieg. Unter den Jagdpiloten war ein Gerücht umgegangen: man hatte ein neues bemanntes, pfeilschnelles Raketenflugzeug entwickelt.

Der Posten am Eingang zum Flugplatz musterte mich argwöhnisch, aber aus meinen Papieren ging hervor, daß ich mich tatsächlich bei diesem Erprobungskommando zu melden

hatte. Ein ohrenbetäubendes Brüllen riß mich plötzlich herum. Es klang, als ob jemand ein glühendes Eisen in eine Badewanne getaucht hätte. Ich sah eine schwarz-blaue Rauchwolke, vor der ein helles Etwas herumhüpfte, das immer schneller wurde, bis es schließlich vom Boden abhob, zwei Räder abwarf und in den Himmel schoß. Bis ich meinen Mund wieder geschlossen hatte, war das Ding schon verschwunden.

Kurze Zeit später tauchte das eigenartige Gefährt wieder auf,

segelte geräuschlos durch die Luft und fiel auf den Boden. Ich rannte auf die Stelle zu und machte so mit dem ‚Kraftei‘ Bekanntschaft. Nach und nach lernte ich auch die anderen, knapp 30 Piloten kennen, die aus verschiedenen Jagdeinheiten hierher gekommen waren, um die Feuertaufe dieser neuen Wunderwaffe mitzuerleben.“

Die Me 163 ging auf Forschungsarbeiten zurück, die der geniale Aerodynamiker Dr. Alexander Lippisch noch vor dem

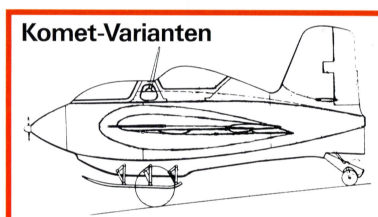

Komet-Varianten

Oben und rechts: Die Me 163S war eine zweisitzige Ausbil-dungsvariante mit Doppelsteue-rung, die nur im Gleitflug und mit Wasserballast anstelle des gefährlichen Treibstoffs geflo-gen wurde.

Links: Die Me 163D hatte einen verlängerten Rumpf und ein ein-ziehbares Bugrad. Nach ihrem Erfinder, Professor Ertl bei Junkers, erhielt sie zuerst die Bezeichnung Ju 248, später Me 263. Von die-sem Modell wurde nur ein einziges Exemplar gebaut.

Krieg durchgeführt hatte. Lip-pisch hatte bereits mehrere her-kömmliche Segelflugzeuge ent-worfen, darunter auch das Rekordmodell Fafnir, bevor er sich Flugzeugen ohne Leitwerk zuwandte. Als nun einige fort-schrittliche Denker im Reichsmi-nisterium für Luftfahrt zu der Ansicht kamen, ein Flugzeug ohne Leitwerk wäre für die neuen Raketentriebwerke von Professor Hellmuth Walter am geeignetsten, war es nur logisch, daß sie sich an Dr. Lippisch wandten, der damals beim Deut-schen Forschungsinstitut für Segelflug arbeitete.

Prototyp

Lippisch entwarf ein kleines Flugzeug mit einem kleinen Kol-benmotor im Heck: die DFS 194, das aerodynamische Erpro-bungsmuster für den zukünfti-gen Abfangjäger. Trotz der Holzstruktur beschloß man, einen Prototypen der Walter-Rakete einzubauen. Obwohl das kleine Flugzeug nur für Bela-stungen bis zu 300 km/h gebaut war, konnte der deutsche Meister im Segelflug, Heini Ditt-mar, bald Geschwindigkeiten bis über 547 km/h und hervorra-gende Steigeigenschaften unter Beweis stellen. Das Flugzeug startete auf einem abwerfbaren Fahrgestell und landete nach Verbrauch des Treibstoffs als Segelflugzeug auf einer Unter-

rumpfkufe. Damit sparte man in der Flugphase das zusätzliche Gewicht eines Fahrgestells. Die-ses Prinzip wurde auch auf die Messerschmitt 163 übertragen, obwohl Start und Landung auf diese Weise um einiges gefährli-cher waren.

Lippisch hatte inzwischen erkannt, daß die ideale Flügel-form für Hochgeschwindigkeits-flüge die gepfeilte Tragfläche war, und so war es für den Pro-totyp Me 163A ein leichtes, mit 885 km/h den Geschwindig-keitsweltrekord für herkömmli-che Flugzeuge zu brechen. Da aufgrund der kurzen Brenn-dauer die Höchstgeschwindigkeit automatisch begrenzt war, ver-suchte man es mit einem Trick: Am 2. Oktober 1941 ließ Heini Dittmar das Flugzeug volltanken und von einer Messerschmitt

Bf110 auf 4.000 Meter Höhe schleppen. Dann klinkte er das Schlepptau aus, zündete den Raketenmotor – und erreichte eine Geschwindigkeit von Mach 0,84 (ca. 1.000 km/h), bevor an einigen Stellen der Maschine Überschallgeschwindigkeit auf-trat und das Flugzeug instabil wurde. Eine Zeit lang konnten Aerodynamiker diese Zahlen kaum glauben, doch es stand klar fest: Dittmar war als erster

Mensch nahe an die Schall-grenze gekommen.

Bis zum Jahre 1943 war das überarbeitete Flugzeug, das nun die Bezeichnung Me 163B trug, fast einsatzfähig. Es war aber so schwierig zu fliegen, daß eine Sondereinheit, das Erprobungs-kommando 16, geschaffen wurde. Zu seinen Aufgaben gehörten nicht nur die Erpro-bung des neuen Flugzeugs und die Ausbildung von Piloten und

Die DFS 194 diente als aerodynamischer Prototyp für die Me 163 und wurde mit einem der ersten Raketenmotoren von Peenemünde aus gestartet.

Dienstpersonal, sondern auch der Kampfeinsatz.

Bei dem Erprobungskommando in Zwischenahn besuchte Mano Ziegler den Ausbildungskurs für Komet-Piloten. Nach einem Grundkurs auf Segelflugzeugen durften die auszubildenden Piloten in die Me 163A, die von einer Bf 110 geschleppt wurde. Danach folgten „scharfe" raketengetriebene Flüge auf der Me 163A, bevor sie endgültig auf die einsatzfähige Me 163B umsteigen konnten.

Gefährlicher Treibstoff

„Etwa zu dieser Zeit", erinnert sich Ziegler, „kam es zu einem Unfall, der uns wieder knallhart mit beiden Beinen auf die Erde zurückbrachte, und diejenigen unter uns, die angeblich nichts mehr schrecken konnte, mußten ihre Meinung schnell ändern: Eines Morgens stieg Joschi

Pohs, der Adjutant des Kommandoführers, in eine Me 163A und schnallte sich an.

Mit einem dröhnenden Krachen sauste Joschis Me 163A

Eine Me 163A-0 mit zwölf R4M-Raketen unter den Tragflächen. Neben den sechs Prototypen wurden insgesamt zehn Me 163A-0 gebaut, die das Erprobungskommando 16 zu Ausbildungszwecken verwendete.

über die Piste und wurde immer schneller. Sie hob ab, das Radgestell fiel ab, prallte jedoch vom Boden zurück und schlug einen Sekundenbruchteil später an die Maschine. Das Raketentriebwerk setzte sofort aus – wahrscheinlich hatte das hochspringende Fahrgestell die Treibstoffleitung durchschlagen. Joschi mußte sofort gemerkt haben, was passiert war, denn er zog die Nase seiner Maschine hoch und erreichte mit Hilfe seines Schwungs eine Höhe von etwa 30 Metern über dem Platz.

Joschi schien das Flugzeug nun wieder unter Kontrolle zu haben, und wir atmeten erleichtert auf. Jetzt kam er jedoch gefährlich nahe an einen der Flaktürme heran – und streifte ihn, weil ihm wohl die Tragfläche die Sicht verdeckt hatte."

Lebendig zersetzt

„Jetzt ging alles blitzschnell. Joschis Maschine stürzte wie ein Stein zu Boden, schlug auf dem Flugplatz auf und rutschte noch etwa 50 m weiter, bevor sie zum Stillstand kam. Wir rannten so schnell uns unsere Beine trugen hinter dem Löschzug und dem Krankenwagen zur Absturzstelle. Es konnte doch eigentlich gar nicht so schlimm sein? Vielleicht ein paar gebrochene Knochen? Das Flugzeug hatte zumindest kein Feuer gefangen und war auch nicht explodiert.

Der Löschzug und der Krankenwagen waren in weniger als 60 Sekunden zur Stelle, aber unseren Joschi fanden sie nicht mehr. Der ‚T-Stoff' (Wasserstoff-Superoxyd) war über die zerbrochene Leitung ins Cockpit eingedrungen und hatte den armen Joschi, der wahrscheinlich das Bewußtsein verloren hatte, da er mit dem Kopf auf die Instrumententafel gefallen war, bei lebendigem Leib zersetzt!"

Treibstofflecks waren nicht die einzige Gefahr. Die Walter-Rakete sorgte immer wieder für schwere Unfälle. Oft explodierte die Komet bei einer schlechten Landung oder manchmal sogar auch aus heiterem Himmel.

„Schließlich kam auch ich an die Reihe – mein erster echter Raketenstart mit der Me 163B. Pitz (Oberleutnant Rudolf Opitz, der erfahrenste Flugzeugführer der Einheit) stieg die Leiter zu meinem Cockpit hoch und ver-

Joschi Pohs kam bei einer Bruchlandung mit seiner Me 163A ums Leben. Die Maschine wurde von ihrem eigenen Radgestell getroffen, das nach dem Abwurf wieder von der Piste abprallte. Pohs verlor bei dem Aufprall das Bewußtsein und wurde dann von dem ausgelaufenen „T-Stoff" zersetzt.

Messerschmitt Me 163B
I. Gruppe, Jagdgeschwader 400

Diese Me 163B trägt das Abzeichen des Jagdgeschwaders 400 mit dem Baron von Münchhausen und war Ende 1944 in Brandis in der Nähe von Leipzig stationiert. Der ursprünglich grüne Tarnanstrich auf der Oberfläche war beibehalten worden – nur das Seitenleitwerk wurde neu gestrichen.

KONSTRUKTION
Die Me 163 war eine recht einfache Konstruktion mit einem Rumpf aus Metall und hölzernen Tragflächen. Die Ruder waren aus Metall gefertigt und mit Stoff bespannt.

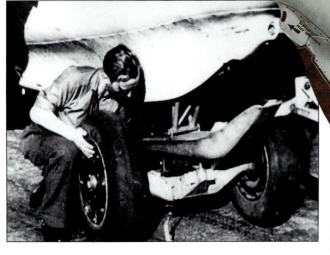

Ein Mechaniker überprüft das Fahrgestell einer Me 163B vor dem Start. Die Radachse fiel beim Hochziehen der Kufe herunter.

BEWAFFNUNG
Die MK-108-Kanone hatte zwar eine hohe Durchschlagskraft, aber wegen der hohen Fluggeschwindigkeit blieben den Me-163-Piloten nur drei Sekunden Feuerzeit, bevor sie abdrehen mußten – was natürlich zum genauen Zielen nicht ausreichte.

abreichte mir seine ,Letzte Ölung', wie er es zu nennen pflegte.

,Halte den Knüppel ruhig und laß den Druckanzeiger keine Sekunde aus den Augen. Wenn du nicht genug Druck hast, nimm sofort den Leistungshebel zurück, und laß die Maschine auf dem Feld ausrollen. Ansonsten möglichst wenig mit dem Knüppel rühren und schon gar nicht unmittelbar nach dem Start andrücken. Wirf das Fahrgestell ab, wenn du etwa fünf bis zehn Meter über dem Boden bist – vergiß es ja nicht! Warte, bis du über den Flugplatz hinaus bist und etwa 800 km/h erreicht hast. Zieh dann gleichmäßig am Knüppel. Werde nicht langsamer. Laß sie steigen, bis die Rakete leergebrannt ist.'

Pitz klappte das Cockpitdach herunter, und ich verschloß es von innen. Ich drückte auf den Knopf für den Turbinenanlasser. Sekundenbruchteile später hörte

ich, wie die Turbine immer schneller und lauter wurde. Aus dem leisen Surren wurde ein immer stärkeres Heulen. Weißer Rauch umhüllte das Cockpit, und einen Moment lang herrschte Stille. Für einen Moment überkam mich eine Woge der Angst.

Die Turbine heulte noch zweimal, und ich schob den Hebel auf ,Leerlauf'. Es gab einen lauten Krach, als der Treibstoff zündete, und der Druckanzeiger schoß nach oben. Ich schob den Hebel auf Vollast, die Räder gingen über die Startblöcke hinweg, und wir rollten los. Mein vier Tonnen schwerer Vogel wurde immer schneller, aber ich ließ den Druckmesser nicht aus den Augen, der immer noch auf 24 ATU stand. Der Tacho zeigte inzwischen 200 km/h.

Immer höher

„In einer Höhe von 6 oder 7 m entriegelte ich das Radge-

stell. Die Komet schoß plätzlich nach vorne – ich wurde gewaltig in den Sitz gepreßt. In Windeseile befand ich mich 50 m über Zwischenahn; die Tachonadel zitterte inzwischen bei 750 km/h. Ich nahm den Knüppel vorsichtig etwas zurück, und das Flugzeug schoß nach oben, immer höher in den strahlend blauen Himmel hinein.

EINSATZTAGEBUCH
Das JG 400 wurde im Februar 1944 in Bad Zwischenahn ins Leben gerufen und bald danach nach Wittmundhaven verlegt, wo eine zweite Staffel gebildet wurde. Beide Staffeln zogen dann im Juni 1944 nach Venlo in Holland um. Im August wurde das Geschwader in Brandis in der Nähe von Leipzig stationiert; von dort flog es Einsätze gegen die schweren Bomber auf USAAF. Im November 1944 wurde eine zweite Gruppe gebildet. Die I. Gruppe löste sich im April 1945 auf, die II. zog sich über Salzwedel und Nordholz nach Husum in Schleswig-Holstein zurück, flog jedoch nie einen echten Kampfeinsatz. Die I. Gruppe verlor 14 Maschinen im Gefecht und zahlreiche weitere bei Unfällen, konnte dabei aber nur neun Abschüsse feindlicher Bomber verbuchen.

Als das Raketentriebwerk leergebrannt war, kam es mir vor, als würde der Komet mitten in der Luft bremsen. Auf 10.000 m ging ich in den Horizontalflug. Ich drückte die Nase leicht an, um etwas Fahrt aufzunehmen, aber ich war so hoch, daß ich mir wie von der Erde abgeschnitten vorkam. In der Ferne konnte ich in einem Dunst-

Die Mechaniker springen schnell zur Seite, als diese Me 163 ihr Raketentriebwerk zum Start zündet.

Ganz oben: Ein junger Pilot ruht sich auf der Tragfläche seiner Komet aus. Das Flugzeug trägt das inoffizielle Wappen des JG 400: einen raketengetriebenen Floh mit der Aufschrift „Wie ein Floh – aber oho!"

Oben: Komet-Testpiloten Heini Dittmar, Rudolf Opitz und Hanna Reitsch. Die einsatzfähige Me 163 zu fliegen war schon riskant und erschreckend genug, aber sie zu testen erforderte ganz besonderen Mut.

191916

26

TREIBSTOFF

Das Raketentriebwerk lief mit einer tödlichen Mischung verschiedener hoch instabiler Treibstoffe: Wasserstoffsuperoxyd, der berüchtigte „T-Stoff", und Hydrazinhydrat in Methanol („C-Stoff") als Katalysator. Der T-Stoff allein konnte einen Menschen in Sekundenschnelle zersetzen. Stießen die beiden Substanzen außerhalb des Motors aufeinander, kam es zur Explosion.

TRIEBWERK

Für den Antrieb der Me 163B sorgte ein einzelner Walter-HWK-509A-2-Raketenmotor, der einen maximalen Schub von 1.700 kp lieferte. Bei Vollast reichte der Treibstoff für eine Flugdauer von etwa sechs Minuten.

schleier Bremen erkennen und dahinter einen silbrig blauen Streifen, die Atlantikküste."

Zu hoch, zu schnell

„Ich kreuzte den Flugplatz in 1.000 m , wendete ordnungsgemäß am Ostende des Sees, wieder zurück über den Flugplatz – Höhe sieben-, sechs-, fünfhundert Meter – letzte Wendung, Landekreuz geradeaus vor mir.

Ich befand mich jetzt 300 m über Grund. Ich fuhr die Landekufe und die Klappen aus. Ein wenig zu hoch – 250 km/h auf dem Tacho – und zu schnell. Der Komet schien wie ein Stein herunterzufallen, aber ich war immer noch zu hoch. Das Landekreuz flog an mir vorbei, und dann – peng! Ein harter Ruck an meinem Gurt, und wir hüpften über das Flugplatzgelände, bis die Maschine immer langsamer wurde und schließlich die rechte Fläche herunterkam und die Maschine stand. Ich riß mir die Sauerstoffmaske vom Gesicht, nahm die Brille ab, öffnete die Fallschirmgurte, drückte das Cockpitdach nach oben und kletterte heraus."

Die Komet war noch völlig unausgereift, aus Verzweiflung über die Tagangriffe der Alliierten, verfrüht in den Dienst gezwungen worden. Die Zelle verhielt sich zwar einwandfrei, aber selbst wenn das Raketentriebwerk ausnahmsweise mal

Komet-Raketenjäger

Erprobungskommando 16

Das Erprobungskommando 16, die Versuchseinheit für die Me 163, wurde im Sommer 1942 in Bad Zwischenahn gegründet. Zuerst flog es die Me 163A, im Mai 1944 erhielt es seine erste Me 163B.

2. Staffel Jagdgeschwader 400

Diese Maschine trägt das Abzeichen der 2./JG 400 mit der Aufschrift „Wie ein Floh – aber oho!"

nicht explodierte oder beim Start ausfiel (die Ursache zahlreicher tödlicher Unfälle), war es immer für Überraschungen gut.

„Eines Morgens sprang Nelte aus seiner Maschine und schrie Zeter und Mordio. Aus seinen rotumrandeten Augen liefen ihm Tränen übers ganze Gesicht. Er hatte einen ‚scharfen' Raketenstart hinter sich und hatte auch die Landung gut geschafft – aber nur um Haaresbreite, denn ein ätzendes Gas war in sein Cockpit eingedrungen, so daß er kaum noch sehen konnte, als er seine Komet aufsetzte. Ich war als nächster an der Reihe. ‚Der Motor dieser Maschine macht Ihnen sicher keine Schwierigkeiten, Herr Leutnant. Da kann überhaupt nichts schief gehen – die Dichtungen schließen hundertprozentig', versicherte mir der Techniker.

Ich war noch keine 200 m über dem Boden, als der Feuerwarnzeiger mit mir kletterte. Ich zog stärker am Knüppel, um so viel wie möglich an Höhe zu gewinnen, aber die Temperatur stieg weiter, und das Cockpit füllte sich mit beißendem Rauch. Meine Augen brannten wie Feuer, aber jetzt sank wenigstens die Temperaturanzeige.

‚Springen Sie nicht ab'

„Ich stieg immer noch in flachem Winkel an, weil ich so schnell wie möglich den gesamten Treibstoff aufbrauchen wollte. Ich schaltete das Raketentriebwerk ab, und im selben Moment wurde der Rauch im Cockpit immer dichter und dichter, bis ich das Gefühl hatte, in dichtestem Nebel zu sitzen. ‚Cockpit total vernebelt', rief ich. ‚Springen Sie nicht ab – ihre Maschine fliegt ganz normal', hieß es daraufhin von unten. Abgesehen davon hatte ich noch nie einen Fallschirm benutzt und

meinte, daß es zum Üben jetzt ein wenig zu spät war.

Ich versuchte, das Brennen in meinen Augen zu lindern, indem ich die Schutzbrille abnahm, aber das machte es nur noch schlimmer. Jetzt kam mir eine Idee. Ich ließ die Maschine schieben, bis mein Seitenfenster direkt im Luftstrom war. Mein Manöver hatte die gewünschte Wirkung – der Nebel lichtete sich zusehends, und ich hatte wieder freie Sicht. Das Landekreuz war direkt unter mir. Ich zog in einer weiten Kurve über ein frisch gepflügtes Feld, und dann – krach!

Als ich auf dem Boden aufprallte, hüpfte die Komet mehrere Male, bis die Kufe auf den Steinen und dem Kies griff und ich allmählich langsamer wurde. Um ganz sicher zu gehen, zog ich noch während die Maschine dahinholperte die Kabinendachentriegelung, befreite mich schnell von den Gurten und

nahm die Brille ab. Ein heller Blitz kam vom Boden, und eine glühende Hitzewelle strömte über mein Gesicht. Ich stemmte meine Füße fest gegen den Sitz und sprang um mein Leben.

Ich landete auf allen Vieren. Ich hörte einen lauten Knall hinter mir und rannte wie ein Hase etwa 20 bis 30 m weg. Die Komet war zum Stillstand gekommen und dampfte wie ein kochender Teekessel. Die Kufenverkleidung war weit aufgeris-

Oben: Der Pilot, der in diese Komet klettert, ist von Kopf bis Fuß in einen säurebeständigen Schutzanzug gehüllt. Der Schutz war allerdings nur rein psychologisch, da sich der „T-Stoff" durch alles hindurchfraß!

> **"Auf einmal sah ich einen hellen Blitz, und eine glühende Hitzewelle strömte über mein Gesicht. Ich stemmte meine Füße fest gegen den Sitz und sprang um mein Leben."**

sen, und das halbe Cockpitdach war davongeflogen. Die Panzerplatte im Boden war wie Pappe auseinandergebrochen. Meine Wimpern und meine Augenbrauen waren total abgesengt, und von meinem Haarschopf fehlte auch ein gutes Drittel!"

Das Erprobungskommando 16 bildete den Kern für das im Mai 1944 aufgestellte Jagdgeschwader 400. Im Juli bezog der Kampfverband seinen Stützpunkt in Brandis in der Nähe von Leipzig und stieß auf die ersten amerikanischen Tagbomber vom Typ B-17. Doch die Komet erwies sich trotz atembe-

Geschwaderstab, Jagdgeschwader 400

Dieses Flugzeug, das später in die Hände der Alliierten fiel und in die USA gebracht wurde, trägt das Abzeichen des JG 400 und diente den Piloten des Geschwaderstabs und zu Ausbildungszwecken.

II. Gruppe, Jagdgeschwader 400

Die zweite Gruppe des Jagdgeschwaders 400 entstand mit den Staffeln 5 und 6 im November 1944 in Stargard. Sie wurde jedoch bald zur I. Gruppe nach Brandis verlegt.

Oben: Eine Me 163A beginnt ihren Startlauf. Diese Version diente fast ausschließlich zu Übungszwecken. Überraschenderweise waren die Flugeigenschaften der Me 163 erstaunlich gut.

Links: Viele Me 163 fielen gegen Kriegsende in die Hände der Alliierten. In England wurden sogar einige Komets getestet - allerdings nur im Gleitflug, da man die Raketenmotoren für zu gefährlich hielt.

raubender Steig- und Fluggeschwindigkeit nicht als die Wunderwaffe gegen Bomber, die man sich erhofft hatte. Die Raketenjäger waren für die Führungseinrichtungen am Boden, die auf die gewöhnlichen kolbengetriebenen Jäger abgestimmt waren, einfach zu schnell. Zudem gelang es ihnen aufgrund ihrer beschränkten Flugdauer oft nicht, mit dem Feind Kontakt aufzunehmen.

Doch das größte Problem war die Bewaffnung. Wenn die Komet-Jäger mit einer Überschußfahrt von 500 km/h an den Bombern vorbeizogen, blieben ihnen nur drei bis vier Sekunden zum Abfeuern der Geschütze, was bei den beiden Rheinmetall-Borsig-30-mm-MK-108-Kanonen nur wenige Schuß bedeutete. Die Chancen, einen Bomber damit zu beschädigen, waren somit gering, und

zudem hatten die Kanonen häufig Ladehemmungen. Zur Lösung dieses Problems wurden zwölf Me 163Bs so umgebaut, daß sie senkrecht nach oben feuernde Raketen mitführen konnten. Über eine Photozelle, die auf den Schatten eines darüberfliegenden Bombers reagierte, wurde der Abschußmechanismus ausgelöst. Doch diese Erfindung kam zu spät.

Die Einsätze mit der Me 163B wurde noch gefährlicher, nachdem die Begleitjäger der Alliierten erkannt hatten, daß sie der Komet leicht folgen konnten, wenn das Raketentriebwerk leergebrannt war. Gegen Kriegsende wurden in Brandis zwölf Me 163Bs vernichtet – die meisten davon vor oder nach einem Einsatz. Doch die Me-163-Piloten waren weiterhin von dem Flugzeug fasziniert. „Zurück auf die Bf 109 und die Fw 190? Im

Schneckentempo herumkrabbeln und eine halbe Stunde bis nach oben brauchen? Wir blieben der Komet treu…"

Die Me 163B wurde den Erwartungen, die man sich aufgrund ihrer Leistung gemacht hatte, nicht gerecht. Ihre Kampfgeschichte zeigt deutlich, wie gefährlich es ist, ein noch unausgereiftes Flugzeug in Dienst zu stellen. Nichtsdestotrotz wurde das von Prof. Lippisch erfundene Konzept der Flügelpfeilung bei den Hochgeschwindigkeitsflugzeugen der Nachkriegszeit beibehalten. In den USA baute Convair eine Reihe von Pfeilflüglern nach Lippischs Entwürfen, und das erste britische Überschallflugzeug, die de Havilland D.H.108, hatte eine starke Ähnlichkeit mit der Me 163B. Doch es waren diese wagemutigen Komet-Piloten, die das heutige Weltraumzeitalter einläuteten.

Junkers Ju 52/3m

Technische Daten: Junkers Ju 52/3m g7e Mittelstreckentransportflugzeug
Spannweite: 29,20 m
Länge: 18,90 m
Triebwerk: drei BMW 132T-2 mit je 619 kW (830 PS)
Nutzlast: drei Besatzungsmitglieder und 18 Passagiere oder 13 Tragbahren und Begleiter oder Fracht
Startgewicht: 11.030 kg
Reisegeschwindigkeit: 257 km/h in optimaler Höhe
Einsatzreichweite: 1.500 km

Die Ju 52/3m erfüllte während des gesamten Zweiten Weltkriegs die Funktion als Deutschlands Allzwecktransporter. Insgesamt verließen ca. 4.850 Exemplare aller Ju-52-Versionen die Montagehallen. Die Ju 52/3m wurde zuerst als ziviles Transportflugzeug entworfen und hergestellt. Die Luftwaffe übernahm sie zunächst als Ju 52/3m g3e für die Rolle als Bomber und Transporter mit BMW-132A-3-Sternmotoren mit 541 kW (750 PS), einem offenen MG-Stand auf der Rumpfober- und einem ausfahrbaren Stand an der Rumpfunterseite. Später folgte dann die verbesserte Version g4e. Die eigentliche Transportserie waren die Ju 52/3m g5e mit BMW-132T-2-Motoren mit 619 kW (830 PS) ohne ausfahrbaren Stand und mit einem Fahrwerk, das je nach Bedarf mit Rädern, Kufen oder Schwimmern ausgestattet werden konnte, die g6e mit verbesserten Funkgeräten, die g7e mit einem Autopiloten und größerer Ladeluke, die verbesserte g6e-Version als g8e, die g9e mit BMW-132Z-Motoren und Segelflugzeugschleppfähigkeit, die g11e mit BMW-132L- Motoren und die g14e mit Panzerung und verbesserter Bewaffnung.

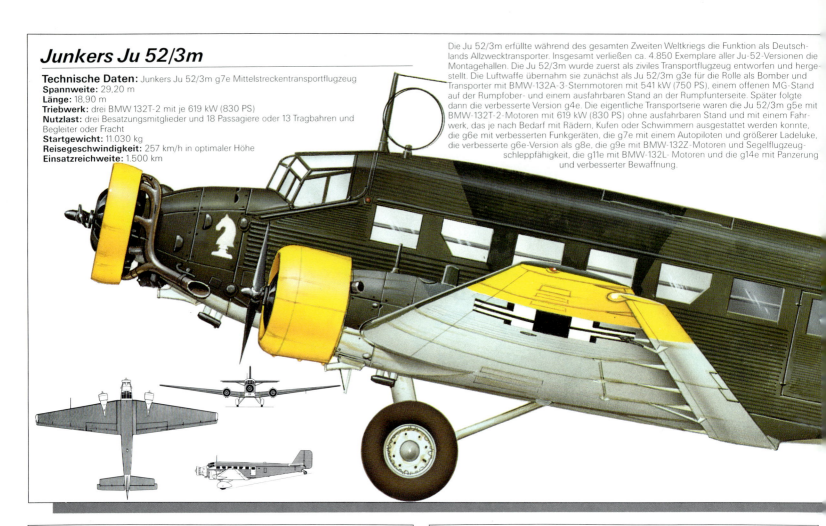

Bristol Type 130 Bombay

Die gemäß einer Anforderung von 1931 sowohl als Truppentransporter als auch als Bomber entworfene Bombay kam hauptsächlich in Indien und im Nahen Osten zum Einsatz. Sie war mit hoch angesetzten Tragflächen und einem festen Fahrwerk ausgerüstet. Das erste Modell vom Typ 130 absolvierte im Juni 1935 mit verkleideten Rädern, Pegasus-X-Sternmotoren und Propeller mit fester Steigung seinen Jungfernflug. Nach Vergleichstests mit der Armstrong Whitworth A.W.23 (Vorgänger des Whitley-Bombers) und der Handley Page 51 (Vorgänger des Harrow-Bombers) wurde die Konstruktion von Bristol ausgewählt. Die Firma Short und Harland in Nordirland baute 50 Bombay Mk I. Die Auslieferung erfolgte ab 1939. Die meisten Flugzeuge dieses Typs kamen im Nahen Osten zum Einsatz. Die Bombay flog zwar auch einige Bombereinsätze, wurde jedoch hauptsächlich für den Truppen- und gelegentlich auch für den Lastentransport herangezogen.

Technische Daten: Bristol Type 130 Bombay Mk I
Mittel-/Langstreckentransportflugzeug
Spannweite: 29,18 m
Länge: 21,11 m
Triebwerk: zwei Bristol Pegasus XXII
mit je 753 kW (1.010 PS)
Bewaffnung: zwei 7,7-mm-MGs
und Vorrichtungen für bis zu
907 kg Bomben als Außenlast
Nutzlast: Besatzung und 24 Passagiere oder Fracht
Max. Startgewicht: 9.072 kg
Reisegeschwindigkeit: 257 km/h in optimaler Höhe
Einsatzreichweite: 3.590 km

Consolidated C-87

Mit seiner großen Reichweite und dem geräumigen Rumpf eignete sich der B-24-Bomber hervorragend als Transporter. 1942 entwickelte man aus dem Bomber B-24D ein spezielles Transportflugzeug, die C-87. Diese Version hatte keine Waffenstände und besaß auf beiden Rumpfseiten eine Fensterreihe. Insgesamt verließen 280 Flugzeuge dieses Typs die Montagehallen, 24 davon setzte die RAF als Liberator C.Mk VII ein. Einzige Variante war die C-87A, von der sechs Stück als VIP-Beförderungsmittel mit zehn Schlafkojen und R-1830-45-Sternmotoren gebaut wurden. Bei der US Navy kamen drei C-87 und fünf C-87A unter der Bezeichnung RY-2 bzw. RY-1 zum Einsatz. Die C-109 war eine umgerüstete B-24E mit Tanks für 10.978 l Treibstoff. Die zum Patrouillenbomber umgerüstete PB4Y Privateer mit einem einzelnen Seitenleitwerk gab es auch in der Transportversion RY-3 (46 Flugzeuge) und als Liberator C.Mk IX (27 Exemplare für die RAF).

Technische Daten: Consolidated C-87
Langstreckentransportflugzeug
Spannweite: 33,53 m
Länge: 20,22 m
Triebwerk: vier Pratt & Whitney
R-1830-43 mit je 895 kW (1.200 PS)
Nutzlast: fünf Besatzungsmitglieder
und 25 Passagiere
oder 3.992 kg Fracht
Startgewicht: 25.674 kg
Reisegeschwindigkeit: 322 km/h in
optimaler Höhe
Einsatzreichweite: 4.666 km

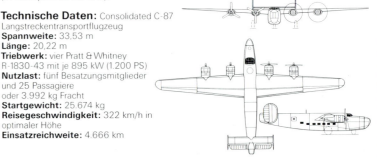

Diese „Tante Ju" trägt die Kennzeichnung der 2. Staffel KGzbV 1. Die Einheit spielte eine wichtige Rolle in der Operation Merkur, der Invasion von Kreta, bei der 170 der 493 eingesetzten Ju 52 verloren gingen und jeder vierte Fallschirmspringer umkam. Der schachtelähnliche, gerippte Rumpf machte die Ju 52 zu einem sehr robusten Flugzeug, das auch bei größeren Beschädigungen noch die Heimat erreichen konnte.

Curtiss C-46 Commando

Die C-46 war die Militärversion des Zivilflugzeugs Curtiss-Wright CW-20, das vor dem Krieg als Konkurrent der Douglas DC-3 mit größerer Reichweite geplant war. Ihr Haupteinsatzgebiet war der pazifische Raum. Der geräumige Rumpf der CW-20 weckte das Interesse des Militärs. Die erste Bestellung umfaßte 25 C-46 mit R-2800-43-Sternmotoren mit 1.491 kW (2.000 PS) und einem Bruttogewicht von 22.986 kg. Dann folgten 1.491 C-46As mit höherer Leistung, großer Frachttür und verstärktem Boden, 1.410 Maschinen vom Typ C-46D mit überarbeiteter Nase und doppelten Frachttüren, 17 C-46E mit stufenförmiger Cockpitverglasung und einer einzigen Tür, 234 C-46Fs mit doppelten Türen und abgerundeten Flügelspitzen und 160 Exemplare der R5C-1 (die Entsprechung des US Marine Corps zur C-46A). Die C-46B, C und G waren Entwicklungsmodelle. Unter der Bezeichnung C-55 wurde die CW-20 weiterentwickelt.

Technische Daten: Curtiss C-46A Commando
Mittelstreckentransportflugzeug
Spannweite: 32,94 m
Länge: 23,26 m
Triebwerk: zwei Pratt & Whitney R-2800-51 mit je 1.491 kW (2.000 PS)
Nutzlast: vier Besatzungsmitglieder und 50 Passagiere oder 33 Tragbahren und vier Begleiter oder 4.536 kg Fracht
Startgewicht: 25.402 kg
Reisegeschwindigkeit: 294 km/h in optimaler Höhe
Einsatzreichweite: 1.930 km

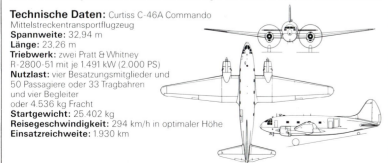

Douglas C-54 Skymaster

Die C-54 (Militärversion der DC-4A) war für interkontinentale Zivileinsätze gedacht. Sie ging Ende 1942 beim Air Transport Command der USAAF als Langstreckentransporter für den Atlantik, den Pazifik und den Indischen Ozean in Dienst. Dieser Flugzeugtyp besaß keine Druckkabine, aber Dreibeinfahrwerk und große Klappen. Die ersten 24 C-54 waren zum Militärdienst herangezogene DC-4A. Auf diese eigentlich zivilen Maschinen folgten 207 konvertible C-54A Passagier-/Frachtflugzeuge mit verstärktem Boden und Frachttür, 220 C-54Bs mit einem Bruttogewicht von 33.113 kg, eine C-54C für die VIP-Beförderung, 350 auf der C-54B basierende C-54Ds, aber mit R-2000-9-Sternmotoren, 75 Langstreckenmuster vom Typ C-54E und 76 C-54G mit geringem Sitzabstand und R-2000-9-Motoren. Die US Navy erhielt 211 Maschinen vom Typ R5D-1/4, die den Varianten C-54/A/D/G ähnelten. Die RAF verfügte über 23 der C-54D-Norm entsprechenden Skymaster Mk I.

Technische Daten: Douglas C-54A Skymaster, Langstreckentransportflugzeug
Spannweite: 35,81 m
Länge: 28,60 m
Triebwerk: vier Pratt & Whitney R-2000-7 mit je 962 kW (1.290 PS)
Nutzlast: sechs Besatzungsmitglieder und 50 Passagiere oder 6.441 kg Fracht
Max. Startgewicht: 28.123 kg
Reisegeschwindigkeit: 333 km/h in 10.000 Fuß (ca. 3.000 m) Höhe
Einsatzreichweite: 6.275 km

BLITZ -

Lüttich, Weihnachten 1944: Neun Arado 234 fliegen den ersten Luftangriff mit strahlgetriebenen Bombern in der Geschichte des Luftkriegs durch.

der erste
Strahlbomber

Die Arado Ar 234, der „Blitz", eines der revolutionärsten Flugzeuge im Dienst der Luftwaffe gegen Ende des Zweiten Weltkriegs. Der ‚Blitz' kam zu spät und in zu geringer Zahl, um den Untergang des Dritten Reiches abwenden zu können.

Am 24. Dezember 1944, um 10.14 Uhr, starteten Hauptmann Diether Lukesch, Staffelkapitän der 9. Staffel des Kampfgeschwaders 76, und acht seiner Männer mit der Arado Ar 234B vom Flugplatz in Münster-Handorf aus zum ersten Strahlbomber-Luftangriff der Welt.

Ihr Einsatz galt der belgischen Stadt Lüttich; von hier aus versorgten die Alliierten ihre Kampftruppen mit Nachschub, um sich gegen die vor kurzem eröffnete deutsche Ardennenoffensive zur Wehr zu setzen. Der deutsche Angriff zeigte verheerende Wirkung.

Neun Düsenbomber, die mit je einer 500-kg-Bombe unter dem Bauch ausgerüstet waren, hielten für kurze Zeit einen nordöstlichen Steuerkurs und drehten erst dann auf Gegenkurs nach

Südwesten, um dem Gegner die Aufklärung ihrer Herkunft zu erschweren. Fünfunddreißig Minuten nach dem Start senkten sie die Nasen zum flachen Sinkflug von 4.000 m auf 2.000 m Höhe. Ihre Bomben zerstörten eine Fabrik und die umliegenden Werksanlagen; danach stiegen sie unbehelligt für den Heimflug auf 4.000 m Höhe zurück.

Erste Verluste

Noch am selben Nachmittag und wann immer es das Wetter in den nächsten sieben Tagen zuließ, flogen die Bomber ähnliche Einsätze. Vier Ar 234Bs erlitten Beschädigungen, die bei drei Maschinen jedoch selbst verursacht waren: Eine hatte einen Triebwerksbrand, bei der zweiten platzte ein Reifen bei der Landung, die dritte fing

Eine Arado 234 hebt mit zwei zusätzlichen Rauchgeräten vom Flugfeld ab. Diese Starthilfs-Raketenbehälter wurden anschließend abgeworfen und schwebten am Fallschirm zum Boden, so daß man sie wiederverwenden konnte.

Dieser Pilot des KG 76 trägt einen schweren, dick gefütterten Flieger-anzug, der ihn vor der Eiseskälte in großer Höhe schützen sollte.

Feuer, als Leutnant Erich Dick durch den Feuerhagel der eigenen Flak flog.

Nur eine Maschine ging durch direkte Feindeinwirkung verloren. Am Morgen des ersten Weihnachtsfeiertages war es

Pilot Officer R. Verran von der 80 Squadron der Royal Air Force gelungen, seine Tempest hinter das Heck der Ar 234B von Leutnant Alfred Frank zu bringen. Er konnte eine Garbe ins linke Triebwerk landen, bevor ihm die Munition ausging. Frank kam nach einer Bruchlandung in Holland heil davon.

In den frühen Morgenstunden des Neujahrstages 1945 führte Lukesch die verbliebenen vier einsatzklaren Bomber seiner Einheit zum ersten Nachtangriff mit Strahlbombern. Ihre Route führte sie in weitem Bogen über Rotterdam, Antwerpen, Brüssel, Lüttich und Köln; dabei erkundeten sie die Wetterlage über Belgien und Holland für die im Licht der Morgendämmerung geplante Operation Bodenplatte, einen Angriff mit konzentrierten Kräften gegen die Flugplätze der Alliierten. Wie nebenbei warfen sie ihre Bomben zielgenau im Raum Brüssel und Lüttich ab und flogen zurück nach Münster–Handorf.

Neun-Tage-Wunder

Alles in allem hatten die Einsätze unter Hauptmann Lukesch zwischen dem 24. Dezember 1944 und dem 1. Januar 1945 das Vertrauen gerechtfertigt, das das Oberkommando der Luftwaffe in die Arado 234 setzte. Dieses Muster sollte die Hauptwaffe der deutschen Bomberkräfte werden. Zum Glück für die Alliierten erwies sich der Erfolg des Hauptmann Lukesch buchstäblich als ein Neun-Tage-Wunder. Bis zum Ende des Krieges waren 210 Ar 234 fertiggestellt, die Hälfte erreichte die Einsatzbereitschaft.

Die Ar 234B, die Lukesch und seine Männer flogen, stellte ein Meisterstück deutschen Flugzeugbaus dar. Sie war für einen Bomber recht kompakt, mit einer Spannweite von 14,40 m und einer Länge von 12,64 m. Voll beladen, mit einer 500-kg-Bombe unter dem Rumpf und je einer Starthilfsrakete unter den Tragflächen, wog sie 9.465 kg und brauchte 12 Minuten und 48 Sekunden, um eine komfortable Höhe von 6.000 m zu erreichen.

In dieser Höhe brachte es die Ar 234B auf eine Reichweite von 1.560 km und konnte auf eine Spitzengeschwindigkeit von 692 km/h beschleunigen. Ohne Bombe konnte sie auf dem Rückflug nochmals 50 km/h zulegen. Den Antrieb lieferten zwei Junkers-Jumo-004B-Turbo-Luftstrahl-Axialtriebwerke mit einer Nennleistung von je 900 kp Standschub. Die einzige Bordwaffe war gewöhnlich die Luger des Flugzeugführers. Einige spätere Versionen verfügten über zwei starre, nach hinten feuernde 20-mm-Kanonen, Mauser MG 151, mit 200 Schuß pro Rohr ausgestattet. Auch dies stellte sich als unbefriedigender Versuch heraus, den wundesten Punkt der Arado zu decken, das heißt, sie vor Direktangriffen von hinten zu schützen.

Ursprünglich war die Arado nicht als Bomber, sondern als Aufklärer konzipiert. In dieser

Die Turbo-Luftstrahl-Axialtriebwerke der Arado erwiesen sich als nicht voll ausgereift. Es kam häufig zu Ausfällen, sie hatten eine kurze Lebensdauer.

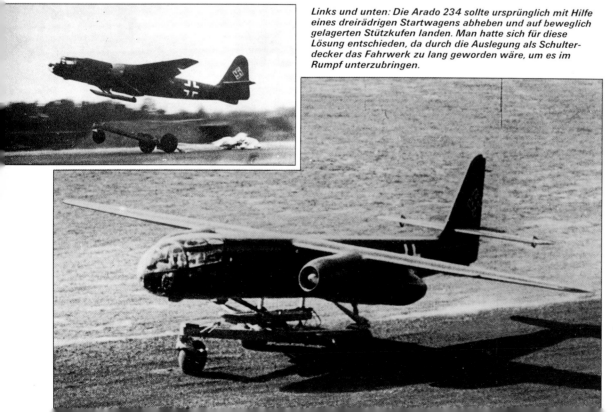

Links und unten: Die Arado 234 sollte ursprünglich mit Hilfe eines dreirädrigen Startwagens abheben und auf beweglich gelagerten Stützkufen landen. Man hatte sich für diese Lösung entschieden, da durch die Auslegung als Schulterdecker das Fahrwerk zu lang geworden wäre, um es im Rumpf unterzubringen.

Oben: Mit der dritten Versuchsmaschine erprobte man erstmals Rauchgeräte als Starthilfe für die Arado. Die V3 führte zudem einen Schleudersitz und eine druckbelüftete Kanzel ein.

Rolle, ausgerüstet mit Luftbild-kameras, verzeichnete die Arado ihre hauptsächlichen Erfolge. Anfang 1941 nahm der Entwurf mit der firmeninternen Bezeich-nung E 370 in den Brandenbur-ger Arado-Flugzeugwerken un-ter Professor Walter Blume all-mählich Gestalt an. Es handelte sich um einen sauber durchkon-struierten Schulterdecker; außer den beiden unter die Flächen montierten Strahlturbinen fiel nur die Fahrwerkskonzeption als ungewöhnlich auf. Die Arado sollte mit Hilfe eines dreirädri-

gen Startwagens abheben, der in 60 m Höhe ausgeklinkt wurde, um zur Wiederverwendung an einem Fallschirm zurückzu-schweben. Für die Landung konnte man Haupt- und Stütz-kufen ausfahren. Man schuf Platz im Rumpf für Tanks, die die Reichweite erhöhten.

Diese Lösung brachte leider nur Probleme. Als die Ar 234 am 30. Juli 1943 in Rheine bei Münster zum ersten Mal vom Boden abhob, öffnete sich der Fallschirm nicht, und der Start-wagen zerschellte am Boden.

Dasselbe passierte beim zweiten Flug mit dem Ersatzwagen. Man änderte das Verfahren und klinkte den Startwagen bereits am Boden aus, sobald die Maschine die nötige Flugge-schwindigkeit erreicht hatte. Beim Testflug des zweiten Pro-totyps am 2. Oktober setzte das linke Triebwerk in 8.950 m Höhe aus. Chefversuchspilot Hauptmann Selle führte die Maschine im Sinkflug mit 300 km/h zum Platz, doch dies-mal ließen sich die Landekufen nicht ausfahren. Mit ruhiger

Links: Techniker haben ein Rauchgerät unter die Fläche einer Arado 234 montiert.

Rechts: Eine Ar 234 mit einer Flugbombe Fi 103 (V1), die im Deichsel-schleppverfahren trans-portiert wird.

Links: Die achte Ver-suchsmaschine wurde von vier BMW-003A-Strahlturbinen in Zwillingsgondeln ange-trieben. Die V8 war der Prototyp für die geplante Baureihe Ar 234C.

Unten: Die ersten Arado 234 landeten auf der Haupt-kufe unter dem Rumpf; kleinere Stützkufen an der Unterseite der Triebwerk-gondeln sorgten dafür, daß die Außenflächen nicht beschädigt wurden.

Links: Mit leicht links hängender Fläche setzt die Ar 234 V4 auf der Hauptlandekufe auf. Die seitlichen Stützkufen beugten eventuellem Bodenkontakt vor.

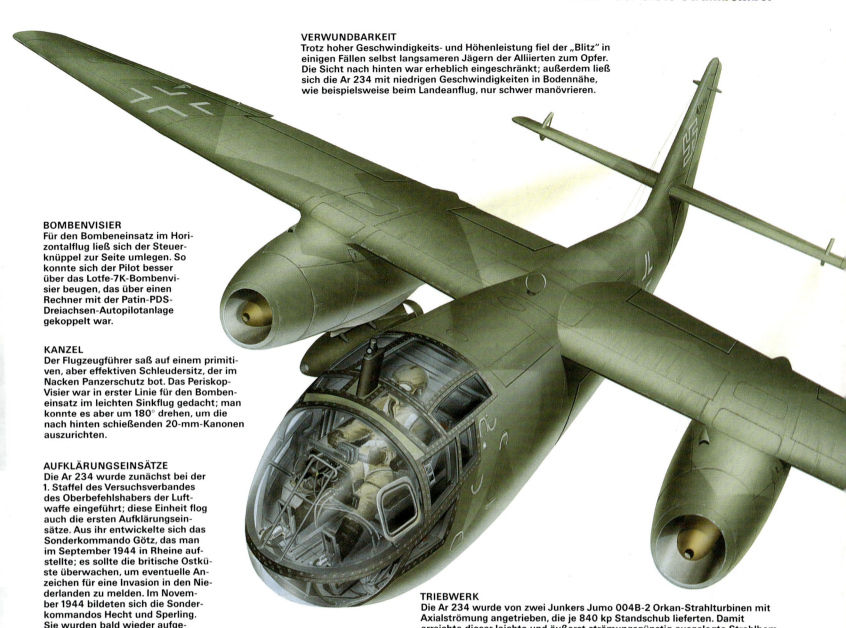

VERWUNDBARKEIT
Trotz hoher Geschwindigkeits- und Höhenleistung fiel der „Blitz" in einigen Fällen selbst langsameren Jägern der Alliierten zum Opfer. Die Sicht nach hinten war erheblich eingeschränkt; außerdem ließ sich die Ar 234 mit niedrigen Geschwindigkeiten in Bodennähe, wie beispielsweise beim Landeanflug, nur schwer manövrieren.

BOMBENVISIER
Für den Bombeneinsatz im Horizontalflug ließ sich der Steuerknüppel zur Seite umlegen. So konnte sich der Pilot besser über das Lotfe-7K-Bombenvisier beugen, das über einen Rechner mit der Patin-PDS-Dreiachsen-Autopilotanlage gekoppelt war.

KANZEL
Der Flugzeugführer saß auf einem primitiven, aber effektiven Schleudersitz, der im Nacken Panzerschutz bot. Das Periskop-Visier war in erster Linie für den Bombeneinsatz im leichten Sinkflug gedacht; man konnte es aber um 180° drehen, um die nach hinten schießenden 20-mm-Kanonen auszurichten.

AUFKLÄRUNGSEINSÄTZE
Die Ar 234 wurde zunächst bei der 1. Staffel des Versuchsverbandes des Oberbefehlshabers der Luftwaffe eingeführt; diese Einheit flog auch die ersten Aufklärungseinsätze. Aus ihr entwickelte sich das Sonderkommando Götz, das man im September 1944 in Rheine aufstellte; es sollte die britische Ostküste überwachen, um eventuelle Anzeichen für eine Invasion in den Niederlanden zu melden. Im November 1944 bildeten sich die Sonderkommandos Hecht und Sperling. Sie wurden bald wieder aufgelöst und zur 1. Staffel der Fernaufklärungsgruppe 100 (1./FAGr. 100) zusammengeschlossen.

TRIEBWERK
Die Ar 234 wurde von zwei Junkers Jumo 004B-2 Orkan-Strahlturbinen mit Axialströmung angetrieben, die je 840 kp Standschub lieferten. Damit erreichte dieser leichte und äußerst strömungsgünstig ausgelegte Strahlbomber eine Spitzengeschwindigkeit von 740 km/h ohne Außenlasten, eine Reichweite von 1.630 km (bzw. 1.100 km mit maximaler Bombenzuladung) und eine Dienstgipfelhöhe von 12.200 m.

Stimme meldete er, daß die Kufen und der Fahrtmesser ausgefallen seien und die Höhen- und Querruder merkwürdig schüttelten. Als die Flamme in der linken Strahlturbine völlig abriß, versuchte Selle, das Triebwerk wieder anzulassen; dabei geriet es in Brand. Die Maschine bohrte sich in den Boden; Selle war sofort tot. Die Unfalluntersuchung ergab, daß mit dem Triebwerkausfall ein Feuer in der linken Fläche entstand, das die Verbindungen zu Staurohr, Querrudern und Landekufen zerstört haben mußte.

Man überarbeitete den Entwurf zu einer Bomberversion mit herkömmlichem Dreibein-Fahrwerk und hängte die Bombe unter den Rumpf zwischen das Hauptfahrwerk. Für

den Start von kurzen Pisten konnte man Walter-109-500-Flüssigkeits-Raketen-Triebwerke unter die Tragflächen montieren; sie lieferten pro Einheit einen Zusatzschub von 500 kp. Dreißig Sekunden nach der Zündung lösten sich ihre Behälter und schwebten an einem Fallschirm zu Boden. Diesmal funktionierte das System. Versagte eine der beiden Starthilfsraketen, wurde der Zündstrom der anderen Rakete automatisch unterbrochen, um eine Gefährdung durch asymmetrischen Schub auszuschließen.

Weitere Experimente

Unterdessen führte man im Winter 1943/44 weitere Versuche mit anderen Triebwerktypen und Anordnungen fort. Die

sechste Versuchsmaschine rüstete man beispielsweise mit vier BMW-003-Strahlturbinen je 800 kp Schub in Einzelgondeln aus; die achte erhielt vier BMW-003 in Zwillingsgondeln. Für die Serienproduktion der Arado 234B, wie sie der Lukesch-Verband flog, errichtete man ein Sonderwerk im sächsischen Alt Lönnewitz, noch bevor im März 1944 der Erstflug stattfand.

Die Kanzel der Arado 234 war geräumig und übersichtlich ausgelegt. Die weitgehend strebenfreie Verglasung gewährte eine hervorragende Sicht nach vorn, nach oben und zu den Seiten. Unmittelbar über dem Pilotensitz befand sich eine rechts angeschlagene Einstiegsluke. Das Instrumentenbrett lag am äußersten Ende der Nase; das

Steuerhorn war an einem Schwenkhebel auf der rechten Kanzelseite montiert und das Lotfernrohr-Bombenvisier K7 darunter, zwischen den Beinen des Piloten. In Augenhöhe hatte er ein durch das Kabinendach geführtes Zielperiskop, das zugleich als Rückspiegel fungierte. Auf der linken Seitenkonsole befanden sich die Schubhebel, auf der rechten die Öldruck- und Temperaturanzeigen sowie die Bedienplatte des Funkgeräts.

Es gab drei Grundvarianten für den Bombeneinsatz: aus dem flachen Sinkflug heraus, in Horizontallage aus geringer Höhe und in Horizontallage aus großer Höhe. Das beliebteste und erfolgreichste Verfahren war der Bombenwurf aus dem Sinkflug mit schwachem Bahnneigungs-

Arado Ar 234B-2/1pr

Diese Arado 234 trägt den Erkennungskode der 9. Staffel, III. Gruppe, Kampfgeschwader 76. Das KG 76 war als einziges Bombergeschwader der Luftwaffe mit der Ar 234 ausgerüstet. Die Stabsstaffel übernahm die erste Maschine im Oktober 1944. Im November rüstete die II. Gruppe um; sie flog von Achmer und Rheine aus Bombeneinsätze gegen Punktziele in den Ardennen. Im Januar 1945 erhielten auch die I./ u. III./KG 76 dieses Muster, erreichten aber nie die volle Kampfstärke. Nach einer längeren, durch Kraftstoffmangel bedingten Pause wandelte sich die unvollständige III. Gruppe zu dem Arado-Verband, der am meisten gefordert wurde. Die III./KG 76 setzte 1.000-kg-Fliegerbomben gegen die Rheinbrücke von Remagen ein; eskortierende Me 262 hielten die Flak-Stellungen mit Bordkanonen nieder.

BEWAFFNUNG
Die Ar 234 konnte eine maximale Bombenlast von 1.500 kg in Form von drei 500-kg-Bomben unter dem Rumpf und unter den Triebwerkgondeln mitführen. Alternativ dazu gab es die Möglichkeit, die Ar 234 mit einer einzelnen schweren Bombe – SD 1000 oder PC 1400 – unter dem Rumpf zu beladen. Einige Ar 234 waren mit nach hinten feuernden 20-mm-Kanonen bewaffnet.

winkel. Ihm gab Hauptmann Lukesch bei den Tag- und Nachtangriffen gegen Lüttich den Vorzug.

Was die Arado 234B zu einem für damalige Zeiten erstaunlich fortschrittlichen Waffensystem machte, war die Technologie, die ihr den Bombeneinsatz in Horizontallage aus großer Höhe ermöglichte.

Der Flugzeugführer navigierte den Bomber mit Hilfe von Karte und Kompaß oder funktechnischen Hilfsmitteln bis auf 30 km vor das Ziel heran. Dann schaltete er den Patin-Dreiachsen-Autopiloten ein und führte den beweglich gelagerten Steuerknüppel nach rechts, um Bewegungsfreiheit zu haben. Er löste die Schultergurte und konnte sich so über das Lotfe-Bomben-

visier beugen. Die Regler des Zielgerätes waren über einen einfachen Rechner an den Autopiloten gekoppelt. Zentrierte der Pilot das Fadenkreuz auf das Ziel, so übermittelte der Rechner die Führungswerte kontinuierlich an den Autopiloten und setzte auch den exakten Auslösepunkt fest. Danach schnallte sich der Flugzeugführer wieder an, holte den Steuerknüppel zurück, schaltete den Autopiloten aus und trat den Rückflug an. Bei der Landung konnte er sich ebenfalls einer Neuerung bedienen: Die Arado ist als erstes Flugzeug der Welt standardmäßig mit einem Bremsschirm ausgerüstet worden.

Trotz dieser Hochtechnologie lehnte Diether Lukesch den Angriff aus großer Höhe ab; er wandte ihn bei keinem Einsatz, den er führte, an.

„Bei diesem Angriffsverfahren konnte der Flugzeugführer den Bereich in seinem Rücken nicht überwachen. Er mußte ständig

damit rechnen, daß gegnerische Jäger ihn überraschend von hinten angriffen", erläuterte er. „Ein Jagdflugzeug, das 1.000 oder 2.000 m über uns flog, konnte unsere Geschwindigkeit ohne weiteres erreichen, vor allem, wenn wir die Bomben noch an Bord hatten. Den Kurs längere Zeit zu halten, gab zudem der feindlichen Flak einen Vorteil in die Hand. Die einzige Rechtfertigung für den Angriff aus großer Höhe war der Reichweitenvorteil. Die Ziele, die wir zu bekämpfen hatten, ließen sich aber von unserem Stützpunkt aus stets in mittleren Höhen erreichen."

Gefechtsübungen

Simulierte Gefechtssituationen, die im Herbst 1944 mit einer Ar 234B und einer Focke-Wulf Fw 190 durchspielt worden waren, hatten bereits gleiche Erkenntnisse gebracht.

In den Auswertungen dieser Versuche gestand die Arado-

Ein Flugfeldtankwagen schleppt eine Ar 234C in Startposition. Der Zweizylinder-Anlassermotor, der die Turbine auf 3.000 U/min bis zur elektronischen Zündung der Brennkammern hochdrehte, lief mit normalem Kraftstoff. Bei 6.000 U/min wurde diese Kraftstoffversorgung unterbrochen und statt dessen Kerosin J2 zugeführt.

Diese Ar 234B-1 zeigt das Wappen des Sonderkommandos Sperling.

Gesellschaft freimütig ein: „Den besten Schutz vor Propeller-Jagdflugzeugen bietet die Geschwindigkeit der Ar 234B. Im engen Kurvenflug könnte sich die Fw 190 mühelos in Schußposition setzen. Flog die Ar 234B aber nur geradeaus oder stieg bzw. sank mit waagerechten Flächen, schaffte sie es sehr bald, sich der Fw 190 zu entziehen. Wenn eine Kurve unvermeidlich ist, sollte der Flugzeugführer auf einen möglichst großen Radius achten, also eine weite Schleife fliegen. Ein gravierendes Problem liegt in der Sicht nach unten, und hinten ist sie erheblich eingeschränkt und im hinteren Sektor von 30° links und rechts der Mittellinie sogar gleich Null. Der Pilot hat keine Chance, einen Angreifer, der sich direkt von hinten nähert, rechtzeitig zu entdecken…"

Der Bericht zog daraus die Schlußfolgerung, daß die Fw 190 eine korrekt geflogene Ar 234B nur dann packen konnte, wenn sie sich das Moment der Überraschung zunutze machte. Ansonsten würde die überlegene Kurvengeschwindigkeit des Strahlbombers dafür sorgen, ihn rasch außer Gefahr zu bringen.

Im November 1944 war die AR 234 bereits seit vier Monaten zur Aufklärung eingesetzt, ohne daß die Alliierten auch nur eines dieser Flugzeuge je zu Gesicht bekommen hätten. Erst am 21. November meldeten alliierte Jagdpiloten, eine Ar 234 in der Luft entdeckt zu haben. Vermutlich handelte es sich hierbei um ein Aufklärungsflugzeug des Sonderkommandos Sperling, das unter Oberleutnant Horst Götz von Rheine aus operierte.

Mustang P-51 der 339th Fighter Group, die Jagdschutz für Bomber auf dem Weg nach Deutschland flog, sichteten über holländischem Gebiet ein unbekanntes Objekt.

„Das Strahlflugzeug näherte sich den Jagd- und Bomberverbänden aus Norden etwa 300 m über ihnen in einer Höhe von schätzungsweise 8.250 m. Es flog direkt über die Formation hinweg, offensichtlich mit leerlaufenden Triebwerken und etwa 500 km/h. Als sich das Strahlflugzeug in drei Uhr zum Jagd- und Bomberverband befand, stießen die beiden Triebwerke etwa zehn Sekunden lang Rauch aus den Düsen, und dann beschleunigte die Maschine der Sonne entgegen."

Feuerstoß mit Kanonen

So lautete die offizielle Version des Berichts. Es erscheint allerdings äußerst unwahrscheinlich, daß nicht eine der 650 km/h schnellen Mustangs den Versuch unternommen haben sollte, den flüchtenden Düsenjäger zu stellen. Falls aber eine solche Jagd tatsächlich stattgefunden hat, so kann man daraus nur folgern, daß die Mustang abgehängt worden ist; andernfalls hätte man einen Erfolg wohl kaum verschweigen wollen.

Links: Techniker installieren eine Kamera in das Heck einer Arado 234. Diese Muster wurden als Höhenaufklärer über Großbritannien eingesetzt und konnten praktisch unbehelligt operieren.

Unten: Ein Kettenkraftrad, auf dem eine ganze Wartungsgruppe Platz gefunden hat, schleppt eine Ar 234B-1 des Sonderkommandos Sperling über das Flugplatzgelände. Am Boden war die Ar 234 am meisten gefährdet.

Blitz – der erste Strahlbomber

Erst am 11. Februar 1945 – die Ar 234 flog inzwischen seit mehr als sechs Monaten Luftbildaufklärung – sollte das Strahlflugzeug seinen Meister finden. Die Niederlage lag nicht etwa in der technischen Überlegenheit des gegnerischen Musters begründet, sondern vielmehr im Charakter seines Piloten, des Squadron Leader David Fairbanks. An jenem Tag führte Fairbanks eine bewaffnete Aufklärergruppe von acht Tempests der No. 274 Squadron, als er einen einsamen Strahljäger entdeckte. Er hielt ihn zunächst für eine Me 262.

Major Fairbanks stellte den Propeller auf Feind und gab Vollgas, um dem Feind nachzusetzen. Obwohl die Distanz eher zuzunehmen schien, gab er nicht auf, sondern setzte die Verfolgung hartnäckig fort. Fairbanks' Beharrlichkeit zahlte sich aus: Der schlanke Strahljäger fuhr die Landeklappen aus, um auf dem Fliegerhorst Rheine abzusetzen. Als die Maschine zwangsläufig langsamer wurde, jagte Fairbanks aus seinen Bordkanonen einen Feuerstoß in die Ar 234. Der Pilot, Hauptmann Hans Felden, befand sich auf dem Rückflug von einem Fotoaufklärungseinsatz über Hull. Er starb in seiner Maschine, die abstürzte und explodierte.

In dieser Kriegsphase zeichnete sich das Ende des Dritten Reiches bereits überdeutlich ab; die letzte Einsatzzeit der Ar 234 war von panischer Hektik und Fehlplanung geprägt. Im Frühjahr 1945 versuchte man noch, einige Muster in Nachtjäger zu verwandeln.

In den letzten Kriegswochen baute man die technisch hochentwickelte Superversion Ar 234C. Es wurden noch 14 Flugzeuge fertiggestellt, doch es war bereits zu spät, als daß sie das Blatt noch hätten wenden können. Im März 1945 überrannten sowjetische Truppen die Arado-Werke und setzten der Produktion für immer ein Ende.

Der kleine, schnittige Bomber hatte insgesamt 4,5 Tonnen Bomben zum Einsatz gebracht; der Effekt war also kaum der Rede wert. Deutlich wurde indes, daß Ar 234 über ein gewaltiges Potential verfügte, sowohl in der Bomber- als auch in der Aufklärerrolle. Wäre die Arado Ar 234 zwei oder drei Jahre früher entwickelt worden, so hätte sie dazu beitragen können, den Verlauf des Krieges entscheidend zu beeinflussen.

Links: Die beiden Briten halten sich die Ohren zu, als die Triebwerke einer erbeuteten Ar 234 hochlaufen. In den Augen britischer Testpiloten stellte die Ar 234 das beste deutsche Muster mit Strahlantrieb dar.

Unten: Arado 234 der III. Gruppe des Kampfgeschwaders 76 greifen aus niedriger Höhe die Brücke von Remagen an. Diese Rheinbrücke war den Amerikanern intakt in die Hände gefallen, die Deutschen wollten sie daher zerstören.

Eine Ar 234 startet zu einem Aufklärungsflug. Sie ist mit Zusatztanks unter den Triebwerkgondeln ausgerüstet, die die Reichweite erhöhen.

INDEX